KB059276

존 스튜어트 밀 자서전

Autobiography

John Stuart Mill

존 스튜어트 밀
자서전

Autobiography

존 스튜어트 밀 지음 | 박홍규 옮김

문예출판사

옮긴이 머리말

존 스튜어트 밀John Stuart Mill(1806~1873)은 1853년부터 1870년경까지 이 책을 썼고 그가 죽은 직후인 1873년에 초판이 간행되었다. 이 자서전이 간행될 때 편집을 담당한 의붓딸이 삭제한 부분이 1924년 컬럼비아대학교 판에서 복원되었으며, 이를 우리말로 옮긴 것이 바로 이 책이다. 복원 부분은 7장에 아홉 군데 있으며 〔 〕로 표시했다.

이 책은 19세기의 최고 선진이었던 영국에서 가장 진보적이고 르네상스적 지성인이 쓴 성찰적 자서전이다. 학교 교육을 전혀 받지 않았으면서도 모든 분야에서 가장 뛰어났으며 더 나은 세상을 만들고자 평생 고투했던 실천적 지식인의 자기 고백이라는 점에서 이 책은 세상 그 어떤 자서전이나 전기보다도 감동적이다. 그의 사상인 공리주의를 '천박한 실리주의'니 하는 말로 비웃는 사람도 있지만 밀의 사상만큼 '고상한 이상주의'가 없으며, 그는 당대 어떤 지식인보다도 진보적 태도로 행동한 실천적 지성인이었다. 그는 우리나라에서 흔히 회자되는 빨갱이 사회주의라는 의미에서의 사회주의자는 아니었지만, 당시 영국에서는 가장 진보적 사회주의자였다. 그를 잇는 것이 영국의 페이비언협회 Fabian Society와 노동당이다.

이 책은 그동안 여러 차례 우리말로 번역되었지만 그 어느 것도 충실한 번역이 아니었기에 다시 번역하게 되었다. 가령 이 책 첫 문단에는 "내가 거의 모든 은혜를 받은 사람"이라는 말이 나오는데, 그 사람이 누군지 그 어떤 번역서에서도 밝히고 있지 않다. 그 사람은 바로 밀의 아내 해리엇 밀Harriet Mill(1807~1858)이다. 해리엇은 밀의 삶과 사상에서 지대한 역할을 했을 뿐 아니라, 이 책의 초기 초고를 밀과 함께 수정함으로써《자서전》성립에 중요한 역할을 했다. 이처럼 밀의《자서전》에는 역주가 필요한 부분이 대단히 많은데도 기존 번역에서는 충실한 역주를 달지 않아 새로이 번역하게 되었다. 이 책에는 약 500개의 역주를 달았는데, 그것도 꼭 필요한 부분에 한정한 것이다. 그 밖에도 번역에 문제가 많았다. 가령 볼테르를 월테에르라고 표기하는 등 제대로 표기한 번역본이 한 권도 없었다. 한마디로 제대로 된 번역이 없어서 다시 번역하지 않을 수 없었던 것이다. 모든 책이 그렇겠지만 이 책 또한 그렇게 함부로 번역되어서는 안 될 중요한 고전이다.

이 책의 가치에 대해서는 이 책 끝에 붙인 옮긴이 해설에서 상세히 설명할 것이다. 여기서는 밀이 200년도 전에 영국에서 태어난 사람인데도 최근 우리나라에서 여러 번 뉴스에 나왔다는 점만 밝혀둔다. 가령《이슈노트》는 2018년 4월 30일자에서 인류 역사상 가장 머리가 좋은 사람 여섯 명을 다루었다. 그 기사에서는 밀의 아이큐가 182.5로 괴테, 다빈치, 뉴턴, 라이프니츠에 이어 5위라고 했다. 아이큐라는 것을 1905년 프랑스 심리학자 알프레드 비네Alfred Binet가 세계 최초로 개발했으니 그전에 죽은 사람들의 아이큐를 어떻게 조사했는지 의문이다. 하지만 그 근거가 된 것이 밀이 세 살 때 그리스어를 익히고 여덟 살까지 다양한 역사서적과 철학서적을 읽으며 지식을 쌓았으며, 열세 살까지는 라틴어, 기하학, 대수학을 배워 스무 살이 되기 전에 이미 철학, 경제학, 수학을 비롯한 모든 학문에 정통할 정도로 조기교육을 받았다는 점인지 모른다. 그런 조기교육에 대해 알 수 있는 책이 바로 이 《자서전》이기에 이 책은 조기교육의 성전聖典처럼 읽히기도 한다.

　그런데 이 책에서 밀은 도리어 자신은 평균 이하라고 하면서 자신이 받았던 조기교육을 어느 누구에게나 적용할 수 있다고 주장한다. 나는 이런 주장에 대해 옳고 그름을 판단할 생각은 없다. 하지만 설령 밀이 그렇게 아이큐가 높았다고 해도 아버지가 그렇게 조기교육을 하지 않았더라면 사상가로 대성할 수는 없었으리라 생각한다. 가난한 저술가였던 밀의 아버지는 저술을 하는 틈틈이 자녀 교육에 신경을 썼다. 흔히 생각하듯 엄청난 돈이나 대단한 선생을 들여서 하는 우리식 조기교육이 아니었다. 그리고 그 교육 방법은 아이에게 고전 중심으로 독서를 하게 한 후 함께 산책하면서 그 내용을 토론하는 것이었다. 따라서 밀 조기교육의 핵심은 토론교육이다. 우리식 암기교육이나 주입식교육이 아니다. 밀이 이 책에서 보여주는 토론교육은 조기교육이든 아니든 모든 교육에 적용되어야 하는 원칙이다.

　밀은 조기교육 외에도 그 사상의 현대성 때문에 뉴스를 타기도 한다. 무엇보다도 그는 자유에 대한 고전《자유론On Liberty》의 저자로 유명하다. 주로 대한민국 보수는 이런 측면에서 밀을 언급하는데 그들이 밀《자유론》의 핵심이 사상의 자유를 주장하는 것임을 아는지 의문이다. 19세기 밀의 주장에 따르면 21세기 대한민국의 국가보안법 따위는 있을 수 없는 악법이다. 그럼에도 '자유'라는 단어 때문에 밀을 보수의 앞잡이로 내세워도 좋을지 의아하다. 최근 토지의 공공성을 강조하는 논의에서도 밀이 선구적으로 그런 주장을 했고 토지 소유주가 받는 지대를 불로소득이라고 비판했다는 이야기가 자주 소개된다. 이 또한 우리의 보수가 아는 사실인지 의문이다.

밀의 삶과 사상에 대해서는 책 끝부분에 실은 옮긴이 해설에서 다시 언급하겠다.

우선 이 책을 읽는 데 필요한 최소한의 안내만을 하기로 하자. 나는 중고생들도 이 책을 편하게 읽을 수 있도록 되도록 상세한 주석을 붙였다. 단, 영국 사람들 이름에 자주 나오는 귀족 명칭은 모두 생략했다. 또 원저의 문단은 대단히 길지만 가독성을 높이려고 되도록이면 짧게 나누었다. 특히 각 장의 내용을 몇 개의 절로 나누어 제목을 붙인 것은 19세기의 장문을 읽기가 쉽지 않다는 점을 고려한 이 번역서만의 특징이다. 혹시 그 때문에 원문의 품위가 저해된다고 생각하는 독자는 나뉜 절은 무시하고 읽기 바란다. 그러나 내용과 무관하게 멋대로 문단을 구분한 일부 번역서와는 달리, 문맥을 철저히 살피어 나누었음을 밝힌다.

독자 여러분께 마지막으로 양해를 구하고 싶은 점이 있다. 이 책은 자서전이므로 매우 주관적 내용이 많다. 가령 밀은 자신에게 조기교육을 베푼 아버지에게 한국식 효도의 관점에서 보아도 극심할 정도로 엄청난 존경심을 보이지만(무엇보다도 나는 밀 부자가 평생 인도 식민지 경영에 관여한 점을 비판하며, 그 점은 옮긴이 해설에서도 설명했다), 어머니 해리엇 밀 Harriet Mill(1782~1854)에 대해서는 일언반구도 하지 않는다. 19세기 초반에 남녀평등을 주장한 선구적 페미니스트였던 밀이 남존여비 차원에서 어머니를 무시하지는 않았다고 생각한다. 그는 《자서전》 초고에서 아버지가 '잘못된 결혼 ill assoirted marriage'으로 불행했다고 썼으나, 훗날 초판에서는 이를 삭제했다. 그 밖에도 초고에는 어머니에 대한 비판적 언급이 나오지만 나중엔 모두 삭제했다.

사실 실직 상태인 남편과 자녀 아홉을 키워야 했던 그의 어머니가 (대부분의 사람들이 수긍하듯) 뛰어난 학자인 아버지의 반려로서는 부족할 수 있었지만 어머니에 대한 밀의 냉담은 우리로서는 이해하기 어려울 정도다. 자신의 결혼을 반대한 탓에 어머니를 언급하지 않았다고 보는 견해도 있지만, 그 또한 쉽게 이해되지 않는다. 여하튼 어머니는 밀이 결혼하고 3년 뒤에 세상을 떠났는데 당시 아내와 함께 프랑스 여행 중이던 밀은 임종을 보지 못했다.

반면 밀은 어머니와 이름이 같은 아내에게는 극단적 찬양을 쏟아붓는데, 그것도 그저 아름답다느니, 현모양처라느니 하는 정도의 찬사가 아니라(아니 그 점은 처음부터 문제가 되지 않았다) 지적인 면이나 활동성 면에서 자기보다 더 뛰어나다고 했던 것이다. 그녀도 밀의 어머니처럼 제대로 교육받지 못한 건 마찬가지였다. 그런데도 조기교육을 받은 자신보다 아내가 더욱 뛰어난 천재라며 극진히 모신다. 이 부분도 아내 자랑하는 사람을 팔불출로 보는 동방예의지국에서 나고 자란 필자로서는 읽기가 불편하다. 밀의 아내가 밀의 말처럼 뛰어난 여성이었는지 학자들 사이에서도 논란의 여지가 있는데 아무튼 밀은 그녀가 죽은 뒤 묘지 부근에 작은 집을 짓고, 그녀가 임종한 호텔 방의 가구를 사들여 매년 몇 달씩 그곳에서 지냈으며, 결국 그곳에서 죽음을 맞았을 정도로 열부였다. 어쨌든 아내에 대한 찬양은 어머니의 경우와 반대로 이 책에 무수히 나오므로 독자들이 읽고 판단할 일이다. 그 밖에도 자신이 아는 사람들에 대한 밀의 묘사는 거의 무비판적이라고 할 정도로 찬양조여서 객관성이 의심될 정도다. 그러나 어떤 책이든 완벽할 수는 없으므로 사리가 밝은 독자라면 가려서 읽을 필요가 있다.

마지막으로 현명한 독자들께 책의 전반적 논조에 대한 비판적 독서를 부탁드린다. 무엇보다도 밀은 아버지와 함께 인도를 지배한 동인도회사East India Company 영국 본사의 최고위직을 지냈다. 이처럼 그가 인도 식민지 정책을 주도한 제국주의자였다는 점을 항상 염두에 두고 책을 읽기 바란다. 1910년 8월에 한국에 와서 1945년 8월에 일본으로 돌아간 일본인 총독부 관리, 즉 일제강점기 35년 동안 처음부터 끝까지 총독부에서 근무한 자가 있을까? 그런데 인도를 식민지로 지배한 영국에는 그런 사람이 있었으니, 그가 바로 밀이다. 그는 《자유론》 등의 고전적 명저를 쓴 자유주의 사상가로 유명하지만 그의 평생 35년에 걸친 유일한 직업은 인도를 지배한 동인도회사의 고위직이었으며, 그것도 아버지에 이어 대를 잇는 것이었다.

그는 아버지에게 제국주의적 교육을 받았고 평생 제국주의자로 헌신했다. 밀은 무엇보다도 그 점을 평가받아야 한다. 천재교육의 수혜자나 《자유론》의 저자로만 볼 일이 아니다. 특히 우리나라에서 밀에 대한 평가는 그런 측면을 철저히 무시하기에 더더욱 그러하다. 이 점에 대한 더욱 상세한 설명은 이 책 말미에 있는 옮긴이 해설을 참조하기 바란다.

2019년 2월

박홍규

차례

1

소년기와 조기교육

이 책을 쓰는 이유

지금부터 자서전적 스케치를 하기 전에 나의 평범한 삶에 대한 기억을 남기는 것이 바람직하다고 생각한 이유를 설명하면 적절할 듯하다. 나는 내가 서술해야 할 어떤 부분이든, 하나의 이야기로서나 나 자신과 관련된 것으로 세상 사람들에게 흥미로울 수 있다고는 전혀 생각하지 않는다. 그러나 나는 교육과 그 개선이, 과거 영국 역사의 어느 시대보다 결코 심각하다고는 할 수 없어도 활발하게 연구되는 이 시대에, 나의 경우처럼 여러 가지 점에서 어떤 결과를 낳을지는 차치하더라도, 교육이라는 보통의 방법으로는 거의 낭비되는 유년기에, 일반적으로 상상하기보다 훨씬 많은 것을 가르칠 수 있음을 입증하는 사례로 주목할 만한 교육의 기록을 남기는 것은 유익할지도 모른다고 생각한다.

그러나 그 두 가지 이유 중 무엇보다 중요한 동기는, 내가 다른 사람들에게 지적·도덕적 발전에 관한 은혜를 받았음을 밝히려는 욕망이다. 그들 중에는 뛰어난 인물로 충분히 인정받은 사람도 있고, 인정받아도 좋을 정도로 알려지지 않은 사람도 당연히 있지만, 내가 거의 모든 은혜를 받은 사람[1]에 대해 세상 사람들에게 알릴 기회가 전혀 없었다.

위에서 말한 것에 흥미를 갖지 못하는 독자라면 더는 이 책을 읽을 필요가 없다. 만약 더 읽는다면 그 책임은 그에게 있고, 나로서는 이 책이 그런 독자를 위해 쓰이지 않는다고 납득시키는 것 외에 다른 배려를 할 길이 없다.

출생

나는 1806년 5월 20일 런던에서 태어났다. 《영국령 인도의 역사》[2]의 저자인 제임스 밀[3]의 장남이었다. 내가 알기로 아버지는 앵거스의 노

---

1 밀의 아내 해리엇 밀을 말한다. 영국의 철학자로 1세대 페미니스트 중 한 사람이자, 자유주의 페미니스트다.

2 *History of British India*(1817). 제임스 밀의 대표적 저서이자 출세작으로, 인도 땅에 발 한번 디뎌보지도 않고 힌두어를 전혀 모르는 상태에서 영어로 된 문헌만을 기초로 집필한 책이어서 문제가 많았다. 예컨대 아라비아 숫자와 십진법이 고대 인도에서 발명되었다든지, 아르야바타Aryabhata(476~550)가 "땅이 둥글고 주위에 별이 있다고 생각했다"는 등의 기록을 서양 문명이 전파된 다음에 날조된 이야기로 일축했다. 이 때문에 서구 중심주의에 입각한 제국주의 이론가의 전형적 사례로 간주되어 비판을 받는다. 하지만 아들 존 스튜어트 밀이 그 책의 그러한 점에는 관심이 없었음을 이 책 《자서전》에서도 읽을 수 있다. 이는 아버지에 대한 절대적 존경 때문이기도 하지만 스스로가 제국주의적 심성의 소유자로, 인도를 비롯한 식민지를 무시했기 때문이기도 하다.

3 James Mill(1773~1836). 스코틀랜드 출신으로 잉글랜드에서 활동한 영국의 계몽주의자·공리주의 철학자·정치학자·경제학자·역사학자. 동인도회사의 간부였고 존 스튜어트 밀의 아버지다. 스코틀랜드 제화공의 아들로 태어났는데, 열성적 어머니는 그의 성을 스코틀랜드식 표기인 Milne에서 잉글랜드식 표기인 Mill로 바꾸고, 계몽주의적 교육을 했다. 런던에 와서는 공리주의 철학자 제레미 벤담Jeremy Bentham과 교유하면서 지적 제자이자 동료가 되었다. 벤담의 사상을 이해하고 추종하는 한편, 잉글랜드에서 경제적·사회적 입지를

스워터 브리지의 소농이자 소상인의 아들이었다.[4] 그는 소년 시절에 스코틀랜드 재무법원 판사Balons of the Exchequer로 페터케이른에 살던 존 스튜어트 경Sir John Stuart에게 능력을 인정받아 에든버러대학교에 입학했다. 당시 그는 존 스튜어트 경의 아내 제인 스튜어트Jane Stuart를 비롯한 여러 부인들이 스코틀랜드 교회를 위해 소년들을 교육할 목적으로 창설한 장학 기금을 받았다. 아버지는 그 대학교의 일반 과정을 거쳐 전도사 자격을 얻었지만 성직을 갖지는 않았다. 스코틀랜드 교회든 다른 교회든, 교회의 교의를 믿을 수 없다고 자각했기 때문이다. 몇년 동안 그는 트위드데일 후작Marquis of Tweeddale 가정을 비롯한 스코틀랜드의 여러 집에서 가정교사를 지낸 뒤 런던에 정주해 저술에 몰두했다.[5] 그리고 동인도회사에 취직하는 1819년까지 다른 어떤 생활수단도 갖지 않았다.

  아버지의 삶 가운데 이 시기에는 놀라운 일이 두 가지 있다. 그중 하나는 불행히도 매우 흔한 일이고, 다른 하나는 매우 드문 일이다. 첫 번

확보하는 데 그의 전폭적 후원을 받았다. 벤담의 사상을 중심으로 근본적 사회개혁을 추구했던 인물들을 가리켜 이른바 철학적 급진주의자philosophical radicals라고 하는데, 밀은 여기에 참여한 젊은이들을 실질적으로 이끄는 지도자로 활약했다.

4 제임스 밀은 1773년 제임스 밀과 이사벨라 밀Isabella Mill의 장남으로 스코틀랜드 동해안 소도시 몬트로즈 근교 로기 하트 교구에 있는 노스웨스트 브리지에서 태어났다. 그의 아버지는 직공 한두 명을 두고 구둣방을 경영하면서 농업에도 종사했다. 어머니는 아들의 장래를 위해 가업을 거들지 않고 학업에 전념하도록 했다.

5 제임스 밀은 1802년 런던에 와서 그해《앙티 자코뱅 리뷰Anti-Jacobim Review》7월호에 실린 유니테리언 목사 토머스 벨샴Thomas Belsham(1750~1829)의《논리학과 정신철학의 원리 Elements of Logic and Mental Philosophy》에 대한 서평을 쓰는 것으로 집필 생활을 시작했다. 그 글에서 제임스 밀은 관념연합 이론과 쾌락주의적 인간관을 비판하고 내세와 신의 계시를 강조했다. 그 뒤 1808년에 벤담을 열광적으로 신봉하기까지 기독교에 대해 회의하고 정치적으로 급진화했다. 1803년부터 4년간은《리터러리 저널Literary Journals》의 주필로 많은 논문을 쓰기도 했다.

째는 정기간행물에 투고해 얻는 것 외에 수입이 없으면서도 결혼을 하고 대가족을 거느린 것이다.[6] 이는 적어도 삶의 후기에 그가 격렬하게 지지한 의견에, 양심으로 보나 의무로 보나 반하는 것이었다.

다른 하나는 처음부터 그가 겪어야 했던 불리한 조건과 결혼으로 생긴 불리한 조건 속에서 자신이 이끄는 삶을 위해 요구된 엄청난 에너지다. 그렇게 오랫동안 글을 쓰면서 부채나 금전상 어려움을 겪지 않고 자신과 가족을 부양한다는 건 아무나 할 수 있는 쉬운 일이 아니었다.

나아가 그가 정치와 종교에 대해 가진 의견은, 당시 권세 있는 모든 사람이나 부유한 영국인이 일반적으로 생각하기에는 전무후무할 정도로 혐오스러운 것이었다. 아버지는 어떤 유혹이 있더라도 자신의 신념에 반하는 글을 쓰지 않았을 뿐만 아니라, 사정이 허락된다고 생각하는 한 모든 집필에 언제나 되도록이면 자신의 신념을 많이 포함시켰다. 또한 그는 문필이든, 그 밖의 어떤 것이든 멋지게 성취하기 위해 필요한 모든 노력을 양심적으로 투입할 수 없는 일에는 절대 손을 대지 않았다.

그는 이 모든 짐을 지고서도 《영국령 인도의 역사》를 계획하고 시작하고 완성했다. 여기엔 10년가량이 걸렸는데 그것은 거의 같은 수준의 독서와 연구가 필요한 동일한 양의 다른 역사적 저술을 할 때(심지어 다른 직업이 없는 작가들조차)보다 더 짧은 시간이었다.

덧붙여야 할 점은, 전체 기간 동안 거의 매일같이 하루의 상당 부분이 자녀 교육에 사용되었다는 사실이다. 자녀의 한 사람이었던 나 자

---

6   제임스 밀은 1805년 해리엣 버로우Harriet Burrow(1782~1854)와 결혼해서 4남 5녀를 두었다.

신의 경우, 아버지는 자신의 생각에 따라 최고도로 지적 교육을 부여하고자 노력했고, 비슷한 목적으로 사용된 경우를 찾지 못할 정도로 엄청난 노력과 배려와 인내심을 쏟아부었다. 자신의 실천과 관련해서는 시간을 낭비하지 않는다는 원칙에 따라 열심히 행동하는 사람이 제자를 교육하면서도 같은 원칙을 고수하는 건 당연한 일이었다.

최초의 그리스어 교육

나는 언제 그리스어를 배우기 시작했는지 기억하지 못하지만 세 살 때라고 들었다. 그 주제에 대한 가장 이른 기억은 아버지가 '단어장Vocables'이라고 불렀던, 일반적 그리스어 목록에 영어 뜻을 적은 카드를 외운 것이다. 문법에 대해서는 몇 년 뒤까지 명사와 동사의 변화 이상은 배우지 않고 단어장을 끝낸 다음 바로 번역으로 나아갔다. 내가 읽은 최초의 그리스 책인 이솝[7]의 우화를 희미하게 기억한다. 더 잘 기억하는 것은 두 번째로 읽은 《아나바시스》[8]였다.

나는 여덟 살이 될 때까지 라틴어를 배우지 않았다. 그 당시 나는 아

---

7 AEsop. BC 6세기의 그리스 우화작가. 그의 우화집은 BC 3세기와 BC 2세기에 각각 산문과 운문으로 집성되었다.

8 *Anabasis*. 크세노폰Xenophon(BC. 430년경~BC 354년경)의 소아시아 원정을 기록한 역사서로 일곱 권으로 구성되었다. 페르시아의 아케메네스 제국 다리우스 2세Darius Ⅱ의 아들 키루스Cyrus the Younger가 그의 형 아르타크세르크세스 2세 Artaxercès Ⅱ와 왕위를 다투기 위해 그리스 용병을 고용해서 싸웠는데 전투에서 키루스가 전사하자 그리스 용병 부대가 크세노폰의 지휘하에 흑해 연안으로 나와 그리스로 귀환한 과정을 다룬 것이다. 우리말 번역은 크세노폰, 천병희 옮김, 《아나바시스》, 단국대학교출판부, 2001.

버지의 지도로 그리스 산문 저자들 중 몇 명의 작품을 읽었는데[9] 그중 헤로도토스의 작품,[10] 그리고 크세노폰의《키루스의 교육》[11]과《소크라테스 회상》[12]을 기억한다. 디오게네스 라에르티오스[13]의《철학자들의 삶》의 일부, 루키아노스[14]의 일부, 그리고 이소크라테스[15]의《데모

9 존 스튜어트 밀은 열세 살이던 1819년 7월 30일 벤담에게 보낸 편지에서 자신의 교육에 대해 다음과 같이 썼다(CW, 12권,《초기 편지 Earlier Letters》, pp. 6~10).

8세: 투키디데스Thucydides·아나크레온Anacreon·소포클레스Sophocles·에우리피데스Euripides·데모스테네스Demosthenes의 작품을 그리스어로 읽고, 이때부터 역사서를 읽기 시작해 훗날 네덜란드와 로마의 정치사를 썼다.

9세: 호메로스Homeros·테오크리토스Theocritos·아이스키네스Aeschines·데모스테네스Demosthenes의 작품을 그리스어로, 오비디우스Ovidius·베르길리우스Vergilius·키케로Cicero의 작품을 라틴어로 읽고, 유클리드기하학을 배웠다.

10세: 폴리비우스Polybios·크세노폰·에우리피데스·아리스토파네스Aristophanes의 작품을 그리스어로, 호라티우스Horatius의 작품을 라틴어로 읽었다.

11세: 투키디데스·데모스테네스·아리스토텔레스Aristoteles의 수사학을 그리스어로, 루크레티우스Lucretius·키케로의 작품을 라틴어로 읽었다.

12세: 데모스테네스·아리스토텔레스의《오르가논 Organon》을 그리스어로, 타키투스Tacitus·퀸틸리아누스Quintiliánus의 작품을 라틴어로 읽고, 과학·삼각법·미분학을 배웠다.

13세: 플라톤의《고르기아스 Gorgias》,《프로타고라스 Protagoras》,《국가 Politeia》를 그리스어로, 퀸틸리아누스의 작품을 라틴어로 읽고, 논리학을 배우기 시작했다. 리카도D. Ricardo의 경제학에 관한 책과, 톰슨T. Thompson의《무기체 화학 체계A System of Chemistry of Inorganic Bodies》를 읽었다.

10 Hérodotos(BC 484년경~BC 425년경)의《페르시아전쟁사 Historia》를 말한다.

11 *Cyropaedia*. 크세노폰이 쓴 키루스 2세 Cyrus II 대왕의 일대기로 헤로도토스 등의 기록과는 크게 상반되는 점이 있다. 우리말 번역은 크세노폰, 이동수 옮김,《키루스의 교육》, 한길사, 2015.

12 *Memorabilia*. BC 385년경 크세노폰이 쓴 소크라테스에 대한 회상록이다. 우리말 번역은 크세노폰, 천병희 옮김,《소크라테스 회상록》, 숲, 2018.

13 Diogenes Laërtius. 3세기 고대 그리스의 전기작가로 그가 저술한 철학자 전기인《철학자들의 삶Vitae philosophorum》은 고대 그리스의 철학자들의 삶에 관한 많은 정보를 알려주는 귀중한 자료다. 우리말 번역은 디오게네스 라에르티오스, 전양범 옮김,《그리스 철학자 열전》, 동서문화사, 2008.

14 Loukianos(120년경~180년경). 그리스 철학자로 80여 편의 풍자 대화를 남겼다.

15 Isocrates(BC 436~BC 338). 아테네 철학자로 정치평론 서간 아홉 편을 남겼다.

니코스에게》[16]와《니코크레스에게》[17]도 읽었다. 나는 또한 1813년에 《에우튀프론》에서《테아이테토스》에 이르는 플라톤[18]의 초기 대화 여 섯 편[19]을 읽었다. 마지막 대화는 생략한 편이 더 좋았을 것이다. 전혀 이해하지 못했기 때문이다.

그러나 아버지는 모든 가르침에서 내가 할 수 있는 최대한의 것뿐만 아니라 내가 도저히 할 수 없는 많은 일을 요구했다. 그가 교육을 위해 무슨 일이라도 할 작정이었던 건 다음 사실에서 알 수 있다. 즉 나는 그 가 쓰는 방의 그와 같은 책상에서 그리스어 수업을 준비하는 전 과정 을 밟았는데 그 당시 '그리스어-영어사전'은 아직 없었고, 아직 라틴어 를 배우지 않아 '그리스어-라틴어사전'을 사용할 수 없었기 때문에 내 가 모르는 모든 단어의 의미를 그에게 묻지 않을 수 없었다. 그는 참을 성이 정말 없는 사람이면서도, 이러한 끊임없는 방해를 참고 견디면서 《영국령 인도의 역사》여러 권과 그동안 집필해야 했던 다른 모든 책 을 썼다.

어린 시절의 이 시기에 그리스어 외에 유일하게 배운 것은 수학이었 다. 이것도 아버지가 가르쳐주었다. 저녁에 배웠는데 싫어하던 기억이 선명하다. 그러나 수업은 내가 나날이 받은 교육의 일부였을 뿐이다.

---

16 *Ad Demonicum.*

17 *Ad Nicoclem.* 한기철,《이소크레테스》, 한국문화사, 2016에 수록되어 있다.

18 Platon(BC 428?~BC 348?). 서양의 다양한 학문에 영향을 미친 그리스 철학자이자 사상가. 소크라테스의 제자였으며, 아리스토텔레스의 스승이었고, 아테네에 현대 대학교의 원형 이라 할 수 있는 세계 최초의 고등교육 기관 '아카데메이아Academy'를 세운 장본인이기도 하다. 현존하는 저작 대부분은 대화 형식이며, 일부 예외를 제외하고, 플라톤의 스승 소 크라테스를 주요 해설자로 한다.

19 《에우튀프론 Euthyphron》,《변론 Apologia》,《크리톤 Kriton》,《파이돈 Phaidon》,《크라튈로스 Cratylos》,《테아이테토스 Theaitetos》를 말한다.

그 대부분은 내가 혼자서 책을 읽는 것이었다. 아버지의 교육은 주로 산책 때 이루어졌다.

1810년부터 1813년 말까지 우리는 거의 시골풍 지역인 뉴잉턴 그린[20]에 살았다. 아버지의 건강은 상당히 지속적 운동이 필요한 상태였기에 그는 아침 식사 전에 혼시[21] 쪽 녹색 거리를 자주 걸었다. 이 산책에서 나는 항상 그를 따라갔고, 최초의 초록 들판과 야생화에 대한 기억은 내가 그 전날 읽은 것을 매일 그에게 설명했던 기억과 섞여 있다. 가장 잘 기억이 나는 건, 이러한 대화는 아버지가 부과한 것이 아니라 자발적 행동이었다는 점이다.

나는 책을 읽는 동안 종잇조각에 메모를 하고, 아침 산책을 하면서 아버지에게 메모한 것을 이야기했다. 주로 역사에 관한 책이었는데 그런 방법으로 많은 역사책을 읽었다. 로버트슨의 역사책[22]이나, 흄[23]과 기번의 책[24] 등이었다. 그러나 그때부터 오랫동안 내게 가장 큰 기쁨을 준 건 왓슨[25]의 필립 2세[26]와 필립 3세[27]에 대한 책들이었다. 투르크에

---

20 Newington Green. 런던 북부 지역.

21 Hornsey. 런던 북부 지역.

22 William Robertson, *History of Scotland during the Reign of Queen Mary and James VI*, 2 vols, 1759.

23 David Hume, *The History of England*, 1754~1764.

24 Edward Gibbon, *The Decline and Fall of Roman Empire*, 1776~1788.

25 Robert Watson, *The History of Reign of Philip the Second*, 1776 ; *The History of Reign of Philip the Third*, 1783.

26 Philip II(1165~1223). 프랑스 왕으로 3차 십자군전쟁에 동참했으나 종교적 열정이나 기사도와는 거리가 멀었다.

27 Philip III(1578~1621). 재임 동안 네덜란드와 전쟁을 했다.

대항한 몰타기사단[28]과 스페인에 대항한 네덜란드 반란군[29]의 영웅적 방어는 강렬하고 영속적인 관심을 불러일으켰다. 왓슨 다음으로 좋아한 역사책은 후크의 로마사[30]였다.

그리스 역사에 대해서는 그 당시 교과서적인 요약과 롤랑의 고대사[31]를 번역한, 마케도니아의 필립포스로 시작되는 최후의 두세 권을 제외하고는 본격적 책을 읽지 못했다. 그러나 나는 매우 즐겁게 랑혼의 플루타르코스 번역본[32]을 읽었다. 영국사에 대해서는 흄이 쓰지 않은 시대 이후의 역사로 버넷의 《현대사》[33]를 읽은 기억이 있지만 전쟁과 전투가 나오는 장면을 제외하고는 아무것도 신경쓰지 않았다. 그리고 《연감》[34]의 역사 부분을 처음부터 1788년까지 읽었는데, 이는 아버지

---

28 1차 십자군 원정 당시 예루살렘 정복(1099) 이후 로마가톨릭교회의 군사적 성격을 띤 기사단으로 설립되어 성지와 순례자 보호를 위한 조직으로 발전했다. 몰타기사단은 팔레스타인에서 기독교 세력이 축출된 후 로도스섬으로 근거지를 옮겼으며, 1522년 오스만제국에 의해 로도스섬에서 쫓겨난 후 다시 스페인 관할 몰타로 이주했다. 이들은 몰타섬에 자리 잡은 주권까지 있는 나라였지만 1798년 6월 나폴레옹 보나파르트가 이끈 프랑스군에게 정복당했다. 그러나 몰타기사단은 그 후에도 살아남아 지금도 로마에 본부를 두고 존재하며, 영토를 제외하면 독자적 헌법과 법원 등 독립국으로 갖춰야 할 대부분의 요소를 갖추고, 지금까지 국제법상 주체로 인정받는 경향이 있다.

29 네덜란드 독립전쟁(1568~1648)은 네덜란드 저지대 지방에 있는 네덜란드의 열일곱 개 주가 에스파냐(합스부르크 에스파냐)에 대항해서 벌인 독립전쟁을 말한다.

30 Nathaniel Hooke, *The Roman History, from the Building of Rome to the Ruin of the Commonwealth*, 4 vols, 1738~1771.

31 Charles Rolin, *The Ancient History*, 8 vols, 1738~1740.

32 *Plutarch's Lives*, translated by John and William Langhorne, 1770. Plutarchos(46년경~120년경)는 그리스 말기의 역사가로 《영웅전》의 저자. 우리말 번역은 플루타르코스, 천병희 옮김, 《플루타르코스 영웅전》, 숲, 2010.

33 Gilbert Burnet, *History of His Own Time*, 1724~1734.

34 *Annual Register*. 18세기 출판인 로버트 도즐리Robert Dodsley가 에드먼드 버크Edmund Burke와 협력하여 매년 기록을 남길 목적으로 1758년 창간한 이래 지금까지 간행된다.

가 나를 위해 벤담 씨에게 빌린 것이었다.

　나는 프로이센의 프리드리히 대왕[35]이 겪은 고난 시대와 코르시카 섬의 애국자 파올리[36]에게 지대한 관심을 보였다. 그러나 내가 미국 독립전쟁에 대한 책을 읽었을 때는 유치하게도 (아버지가 잘못을 바로잡아 주실 때까지) 영국이라는 이유로 사악한 측을 지지했다.

　이처럼 내가 읽은 책에 대해 빈번하게 이야기를 나누었고 그 자리에서 아버지는 기회가 닿는 대로 문명·정치·도덕·학문에 대한 설명과 사고 방법을 말해주었으며, 나중에 내가 나 자신의 말로 그에게 다시 말하도록 요구했다.

　그는 또한 내가 전혀 흥미가 없어서 읽을 생각을 하지 못한 많은 책을 읽게 하고, 구두로 설명했다. 그중에는 당시 매우 유명했고 아버지도 높이 평가한 밀러의《영국정치사 개설》,[37] 모스하임의《교회사》,[38] 멕크리의《존 녹스전傳》,[39] 슈얼과 러티가 쓴 퀘이커교의 역사에 대한 책들[40]이 있었다. 그는 비정상적 상황에서 힘과 자질을 발휘하고, 어려움에 맞서 싸우며 극복하는 사람들을 묘사한 책을 내 손에 쥐어 주기를 좋아했다. 그런 책으로 내가 기억하는 것은 비버의《아프리카

35　Friedrich II der Grosse(1712~1786). 독일 프로이센 왕국의 3대 프로이센 국왕으로 종교에 대한 관용 정책을 펼치고 재판 과정에서 고문을 근절한 계몽군주였다. 학대와 주변의 냉담함 속에서 성장했고, 열여덟 살에 가출한 뒤 재판에 회부되어 투옥된 바 있다.

36　Pasquale de Paoli(1726~1807). 제노바의 지배에서 벗어나고자 독립운동을 일으켰다.

37　Johann Millar, *An Historical Review of the English Government*, 4 vols, 1787~1802.

38　John Lorenz Mosheim, *An Ecclesiastical History*, 1765.

39　Thomas McCrie, *The Life of John Knox*, 1812.

40　William Sewell, *The History of the Rise, Increase and Progress of the Christian People Called Quaker*, 1722 ; John Rutty, *A History of the Rise and Progress of the People Called Quaker in Ireland from 1653 to 1700*, 1751.

회상》,[41] 콜린스의 뉴 사우스 웨일즈의 첫 번째 정착에 대한 이야기[42]
였다.

내가 전혀 싫증내지 않고 읽은 책 두 권은 대부분의 젊은이들이 재
미있게 읽은 앤슨의 항해기[43]와 혹스워스hawkesworth 편찬으로 기억되
는, 드레이크[44]에서 시작되어 쿡[45]과 부갱빌[46]로 끝나는 세계 일주 항
해 선집 네 권이었다. 아동용으로는 종종 친척이나 지인에게 선물로
받은 책 말고는 거의 읽지 않았지만,《로빈슨 크루소》[47]만은 탁월하게
생각했고, 어린 시절 내내 나를 기쁘게 했다. 아버지는 아주 드물게만
오락 책을 허용했지만 그걸 제외한다는 것이 아버지의 방침은 아니었
다. 당시 그런 책을 가지고 있지 않았던 아버지는 나를 위해 몇 권을 빌
려주었다. 내가 기억하는 것은《아라비안나이트》,[48] 카조트의《아라비
아 이야기》,[49]《돈키호테》,[50] 에지워스의《통속이야기》,[51] 그리고 당시
상당히 유명했던 브룩의《바보 귀족》[52]이었다.

여덟 살 때 나는 여동생과 함께 라틴어를 배우기 시작했다. 내가 여

---

41 Philip Beaver, *African Memoranda*, 1805.

42 David Collins, *An Account of English Colony in New South Wales*, 1798~1802.

43 George Anson, *A Voyage round the World*, 1748.

44 Francis Drake(1540~1596). 16세기 영국의 군인이고 사략선을 지휘하는 해적이기도 했다.

45 James Cook(1728~1779). 영국의 탐험가·항해사·지도 제작자.

46 Louis Antoine de Bougainville(1729~1811). 프랑스의 탐험가이자 군인.

47 Daniel Defoe, *The Life and Strange Surprising Adventure of Robinson Crusoe*, 1791.

48 *The Arabian Nights*, 1706.

49 Cazotte, *Arabian Tales ; or A Continuation of Arabian Nights's Entertainments*, 1794.

50 Miguel de Cervantes, *The History and Adventures of the Renowned Don Quixote,* English
    translation, 4 vols, 1855.

51 Maria Edgeworth, *Popular Tales*, 1804.

52 Henry Brooke, *The Fool of Quality ; or the History of Herry Earl of Moreland*, 1766~1770.

동생에게 가르치고 여동생이 배운 것을 나중에 아버지에게 말하는 방법이었다. 그리고 이때부터 다른 자매들과 형제들이 계속 나의 학생으로 추가되어, 나의 하루는 상당 부분이 이러한 예비교육으로 구성되었다. 그건 내가 크게 싫어하는 부분이었다. 게다가 내 학생들의 공부에 대해, 나 자신의 경우와 거의 같은 책임을 졌기 때문에 더욱더 그러했다. 그러나 나는 이 시련에서 커다란 이익을 얻었다. 바로 내가 가르치는 것을 더 철저하게 학습하고 더 오래 기억하며, 나아가 남에게 어려운 점을 설명하는 수법을 몸에 익힌 것이다.

소년 시절의 경험에 비추어 말하면, 다른 측면에서 아이들끼리 서로 가르치는 교육은 바람직하다고 할 수 없다. 그러한 교육은 교육으로서 매우 비효율적이라고 확신했으며, 교사와 학생이 훌륭한 관계를 맺는 도덕적 훈련이 아님을 잘 알게 되었다. 나는 이러한 방법으로 라틴어 문법과 코르넬리우스 네포스[53]와 카이사르의 《갈리아전기》[54] 주석의 상당 부분을 가르쳤다. 그러나 나중에 동생들을 위한 이 같은 수업 지도에 나 자신의 훨씬 긴 공부가 추가되었다.

라틴어를 시작한 해에 나는 《일리아스》[55]를 비롯해 그리스 시인들의 작품을 처음으로 읽기 시작했다. 그리스어 공부에 조금 진전이 있자 아버지는 포프의 번역서[56]를 주었다. 그것은 내가 최초로 읽은 영시

---

53 Cornelius Nepos(BC 99년경~BC 24년경). 로마의 전기작가로《명사들의 전기Exllentium Imperatorum Vitae》를 썼다.

54 Gaius Julius Caesar(BC 102~BC 44)가 쓴 *De Bello Gallico*.

55 *Illias. Odysseia*와 함께 호메로스가 썼다고 전해지는 고대 그리스의 가장 오래되고 가장 긴 서사시.

56 영국의 시인 알렉산더 포프 Alexander Pope(1688~1744)가 영어로 번역한 *The Illiad of Homer*(1715~1720)를 말한다.

로 몇 년 동안 가장 즐겨 읽는 책 중 하나가 되었다. 거의 이삼십 번은 읽은 듯하다. 이처럼 소년기에 너무나 자연스러운 취향을 언급하는 것은, 이렇게 아름답고 훌륭한 영시가 요즘 소년들에게는 그다지 보편적이지 않다는 사실을 알기 때문이다. 개인적 경험으로 보아 당연히 애독되어야 할 이 책이 널리 읽힌다고는 생각되지 않아 언급해둔다. 그 뒤 나는 바로 유클리드[57]기하학을 시작했고, 조금 뒤에는 아버지의 지도로 대수학을 시작했다.

여덟 살부터 열두 살까지 읽은 것으로 기억하는 라틴어 책은 베르길리우스의《목가》와《아이네이스》[58]의 처음 여섯 권,《서정시집 Epodes》을 제외한 호라티우스[59]의 책 전부, 파이드루스[60]의《우화》, 리비우스의 처음 다섯 권[61](나는 이 책의 주제가 흥미로워서 여가 시간에 자발적으로 다섯 권을 혼자서 읽었다), 살루스티우스의 책 전부,[62] 오비디우스의《변신》[63]의 상당 부분, 테렌티우스[64]의 희곡 일부, 루크레티우스[65]의 책

---

57 Euclid(BC 300년경). 고대 그리스의 수학자이자 소설가.

58 로마의 시인 Maro Publius Vergilius(BC 70~BC 19)의 시 *Bucolica*와 *Aeneis*.

59 Horatius(BC 65~BC 8). 로마의 풍자시인.

60 로마의 작가 Phaedrus(BC 15년경~AD 50년경)의 *Fabularum Aesopiarum*.

61 로마의 역사가 Titus Livius(BC 59~AD 17)의《로마사Ab Urbe Condita Libri》를 말하며 전 142권 중 35권이 현존한다.

62 로마의 역사가이자 정치가인 살루스티우스Sallustius(BC 86~BC 35)가 쓴《카틸리나 전기 Bellum Catilinae》등의 역사서.

63 *Metamorphoses*. 로마의 시인 오비디우스 나소 푸블리우스Ovidius Naso Publius(BC 43~AD 17)의 신화를 소재로 한 장시.

64 Terentius(BC 195~BC 159). 북아프리카 출신 노예였다. 그의 재능에 감복한 주인이 그를 교육하고 해방한 뒤 극작가로 이름을 날렸다. 그가 쓴 희곡 작품은 모두 여섯 편이 남아 전해진다.

65 Titus Lucretius Carus(BC 99~BC 55). 고대 로마의 시인이자 철학자로 서사시《사물의 본성에 관하여De Rerum Natura》여섯 권을 남겼다. 에피쿠로스Epikuros 철학 연구자인 동시

두세 권, 키케로 연설집[66]과 연설에 관한 글[67] 및 아티쿠스에게 보낸 편지[68]로, 아버지는 몽고의 주석에 있는 프랑스어로 된 역사적 설명을 번역해주었다.

그리스어로는 《일리아스》와 《오디세이》를 읽었다. 소포클레스,[69] 에우리피데스,[70] 아리스토파네스[71]의 희곡을 한두 편 읽었지만, 아무런 소득이 없었다. 또 투키디데스[72] 작품 전부, 크세노폰의 《헬레니카》,[73]

에 정열과 공상이 풍부한 재능 있는 시인으로, 엠페도클레스Empedocles를 마지막으로 산문으로 변한 철학을 재차 옛날로 되돌리고자 현인 에피쿠로스의 철학을 교훈 서사시로 읊었다.

66 키케로, 김남우 외 옮김, 《설득의 정치》, 민음사, 2015.

67 Marcus Tullius Cicero(BC 106~BC 43)는 로마시대의 정치가·웅변가·문학가·철학자로 《웅변가De Oratore》, 《국가론De Re Publica》, 《법De Legibus》 등을 썼다.

68 티투스 폼포니우스 아티쿠스Titus Pomponius Atticus(BC 110~BC 32)는 고대 아테네의 귀족이며 키케로가 그에게 보낸 편지는 당대의 사회상을 밝혀주는 중요한 사료로 남아 있다. 밀이 읽은 책은 프랑스인 니콜라스 위베르 몽고Nicholas Hubert Mongault(1674~1746)가 주석한 프랑스어 번역본이었다.

69 Sophocles(BC 496~BC 406). 고대 그리스 비극시인으로 아이스킬로스Aeschylos, 에우리피데스와 함께 삼대 비극시인 가운데 한 사람이다. 그리스 비극을 기교적·형식적으로 완성했다는 평가를 받는다. 현존하는 작품은 《안티고네Antigone》, 《오이디푸스왕Oidipous Tyrannos》 등 일곱 편이다.

70 Euripides(BC 480년경~BC 406년). 아테네 출신 고대 그리스 비극시인. 그가 쓴 비극 열여덟 편이 전해진다. 합리적 예지·자유주의적·인도주의적 사상을 내포한 그의 극은 근세 유럽의 비극 문학에 큰 영향을 주었다.

71 Aristophanes(BC 446~BC 385). 고대 그리스 아테네의 대표적 희극작가로 열한 편의 작품과 다수의 단편이 현존한다.

72 Thucydides(BC 465년경~BC 400년경). 고대 그리스 아테나의 역사가로, BC 5세기경 아테나와 스파르타가 싸운 전쟁을 기록한 《펠로폰네소스 전쟁사History of the Peloponnesian War》를 저술했다. "역사는 영원히 되풀이된다"는 말을 남겼다.

73 Hellenika. 고대 그리스의 저술가 크세노폰이 쓴 역사서로 원저는 모두 일곱 권. 투키디데스의 《펠로폰네소스 전쟁사》에 이어 BC 411년에서 BC 362년까지 약 50년에 걸친 그리스 각 폴리스의 동향을 다룬다.

데모스테네스[74]와 아이스키네스[75] 및 리시아스[76]의 책 대부분, 테오크리토스,[77] 아나크레온,[78] 《사화집》의 일부, 디오니시우스[79]의 책 조금, 폴리비우스[80]의 책 예닐곱 권, 마지막으로 아리스토텔레스의 《수사학》[81]을 읽었다. 《수사학》은 도덕적 또는 심리적 주제에 대한 최초의 과학 논문으로, 인간의 본성과 삶에 대한 고대인들의 최상의 관찰을 많이 포함하고 있어서 아버지는 이 책을 특별히 세심하게 읽도록 한 후 그 내용을 요약해서 표로 만들게 했다.

같은 기간에 초등 기하학과 대수학을 철저히 배웠으나, 미분학과 고등수학의 다른 부분은 충분히 배우지 못했다. 왜냐하면 아버지에겐 자신이 어려서 배운 이 방면에 관한 지식이 없었고, 나의 어려움을 해결

---

74 Demosthenes(BC 384~BC 322). 고대 그리스 아테네의 저명한 정치가이자 웅변가로 그리스 여러 폴리스의 자립을 호소하며, 패권을 추구하는 필리포스 2세Philippos II에 대항하여 반反마케도니아 운동을 전개했지만 뜻을 이루지 못하고 자살로 생을 마쳤다.

75 Aeschines(BC 390~BC 315). 고대 아테네의 정치가이자 웅변가로 데모스테네스와 대립했다.

76 Lysias(BC 445~BC 380). 고대 그리스의 웅변가.

77 Theocritos(BC 3세기~BC 260년경). 시라쿠사 태생 그리스 시인으로 전원생활을 주제로 목자를 노래한 짧은 시형詩形 〈목가〉의 창시자이자 완성자.

78 Anacreon(BC 570년경~BC 480년경). 송가로 유명한 고대 그리스의 서정시인.

79 Dionysius. 고대 그리스의 철학자.

80 Polybius(BC 203~BC 120년경). 헬레니즘 시대의 그리스 역사가로 BC 220~BC 146의 시대를 다룬 《히스토리아Historia》로 유명하다. 헤로도토스, 투키디데스와 함께 그리스 3대 역사가로 꼽힌다. 폴리비우스의 권력분립 사상과 정체政體의 정치적 균형에 대한 이론은 후대 몽테스키외Montesquieu의 《법의 정신De L'Esprit des Lois》과 미국 헌법 초안에도 영향을 주었다.

81 *Rhetoric*. 수사학은 논리학과 쌍벽을 이루는 사고思考의 학문으로 지적 반응을 중시했다. 아리스토텔레스 이후로 수사학은 더욱 논리적으로 말하기 등 다른 사람을 설득하고 그에게 영향을 끼치기 위한 언어 기법을 알아내는 학문으로 연구되기 시작했다. 우리말 번역은 아리스토텔레스, 천병희 옮김, 《수사학》, 숲, 2017.

할 만큼 다시 공부할 여유도 없었기 때문이다. 그래서 이 어려움을 나 혼자 해결하도록 했는데, 나는 책 말고는 다른 도움을 거의 받지 못했다. 그동안 나는 어려운 문제를 풀지 못해 아버지를 불쾌하게 했다. 아버지는 내게 필요한 예비지식이 없음을 알지 못했다.

혼자서의 독서에 관해서는, 기억이 나는 것만 말할 수 있다. 역사는 내가 가장 강한 흥미를 가지고 읽은 분야로 무엇보다도 고대사를 좋아했다. 나는 미트포드[82]의 《그리스사》를 계속 읽었다. 아버지는 그 저자가 보수적Tory 편견을 가지고, 전제군주를 좋게 말하는 반면 민주제도에 대해서는 나쁘게 말함으로써 사실을 왜곡한다는 점을 경계하도록 했다. 아버지는 그리스 연설가들과 역사가들의 말을 예로 들어가며 그러한 문제점을 설명했기에 미트포드의 책을 읽을 때 언제나 저자의 견해와 반대되는 주장을 할 수 있었다. 그렇다고 해서 이 책을 읽는 새로운 즐거움을 반감시키지 못했다.

로마 역사는 오래전부터 좋아했던 후크나 퍼거슨[83]의 책을 통해 계속 나를 기쁘게 해주었다. 건조한 문체인데도 내가 재미있게 읽은 책은 《고대의 보편적 역사》[84]였다. 그 책을 계속 읽은 덕분에 내 머리는 까마득한 고대인에 관한 역사적 세부 사항으로 가득 찼다. 반면 현대사에 대해서는 네덜란드 독립전쟁 같은 몇 대목을 제외하고는 많이 알

---

82 William Mitford(1744~1827). 영국의 역사가이자 정치가로 《그리스사 The History of Greece》 (1784~1810)의 저자로 유명하다.

83 Adam Ferguson(1723~1816). 영국 스코틀랜드의 철학자이자 역사학자. 《시민사회역사론 An Essay on the History of Civil Society》 등을 저술한 '사회적 자연론'의 창시자로 꼽힌다. 밀이 읽은 퍼거슨의 책은 *The History of the Progress and Termination of the Roman Republic*, 1783

84 *An Universal History, from Earlier Account of Time to the Present*, 7 vols., 1736~1744. 저자 미상.

지 못했고 또 알려고도 하지 않았다. 어린 시절 자발적으로 가장 열심히 연습한 것은 스스로 역사 저술이라고 부른 것이었다.

나는 후크의 책에서 자료를 골라내어 로마의 역사를 썼다. 이어서 《고대의 보편적 역사》를 요약해보았다. 그다음에는 내가 가장 좋아하는 왓슨과 익명의 저술을 통해《네덜란드의 역사History of Holland》를 썼다. 이어 열한 살과 열두 살 때 나는 스스로 대단한 일이라고 자부한 것에 전력을 기울였다. 그것은《로마정치사History of the Roman Government》로 리비우스와 디오니소스의 책에서 도움을 받아 쓴 것이었다. 나는 이를 리키니우스 법[85]의 시대까지 8절판 책으로 한 권이 될 만큼 길게 썼다. 그것은 사실 귀족과 평민의 투쟁에 대한 이야기였는데, 전에는 로마인의 전쟁과 정복에만 흥미를 느꼈던 내 마음이 이제는 온통 그런 문제에 쏠리게 되었다. 나는 로마사에서 국가조직에 문제가 생길 때마다 이를 논의했다.

당시 나는 니부어[86]의 연구를 전혀 몰랐지만 아버지가 비추어주시는 빛에 따라 리비우스가 제시한 증거를 근거로 로마 토지법을 옹호했고, 온 힘을 다해 로마의 민주주의 정당을 지지했다. 몇 년 뒤 나는 그 유치한 노력을 경멸하면서 이 모든 글들을 찢어버렸다. 당시에는 내가

---

85 리키니우스 섹스티우스 법Leges Liciniae Sextiae은 고대 로마에서 BC 367년에 호민관 가이우스 리키니우스 스톨로Gaius Licinius Stolo와 루키우스 섹스티우스 라테라누스Lucius Sextius Lateranus의 제안으로 제정된 법이다. 두 제안자의 이름을 따왔으며, 리키니우스 법으로 표기된다. 로마 공화정 전반기의 귀족 파트리키Patrici와 평민 플레브스plebs 사이의 신분 투쟁에서 중요하고 획기적 전환점이 되었다.

86 Barthold Georg Niebuhr(1776~1831). 독일의 역사가로 근대역사학의 아버지로 불린다. 로마사의 신화와 전설 등의 사료를 철저히 비판하여 객관적으로 서술한《로마사Römische Geschichte bis》(241 v. Chr., 1811~1832)를 썼다.

훗날 글쓰기와 추론에 대한 나의 첫 시도에 조금이라도 호기심을 가지게 되리라곤 조금도 예상하지 못했다. 아버지는 이 유익한 오락을 즐기는 나를 격려해주었다. 하지만 그는 결코 내가 쓴 것을 보지 않았는데 잘한 일이라고 생각한다. 그래서 나는 그것을 쓰면서 누구에 대해서도 꺼릴 것이 없었고, 비판적인 눈 밑에서 식은땀을 흘릴 필요도 없었다.

역사에 대한 이러한 습작이 결코 강제적이지 않았던 반면, 강제적인 것도 있었다. 그것은 시 쓰기로 내가 제일 싫어한 것 가운데 하나였다. 그리스어와 라틴어로는 시를 쓰지 않았고 그 언어들의 운율법도 배우지 않았다. 이런 일에 시간을 쓸 필요가 없다고 생각한 아버지는 나에게 소리 내어 읽게 하고 잘못 읽은 것을 바로잡는 데 만족했다. 나는 그리스어로는 시를 짓지 않았고 산문도 쓰지 않았으나, 라틴어로는 조금 지어보았다. 이는 아버지가 그런 연습이 그러한 언어들에 대한 철저한 지식을 제공하는 데 가치 있다는 사실에 무관심했기 때문이 아니라, 정말로 그런 연습을 할 시간이 없었기 때문이다.

대신 영어로 시를 짓게 했다. 내가 처음 포프의 호메로스를 읽었을 때, 나는 야심차게 같은 종류의 것을 쓰고자 시도했고, 《일리아스》의 속편이 될 만한 길이로 시를 지었다. 아마도 나의 시적 야심에서 자발적 자극은 거기서 멈추었을 것이다. 그러나 자발적으로 시작된 이 연습은 명령에 의해 계속되었다. 아버지는 나에게 요구하는 일에 관해선 되도록 많은 설명을 해주었는데 이때도 아버지의 평범한 관행에 따라 그답게 두 가지 이유를 들었음을 잘 기억한다.

그중 하나는 산문보다 시로 쓰면 더 훌륭하고 더 강하게 표현될 수 있다는 것이었다. 그는 이것이 진정한 시의 장점이라고 말했다. 다른 하나는, 일반적으로 사람들은 시에 실제보다 더 큰 가치를 부여하므

로, 시를 쓰는 힘을 기르는 것은 쓸모 있는 일이라고 했다. 그는 일반
적으로 나에게 제목을 고르게 했는데, 내가 기억하는 한 대부분 신화
적 인물이나 비유적 추상에 대한 것이었다. 그는 나에게 호라티우스
의 짧은 시를 영어로 많이 번역하게 했다. 나는 또한 그가 톰슨[87]의 《겨
울》을 읽으라고 했고, 그 뒤 같은 주제에 대해 직접 글쓰기를 시도하
게 했음을 기억한다.

　나는 지금까지 영시를 거의 읽지 않았다. 아버지가 내 손에 쥐어 준
셰익스피어는 주로 사극이었으나 나는 다른 작품도 읽었다. 아버지는
결코 셰익스피어를 좋아하지 않았다. 그는 영국의 우상 셰익스피어를
날카롭게 비판했다. 그는 그가 가장 존경한 밀턴,[88] 골드스미스,[89] 번즈[90]
및 그가 좋아한 그레이[91]의 《시인》을 제외한 다른 어떤 영시에도 관심
이 없었다. 그는 그레이의 《비가》보다 《시인》을 더 좋아했다. 아마도

87　James Thomson(1700~1748). 《겨울Winter》로 유명한 영국의 시인.

88　John Milton(1608~1674). 영국의 시인이자 청교도 사상가. 영국의 대문호 셰익스피어에
　　버금가는 작가로 평가받는다. 프로테스탄트의 수호자를 자처했던 올리버 크롬웰Oliver
　　Cromwell 밑에서 외교 비서관을 지내며 오랫동안 그를 보좌했다. 기독교적 성격을 띤 서
　　사시 《실낙원Paradise Lost》의 작가로 유명하다. 밀턴은 위대한 예술가이기 이전에 고난과
　　인생 역경을 극복한, 인생 자체가 위대한 작가로 평가받는다.

89　Oliver Goldsmith(1728~1774). 아일랜드 태생의 영국 시인이자 소설가로 기독교 소설《웨
　　이크필드의 목사The Vicar of Wakefield》(김용태 옮김, 크리스천 다이제스트, 1990)의 저자로 유명
　　하다.

90　Robert Burns(1759~1796). 스코틀랜드 출신 영국의 시인이자 혁명사상의 선구자로 모순
　　에 찬 당시의 사회·교회·문명 일반을 예리한 필치로 비난하고, 정열적 향토애로 스코틀
　　랜드 농부와 시민의 소박한 모습을 나타냈다. 훗날 작곡가들은 그의 작품을 노래로 많이
　　만들었다. 대표작으로는《오두막집의 토요일 밤The Cotter's Saturday Night》등이 있다. 그의
　　시 〈올드 랭 사인Auld Lang Syne〉은 한 해의 마지막 날(12월 31일)에 부르는 노래가 되었다.

91　Thomas Gray(1716~1771). 영국의 시인으로 밀은 그의 《시인The Bard》(1757)과《비가Elegy
　　Written in the Church Yard》를 읽었다.

나는 쿠퍼[92]와 비티[93]를 추가할 수 있을 것이다. 아버지는 스펜서[94]의 가치를 인정했는데, 스펜서의 《요정 여왕》 첫 권을 나에게 읽어준 것(보통 나에게 읽도록 한 것과는 반대로)을 기억한다. 그러나 나는 재미를 느끼지 못했다.

아버지는 19세기 시에서 거의 아무런 가치도 발견하지 못했고, 나도 월터 스콧[95]의 서사시를 제외하면 어른이 될 때까지 그것에 대해 거의 알지 못했다. 나는 아버지의 추천으로 스콧의 소설을 읽었는데 살아 있는 이야기에 대해 항상 그랬듯이 너무나 즐거웠다. 드라이든[96]의 시는 아버지가 가진 책 가운데 하나였는데, 아버지는 그중 많은 걸 나에게 읽혔으나 《알렉산더의 향연》을 제외하면 흥미롭지가 않았다. 월터 스콧의 많은 노래처럼 나는 나 자신의 음악으로 마음속에서 노래했다. 스콧의 시 일부는 내가 작곡까지 했던 것으로 기억한다.

쿠퍼의 짧은 시는 약간은 재미있게 읽었지만, 더 긴 것들은 읽지 못했다. 그의 작품 두 권 중 세 마리 산토끼에 대한 산문 이상 흥미로운

---

92 William Cowper(1731~1800). 영국 낭만주의의 선구가 된 시인.

93 James Beattie(1735~1803). 스코틀랜드의 시인이자 철학자.

94 Edmund Spenser(1552~1599). 영국의 시인으로 엘리자베스 1세 시대인 영국 문예 부흥기에 희곡에서의 셰익스피어처럼 가장 위대한 시인으로 꼽힌다. 그의 우화적 장편 서사시 《요정 여왕Fairy Queen》 여섯 권은 영국의 시 가운데 가장 뛰어난 시로 손꼽힌다.

95 Walter Scott(1771~1832). 스코틀랜드의 시인이자 영국 낭만주의 소설을 대표하는 작가. 1819년 작품 《아이반호 Ivanhoe》가 유명하다. 소설을 대중의 것으로 만들었으며, 패권 다툼을 다루는 역사적 사회소설의 창시자가 되었다. 밀은 서평에서 스콧의 《나폴레옹 전기Life of Napoleon Bonaparte》에서 드러나는 프랑스혁명관을 통렬히 비판했다. 이는 이 책 4장 마지막 부분에서 읽을 수 있다.

96 John Dryden(1631~1700). 영국의 시인이자 극작가, 비평가로 음악의 위력을 칭송한 《알렉산더의 향연Alexander's Feast》(1697) 등을 썼다.

건 없었다. 열세 살 때 나는 캠벨[97]의 시에서 《로키엘》, 《호헨린덴》, 《에린의 망명자》 등을 읽었는데, 그전에는 시를 통해 경험하지 못했던 충격을 받았다. 여기서도 《와이오밍의 거트루드》[98]의 충격적 첫 부분은 특히나 비창미의 극치로서 나의 마음속에 오랫동안 머물렀다.

어린 시절 이 부분에서 가장 중요한 오락 중 하나는 실험과학이었지만 이론적으로 그렇다는 것이지, 말 그대로 실제 실험을 한 것은 아니었다. 실험을 시도하지 못한 것을 나는 종종 후회했다. 심지어 실험을 보지도 못하고 단지 그것에 대해 읽었을 뿐이다. 조이스[99]의 《과학적 대화》만큼 열중해서 읽은 책이 없는데 이 책 첫 부분에 풍부하게 서술된 물리학의 중요한 원리에 대해 틀린 추론이 있다고 한 아버지의 비판에 반발할 정도였다. 나는 강의에 참석하거나 실험을 보기 몇 년 전부터 화학에 관한 책, 특히 아버지의 오랜 친구이자 동창생인 톰슨[100] 박사의 책을 몇 년간 탐독했다.

열두 살 무렵부터 나는 교육 과정에서 지금까지와는 다른 진보된 단계에 들어섰다. 그 중요한 목표는 생각의 보조 수단이나 연장이 아니라 생각 자체였다. 그것은 논리학으로 시작되었다. 나는 바로 《오르가논》[101]에서 시작해 분석론까지도 끝까지 읽었다. 그러나 내가 아직 익숙하지

---

97   Thomas Campbell(1777~1844). 영국의 시인.

98   *Lochiel's Warning*(1803), *Hohenlinden*(1803), *The Exile of Erin*(1801), *Gertrude of Wyoming*(1809).

99   Jeremiah Joyce(1763~1816). 영국의 유니테리언 목사이자 저술가로 《과학적 대회Scientific Dialogues》를 썼다.

100   Thomas Thompson(1773~1852). 영국의 화학자로 《무기체 화학 체계》(4 vols. 1802)를 썼다. 제임스 밀의 에든버러대학교 동창생으로, 글래스고대학교 교수를 지내며 영국 화학의 발달에 크게 기여했다.

101   *Organon*. 아리스토텔레스의 저서.

않은 추론 분야에 속하는《분석론 후서Posterior Analytics》에 대해서는 전혀 이해하지 못했다.《오르가논》과 동시에 아버지는 라틴어로 쓰인 스콜라 논리학의 전부 또는 일부를 읽고, 매일 산책하면서 내가 읽은 것을 상세히 설명하게 하고, 숱한 날카로운 질문에 답하게 했다.

그 후 나는 비슷한 방식으로, 홉스Hobbes의《계산 또는 논리》[102]를 읽었다. 이 책은 스콜라파 논리학자들의 책보다 훨씬 수준 높은 책으로, 아버지는 그것을 매우 높게 평가했다. 그 책이 훌륭하다고는 생각했지만 아버지의 평가는 과대한 것으로 보였다. 나에게 어떤 공부를 시키는 경우에도 되도록이면 나에게 그 유용성을 이해시키고 실감하게 하는 것이 그의 변함없는 습관이었다. 그는 이러한 방법이 삼단논법 논리학의 경우 특히 적절하다고 생각했다. 왜냐하면 매우 많은 권위적 작가들이 그 유용성에 대한 논란을 만들어왔기 때문이다.

백숏 언덕 부근에서 산책할 때(당시 샌드허스트 육군사관학교의 수학교수 중 한 명인 아버지의 옛 친구 월리스[103]를 방문했을 때였다) 아버지는 먼저 이 문제에 대해 질문해서 생각하도록 하고, 삼단논법 논리학의 유용성 구성에 대한 몇 가지 개념을 짜도록 시도하고, 제대로 하지 못하면 나에게 설명하여 그것을 이해하게 했음을 잘 기억한다.

아버지의 설명은 당시 문제를 명료하게 알게 해주지 못했지만, 그렇다고 해서 무용하지는 않았다. 그것들은 나에게 관측과 사색의 열매를 맺게 하는 핵심으로 남았다. 나중에 주목한 사례[104]를 통해 아버지의 일반적 설명의 의미를 이해하게 된 것이다. 나 자신의 의식과 경험은

---

102 *Computatio sive Logica*, 1668.

103 William Wallace(1768~1843).

104 임성희, p. 311과 배영원, p. 31은 "내가 끼친 낱낱의 사례"라고 번역하나 오역이다.

일찌감치 스콜라학파의 논리학에 친숙했던 것이 얼마나 큰 가치가 있는 일인지를 아버지가 그랬던 것처럼 매우 높이 평가하게 되었다. 나의 교육 중에서 내가 도달한 사고능력에 대해 이보다 더 은혜를 받은 게 무언지 전혀 알지 못한다. 무언가 숙련된 것에 도달한 최초의 지적 조작은 잘못된 논의를 해부하고, 어느 부분이 틀렸는지 찾아내는 것이었다.

내가 이런 종류의 것으로 얻은 능력은 모두 아버지에게 매우 강인하게 지적 훈련을 받은 결과지만, 스콜라학파의 논리학과 그 학습을 통해 몸에 익힌 정신적 습관이야말로 그러한 훈련의 중요한 수단 가운데 하나였음도 사실이다. 나는 현대 교육에서 적절하게 활용된다면, 말과 명제에 정확한 의미를 부여하고, 막연하고 느슨하며 애매한 말을 강요하지 않는 치밀한 사상가를 육성하는 데 논리학 공부 이상으로 도움이 되는 것은 없으리라 확신한다.

수학 공부를 자만하는 사람도 있지만 논리학에 비하면 아무것도 아니다. 수학의 과정 중에는 정확한 추론이 참으로 어려운 것은 전혀 나오지 않기 때문이다. 또 논리학은 철학 연구자 교육의 초기 단계에 특히 적합한 공부다. 논리학은 경험과 성찰에 의해 학습자 자신의 가치 있는 사상을 확보해가는 느린 과정을 전제하지 않기 때문이다. 그들은 자신의 사고능력이 크게 진보하기 전에 혼란과 자기모순에 빠진 사상에서 헝클어진 부분을 풀어헤칠 수도 있다. 그런 훈련이 부족한 탓에 그렇지 않으면 유능할지도 모를 사람들에게 이러한 능력이 완전히 결여되어 있다. 그러한 사람들은 반대자에게 반론을 해야 할 경우, 자신이 주장할 수 있는 논의를 통해 노력해도 반대의 결론을 지지하는 결과에 빠지게 되며 반대자의 추론에 반론도 못한 채 끝나게 된다. 따라서 문제가 논의에 의존하는 한, 기껏해야 승부 없는 논쟁으로 끝나버린다.

이 무렵에 아버지와 함께 계속 읽은 라틴어와 그리스어의 책은 어학을 위해서만이 아니라 그 사상을 위해서도 공부할 가치가 있는 것이었다. 그중에는 많은 웅변가, 특히 데모스테네스의 책이 포함되었다. 데모스테네스의 중요한 변론 중 몇 가지는 몇 번이나 읽었고, 연습을 위해 그것을 상세하게 분석하는 글을 쓰기도 했다.

그 분석을 아버지에게 읽어주었을 때 아버지가 해준 웅변에 대한 해설은 매우 유익했다. 그는 이러한 웅변이 아테네의 여러 제도나, 그 웅변이 종종 설명하는 입법이나 통치 원리에 통찰력을 주었다는 점에 내가 주목하게 했을 뿐 아니라 웅변가의 숙련과 수법을 지적해주었다. 즉 청중이 받아들이기에 가장 적합한 상태로 그들의 마음을 유도해서 웅변을 마칠 적절한 순간에 어떻게 말해야 하는가, 또 웅변가가 가장 직접적으로 표현했다면 청중의 반감을 불러일으킬 수 있는 사고방식을 어떻게 청중의 마음속에 서서히 교묘하게 스며들게 했던가를 지적했다. 당시의 나에게는 이러한 해설 대부분을 완전히 이해할 능력이 없었지만 이는 그 뒤에 씨앗을 남겨 적절한 계절에 싹을 틔웠다.

나는 그 무렵, 또한 타키투스Tacitus, 유베날리스Juvenalis, 퀸틸리아누스Quintilianus의 전 저술을 읽었다. 퀸틸리아누스의 책들은 대부분 애매한 스타일과 스콜라적 상세함 때문에 거의 읽히지 않았고, 충분히 평가되지도 못했다. 그러나 그의 책들은 교육과 문화의 모든 영역에 대한 고대인의 사상을 망라한 백과사전 같은 것이었다. 그러므로 나는 그 뒤에도 일평생, 그토록 어릴 때 읽은 것까지 포함한 독서에서도 명백하게 추적할 수 있는 많은 소중한 사상을 계속 지니게 되었다.

내가 플라톤의 대화 중 가장 중요한 몇 가지, 특히《고르기아스》, 《프로타고라스》,《국가》를 처음 읽은 것도 이 무렵이었다. 나의 아버지는 자신의 정신적 교양에 플라톤 이상 은혜를 입은 저자가 없다고 생각했고, 또 젊은 학도들에게 플라톤만큼 자주 추천한 사람이 없었다. 나 자신에 대해서도 똑같이 증언할 수 있다. 플라톤 대화의 중요한 전형인 소크라테스의 방법은 잘못을 시정하고 '수동적 이성'에 따르는 여러 가지 혼란을 일소하기 위한 훈련으로서 유례가 없다. 이 수동적 이성은 통속적 용어법에 이끌려 온갖 연상의 다발을 만들어내는 지성이었던 것이다.

막연한 일반론을 내세우는 사람에게 자기가 한 말의 의미를 스스로 명확하게 표현하게 하거나, 자신이 말하는 것을 이해하지 못한다고 고백하게 하는 엄밀하고 날카로운 음미, 모든 일반적 표현을 여러 가지 특정한 사례에 의해 계속 검증하는 것, 거창한 추상적 의미의 용어를 밝힐 경우, 그 추상적 용어나 그 이상의 것을 포함하는 더욱 거창한 유개념의 명사를 세워놓고, 이것을 쪼개어감으로써 문제되는 것까지 세분해가는 것, 즉 그 용어와 그것과 동류인 여러 대상을 정확하게 구별하여 차차 분리해가는 것, 이 모든 것은 정확한 사고의 교육으로서 무한한 가치를 지녔고, 또 이 모든 것은 당시에도 나를 완전히 사로잡아 스스로에게 마음의 일부가 되었다.

그 후로 나는 플라톤주의자라는 호칭은 플라톤의 연구 방법 속에서 육성되어 그 방법의 실천을 위해 노력한 사람들에게 적합하다고 느껴왔다. 그러한 사람들과 대조되는 자칭 플라톤주의자란 대부분 플라톤의 몇 가지 독단론적 결론을 채택하는 것만이 분명했던 사람들이다. 그 결론은 가장 난해한 저술에서 끄집어냈으며, 플라톤의 정신과 저술의 성격으로 보아 플라톤이 그것을 시적 공상이나 철학적 억측 이상으로 생각했는지조차 의심스럽다.

플라톤과 데모스테네스를 읽을 무렵, 나는 그들의 책을 언어에 관한 한 완전히 쉽게 읽게 되어 자구마다 해석하는 것을 요구받지 않았다. 아버지를 향해 낭독하고 질문에 답하기만 하면 되었지만 아버지는 발성법을 특히 중시해서(그 자신이 발성법에 탁월했다) 아버지를 향하여 낭독하기란 매우 힘든 과제였다. 아버지가 나에게 요구한 모든 것 중에서 낭독의 경우만큼 언제나 실패하거나 끊임없이 꾸중을 들은 것이 없다. 아버지는 낭독법의 원리, 특히 가장 중시하는 분야인 발성의 변화, 즉 낭독법의 전문가가 '억양'(한편으로는 발음과도, 한편으로는 표현과도 달랐다)이라고 부르는 원리에 대해 깊게 생각하고 그것을 문장의 논리적 분석에 근거한 규칙에까지 환원했다. 아버지는 이러한 규칙을 엄격하게 가르쳤고, 규칙을 위반할 때마다 몹시 꾸중했다.

그러나 문장을 잘못 읽으면 꾸중을 하고 어떻게 읽어야 하는지를 '말했으나', 자신이 읽고 내가 어떻게 읽어야 하는지 '시범을 보여주지는' 않는다는 점을 나는 그 당시에도 이상하게 생각했다. (그러나 아버지에게 말할 용기가 도무지 나지 않았다.) 다른 점에서는 훌륭한 아버지의 교육에 일관된 결함이 있었는데 이는 아버지의 사고법 전부에 일관된 것으로, 구체적인 것으로 구현되지 않을 때에도 추상적인 것을 잘 이해할 수 있다고 너무 확신한다는 점이었다.

낭독법을 혼자서 스스로, 또는 동년배 친구들과 함께 연습하면서 아버지의 규칙에 어떤 목적이 있는지 처음으로 이해하고 그 심리학적 근거를 알게 된 것은 훨씬 뒤였다. 그때 나와 친구들은 이 문제를 아버지의 원리에 근거하여 깊이 파고들었고, 매우 유익한 책을 쓸 수 있었다.

아버지는 그 원칙과 규칙에 대해 쓴 적이 없었다. 체계적 실천을 위해 이 문제에 몰두했을 때 그 규칙과 우리가 개선한 것을 정형적 형태로 만들어두지 못한 점이 후회가 된다.

최선의 의미에서 내 교육에 도움이 된 책은 아버지의《영국령 인도의 역사》였다. 이 책은 1818년 초에 출판되었다. 그전 해 원고가 인쇄될 때, 나는 아버지에게 교정쇄를 읽어드렸다. 또는 내가 아버지에게 원고를 읽어주고 아버지는 교정쇄를 수정하기도 했다. 이 주목해야 할 책에서 나는 많은 새로운 사고방식을 습득했다. 동시에 인도 측의 사회와 문명에 대한, 그리고 영국 측의 통치제도와 행동에 대한 아버지의 비판과 연구는 나의 사고에 충격과 자극과 교시를 주었다. 그로 인해 내가 이 책에 일찍이 친숙하게 된 것은 훗날 나의 진보에 더할 나위 없이 유익했다. 현재 완벽한 수준과 비교한다면 이 책에서 결함을 발견할 수도 있다. 하지만 나는 이 책이 지금까지 쓰인 최고의 책은 아니지만, 가장 교훈적 역사책 가운데 하나라고 생각한다. 또한 지금도 사람들이 의견을 모을 때 최대한 유익한 책 가운데 하나라고 생각한다.

아버지의 저서 중에서 가장 특징적이면서 가장 사상이 풍부한 소재인 서론을 읽어보면, 아버지가《영국령 인도의 역사》를 썼을 때의 의견이 어땠는지, 기대의 완전한 기준이 무엇이었는지 잘 알 수 있다. 이 책에는 당시 극단적으로 여겨진 민주주의적 급진주의의 의견과 판단방법이 투철하게 담겨 있었고, 당시로서는 매우 이례적으로 격렬하게 영국의 헌법과 법률, 영향력을 가진 모든 정당과 계급을 다루었다. 따라서 아버지로서는 이 책의 출판으로 명성을 기대했을지 모르지만, 생활이 향상되리란 기대는 전혀 하지 못했을 게 틀림없다. 또 아버지는 이 책으로 권력자들의 적대감 고조 말고는 예상할 수 없었고, 최소한 동인도회사의 호감을 얻으리라는 생각은 도저히 못했을 것이다. 아버지는 동인도회사의 무역 독점을 무조건 반대했고, 그러한 통치 행위에 대해 지극히 엄혹한 비판도 많이 했다. 비록 아버지가 이 책 여러 부분에서 회사에 호의적 증언을 하긴 했으나 그건 아버지가 회사가 당연히 그런 증언을 받을 만하다고 느꼈기 때문이다. 즉 어떤 정부도 완전히 공개했을 때 피지배자에게 그토록 선의를 베풀었음을 증명할 수 없고, 나아가 어떤 정부라도 공개했을 때 더 많은 허물을 드러내리라 느꼈기 때문이다.

아버지는 《영국령 인도의 역사》를 출판한 지 약 1년 뒤인 1819년 봄, 동인도회사 이사회가 인도와의 통신 처리를 위해 본국 요원을 일부 보강하려는 것을 알고 그 자리에 응모했고 이사회의 인정을 받아 채용되었다. 그는 인도 통신 심사관 보좌관[105]으로 임명되었다. 그의 직무는 행정에서 최고 부서인 이사회가 검토할 공문서를 기초하는 것이었다. 그는 그 자리에서, 그리고 그 뒤[106] 승진한 인도 통신 심사관으로서 인도의 여러 문제에 관한 자신의 참된 의견을 스스로 작성한 공문서 초안에 포함시킬 수 있었다. 재능과 명성과 결단력이 풍부한 성격이 진심으로 인도에서의 선정을 바라는 상사들에게 영향을 주었기 때문이다. 이렇게 해서 그는 자신의 의견을 그다지 굽히지 않고도 이사회나 집행부의 심의를 돌파할 수 있었다.

아버지는 《인도사》에서 인도 행정에 대한 여러 올바른 원칙을 처음으로 주장했다. 《인도사》에 뒤따른 그의 공문서는 그때까지의 어떤 것

---

105 Assistant of Examiner of India Correspondence.

106 1830년에 승진하여 1836년 사망 시까지 근무하면서 인도 통치 정책 입안에 참여했다.

보다도 인도의 개선을 촉진했으며, 인도의 관리에게 그들의 업무를 가르치는 데 활용되었다. 만일 그 공문서를 발췌한 것이 출판되었더라면 통찰력 있는 저술가로서의 아버지의 명성에 필적할 만한 실천적 행정가로서의 면모가 분명히 드러났으리라고 확신한다.

이러한 아버지의 취직도 나의 교육에 대한 아버지의 배려를 조금도 완화하지 못했다. 아버지가 정치경제학의 모든 과정을 완전하게 가르친 것은 같은 해인 1819년이었다. 그가 사랑한 친구 리카도는 그 직전 위대하게 정치경제학의 한 시대를 이룬 책[107]을 출판했다. 그 책은 아버지의 간청과 강력한 격려가 없었더라면 출판은커녕 집필도 되지 못했을 것이다.

리카도는 너무나도 겸손하여 자신의 이론이 옳다고 확신하면서도 그것을 해설하고 표현하는 능력은 결여되어 있다고 스스로 생각한 나머지 출판을 주저했다. 또 한 번의 우정 어린 격려 덕분에 그는 1, 2년 뒤에 하원의원이 되었다.[108] 불행히도 그는 지성으로 충만한 가운데 세상을 떠났지만, 그전 몇 해 동안 의석을 유지하면서 경제학 등의 여러 문제에 대해 자신과 아버지의 견해를 펼치는 데 크게 기여했다.

리카도의 대저서는 이미 출판되었지만, 그 이론을 학생들에게 적합하도록 쓴 교과서는 그때까지 나오지 않았다. 그래서 아버지는 산책을 하면서 나에게 정치경제학을 강의하기 시작했다. 그는 매일 주제의 일부를 설명했고 다음 날 나는 그것을 문장으로 써서 보여주었다. 그는 그 글이 명확하고 정확하며 상당히 완전하게 될 때까지 몇 번이나

---

107 데이비드 리카도David Ricardo, 《정치경제학과 조세의 원리On the Principles of Political Economy and Texation》(1817)를 말한다.

108 리카도는 1819년, 하원에 진출했다.

고쳐 쓰게 했다. 이런 식으로 나는 정치경제학의 전부를 배웠다. 매일의 '보고서'의 결과로 정치경제학 개요가 적힌 필기 노트가 만들어졌고 이것은 아버지가 뒤에 《정치경제학 원리》[109]를 쓸 때 노트로 사용되었다. 그 뒤 나는 리카도의 책을 읽고, 매일 읽은 부분에 대한 해설을 썼다. 그리고 진도에 따라 나타나는 부수적 논점을 되도록이면 완전한 방법으로 논의했다.

통화론은 정치경제학에서 가장 까다로운 부분이었으므로 아버지는 이른바 지대논쟁[110] 동안에 쓴 리카도의 뛰어난 소책자들을 동일한 방법으로 나에게 읽혔다. 이어 애덤 스미스Adam Smith의 책을 읽었는데, 그 같은 독서에서 아버지의 중요 목적 가운데 하나는 스미스의 피상적 견해를 리카도의 빛나는 관점으로 들여다봄으로써 스미스의 주장이나 결론에서 틀린 부분을 찾게 하는 것이었다. 이러한 교육 방법은 사상가를 배출하려는 멋진 계획의 일환이었으나 그건 아버지처럼 치밀하고 활기 있는 사상가에 의해서만 가능한 일이었다. 그건 아버지에게 가시밭길이었고, 비록 정치경제학에 강력한 관심을 가졌다곤 해도 내게도 가시밭길이었던 걸로 확신한다. 그는 성공을 기대하기 어려울 땐 나의 실패를 말하며 이성을 잃고 화를 내는 경우가 자주 있었다.

그러나 아버지의 교육 방법은 대체로 옳았고 성공했다. 내가 아버지에게 논리학과 정치경제학을 배운 방법 이상으로 철저하게, 능력을 단련하기에 적합한 교육 방법이 지금까지 있었으리라곤 믿을 수 없다.

---

109 *Elements of Political Economy*, 1821.
110 토지 사용자가 토지 공급자에게 지불하는 화폐액을 지대라고 한다. 이 지대는 잉여의 요소와 비용의 요소를 포함하고 있는데 지대가 잉여인지 생산요소로서의 비용인지에 관한 논쟁을 지대논쟁이라고 한다.

모든 것을 스스로 찾도록 하기 위해 내 능력을 지나칠 정도로 활동시키는 일을 환기하려 애썼던 그는 내가 갖가지 어려움을 충분히 깨달은 뒤에야(그전이 아니라) 설명해주었다. 그리고 아버지는 이 두 가지 큰 주제에 대한 정확한 지식을 당시 이해되던 한도까지 주었을 뿐 아니라, 나를 그 두 가지 분야의 사상가로 만들어주었다. 나는 거의 처음부터 스스로 생각했기 때문에 아버지와 생각이 다를 때도 종종 있었다. 그러나 오랫동안 몇 가지 사소한 것에만 그랬고, 아버지의 의견을 궁극적 기준으로 삼았다. 그러나 훗날 내가 아버지를 설득해서 몇 가지 사소한 점에서 의견을 바꾸게 한 적도 가끔 있다. 이는 내 자랑을 하려는 게 아니라 아버지의 명예를 위해 하는 말이다. 이는 아버지의 완전한 용기와 아버지의 교육법이 지닌 참된 가치를 보여주는 것이기 때문이다.

내가 받은 수업이라고 적절하게 말할 수 있는 것은 이 시점에서 끝났다. 나는 열네 살 무렵 1년 이상 영국을 떠났고, 귀국 후에는 아버지의 일반적 감독하에 공부를 계속했지만, 그는 이제 나의 선생이 아니었다. 그래서 여기서 멈추고, 위에서 한 회상에 포함된 내 삶과 교육 일부와 관련되는 더 일반적 성격을 띤 문제로 돌아가겠다.

지금까지 부분적으로 반복한 교육 과정 중에서 일목요연했던 것은 (무언가를 몸으로 익힐 수 있다고 해도) 성인이 될 때까지 결코 몸으로 익히지 못할, 교육의 높은 영역으로 생각되는 방대한 양의 지식을 아이에게 주고자 한 대단한 노력이다. 그 실험의 결과는 그런 일이 쉽게 이루어짐을 보여주었고, 보통 학생들에게 약간의 라틴어나 그리스어를 몸에 익히게 하려고 오랫동안 귀중한 세월을 사용하는 것이 무의미한 낭비임을 명백히 밝혀준다. 이러한 낭비야말로 매우 많은 교육개혁가로

하여금 초등교육에서 고전어를 폐지하자고 제안하게끔 유도했다. 만일 내가 태어나면서부터 극도로 뛰어난 이해력을 가졌거나 매우 정확하고 강력한 기억력의 소유자였거나 뛰어나게 활동적이고 정력적인 성격이었다면 이 실험은 결정적이지 않았을 것이다. 그러나 나는 위에서 열거한 모든 타고난 소질에 대해서는 평균 이상이라기보다는 도리어 평균 이하였다. 나에게 가능했다면 평균적 능력이 있고 신체가 건강한 소년 소녀에게도 틀림없이 가능했을 것이다. 그리고 만일 내가 무언가 성취했다고 말할 수 있다면, 행운과도 같은 환경을 제외하면 아버지에게 조기에 받은 훈련을 통해 동시대 사람들보다도 4분의 1세기나 빨리 출발한 사실 덕분이다.

이러한 훈련 중에는 내가 이미 약간 지적하기도 했지만, 다른 무엇보다도 좋은 결과를 낳은 중요한 것이 하나 있다. 많은 지식을 주입받은 대부분의 소년 소녀는 그 정신적 능력을 강화할 수 없고 도리어 그것에 억압당한다. 그들은 단순한 사실이나 타인의 의견이나 말을 주입당하고 그것들을 그들 자신의 의견을 창출해내는 힘의 대용품으로 받아들인다. 그리하여 자녀 교육에 힘을 쓰지 않은[111] 유명한 아버지의 자녀들은 자신들이 배운 것을 반복하는 인간으로 길러지고, 그들을 위해 끌어온 항로 밖에 나서면 자신의 정신을 사용할 수가 없다. 그러나 내가 받은 교육은 주입식 교육이 아니었다. 아버지는 내가 배운 어떤 것도 단순한 기억의 연습으로 타락하는 것을 결코 허용하지 않았다. 아버지는 이해력을 교육의 모든 단계와 함께 가게 했을 뿐 아니라, 가능하면 이해력을 선행시키려고 노력했다.

---

111 임성희, p. 318과 배영원, p. 41은 이 부분을 반대로 번역한다.

나는 사고에 의해 발견할 수 있는 것은 그 무엇도 내가 전력을 기울여 스스로 발견할 때까지 결코 배우지 못했다. 내 기억을 믿을 수 있다면 나는 이 점에서 매우 불완전했다. 그것에 관한 나의 회상은 대부분 실패한 것이었으며, 성공한 적이 거의 없었다. 그토록 이른 발전 과정에서는 성공이 거의 불가능한 일의 경우, 실패가 잦았던 게 사실이다.

나는 열세 살 때의 일을 기억한다. 내가 가끔 관념이라는 말을 사용하자 아버지는 그것이 무엇이냐고 물었는데, 그 말을 정의하고자 했지만 제대로 답하지 못하자 불쾌해하셨다. 내가 기억하는 또 하나는, 어떤 것은 이론상 옳지만 실제로는 수정할 필요가 있다는 흔한 표현에 아버지가 화를 낸 일이다. 아버지는 나에게 이론이라는 말을 정의해보라고 했는데 내가 제대로 답하지 못하자 그 의미를 설명해주고 내가 종종 사용한 통속적 말투가 틀렸음을 가르쳐주셨다. 그럼으로써 내가 이론이라는 말을 정확하게 정의하지 못하면서 마치 이론이 실제와 다른 것처럼 말해서 형편없는 무지를 폭로했음을 충분히 납득시켰다.

이 점에서 아버지는 매우 불합리하게 보였고 지금도 그렇다. 그러나 나는 아버지의 불합리했던 점은 나의 실패에 화를 낸 것뿐이라고 생각한다. 스스로 할 수 없는 것을 전혀 요구받지 않는 학생은 스스로 할 수 있는 것도 전혀 하지 않는다. 어릴 적의 재능 발휘에 가장 따르기 쉬우면서 결정적으로 장래를 방해하는 폐해 가운데 하나를 아버지는 매우 신중하게 방어했다. 그것은 자만이었다.

아버지는 내가 칭찬을 듣거나, 내가 자신과 타인을 비교하여 자만하지 못하게 하려고 최대한 주의하여 극단적일 정도로 나를 격려했다. 나는 아버지와의 관계에서 스스로에 대한 지극히 낮은 평가밖에 끌어내지 못했다. 그리고 아버지가 나에게 준 비교의 기준은 언제나 남들이 무엇을 하고 있는가가 아니라, 인간에게 가능한 것이 무엇이고, 무엇을 해야 하는가 하는 것이었다. 아버지는 자신이 그렇게 두려워한 나쁜 영향에서 나를 격리하는 데 완전히 성공했다.

나는 내가 성취한 것이 나이에 비해 특이하다는 점을 전혀 알지 못했다. 다른 소년들은 나만큼 지식을 갖지 못했다는 걸 알 때도 있었지만 그런 경우는 생각보다 훨씬 적었다. 내가 많은 것을 안다고 생각한 것이 아니라, 그들이 어떤 이유로 조금밖에 알지 못하거나 그 지식은 나의 것과 다르다고 생각했다. 내 마음은 겸손하지 않았지만 교만하지도 않았다. 나는 자신이 그런 인간이라든가, 그런 것이 가능하다고 스스로 생각해본 적이 없다. 스스로를 과대평가도, 과소평가도 하지 않았다. 나는 자기평가를 한 적이 없다. 내가 스스로에 대해 생각한 게 있다면 공부가 뒤진다는 것뿐이었다. 언제나 아버지가 나에게 기대한 것보다 뒤진다고 생각한 탓이었다.

소년 시절 나를 본 많은 사람들이 느낀 인상과는 다를지 모르지만, 나는 확신을 가지고 이를 주장한다. 나의 소년 시절을 아는 사람들이 매우 불쾌할 정도로 나의 자만심이 강하다고 생각한다는 걸 알게 되었지만, 아마도 내가 토론을 좋아하고 타인의 말에 바로 반론하기를 주저하지 않았기 때문일 것이다. 그런 나쁜 습관에 젖은 것은 나보다 나이 많은 소년이나 성인과 말을 하는 것을 이례적일 정도로 장려받는 한편, 연상의 사람들을 존중하는 습관을 익히지 못했기 때문이라고 생각한다. 아버지는 아마도 그 사실을 몰랐기에 나의 버릇없고 건방진 태도를 고쳐주지 않았을 것이다. 그건 내가 언제나 아버지를 두려워하고 아버지 앞에서는 극단적으로 복종하며 얌전했기 때문이다. 그렇지만 나는 모든 점에서 내가 뛰어나다고 생각해본 적이 없고, 그것은 참잘한 일이었다.

열네 살에 아버지 집을 떠나 먼 여행을 하기 전날, 아버지는 모르는 사람들과 친하게 지내게 되면 보통 동년배 젊은이들이 알지 못하는 것을 내가 많이 안다는 사실을 깨닫게 될 테고, 많은 사람들이 거기에 대해 말하고 칭찬할 거라고 하셨다. 나는 아버지가 그 말을 하이드파크에서 했던 것까지 기억이 난다. 이 문제에 대해 그가 말한 그 밖의 것은 매우 조금밖에 기억하지 못하지만, 아버지는 내가 다른 사람보다 아무리 많은 것을 안다고 해도 그건 내가 뛰어나서가 아니라 나의 운명에 주어진 특별한 조건, 즉 나를 가르칠 수 있고 거기에 필요한 노고와 시간을 가진 아버지가 있었기 때문이므로, 같은 조건을 얻지 못한 사람들 이상의 지식을 몸에 지녔다 해도 명예롭지 못하고, 만일 보통 사람들 이상의 지식을 지니지 못했다면 최대의 불명예라고 강조했다.[112]

이처럼 나에게 처음으로 주어진 시사점, 즉 좋은 교육을 받고 있다고 생각되는 다른 소년들보다도 내가 더 많이 알고 있다는 시사는 내겐 전적으로 새로운 지식이었다. 이에 대해 아버지가 말해준 그 밖의 모든 것도 마찬가지로 무언중에 신뢰했으나, 그것을 개인의 일로 여기지 않았고 전혀 감동을 받지 않았음이 분명하게 기억난다. 내가 아는 것을 모르는 사람들이 있다는 사실을 알았어도 스스로 자랑스럽게 생각하지 않았다. 내가 아는 어떤 것에 대해서도 나의 장점이라고 생각하지 않았다. 그러나 지금 이 문제에 주의를 집중해보면, 아버지가 나의 특별한 이익에 대해 말해준 것은 모두 진실이었고, 상식적 이야기로서 아버지의 주의는 그때부터 나의 의견과 감성을 결정했다고 느껴

---

112 이 부분에 대한 임성희, p. 320과 배영원, p. 44의 번역은 오역이다.

진다.

　이러한 목적은 아버지의 교육 계획 등의 다른 목적과 마찬가지로 아버지가 나를 다른 소년들과의 잦은 교섭에서 격리하지 않았더라면 거의 달성할 수 없었을 게 명백하다. 그는 소년들이 서로 주고받는 타락적 영향뿐 아니라 조잡한 생각이나 감각에 감염되지 않도록 열심히 배려했고, 이를 위해 내가 여느 나라에서나 학생들이 주로 몸에 익히는 것에 열등해지는 대가를 지불할 것을 각오했다. 내 교육의 결함은 주로 소년들이 스스로 하도록, 또 모두 함께 모여 배우도록 하는 것과 관련되었다.

　나는 근육질이지는 않았지만, 절제와 걷기 덕분에 건강하고 단단하게 성장했다. 그러나 재주가 있거나 체력이 있어야 가능한 운동은 하지 못했고, 그 흔한 체조에 대해서도 몰랐다. 그렇다고 해서 놀이를 해서는 안 되거나 놀 시간이 없지도 않았다. 공부의 습관이 중단되어 게으르게 되지 않도록 하기 위해 휴일은 인정되지 않았으나, 놀이를 위한 여가는 매일 있었다. 그러나 나에게는 어린 친구가 없었고, 육체 활동에 대한 동물적 욕구는 산책이 충족해주었다. 거의 혼자 했던 놀이는 책 읽기만은 아니었지만 일반적으로 조용한 것이었고, 정신 면에서도 공부에 의해 이미 환기된 것과는 다른 종류의 활동에 거의 자극을 받지 못했다. 따라서 나는 손재주가 필요한 일에 오랫동안 서툴렀고, 지금도 정도의 차이는 있지만 여전히 서투르다. 나의 마음도 손과 마찬가지로 실제로 잔일에 적용되는 경우, 또는 적용되어야 하는 경우 매우 서툴렀다. 이처럼 실제적 잔일은 대다수 사람들에게 삶의 중요한 관심 대상이고, 그럴 경우 주로 사람들이 갖는 정신적 능력이 발휘된다. 나는 일상생활 문제에 산만하고 부주의하며 느리다고 늘 꾸중을 들었다.

이 점에 대해 아버지는 정반대여서 그의 감각과 정신 능력은 언제나 활발했다. 아버지는 모든 행동과 일상 활동에서 결단력과 활기찬 성격을 보여주었고, 이는 그의 재능 못지않게 개인적으로 그와 친한 사람들에게 언제나 강렬한 인상을 주는 데 도움이 되었다. 그러나 정력적인 부모의 자녀들이 종종 비정력적으로 성장하는 것은, 자녀가 부모에게 의지하고 부모는 자녀를 대신해 정력을 발휘하기 때문이다. 아버지가 나에게 준 교육 자체는 내가 무엇을 **하게** 하기보다 **알게** 하도록 훈련하는 데 훨씬 적합했다.

아버지가 나의 결함을 모르진 않았지만, 나는 소년으로서도 청년으로서도 이에 대해 아버지에게 엄하게 꾸중을 들었고 늘 괴로워했다. 그가 이러한 결함에 무관심하거나 관용적이지는 않았다. 하지만 나를 학교생활의 비도덕적 영향에서 구원한 반면, 학교생활의 실제 영향력을 충분히 대체할 만한 것을 주려는 노력도 하지 않았다. 자신이 어려움이나 특별한 훈련 없이 익힌 소질을 나도 쉽게 몸에 익힐 수 있다고 상상한 듯하다. 그는 이 점에 대해 교육의 대부분에 했던 정도로 사고와 주의를 기울이지 않았다. 내 교육의 다른 몇 가지 측면들처럼 여기서도 원인 없는 결과를 기대했던 듯하다.

2
소년기에 받은 도덕적 영향,
아버지의 성격과 사상

종교

다른 사람의 교육과 마찬가지로 나의 교육에서도 도덕적 영향은 다른 무엇보다도 중요하지만, 동시에 그것은 매우 복잡하여 이를 완전에 가까운 형태로 특정하기는 매우 어렵다. 이에 대해 나는 초기 성격을 형성했다고 생각되는 환경을 자세히 묘사하겠다는 가망 없는 일은 그만두고, 나의 교육을 참되게 설명하는 데 빠질 수 없는 부분인 몇 가지 중요한 사항을 설명하고자 한다.

나는 처음부터 통상적 의미에서의 종교적 신조라는 것 없이 교육되었다. 아버지는 스코틀랜드 장로파[1] 교의로 교육받았으나, 스스로 연

---

1 Scotch Presbyterianism. 16세기 종교개혁 운동을 통해 유럽의 칼빈주의석 개혁파가 형성되었다. 그 가운데 스코틀랜드 종교개혁 기간 중 존 녹스John Knox를 중심으로 형성된 칼빈주의적 성격의 개신교 교파를 말한다. 존 녹스는 칼빈의 제자로 스코틀랜드에 건너와 칼빈의 종교개혁 사상을 전파했다. 장로교는 칼빈의 신학적 전통을 따른다는 점에서 신학적으로는 다른 개혁파 교회들과 거의 같지만 교회 구조 면에서 목사와 장로가 교회를 다스리고, 대의정치의 원칙에 따라 당회, 노회, 대회, 총회로 이어지는 계층적 교회 질서에

구하고 성찰한 바에 따라 일찍부터 계시에 대한 신앙만이 아니라 통상 자연종교[2]라고 하는 것의 기초도 거부했다. 나는 그가 버틀러[3]의《종교의 유추》를 읽고 이 문제에 대한 마음의 전환이 생겼다고 말하는 것을 들었다. 그는 이 책을 말할 땐 항상 경의를 표했다. 그 책이 아버지를 오랫동안 기독교의 신성한 권위를 따르는 신앙인으로 살게 했다고 말했다. 그것은 이 책이, 구약과 신약이 완전히 현명하고 선량한 존재에서 비롯되고, 그러한 존재의 행위를 기록했다고 믿는 것이 아무리 어렵다 해도, 그러한 성격을 갖는 존재가 우주의 창조자에 틀림없다고 믿는 데는 마찬가지로 훨씬 더 큰 어려움이 있다는 것을 아버지에게 입증했기 때문이다.

버틀러의 주장은 그것이 반론하고자 한 유일한 논쟁의 적수에 대해 전적으로 정당성을 가진다고 아버지는 생각했다. 만능인 동시에 완전히 옳고 자비로운 이 세상의 창조주이자 지배자를 인정하는 사람들은 기독교에 반대하는 말을 거의 할 수가 없지만 혹시 그랬다고 해도 적어도 같은 힘으로 그들 자신에게도 반박이 가해질 수 있다. 따라서 이신론에서 안주의 땅을 찾을 수 없었던 아버지는 혼미 상태에 빠졌지만 결국 의심할 바 없이 엄청난 정신적 갈등을 겪은 뒤에 만물의 기원에 대해서는 전적으로 아무것도 알 수 없다는 확신에 이르렀다.

이것이 그의 의견에 대한 유일하게 올바른 서술이다. 그는 일반적으

따른다는 점에서 다른 개혁교회와 구별된다.

2 Natural Religion. 기적이나 하늘의 계시를 인정하지 않고 이성에 기초를 두는 종교를 말한다. 18세기 이후의 계몽 사조나 이신론理神論이 대표적이다.

3 Joseph Butler(1692~1752). 영국 국교회 감독. 그의《종교의 유추 The Analogy of Religion》(1736)는 이신론에 대해 계시종교를 옹호한 책으로 18세기 계몽기의 영국 신학을 대표하는 책이다.

로 무신론자라고 생각되는 사람들 대다수와 마찬가지로 독단적 무신론을 어리석은 것으로 간주했다. 이는 매우 중요하다. 왜냐하면 아버지가 모든 종교적 신앙을 거부한 이유는, 많은 사람들이 상상하듯이 논리나 증거의 문제가 아니었으며, 그 근거가 지적이라기보다도 훨씬 도덕적이었음을 보여주기 때문이다. 그는 이 정도로 해악에 가득 찬 세상을 무한한 힘과, 완전한 선과, 정의를 동시에 가지고 있는 창조주가 만들었다고는 도저히 믿을 수가 없었다. 그의 지성은 이러한 명백한 모순에 눈을 감으려는 사람들의 교활함을 물리쳤다.

마찬가지로 아버지는 우주를 지배하고자 선의 원리와 악의 원리가 투쟁한다고 보는 사바교[4]나 마니교[5]의 이론을 비난하려 하지 않았다. 아무도 이 견해를 현대에 부활시키려고 하지 않는 것을 놀라워해야 한다고 그가 말한 것을 들은 적이 있다. 아버지는 이러한 견해를 단순한 가설로 생각했으나 사람을 타락시킬 정도의 영향력을 갖는다고는 생각하지 않았다. 이처럼 보통 종교라고 부르는 것에 대한 아버지의 혐오는 루크레티우스의 태도와 같았다. 그는 종교를 단순한 정신적 오류에 의한 감각이 아니라, 엄청난 도덕적 해악에 의한 감각이라고 느꼈다. 그는 종교를 도덕의 최대 적으로 보았다. 그 이유는 무엇보다도, 먼저 종교는 인간의 행복과는 무관한, 교의에 대한 신앙이나 헌신적 감

---

4 Sabean. 힌두교의 3대 신 가운데 하나로 창조신이자 파괴신.

5 Manichaeism. 3~5세기에 번성한 페르시아의 종교로 신은 광명이고 악은 암흑이라는 이원적 자연관은 페르시아 배화교에 기독교와 불교가 뒤섞인 것이었다. 밀은 《자서전》을 쓸 무렵에 쓴 논문 〈종교의 유용성 Utility of Religion〉에서 창조주 만능신을 상정하지 않고 선악이라는 두 원리의 투쟁이라는 관점을 제시한 마니교를 높이 평가하고 "유덕한 인간은 이러한 이론에서 최고의 존재와 함께 일하고, 대항쟁 속에서 함께 싸우는 자의 숭고한 성격을 상정한다"(전집 10권, p. 425)고 썼다.

정이나 의식 같은 허구적 미덕을 창출해서 이를 순수한 미덕을 대체하는 것으로 받아들이게 하기 때문이다.

그러나 무엇보다도 종교가 최악의 해악인 것은, 종교는 어떤 존재에 대해 가장 비굴한 찬사를 보내면서도 실제로는 그 존재를 매우 혐오할 만한 것으로 묘사하고, 그러면서도 그 존재의 의지를 실행하는 것이야말로 도덕이라고 말함으로써 도덕의 수준을 현저히 저하시켰기 때문이다. 나는 아버지가, 모든 시대와 국민은 신을 끊임없이 형태가 증대하는 사악한 존재로 묘사해왔고, 인류는 차차 신에게 사악한 성격을 부가해왔기에 마침내 인간 정신이 생각할 수 있는 가장 완전하게 사악한 개념에 도달하여 그것을 신이라고 부르며 그 앞에 무릎을 꿇었다고 말하는 것을 몇백 번이나 들었다.

아버지는 이러한 사악함의 **극치**가 흔히 사람들에게 기독교 교의로 나타나는 것 중에 구체화되어 있다고 생각했다. "지옥을 만들어내는 존재를 생각해보라. 인류 대다수가 끔찍스러운 영원한 형벌을 받도록 정해져 있다는 것을 미리 확실하게 알면서, 따라서 그런 의도를 가지고 인류를 창조한 존재를 생각해보라"고 그는 말하곤 했다.

나는 숭배의 대상에 대한 이처럼 두려운 개념이 더는 그리스도와 동일시되지 않고, 도덕적 선악에 관한 감각이 있는 사람이라면 모두 아버지가 생각한 것처럼 그러한 숭배의 대상을 분개하여 바라보는 시대가 가까워졌다고 믿는다. 아버지는 기독교도들이 일반적으로 그러한 교의에 내재되어 있다고 생각되는 비도덕적 영향에 보통 기대되는 것처럼, 또는 기대되는 만큼 이르지 않는다는 것을 누구보다도 충분히 알고 있었다. 그들이 모순된 말로 된 이론을 받아들이게 하는 흐리멍덩한 사고방식이나 공포, 욕망, 감정 등에 이성을 종속시키는 일이, 그들로 하여금 그 이론의 논리적 귀결을 받아들이는 것을 방해한다. 따라서 사람들은 상호 모순되는 각각의 것을 동시에 믿기 쉽다. 또 자신들이 진실이라고 믿는 결론을 이끌어내면서도 자신의 감정으로는 받아들이고 싶지 않은 결론도 이끌어내는 사람들은 극히 소수밖에 없으므로, 대다수 사람들은 지옥의 만능적 창시자를 아무런 의심 없이 믿으며, 그럼에도 그러한 존재를 자신들이 완전한 선에 관해 창출할 수 있는 최선의 관념과 동일시해왔다. 그들이 상상한 것은 악마였지만 그들은 스스로가 이상적 미덕이라 생각한 것을 숭배했다. 그런데 폐해가 있다. 그러한 신앙은 이러한 이상을 비참할 정도로 저하시키고, 이상을 향상시키려는 경향이 있는 모든 사상에 매우 완강하게 대립했다는 점이다. 신자들은 정신을 미덕의 명쾌한 개념이나 고양된 수준으로 이끄는 모든 연쇄적 이념들에서 뒷걸음질을 친다. 이러한 수준이 (그들이 분명히 알 수 없을 때에도) 생래적 경향 가운데 많은 부분을 차지하지만, 그들이 기독교 교의로 익숙하게 생각하는 것들 다수와 대립하기 때문이다. 이처럼 도덕은 처음부터 일관된 원리를 갖지 못하고, 그것을 이끄는 일관된 감정도 없이 맹목적 전통의 문제가 되고 만다.

　종교에 관한 아버지의 신념과 감정에 반하는 인상을 받도록 나에게 허용하는 것은, 아버지의 의무감과는 아주 거리가 먼 일이었다. 그리고 아버지는 처음부터 세계가 어떻게 해서 존재하기에 이르렀는가라는 것은 전혀 알 수 없는 문제라는 것을, '누가 나를 만들었는가'라는 질문은 우리가 이에 대한 어떤 경험이나 근거 있는 정보도 갖지 못했기에 답할 수 없는 문제이며, 곧바로 '누가 신을 만들었는가'라는 문제가 생기게 하기 때문에 어떤 해답도 난문을 한 걸음 뒤처지게 하는 데 불과하다는 것을 내게 각인시켰다.

동시에 아버지는 이 불가해한 문제에 대해 인간이 어떻게 생각해왔는지 내가 상세히 알도록 배려했다. 아버지가 얼마나 어릴 적부터 내게 교회사를 읽혔는지는 앞에서 서술했다. 그리고 그는 내가 종교개혁을, 사상의 자유를 위해 행해진, 성직자의 전제에 대항한 거대하고 결정적 항쟁으로서 가장 강렬한 관심을 갖도록 교육했다.

　이처럼 나는 영국에서는 매우 드물게, 종교 신앙을 포기한 게 아니라 처음부터 전혀 갖지 않은 인간이다. 나는 종교에 대해 부정적 상태에서 자랐다. 그리고 고대 종교와 마찬가지로 현대 종교도 나 자신과는 전적으로 무관하게 여겼다. 내가 믿지 않는 종교를 영국인이 믿는 것은, 마치 헤로도토스 역사책에서 읽은 사람들이 그러는 것과 비슷할 정도로 이상할 게 없었다. 역사를 읽은 덕분에 사람들 가운데 다양한 의견이 있다는 것이 내겐 익숙한 사실이었고, 이는 그런 사실의 연장에 불과했다.

　그러나 나의 초기 교육에서 이 문제는 우연이지만 주목해야 할 악영향을 하나 초래했다. 아버지는 세상 의견과 반대되는 의견을 나에게 가르치면서, 그것을 세상에 공표하지 않을 필요가 있다고 신중하게 생각했다. 그 정도로 어린 시절에 자신의 사상을 은밀하게 하라는 가르침을 받는 건 도덕적으로 불리한 처지에 빠지게 했다. 그러나 타인과의 교제, 특히 나에게 종교에 대해 말할 것 같은 타인과의 교제는 제한되었으므로, 나는 공언을 하거나 위선적으로 행동하는 것 가운데 하나를 택해야 할 일이 없었다. 나는 소년 시절에 그런 선택을 해야 했던 두 번의 기회를 기억한다. 그 두 번의 선택에서 나는 무신론자임을 공언하고 그 사실을 변호했다. 두 번 모두 나보다 나이가 많은 소년들이 나에게 반대했는데, 그중 한 소년은 너무 놀라서 다시는 나와 함께 그 문제를 논의하지 않았고, 놀라서 충격을 받은 또 한 명의 소년은 얼마간 나를 설득하려고 노력했으나 무위로 끝이 났다.

토론의 자유가 크게 진전한 것은 현재와 내 소년 시절의 가장 중요한 차이 가운데 하나다. 그것은 이 문제의 도덕성을 현저히 변화시켰다. 지금은 아버지처럼 지성과 공공심이 풍부한 사람이 강렬한 도덕적 확신을 가지고 종교나 사상의 중요한 문제에 관해 평판이 좋지 못한 의견을 가진 경우, 세상에 그 의견을 숨기거나 남들에게 그렇게 하라고 가르치는 경우가 거의 없으리라 생각한다. 그 문제를 솔직하게 말함으로써 생계 수단을 잃을 염려가 있거나, 개인의 능력에 특히 적합한 영역에서 유익한 일을 하지 못하게끔 배제되는 경우는 예외지만, 그런 경우도 나날이 줄어든다.

특히 종교에 관해서는 일정 수준의 지식에 도달한 모든 사람은, 심사숙고함으로써 일반적으로 받아들여지는 의견이 잘못되었을 뿐 아니라 유해하다는 확신이 든다면, 자신은 이의가 있다고 공표하는 것을 의무로 보는 시대가 왔다고 나는 생각한다. 적어도 지위와 명성으로 인해 의견을 냈을 때 주목받는 위치에 있는 사람의 경우 특히 그러하다. 이렇게 공언한다면, 불신앙이라는 매우 부적절한 말로 불리는 것이 정신이나 감정의 사악한 성질과 결부된다는 조잡한 편견을 곧바로 그리고 영원히 끝낼 것이다.

가장 탁월한 사람들, 지성이나 미덕으로 인해 탁월하다는 세상의 평판을 받는 사람들 다수가 종교에 대해 완전한 회의론자라는 사실을 안다면 세상 사람들은 놀랄 것이다. 이러한 사람들 다수가 공언하기를 주저하는 이유는 개인적 염려 때문이 아니라 양심적 배려 때문이다. 나는 현재로선 이것을 전적으로 틀린 의견으로 본다. 그들은 현재의 신앙을 약화시키고, 따라서 그들이 상상하기로는 그 결과 현재의 도덕적 구속력이 약화될까 봐 우려하는 것이다.

소위 비신앙인도 신앙인의 경우와 같이 다양한 종류가 있고, 거의 모든 종류의 도덕적 유형이 포함되어 있다. 그러나 그중에서 가장 뛰어난 사람은, 그들을 참되게 알 기회를 가졌던 사람들이라면 누구나 주저하지 않고 긍정하듯이(신앙인이 그런 기회를 갖는 것은 드물지만) 종교라는 말을 독점하는 사람들보다도 종교라는 말이 지닌 최선의 의미에서 훨씬 순수하게 종교적이다. 시대가 관용적으로 되었기 때문에, 달리 말하면 자신들이 예상하는 것과 다르다는 이유만으로 눈앞에 있는 것을 보지 못하게 만드는 완고한 편견이 약화되었기 때문에, 이신론자도 참으로 종교적일 수 있다는 생각이 아주 일반적인 것으로 인정받게 되었다. 그러나 종교가 단순한 교의가 아니라 인격의 미덕을 의미한다고 보면, 이신론에서 훨씬 멀리 떨어진 신념을 갖는 많은 사람들에 대해서도 같은 주장을 할 수 있다.

그들은 우주가 계획의 소산이라는 설명이 불완전하다고 생각할지 모르지만, 또 우주에는 절대적 힘과 완전한 선을 갖는 창조자와 지배자가 존재할 리 없다고 확신할지 모르지만, 모든 종교의 중요한 가치를 구성하는 것, 즉 그들이 언제나 양심의 지침으로 삼는 완전한 존재라는 이상적 개념을 가지고 있다. 그리고 이러한 선의 이상이야말로 우리 세계처럼 너무나도 고통에 가득 차고 불의로 왜곡된 이 세계의 창조자 중에서 절대적 선을 찾아야 한다고 생각하는 사람들의 객관적 신보다도 더욱더 완전에 가까운 것이 보통이다.

도덕

종교와 전혀 무관했던 아버지의 도덕적 확신은 그리스 철학자들의 확신과 매우 많은 면에서 그 특징이 비슷했다. 그는 자신이 서술하는 모든 것에서 특유의 강한 힘을 가지고 결연한 주장을 펼쳤다. 어려서 아버지와 함께 크세노폰의 《소크라테스 회상》을 읽을 때도, 나는 그 책과 아버지의 설명을 통해 소크라테스의 인격에 대한 깊은 존경심을 갖게 되었다. 소크라테스는 이상적 탁월성의 한 전형으로 내 마음에 새겨졌다. 그때 아버지가 '헤라클레스Heracles 선택'[6]의 교훈을 나에게 어떻게 인상 깊게 가르쳐주셨는지 지금도 잘 기억한다. 얼마 후 플라톤 책에서 본 고귀한 도덕적 수준은 나에게 엄청나게 큰 영향을 주었다.

아버지의 도덕적 교훈은 언제나 주로 '소크라테스 제자들의 교훈'이었다. 즉 공정, 절제(아버지는 이 덕목을 매우 넓게 적용했다), 성실, 인내, 고통, 특히 노고를 쉽게 받아들이는 것, 공공선의 존중, 각자의 가치에 따라 사람들을 평가하고 각각의 유용성에 따라 사물을 평가하는 것, 스스로 타락한 태만과는 정반대인 노력의 생활 등이다. 아버지는 이러한 것들과 그 밖의 도덕을 짧은 말로 표현했고, 그때마다 엄격한 권고나 용서 없는 질책과 비난을 쏟아냈다.

그러나 직접적 도덕교육의 힘이 크다고 해도 간접적 교육의 힘은 더욱 크다. 그리고 아버지가 나의 성격에 준 영향은 그가 직접적 목적으로 말한 것에만 의존하지 않고, 그가 어떤 태노를 가진 사람인가에 더

---

6 헤라클레스는 그리스신화에 나오는 힘과 용기의 신. 어린 시절 지혜의 여신 아테네에게 덕을, 사랑의 여신 아프로디테에게 쾌락을 주겠다는 유혹을 받고 덕을 선택했다는 이야기가 크세노폰의 책에 나온다.

욱 크게 의존했다.

아버지의 인생관은, 말의 현대적 의미에서가 아니라 고대적 의미에서 스토아적,[7] 에피쿠로스적,[8] 키니코스적[9] 성격을 지녔다. 개인적 자질의 경우 스토아적인 것이 압도적이었다. 도덕 기준은 공리주의적이었고, 행위가 쾌락과 고통을 낳는 경향을 선악의 배타적 판단기준으로 삼는 한에서 에피쿠로스적이었다.

그러나 아버지가 (이것이 키니코스적 요소지만) 적어도 후반 생에서 쾌락을 거의 신용하지 않았다고 나는 자신 있게 말할 수 있다. 그는 쾌락에 무감각하지는 않았지만, 적어도 현재의 사회 상태에서는 대가를 지불할 만한 가치가 있는 쾌락이 거의 없다고 생각했다.

아버지에 따르면 인생의 실패는 대부분 쾌락을 과대평가한 탓이었다. 따라서 그리스 철학자들이 의도한 넓은 의미의 절제, 즉 무엇을 해도 적절하게 멈추는 것이 그리스 철학자의 경우처럼 아버지의 경우에도 교육적 교훈에서 거의 중심적 핵심이 되었다. 이러한 미덕에 대한 아버지의 가르침은 내 어린 시절 기억에서 중요한 부분이다. 그에 따르면 인생이란 젊은 시절의 싱싱함과 그칠 줄 모르는 호기심의 신선함이 사라진 뒤에는 아주 보잘것없는 것이었다.

이러한 화제에 대해 결코 말하지 않았고 특히 젊은이들 앞에서는 거의 하지 않았던 것으로 생각되지만 그런 화제를 말할 때에도 아버지

---

7 Stoicism. 외적 권위나 세속적인 것을 거부하고 금욕과 극기의 태도를 갖고자 한 그리스 철학을 말한다.

8 Epicureanism. 철학을 정신적 쾌락으로서의 행복을 추구하는 수단으로 본 그리스 철학을 말한다.

9 Cynicism. 자연과 일치된, 자연스러운 삶을 추구하는 그리스 철학을 말한다.

의 태도는 중후하고 심오한 확신에 가득 찼다. 그는 때때로 뛰어난 통치와 교육을 통해 인생이 이상적으로 된다면 인생은 가치 있다고 했지만, 그러한 가능성을 열정적으로 말한 적은 없었다.

그가 지적 즐거움을 모든 즐거움의 상위에 두었다는 점은 처음부터 끝까지 변함이 없었다. 지적 즐거움의 궁극적 결과와는 다른 쾌락으로서의 가치에 대해서도 그러했다. 그는 자애의 쾌락을 가장 높이 평가했고, 젊은 시절의 쾌락을 되돌릴 수 있는 사람 말고는 행복한 노인을 알지 못한다고 항상 말했다.

그는 모든 종류의 정열적 감정 혹은 이러한 감정을 찬양해서 말하거나 쓴 것에 대해 매우 격렬한 비난을 퍼부었다. 그는 정열적 감정을 광기의 하나로 보았다. '강렬한'이란 말은 아버지에게 경멸적 비난에 관한 상투어였다. 그는 현대의 도덕적 기준이 고대의 기준에 비해 정도를 걷지 않은 결과가 감정을 중시하는 것이라고 생각했다.

그에 따르면 감정 자체는 찬양이나 비난을 하기에 적절한 대상이 아니다. 그는 옳고 그른 것, 선하고 악한 것을 행위, 즉 작위와 부작위의 성질이라고 보았다. 착한 행위나 나쁜 행위에 이끌리지 않는 감정은 없고, 양심 그 자체, 즉 바르게 행위하라는 욕망 자체도 종종 사람들을 악한 행동으로 이끌기도 한다고 보았기 때문이다. 그는 찬양과 비난의 목적은 악한 행위를 억제하여 선한 행위를 촉진하는 것이어야 한다는 이론을 계속 견지했고, 자신의 찬양이나 비난이 행위자의 감정에 좌우되는 것을 거부했다.

그는 자신이 나쁘다고 생각하는 행위를 의무감이라는 동기에서 했다 해도 행위자들이 의식적으로 나쁜 짓을 하는 사람인 것처럼 격렬하게 비난했다. 가령 종교 심문자가 이단자를 화형에 처하면서 양심의 의무라고 믿었다 해도 이를 심문자에 대한 비난을 완화시킬 구실로 받아들이지 않았다. 그런데 목적이 성실하다는 것이 어떤 행위에 대한 자신의 비난을 완화시킨다는 사실을 인정하지는 않았어도 이는 타인의 성격에 대한 그의 평가에 충분한 영향을 주었다.

　의도가 양심적이고 성실하다는 것을 아버지 이상으로 높이 평가한 사람이 없었고, 의도가 성실하다고 확신할 수 없는 사람을 아버지 이상으로 인색하게 평가한 사람도 없었다. 그러나 성실한 의도가 누군가에게 악한 행위를 하게 했다고 생각되는 경우, 그 밖의 어떤 결함을 이유로 삼는 것과 마찬가지로 그러한 사람을 혐오했다. 가령 그는 잘못된 주의를 광신하는 사람들을, 같은 주의를 자기 이익을 위해 채택한 사람 이상으로 혐오했다. 왜냐하면 그러한 사람이 실제로 유해할 우려가 더욱 크다고 생각했기 때문이다.

　그리고 이처럼 많은 지적 오류, 또는 그가 그렇게 간주한 것에 대한 그의 혐오는, 어떤 의미에서 도덕적 감정의 성격을 띠기도 했다. 이 모든 것은 아버지가 자신의 감정을 자기 의견에 쏟아 넣었다고 말하는 것일 뿐이다. 이는 과거에는 일반적이었으나, 지금은 매우 드물 정도가 되었다. 감정과 의견이 모두 풍부한 사람이라면 그렇게 하지 않는 이유를 찾기가 참으로 어려울 것이다. 의견에 대한 배려가 없는 사람이 아니라면 이를 불관용과 혼동하지 않을 것이다. 자신이 매우 중요하다고 생각하는 의견을 가지고 있고, 자신의 의견과 반대되는 의견을 매우 유해하다고 생각하는 사람들이 일반적 행복에 대한 깊은 관심을 갖게 된다면, 자신이 옳다고 생각하는 것을 그르다고 생각하는 사람들이나, 자신이 그르다고 생각하는 것을 옳다고 생각하는 사람들을 하나의 집단으로서도, 추상적으로도 혐오하는 것은 필연적이다. 그렇다고 해서 이러한 사람들이 반대자 안에 있는 좋은 성질에 대해 무감각하다고는 할 수 없고, 개개인을 평가할 때 반대자의 성격 전체가 아닌 일반적 억측에 지배된다고도 할 수 없다.

아버지도 결코 그렇지 않았다. 아무리 진지한 사람이라도 다른 사람들에 휩쓸려 잘못을 범하기 쉽기 때문에, 혐오할 가치도 없는 의견 때문에 사람들을 혐오하는 경우가 있음은 나도 인정한다. 그렇지만 그가 타인에게 위해를 가하지 않고, 타인이 위해를 가하는 것을 묵인하지 않는다면 그를 편협하다고는 할 수는 없다. 그리고 모든 의견에 똑같이 평등의 자유를 주는 것이 인류에게 중요하다고 양심적으로 느끼는 데서 비롯되는 관용이야말로 권장할 만하며, 정신의 최고 차원에 있는 사람들에게만 가능한 관용이기도 하다.

지금까지 말했듯이 확고한 의견과 인격을 갖는 사람이 주로 그에 의해 형성된 사람의 마음에 강렬한 도덕적 인상을 남겼으리라는 것, 또 그러한 사람의 도덕교육이 해이나 방탕으로 인해 실패했을 리가 없다는 점은 누구나 인정할 것이다.

교육

아버지의 도덕적 관계에서 주로 결여된 것은 부드러움이었다. 나는 이러한 결함이 아버지 자신의 성격 속에 있었다고는 믿지 않는다. 나는 아버지가 언제나 보여준 것보다 많은 감정과, 아버지가 발전시킨 것 이상의 감수성을 가졌다고 믿는다. 아버지는 감정을 드러내는 것을 부끄럽게 생각했고, 겉으로 보이지 않게 하려고 감정 자체를 고갈시켰다는 점에서 대부분의 영국인과 같았다.

나아가 아버지가 유일한 교사라는 쓰라린 처지에 있었고, 또 체질적으로 본래 신경질적이었음을 생각하면 참으로 가엽다는 생각을 금할 수 없다. 아이들을 위해 그 정도로 힘을 쏟고 또 쏟고자 노력한 그는 아이들의 사랑을 높이 평가하면서도 자신에 대한 두려운 느낌이 그 사랑을 저변까지 고갈시킨다는 것을 끊임없이 통감했을 것이다. 아버지의 후반생과 동생들에 대해서는 더는 그렇지 않았다. 동생들은 아버지를 마음 깊이 사랑했다. 나 자신에 대해서는 이렇게 말할 수 없지만, 나 또한 언제나 아버지에게 헌신했다.

내가 받은 교육에 대해 말한다면 아버지의 엄격함이 손해가 되었는지 이득이 되었는지 분명히 말하기 어렵다. 그것은 내가 행복한 소년 시절을 보내는 데 방해가 되지는 않았다. 그리고 나는 설득이나 부드러운 말을 통해서만 아이들을 무미건조하고 귀찮은 공부에 정력적으로, 또 더욱 어려운 인내심을 가지고 매진하도록 이끌 수 있다고 믿지 않는다. 아이들은 많은 일을 하고 배워야 하며, 이를 위해서는 엄격한 훈련 그리고 잘못을 범하면 벌을 받는다는 사실을 아는 것이 불가결하다.

현대 교육에서 어린이에게 배우도록 요구되는 것을 되도록이면 쉽고 흥미롭게 하려는 노력이 행해진다는 건 커다란 찬사를 받아도 좋을 일이라는 데는 의심의 여지가 없다. 그러나 이러한 원리가, 쉽고 흥미로운 것 **이외의** 어떤 것도 어린이가 배우도록 요구되지 않을 정도로 극단적으로 나아간다면 교육의 중요한 목적이 희생될 것이다. 나는 과거의 야만적이고 전제적인 교육 방법이 쇠퇴한 것은 기쁜 일이라고 생각하지만, 그러한 과거의 교육법도 공부할 습관을 강제하는 데는 성공했다. 그리고 새로운 교육법은 싫은 것은 하나도 할 수 없는 인간을 만들어낸다고 생각된다. 그래서 나는 공포를 교육의 한 요소로서 전적으로 없애는 것은 불가능하다고 생각한다. 그러나 그것이 중요한 요소여서는 안 된다. 공포가 너무 지배적이 되면 아이들 측에서 볼 때 장래에 무조건 조언자가 되어줄 사람들에 대한 애정과 신뢰가 차단된다. 또 무엇이나 솔직하고 자발적으로 말하는 아이의 성질을 원천적으로 봉쇄한다면 교육의 다른 부분에서 비롯될 도덕적이고 지적인 유익함을 크게 감소시킬 해악이 되리라 확신한다.

내 생애의 1기라고 할 수 있는 이 시기를 통해 아버지 집에 끊임없이 찾아오는 사람들은 극히 소수로 한정되었다. 그 대부분은 세상에 그다지 알려지지 않았으나 그들의 인격적 가치 때문에, 그리고 적어도 아버지의 정치적 의견과 상당히 일치했기에(그 이후와는 달리 당시에는 그런 사람들이 그렇게 많지 않았다) 아버지는 기꺼이 사귀었다. 그리고 나는 아버지와 그들의 대화를 통해 배운 것이 많았다.

나는 아버지 서재에 출입한 덕분에 아버지가 친구들 중에서 가장 친하게 지낸 데이비드 리카도를 알게 되었다. 그는 자애롭고 부드러운 태도를 가진 사람으로 어린이에게도 매우 매력적이었고, 내가 경제학을 배우기 시작한 뒤로 나를 자택에 불러 산책을 하면서 경제학의 문제에 대해 말해주었다.

나는(1817년이나 1818년 무렵) 흄[10] 씨를 더욱 자주 찾았다. 그는 아버지의 학창 시절 하급생이거나 대학교 동기생이었는데, 인도에서 귀국

---

10 앞에 나온 데이비드 흄과 다른 조지프 흄 Joseph Hume(1777~1855)을 말한다. 그는 몬트로즈 아카데미 시절부터 제임스 밀의 평생 친구로 1818~1855년 급진파 하원의원으로 활동했다.

한 뒤에 아버지와의 우정을 회복했다. 그는 다른 많은 사람들이 그랬듯이 아버지의 지성과 정력적 성격에 깊은 영향을 받았다. 의원이 된 것도 거의 아버지의 영향이었다. 그는 의회에서 영국 역사의 명예로운 위치를 차지할 만한 활동을 했다.

벤담[11] 씨와 아버지는 매우 친해서 나는 그를 더욱 자주 만났다. 아버지가 잉글랜드에 처음 오고 나서 언제부터 서로 알게 되었는지는 모른다. 그러나 아버지야말로 뛰어난 영국인으로서 벤담의 윤리, 통치 및 법에 관한 일반적 견해를 충분히 이해하고 대체로 채택하기도 한 최초의 인물이었고, 그로 인해 두 사람은 벤담 씨가 그 뒤 더욱 소수의 방문자만 허용했을 때에도 계속 친밀한 동지로 있었다.

벤담 씨는 그 무렵, 갓스턴에서 몇 마일 떨어진 서리힐즈의 경치 좋은 곳에 있던 별장 베로 그린 하우스에서 매년 몇 달씩 지냈다. 나는 해마다 여름이면 아버지를 따라 그곳을 오랫동안 방문했다. 1813년, 벤담 씨는 우리 부자와 함께 옥스퍼드·바스·브리스톨·엑세터·플리머스·포츠머스를 여행했다. 나는 여행 도중 유익한 것을 많이 보았고 자연 풍경에 대한 취미를 처음으로 갖게 되었다. 이는 '경치'를 좋아하게 되는 기초였다.

그다음 해 겨울, 우리 가족은 뉴잉턴 그린에서 벤담 씨 집과 가까운

---

11 Jeremy Bentham(1748~1832). 영국의 철학자이자 법학자, 변호사. 옥스퍼드대학교를 졸업하고 변호사가 되었으나 철학에 몰두했다. 그는 당시의 법률을 모두 비판하고, 평생을 이치에 맞는 성문법을 만드는 운동에 매진했다. 정치에서는 급진주의를 옹호했고, 당시 영국에 만연하던 보수주의에 반대했다. "최대 다수의 최대 행복"을 추구하는 공리주의, 자유경제, 정교분리와 표현의 자유, 양성평등, 동물의 권리, 보통선거·비밀투표 등을 주장함으로써 세계 각국의 법률에 큰 영향을 미쳤다. 저서로는《정부소론 A Fragment on Government》(1776),《입법론 An Introduction to the Principles of Moarals and Legislation》(1789) 전 3권 등이 있다.

웨스트민스터의 퀸 스퀘어에 있는 집으로 이사했다. 아버지가 벤담 씨에게 빌린 집이었다. 벤담 씨는 1814년부터 1817년까지 서머싯셔, 정확히 말하면 서머싯셔에 둘러싸인 데본샤이어 어느 곳에 있는 포드수도원[12]에서 해마다 반년을 보냈다. 그 몇 년 동안 나는 그 수도원에서 지냈다. 그곳은 내 교육에 중요한 환경이 되어주었다고 생각한다. 크고 여유로운 집에 사는 것 이상 인간의 정서를 고상하게 하는 것은 없다. 이 멋지고 오래된 장소에 있는 중세 건축과 귀족적 대응접실, 넓고 높은 방들은 영국 중산계급이 사는 빈약하고 좁은 집과는 완전히 달랐다. 즉 여유롭고 자유로운 생활이라는 기분이 들게 했으며, 수도원이 세워진 곳의 토양도 일종의 시적 교화에 도움이 되었다 그곳은 활기차고도 조용했으며, 녹음이 우거지고 폭포 소리까지 들려왔다.

프랑스 여행

내가 체험한 또 하나의 행운이었던 1년간의 프랑스 체류[13]는 벤담 씨

---

12 Ford Abbey. 콘월반도 웨스트민스터 부근 조용한 전원 지대에 있는 중세 수도원. 벤담은 그전에 파놉티콘 교도소 계획을 정부와 의회에 청원했는데 채택되고 20년이 흘러 결국 백지로 돌아가고 말았다. 벤담은 정부에서 그동안의 비용에 대한 보상금을 받아 그 수도원을 빌렸다. 파놉티콘 실패 후 벤담은 법률개혁의 전제로 정치개혁이 필요함을 절감하고, 제임스 밀의 원조를 받아 정치개혁을 주장하는 철학적 급진파로 바뀌었다.

13 밀은 1820년 5월 15일 런던을 출발해서 아버지의 아일랜드인 친구 조지 엔서 George Ensor (1769~1843)와 함께 파리에 도착했다. 파리에서는 저명한 경제학자 장 바티스트 세 Jean Baptiste Say(1767~1832) 집에 체류한 뒤 혼자서 마차를 달려 6월 2일 사뮈엘 벤담이 빌려 살던 툴루즈 부근 퐁피냥에 도착했다. 그곳에서 밀은 가정교사에게 프랑스어를 배우고 그리스어와 라틴어 고전, 논리학과 수학 등을 공부했다. 또 음악과 춤, 펜싱과 승마도 배웠다.

의 동생 사뮈엘 벤담[14] 경 덕택이었다. 앞서 말한 여행 도중 고스포트 부근에 있는 그의 집을 방문했을 때(당시 그는 포츠머스 해군 조선 공창工廠 대표였다), 그리고 그들이 대륙에 정주하기 이전 평화 회복 직후 포드 수도원을 방문했을 때 사뮈엘 벤담 경과 그의 가족을 만났다. 그들은 1820년 나를 6개월간 프랑스 집에 초청하고, 고맙게도 12개월 가까이 기간을 연장해주었다.

사뮈엘 벤담 경은 그의 유명한 형과는 정신적 특징이 달랐으나, 매우 심오한 학식과 풍부한 능력을 갖추었고 특히 공학에 조예가 깊었다. 유명한 화학자 포다이스Fordyce 박사의 딸인 그의 부인[15]은 의지가 강하고 확고한 성격으로 박식한 데다 에지워스[16]풍의 실제적 상식이 풍부했다. 그녀는 가족의 중심이었고 그 지위에 걸맞은 충분한 자격이 있었다. 자녀로는 유명한 식물학자인 아들[17]과 딸 셋이 있었는데 막내 딸은 나보다 두 살 위였다.

나는 그들에게 많은 것을 배웠고, 그들은 부모님처럼 나를 배려했다. 1820년 5월, 그 가족을 처음 만났을 때, 그들은 몽토방과 툴루즈 사이에 있는 가론평야를 굽어보는 언덕에 자리 잡은 퐁피냥 성에 살고 있었다. 볼테르[18]의 적이었던 자의 후손이 그때까지도 소유하고 있는 곳

---

14 Samuel Bentham(1757~1831). 영국의 기술자.

15 Maria Sophia Bentham(1765~1858). 화학자 조지 포다이스George Fordyce(1736~1802)의 딸.

16 Maria Edgeworth(1768~1849). 영국의 여성 소설가.

17 George Bentham(1800~1884).

18 Voltaire(1694~1778). 프랑스의 계몽주의 작가이자 철학자. 그런데 밀《자서전》한글 번역판에서는 볼테르를 월테에르라고 표기하거나(배영원, p. 63과 임성희, p. 333) 아예 이 부분을 생략한다(최명관, p. 67). Voltaire를 영어식으로 읽는다고 해도 월테에르라고 읽기는 힘들다. 그렇다면 월테에르라는 표기는 어디서 온 것일까? 게다가 "지금도 월테에르의 적이었던 사람의 자손이 주인이다"라고 번역한 것도 마치 "지금도 월테에르의 적이었던 사

이었다. 나는 그들을 따라 피레네산맥을 여행했다. 그 여행 중에 바네르 드 비고르에서 얼마 동안 머물다가 포, 바욘, 바네르 드 뤼송에 들렀고, 픽 뒤 미디 드 비고르산에 오르기도 했다.

당시 최고 높은 산의 경치를 처음 접한 것은 매우 깊은 인상을 주었고 평생 동안의 취미에 색채를 더해줬다. 10월에 우리는 카스트르와 생 퐁의 아름다운 산길을 따라 툴루즈에서 몽펠리에까지 갔다. 벤담 경은 몽펠리에 부근에 있는 레스탱클리에르의 땅을 사두었던 참이었다. 그 땅은 생 루의 산기슭 부근에 있었다.

나는 프랑스 체류 중에 프랑스어를 충분히 습득해서 통상적 프랑스 문학에 친숙하게 되었다. 여러 가지 체육 수업도 받았지만 어느 것에도 숙달되진 못했다. 몽펠리에대학교 자연과학대학의 훌륭한 겨울 강좌에 참석하기도 했다. 앙글라다Anglada 교수의 화학, 프로방살Provençal 교수의 동물학, 18세기 형이상학 연구에서 정상에 있었던 제르곤Gergonne 교수의 과학철학이라는 제목의 논리학 강의였다. 그리고 몽펠리에 고등학교 랑테리크Lenthéric 교수의 개인 지도로 고등수학 과정을 이수하기도 했다.

그런데 내가 받은 이러한 교육에서 얻은 많은 유익함 중에서도 1년 동안 대륙 생활의 자유롭고 느긋한 분위기를 호흡했다는 사실이 가장 컸다. 당시에는 이러한 유익함을 평가하지도, 의식적으로 느끼지도 못했지만, 그건 참된 유익함이었다. 나는 영국 생활에 대해 몇 가지 경험밖에 없었고 내가 아는 소수의 사람들 대부분은 사리사욕을 떠나 폭넓

람"으로 읽게 한다. 그러나 볼테르는 이미 밀이 《자서전》을 썼을 때보다 100년도 전에 죽은 사람이다.

은 시야와 공공 목적을 가진 사람들이어서 영국 사회라는 곳의 도덕적 풍조가 얼마나 저급한지를 알지 못했다.

영국 사회의 관습에서는 행위가 언제나 저속하고 사소한 것이었는데 이 점이 공언되지는 않아도 말끝마다 당연하게 여겨졌다. 그래서 고상한 감정 등이 전혀 없었는데, 이는 그러한 고상한 감정 모두를 나타내는 것을 경멸과 조소로 대하고(엄격한 극소수 종교인의 경우를 제외하면), 행사가 있어서 의례나 형식이 미리 정해진 경우 외에는 전반적으로 고상한 행동 원리를 공언하는 것을 꺼리는 데서 나타난다.

당시의 나는 이러한 생활양식과 프랑스 같은 국민의 그것이 어떻게 다른지 알지도 못했고 평가할 수도 없었다. 프랑스인이라고 해서 결점이 없지는 않았으나, 똑같이 진실하다고 해도 모든 점에서 서로 달랐다. 적어도 비교하자면 프랑스인 사이에서는 고상한 것이라고 말할 수 있는 감정이 책 속에서도, 사생활 중에서도 인간관계에서의 통화通貨와 같은 것이었다. 이 정서를 확실히 공언하는 순간 증발되는 경우가 가끔 있지만, 그래도 끊임없이 발휘되고 공감받음으로써 북돋아져 많은 사람들의 존재에서 생생하고 활동적인 부분을 형성하고, 모든 사람에게 받아들여지고 이해를 받아 전 국민들 속에서 생생하게 유지된다.

또 나는 당시, 언제나 감정의 작용을 통해서 생기고, 대륙의 몇몇 나라에서는 거의 교육받지 못한 계급까지 미치는 이해력의 일반적 함양에 대해서도 평가할 수 없었다. 이 점에서는 이른바 교육을 받았다는 영국인들과도 비교할 수 없다. 유연한 양심으로 인해 언제라도 선악 문제에 지성을 발동시키는 사람들만이 예외가 될 수 있을 것이다.

보통 영국 사람들 사이에서는 특정한 것에 가끔 관심을 갖는 경우 외에는 비이기적 일에 관심이 없고, 자신들이 관심을 갖는 것에 대해 타인에게도, 자신에게도 말하지 않는다. 따라서 그들의 감정이나 지적 능력은 미발달 상태에 있거나 매우 한정된 어느 한쪽 방향으로만 발달하기 때문에 그들을 정신적 존재로 본다면 일종의 소극적 존재가 되어버리는데 나는 이 사실을 알지 못했다.

나는 훨씬 뒤에도 이런 것을 이해할 수 없었다. 하지만 당시에도 명백하게 서술하지는 않았으나 프랑스인들 인간관계의 사회성과 친밀성이, 모든 사람이 모든 타인을 적이나 방해자인 것처럼 행동하는 영국인들의 생활양식과 다르다는 것을 느끼고 있었다. 프랑스에서는 영국의 경우보다도 개인의 성질이나 국민성의 장점은 물론 단점에 대해서도 훨씬 많은 것이 표면에 드러나 일상적 교제에서 대담하게 나타나는 것이 진실이다. 그들은 국민의 일반적 관습으로 볼 때 대립할 만한 특별한 이유가 없는 한, 모든 사람이 서로 우호적 감정을 기대하고 표시한다. 영국에서 이런 경우는 상류나 중상 계층의 교육받은 사람들에게만 있을 뿐이다.

프랑스로 갈 때는 물론 그곳에서 돌아올 때에도 파리에서 세[19] 씨 댁에 얼마 동안 머물렀다. 그는 뛰어난 경제학자로 아버지와 편지 왕래를 했다. 아버지가 그를 안 것은 평화가 회복되고 1, 2년이 지난 뒤에 그가 영국을 방문했을 때였다. 나는 세 씨가 포드수도원을 방문한 것을 기억한다. 그는 프랑스혁명기에 가장 뛰어난 프랑스 공화파의 훌륭한 전형으로 나폴레옹의 권유를 받았어도 결코 굴복하지 않은 사람들

---

19 Jean Baptiste Say(1767~1832). 프랑스의 경제학자이자 실업가. 그는 자유주의적 관점을 정식화했으며, 경쟁, 자유무역의 활성화와 경제적 규제 철폐를 주장했다. 그의 대표적인 이론적 성과물은 세의 법칙으로 알려져 있다. 이 법칙은 흔히 "공급이 스스로 수요를 창출한다"는 것으로 잘못 인용된다.

가운데 하나였다.

참으로 강직하고 개명한 사람이었던 그는 조용히 학구적 생활을 했고 공적으로도, 사적으로도 따뜻한 사랑을 받아 행복하게 살았다. 그는 자유주의파의 뛰어난 인물 대부분을 잘 알았다. 그의 집에 머무는 동안 나는 주목할 만한 사람들을 많이 만났다. 그중에서 즐거운 추억은 생시몽[20]을 만난 것이었다. 그는 철학이나 종교의 창시자가 아니라 머리 좋은 괴짜로 여겨졌다.

나는 스스로 본 사회에서 대륙의 자유주의에 대한 강렬하고 영속적 관심이라는 주된 수확물을 가지고 왔고, 이에 대해 영국 정치와 마찬가지로 늘 주목했다. 이러한 관심은 당시 영국에서는 이례적인 것으로, 나의 진보에 매우 유익한 영향을 주었다. 그것은 영국에서는 언제나 현저할 정도로 편견 없었던 아버지도 면하지 못한 것, 즉 보편적 문제를 영국만의 기준으로 판단하는 잘못에서 나를 해방해주었다. 나는 아버지의 옛 친구들과 함께 칸에서 몇 주를 보낸 뒤 1821년 7월 영국에 돌아왔다. 그리고 나의 교육은 통상의 과정으로 되돌아갔다.

---

20 Claude Henri de Rouvroy Saint-Simon(1760~1825). 프랑스의 공상적 사회주의자로 과학자와 자본가와 실업가를 포함하는 '산업자産業者'가 지도하는 새로운 사회체제를 구상하고 그 실현을 주장했다. 저서로《제네바인의 편지Lettres D'un Habitant de Geneve a Ses Contemporains》,《새로운 기독교Nouveau Christianisme》등이 있다.

3
교육의 마지막 단계와
독학의 첫 단계

교육의 마지막 단계

프랑스에서 돌아온 뒤 처음 한두 해 동안 그전의 공부를 계속했는데 몇 가지 새로운 과제가 더해졌다. 귀국했을 때 아버지는 마침《정치경제학 원리》집필을 끝내고 인쇄에 부칠 참이었다. 그는 나에게 원고에 '난외주기marginal contents'를 만들어 붙이게 했다. 그것은 벤담 씨가 자기의 모든 저술에 붙인 것으로, 저자가 사고의 순서나 서술의 일반적 특징을 더욱 쉽게 판단해서 개선할 수 있도록 각 문단에 붙이는 짧은 요약이었다.

바로 그 뒤에 아버지는 콩디약[1]의《감각론》[2]과《연구방법론》[3] 중에

---

1   Étienne Bonnot de Condillac(1714~1780). 18세기에 활동한 프랑스의 철학자.

2   *Traité des Sensations.* 콩디약이 1754년에 출판한 책으로, 감각론적 인식론에 관한 가장 대표적 저서.

3   *Cours d'Etudes pour l'Instruction du Prince de Parme*(1769~1773).

서 논리학과 형이상학에 관한 책을 주었다.[4] 《감각론》은 (콩디약의 심리학 체계와 아버지의 그것이 표면적으로는 흡사한데도) 사례를 제공하기 위해서라기보다도 경고를 위해 준 것이었다.

내가 프랑스혁명사[5]를 처음 읽은 것이 그해 겨울이었는지 다음해 겨울이었는지 모르겠다. 당시 유럽에서는 아주 중요한 것이 명백하지만 희망이 없던 소수파에게만 지지받는 민주주의 원리가 30년 전 프랑스에서 모든 것을 타도한 후 전 국민의 신조가 되어 있음을 알고 놀랐다. 여기서 상상할 수 있듯이 나는 그때까지 이 커다란 동란에 대해 매우 막연하게만 생각했다. 나는 프랑스인들이 루이 14세와 15세의 절대왕조를 타도하고 국왕과 왕비를 살해한 뒤 많은 사람들을 기요틴[6]으로 죽였으며, 그중 한 사람이 라부아지에[7]였고, 혁명이 마지막에는 보나파르트의 전제 아래 굴복했다는 사실밖에는 알지 못했다. 당연히 그때부터 그 주제는 내 감정을 강하게 사로잡았다. 이는 민주주의 투사의 성격에 대한 나의 청년다운 동경과 결부되었다. 최근에 일어난 일이 쉽게 다시 일어날지도 모른다고 생각했다. 내가 상상한 가장 빛나는

---

4 제임스 밀은 스코틀랜드의 '상식철학'을 청산하고 연상심리학의 이론에 의해 벤담의 공리주의 사상을 보강하고자 《대영백과사전 Encyclopaedia Britannica》 보권 補卷 4권(1891)에 《교육론 Education》을 썼다. 그 글에서 밀은 연상심리학의 역사를 홉스·로크·흄·콩디약·하틀리를 통해 개관하고, 특히 하틀리를 중시했다.

5 밀이 읽은 책은 프랑수아 엠마누엘 투랑전 François Emmanuel Toulangeon(1748~1812)의 《1789년 혁명 이후의 프랑스 역사 Histoire de France depuis la Révolution de 1789》(1801~1810) 전 4권인 것으로 추정된다.

6 Guillotine. 프랑스혁명 당시 사용한 사형 기구. 이 기구는 1792년 정식 사형 도구가 되었다. 단두대라고도 한다.

7 Antoine-Laurent Lavoisier (1743~1794). 근대 화학의 아버지라 불리는 프랑스 화학자. 징세청부인이라는 전력이 문제되어 산악파 독재하에 처형당했다.

영예는 성공 여부에 관계없이 영국 국민공회에 지롱드[8] 당원으로 등장하는 것이었다.

1821~1822년 겨울, 내가 프랑스를 방문했을 때 아버지와 친교를 시작한 존 오스틴[9] 씨는 친절하게도 함께 로마법을 읽는 것을 허락했다. 아버지는 영구법이라는 것의 조잡한 혼돈을 혐오했음에도, 내가 변호사가 된다면 다른 어떤 직업을 갖는 것보다 무난하리라 생각했다. 그리고 벤담 씨의 가장 뛰어난 생각을 익힌 뒤 기타 자료나 자신의 생각에서 많은 것을 추가한 오스틴 씨와 함께 로마법을 읽은 것은, 법학 연구에 귀중한 안내가 되었을 뿐 아니라 일반 교육에서 중요한 부분이기도 했다. 나는 오스틴 씨와 함께 하이네키우스[10]의 《로마법 원론》, 《로마 고대사》, 《로마법 대전 주해》의 일부를 읽었고 블랙스턴의 책[11]도

---

8 Girondins. 프랑스혁명 때의 정치 파벌 가운데 하나로 중산층 부르주아, 개신교 등 이어지는 온건 공화파 계열의 여러 파벌이 모인 집합체이며, 자주연방주의자라고 불렸다.

9 John Austin(1790~1859). 영국 법학자로 런던대학교 법철학 강의를 최초로 담당했다. 성숙한 법체계에 공통으로 포함된 일반적 개념·형식을 체계적으로 논구한 최초의 영국인이며, 로마법과 비교하면서 영국법에 최초로 이론적 구성과 정밀한 분석을 가한 사람이다. 그는 분석 과정에서 "법은 주권자의 명령이다"라는 논제를 세워 법과 도덕을 엄밀히 구별하고 "주권자는 법에 구속되지 아니한다"라는 논제로 의회주권의 기초를 이룩했다.

10 Johann Gottlieb Heineccius(1681~1741). 독일의 법학자. 밀이 읽은 그의 책은 라틴어로 쓴 *Antiquitatum Romanarum Jurisprudentiam Illustrantium Syntagma*(1718), *Elementa Juris Civilis Secundum Ordinem Institutionum*(1727), *Elementa Juris Civilis Secundum Ordinem Pandectatum*(1731).

11 William Blackstone (1723~1780). 18세기 영국의 법학자, 판사이자, 토리당 정치인. 옥스퍼드대학교 최초의 영국법 교수로 1753년 그가 옥스퍼드에서 영국법 강의를 시작한 것이 영국법 교육의 시작이다. 그가 남긴 저서 《영국법 주해Commentaries on the Laws of England》는 영미법에서 대단히 권위가 있다. 이 책은 독창적이지는 않으나 영국법 전체를 체계적으로 설명했으며 특히 미국에서 환영받아 미국 법률가들은 법전으로 여길 정도다. 미국에서의 영국법 계수繼受는 블랙스턴에 많은 영향을 받았으며 연방 헌법, 주 헌법 제정에 커다란 작용을 했다.

상당히 읽었다.

벤담

이러한 공부를 시작했을 때 아버지는 함께 읽을 필요가 있는 책을 권했다. 그것은 뒤몽이 벤담의 중요한 사색을 대륙에, 그리고 실제로 전 세계를 향해 해설하고자 한 《입법론》[12]이었다. 이 책을 읽은 것은 내 인생에 가장 획기적 일이었고, 내 정신사의 한 전환기였다.

당시에는 교육도 어떤 의미에서 이미 벤담주의의 과정이었다. '최대 행복'이라는 벤담의 기준은 그때까지도 항상 적용하도록 배워온 것이었고, 이 기준의 추상적 논의에도 친숙했다. 이는 아버지가 플라톤을 모범 삼아 쓴 미발간 통치에 관한 대화 중 한 편이기도 했기 때문이다. 그러나 이 기준은 벤담의 책 첫 페이지부터 새로운 엄청난 힘으로 나에게 다가왔다.

나에게 감명을 준 것은 벤담이 '자연법', '올바른 이성', '도덕감각', '자연적 공정' 등에서 연역된 도덕과 입법에 대한 보통의 사고 양식에 대해 비판한 것이었다. 즉 그러한 용어는 가장된 독단론으로, 자신의 감정을 가장 그럴듯한 표현으로 가장하여 타인에게 강요하는 것이다.

---

12   스위스인 피에르 에티엔느 루이 뒤몽Pierre Étienne Louis Dumont(1759~1829)이 벤담의 법학 이론을 입법 원리·민법론·형법론 세 권으로 쉽게 정리한 프랑스어 책 *Traité de Législation, Civile et Pénale*(1802)를 말한다. 이 책을 통해 프랑스를 비롯한 유럽만이 아니라 중남미 여러 나라에도 벤담의 명성이 보급되었다. 벤담의 파놉티콘 구상이 수포로 돌아간 뒤 입법개혁을 전제로 정치개혁의 긴요성을 자각하기 전에 쓴 책이어서 정치개혁은 포함되어 있지 않다.

그 감정에는 전혀 근거가 없고, 감정 그 자체가 근거가 된다고 하면서 억지로 갖다 붙일 때 덧붙여진 것이었다.

그전에는 벤담의 원리가 이처럼 모든 사고방식에 종지부를 찍었다고는 전혀 생각하지 않았다. 그러나 이제는 과거의 도덕가들이 초월되고 모든 사상의 새로운 시대가 열렸다는 감정이 나를 덮쳤다. 벤담이 여러 가지 행위 결과들의 다양한 종류와 연쇄를 분석함으로써 행위의 도덕성에 행복 원리를 적용하는 일에 과학적 형태를 부여한 수법 덕분에 이러한 감명이 더 강화되었다.

그러나 당시 나에게 무엇보다도 강하게 감동을 준 것은 범죄의 분류였다. 이에 대해서는 뒤몽의 편저 쪽이 원전인 벤담의 책보다 명쾌하고 간결하며 박력이 있었다. 그때까지 내 훈련에서 대부분을 차지했던 논리학과 플라톤 대화편은 내게 정확한 분류에 대한 강력한 흥미를 부여했다. 이러한 흥미는 자연적 방법이라는 원리에 근거해서 식물학을 연구함으로써 강화되고 계발되었다. 나는 프랑스에 있을 때 단순한 취미로 식물학에 열중했다.

그래서 과학적 분류법이 '처벌되어야 할 행위'라는 중대하고 복잡한 문제에 적용되고, 쾌락과 고통의 결과라는 윤리적 원리에 의거해, 벤담이 그 주제에 처음으로 도입한 세밀한 방법으로 전개되고 있음을 알았을 때, 나는 높은 곳에 올라 광대한 정신적 영역을 굽어볼 수 있었고, 모든 예측을 뛰어넘는 멀고 먼 지적 결과까지 고찰할 수 있다고 느꼈다.

더욱더 읽어나감에 따라 이러한 지적 명쾌함에 더해 인간 생활의 실제적 개선이라는 지극히 매력적 전망이 부가되는 것처럼 생각되었다. 나는 아버지의 '법학'이라는 논문의 뛰어난 개설을 주의 깊게 읽었기 때문에 벤담 체계의 구성에 관한 일반적 견해를 전혀 모르지는 않았다. 그러나 그 논문을 읽어도 얻은 게 거의 없고 흥미도 느끼지 못했다. 그 이유는 분명히 그 논문의 성격이 매우 일반적이고 추상적이었기 때문이고, 또 그것이 **법체계**의 실질보다도 도리어 형식에, 나아가 법의 윤리보다도 논리에 관한 것이었기 때문이다.

그러나 벤담의 주제는 입법이고, 법학은 그중 단순히 형식적 부분에 불과했다. 그는 책의 모든 페이지에서 인간의 의견과 제도는 어떠해야 하는가, 의견과 제도를 어떻게 하면 마땅히 있어야 할 상태에 있게 할 수 있는가, 그리고 현재 그것이 얼마나 당위에서 멀어져 있는가에 대해 더욱 명쾌하고 더욱 광범위한 사고방식을 개척한 것으로 생각되었다.

《입법론》 마지막 권을 읽었을 때 나는 다른 인간이 되었다. 벤담이 이해했듯이 '공리성의 원리'를 이해하고, 그가 적용했듯이 그것을 적용해보면 이 세 권은 서로 무관하게 떨어져 있던 나의 지식과 신념의 조각난 단편적 부분들을 한데 모아 체계적으로 만들어줄 원칙으로 적합했다. 그것은 나의 사고방식에 통일성을 부여했다.

나는 이제 의견과 신조와 이론과 철학을 갖게 되었다. 종교라는 말의 참된 의미에서 종교를 갖게 되었고, 그것을 가르치고 퍼뜨리는 것을 인생의 중요한 외부적 목적으로 삼을 수 있게 되었다. 그리고 그 이론에 의해 인류의 현재 상황을 변혁해간다는 장대한 사고방식을 눈앞에 가질 수 있게 되었다.

《입법론》이 그 속에서 추천된 의견과 법을 통해 만들어진, 인생의 가장 감동적 묘사라는 생각에 나는 흥분했다. 이 책에는 실제적으로 개선할 수 있는 것에 대한 예측이 잘 드러나 있었다. 따라서 언젠가는 인간에게 지극히 자연스럽게 생각되겠으나 과거에는 그것을 환상이라고 생각한 사람들이 필경 부당하다고 생각한 많은 것들이 막연한 열광이 낳은 망상이라는 비난과 비판을 들었다. 그러나 나의 마음속에서 환상보다 훨씬 뛰어나 보였던 이것은, 벤담의 정신 능력에 대한 존경심을 더욱 깊게 함으로써 벤담의 이론이 나에게 미친 영향력을 배가했다. 그리고 그가 열어준 개선에 대한 전망은 충분히 넓고 빛나는 것으로 나의 인생을 비추고 나의 포부에 명확한 형태를 부여했다.

그 뒤 나는 벤담 자신이 쓰거나 뒤몽이 편집해서 출판한 여러 중요한 책들을 계속 읽었다. 이는 나 혼자만의 독서였으나, 한편으로는 아버지의 지시에 의해 나의 연구는 분석심리학의 최고도 부문으로 나아갔다. 나는 로크[13]의 《인간지성론Essay Concerning Human Understanding》[14]을 읽고 각 장의 완전한 요약과 내 머리에 떠오른 감상이나 해설을 썼는데, 아버지가 그것을 읽거나 내가 아버지에게 읽어주면서 철저히 토론을 했다.

나는 스스로 선택해서 읽은 엘베티우스[15]의 《정신론》[16]에 대해서도 그렇게 했다. 이처럼 아버지의 감독하에 발췌하는 것은 매우 유익했

---

13 John Locke(1632~1704). 영국의 철학자이자 정치사상가.

14 존 로크의 주저. 로크는 젊을 때부터 도덕이나 종교 문제에 관심을 가지고 그것을 추구해 나갔다. 그러는 동안 인간의 인식능력이라는 문제에 봉착한 그는 1671년 친구와 토론하는 가운데 인식론 초고를 집필했다. 그 후 프랑스 철학의 영향을 받아 이 초고를 더욱 전개시키고 체계화한 것이 이 책이다. 내용은 4권으로 나뉘는데, 먼저 1권에서는 지식이나 관념은 인간이 천성적으로 가지고 있는 것이 아니라고 주장한다. 2권에서는 관념이 경험에 의해서 생긴다고 했으며, 3권에서는 언어의 문제, 4권에서는 지식의 문제를 다룬다. 우리말 번역은 존 로크, 정병훈 외 옮김, 《인간지성론》, 한길사, 2014.

15 Claude Adrien Helvetius(1715~1771). 프랑스 계몽기 유물론자로서 디드로Diderot 등의 백과전서파와 함께 활동했고 로크의 경험론 및 콩디악의 감각론을 유물론적으로 발전시켰다. 인간 정신의 근원을 감각적으로 보고 선의 척도를 공공의 이익 속에서 찾았다. 인간의 성격이 사회적 환경에 의해 결정된다고 주장했으며, 교회의 권위와 전체정치를 공격함으로써 프랑스혁명의 사상적 선구자가 되었다.

16 De L'esprit(1758). 엘베티우스의 저서로 유물론적 철학을 주장하다 불태워졌다.

다. 심리학의 이론을 진리로 받아들이는 경우든, 또는 단순히 타인의 의견으로 간주하는 경우든, 그 이론을 정확하게 파악하고 표현하면서 강요받았기 때문이다.

아버지는 엘베티우스 다음으로, 그가 정신철학의 참된 걸작으로 생각한 하틀리[17]의《인간론》을 나에게 연구하게 했다. 이 책은《입법론》처럼 나의 존재에 새로운 색채를 부여하진 않았지만, 그 직접적 주제에 관한 것은 나에게 그때와 같은 감명을 주었다. 복잡한 정신현상을 관념연합의 법칙으로 설명한 하틀리의 이 책은 많은 점에서 불완전했지만, 나는 그 책을 읽고 이를 참된 분석이라 생각했다. 이에 비하면 콩디약의 말로만 하는 일반화나, 로크의 심리적 설명을 위한 교훈적 모색과 의견마저 불충분하게 생각되었다.

바로 그때 아버지는《인간의 정신현상에 대한 분석Analysis of the Mind》을 쓰기 시작했다. 이 책은 하틀리가 정신현상을 설명하는 데 쓴 수법을 더욱 넓고 깊게 적용하려는 책이었다. 아버지가 이 책을 쓰는 데 필요한 사색에 집중할 수 있었던 것은 1년에 1개월에서 6주 정도 완전히 자유로운 휴가 때뿐이었다. 그는 1922년 여름, 처음으로 도킹[18]에서 휴가를 보내며 집필을 시작했다. 그때부터 세상을 떠날 때까지 회사 사정이 허용하는 한, 2년간을 제외하면 매년 6개월간 도킹 부근에 체류했다. 아버지는 매년 휴가 때 그 책을 계속 집필해서 1829년에 출판했다. 그는 책의 집필이 진행되는 데 따라 원고 일부분을 조금씩 나에게 읽혔다.

---

17 David Hartley (1705~1757). 영국의 철학자로 심리학에서의 관념연합설 창시자.《인간론》의 원제는 *Observations on Man, His Fame, His Duty, and His Expectations*, 1775.

18 Dorking. 잉글랜드 서리주의 도시. 제임스 밀은 그곳에 별장을 짓고 휴가를 보냈다.

내가 스스로 선택해서 읽은 정신철학에 대한 책들은 버클리[19]와 흄의《논문집》,[20] 리드,[21] 듀갈드 스튜어트,[22] 브라운[23]의《인과관계론》등이었다. 나는 브라운의《인간 정신의 철학에 관한 강의Lectures on the Philosophy of the Human Mind》를 2, 3년 후까지 읽지 않았고, 당시에는 아버지도 읽지 않았다.

그해 읽었던 책 중에 나의 진보에 크게 공헌한 것으로 벤담의 원고를 기초로 하여 쓰였고, 필립 보샹Philip Beauchamp이라는 가명으로 출판된《인류의 현세 행복에 자연종교가 미친 영향에 대한 분석Analysis of the Influence of Natural Religion on the Temporal Happiness of Mankind》을 언급하고자 한다. 이 책은 종교적 신앙의 진리를 검토한 것이 아니라, 특정한 계시의 특성과는 무관한 가장 일반적 의미에서 종교적 신앙의 유용성에 대해 논한 책이다. 이 책은 현대의 종교에 대한 모든 논의 가운데서도 가장 중요한 것이다. 현대에는 어떤 종교 교의에 대한 참된 신앙도 약화되고 불안정하지만 종교가 도덕적·사회적 목적을 위해 필요하다는 의견은 거의 보편적이다. 계시를 부정하는 사람들은 낙천적 이

---

19 George Berkeley(1685~1753). 아일랜드의 철학자이자 성공회 주교로 극단적 경험론을 주장했다.

20 David Hume, *Essays and Treaters on Several Subjects*, 1753~1754.

21 Thomas Reid(1710~1796). 18세기 스코틀랜드 철학자. 1764년 애덤 스미스 후임으로 글래스고대학교로 옮겨 가서 도덕철학 교수가 되면서 주저《상식의 원리에 입각한 인간 정신의 연구An Inquiry into the Human Mind on the Principles of Common Sense》를 발표했다. 이처럼 상식의 철학을 주창함으로써 흄의 파괴적 회의론에 반대하는 사상운동을 일으켰다.

22 Dugald Stuart (1753~1818). 스코틀랜드 계몽주의를 대표하는 철학자이자 수학자. 밀이 읽은 책은《정신철학의 원리Elements of the Philosophy of the Human Mind》(1792~1827) 전 3권이다.

23 Thomas Brown(1778~1820). 스코틀랜드의 시인이자 철학자로 1818년《인과관계론Inquiry into the Relation of Cause and Effect》을 썼다.

신론으로 도피하지만 그 이신론, 즉 자연 질서나 상상의 섭리에 대한 신앙도 완전히 이해하고 보면 적어도 어떤 종파의 기독교와도 매한가지로 모순에 가득 차고, 도덕감각을 왜곡하는 것이다.

그럼에도 회의주의자가 이런 형태의 신앙의 유용성을 비판한, 철학적 성격을 표방하는 저술을 쓴 적은 거의 없었다. 필립 보상이라는 가명으로 출판된 책은 바로 이것을 특정한 목적으로 삼았다. 아버지는 이 책을 원고 단계에서 보았고, 이어 나에게 건네주었다. 나는 《정치경제학 원리》 때와 같이 '난외주기'를 만들었다. 이 책은 《입법론》 다음으로 분석이 투철하다는 특징으로 인해 나에게 최대한 영향을 미쳤다. 나는 최근 오랫동안 이 책을 다시 읽고 그 속에서 벤담의 사고방식이 지닌 장점과 함께 몇 가지 단점을 보았고, 논지가 약한 부분도 상당수 포함되어 있음을 알게 되었다. 그래도 정당한 논지가 더욱 많았고 종교 문제에 관한 철저하게 철학적이고 의문의 여지가 없는 책을 쓰는 데 훌륭한 소재를 많이 포함하고 있다고 보았다.

집필의 시작

지금까지 나는 초기의 정신적 진보에 상당한 영향을 준 책들을 모두 언급했다고 믿는다. 그때부터 나는 독서 이상으로 집필을 통해 나의 지적 수양을 시작했다. 나는 1813년 여름 처음으로 논쟁적 논문을 썼다. 부자는 빈민보다 도덕적 자질이 뛰어나거나 뛰어나기 쉽다는, 내가 귀족주의적 편견으로 본 견해를 공격하는 것이었다는 점 말고는 그 논문에 대해 기억나는 게 별로 없다. 그 논문은 완전히 실증적이었고, 그런 주제에 허용될 수 있는, 그리고 소년 집필자에게는 당연히 예상되는 웅변조가 아니었다. 그러나 나는 그런 분야에는 매우 서툴렀고 이후로도 계속 서툴렀다. 무미건조한 논의는 나에게 가능한 그리고 내가 스스로 시도하는 유일한 것이었다. 나는 시 형태건, 웅변 형태건 간에 이성을 기초 삼아 감정에 호소하는 모든 문장의 영향력에 대해 수동적으로 매우 민감했다.

아버지는 그 논문을 완성할 때까지 전혀 몰랐으나 논문을 보고 매우 만족스러워하셨다. 정말 기뻐하셨다는 말을 남들에게 전해 들었다. 그러나 아버지는 내가 논리적 정신 능력보다 또 다른 정신 능력을 발휘하도록 촉구하고자 다음과 같은 작문 연습으로 연설조 문장을 써보라고 권하셨다. 그래서 나는 아버지가 시사한 바에 따라 그리스의 역사와 사상 그리고 아테네 웅변가들에 대한 나의 지식을 활용해서 연설문 두 편을 썼다. 그것은 페리클레스Perikles가 라케다이몬인들Lakedaimonioi의 아테네 침략 시에 진격하지 않았던 점 때문에 탄핵당했다는 상황을 설정하고 탄핵이 옳다고 주장한 것과 옳지 않다고 주장한 것이었다. 그 뒤 나는 여러 가지 주제에 대해 계속 원고를 썼다. 그 주제는 종종 나의 능력을 훨씬 뛰어넘는 것이었으나, 집필 자체도, 그것이 아버지의 논의를 도출했다는 점에서도 매우 유익했다.

그로트

이즈음 나는 내가 알게 된 학식 있는 사람들과 일반적 주제에 대해 대화하기 시작했다. 당연히 그런 기회는 점점 많아졌다. 아버지 친구 중에서도 나에게 특히 유익하고 가장 깊은 관계였던 사람은 그로트[24] 씨와 존 오스틴 씨였다. 아버지가 두 사람을 안 지는 얼마 되지 않았으나 곧바로 친구가 되었다.

그로트 씨가 리카도 씨 소개로 아버지와 알게 된 것은 1819년으로 당시 스물다섯 살 전후였다. 그는 아버지와 교제하고 대화를 나눌 수 있기를 열렬히 바랐다. 이미 학식이 높은 그였으나 아버지에 비하면 인간사상의 큰 문제들에 대해서는 초심자나 마찬가지였다. 그러나 그는 곧바로 아버지의 사상을 가장 잘 이해하는 사람이 되었다. 그로트 씨는 정치 사상 분야에서 당시 《에든버러 리뷰Edinburgh Review》에 막 발표된 제임스 매킨토시의 유명한 논문[25]에 반박하며 급진적 의회개혁론을 변호한 팸플릿[26]으로 1820년 세상에 알려졌다.

그로트 씨의 아버지는 은행가로 골수 토리파로 생각되며, 어머니는 열렬한 복음파였기 때문에 그로트 씨의 자유주의적 사상은 가정의 영향과는 무관했다. 그러나 그는 상속으로 유복해지리라 기대감을 품는 대부분의 사람들과 달리 활동적으로 은행 업무에 종사하면서도 많은 시간을 철학 연구로 보냈다. 아버지와의 친교는 그의 정신적 진보의 다음 단계가 어떤 성격을 띨지 결정하는 데 매우 중요했다.

---

24 George Grote(1794~1871). 브레멘 출신 은행가의 아들로 태어났다. 가업에 종사하면서 여가 시간에 그리스철학을 연구해 벤담, 제임스 밀, 리카도 등과 교제했다. 존 스튜어트 밀은 이 책 6장에서 그가 급진파 리더로 하원의원이 되었을 때 정치적 수완이 부족했던 점을 비판했으나, 은퇴 후에도 고대철학 연구에 종사한 점은 높이 평가했다. 《그리스사 History of Greece》(1846~1850)로 유명하다.

25 James Mackintosh(1765~1832)는 휘그당의 정치가이자 변호사로 《에든버러 리뷰》 1820 년 11월호에 〈의회개혁론 Parliamentary Reform〉을 썼다.

26 《의회개혁론에 대한 의문 Statement of the Question of Parliamentary Reform》.

나는 종종 그를 방문했다. 정치적·도덕적·철학적인 주제에 대한 그와의 대화는 많은 귀중한 지식만이 아니라 지적으로는 물론이고 도덕적으로도 탁월한 사람들과 마음이 통하고 교제하는 커다란 기쁨과 이익을 나에게 주었다. 그의 지적·도덕적 탁월함은 생애와 저술을 통해서 세상에 밝혀진 바 있다.

존 오스틴

그로트 씨보다 4, 5년 연상이었던 오스틴 씨는 서픽주의 은퇴한 제분업자의 장남이었다. 그의 아버지는 전쟁 중 청부업으로 재산을 모았는데 그의 자식들 모두가 보통 이상의 재능을 가진 훌륭한 신사인 점으로 미루어보면 비범한 자질을 가진 사람이었음에 틀림없다. 여기서 말하고자 하는, 법학 저술로 유명하게 된 그의 아들은 한동안 윌리엄 벤팅크William Bentinck 경의 부하였던 육군 장교로 시칠리아섬에서 근무했다.

그는 평화 회복 후에 장교 주식을 팔고[27] 법조계에 들어가기 위한 공부를 했고 아버지가 그를 알기 직전에 변호사가 되었다. 그는 그로트 씨와는 달리 아버지의 제자가 아니었지만 독서와 사고를 통해 아버지

---

27 영국에서 장교는 매매 대상인 명예직이었으며, 장교 신분을 사는 경우를 Purchase of Commissions라고 했다. 이렇게 해서 기병장교와 보병장교로 임관될 수 있었으며, 사관학교에 들어갈 경우에는 더욱 전문적 지식이 필요한 공병장교와 포병장교로 임관될 수 있었다. 이같이 돈으로 장교 직위를 사는 방법은 19세기 후반 폐지될 때까지 유럽 각국에서 널리 쓰였다. 가격은 오늘날 대한민국 돈으로 환산할 경우 대위 계급 가격이 약 4억 원 정도에 해당된다.

와 상당한 부분까지 같아졌고, 개성 있는 확고한 성격으로 자신만의 수정된 의견을 갖고 있었다. 그가 가진 위대한 지성의 힘은 대화에 가장 잘 나타났다. 그의 지적 능력은 격론이 될 때도 일반적 주제에 대해 언제나 일정한 견해를 주장했고, 강렬할 뿐 아니라 신중하고 침착한 의지를 보였다. 그것은 일부는 기질에서 비롯되고, 일부는 그의 감정과 내성(內省)에서 비롯된 일종의 신랄함과 혼합되어 나타났다.

사회의 현재 상태에서는 분별 있고 고도로 양심적인 사람이라면 인생과 사회에 대한 불만을 다소간 느낄 수 있지만, 그의 경우 그것이 성격적으로 우울하게 했다. 그것은 수동적인 도덕적 감수성이 능동적 정력과 맞지 않을 정도로 너무 강한 사람에게는 매우 당연한 것이었다. 왜냐하면 그의 태도가 강력하게 증명하는 것으로 생각되는 의지의 힘은 주로 태도에서만 나타났기 때문이다. 그가 인간의 진보에 대해 대단한 정열을 가졌던 것, 강렬한 의무감과 능력과 소질을 가졌던 것은 그가 남긴 저술에 의해 입증되지만 그는 중요한 지적 과제를 제대로 완성하지 못했다.

그는 자신이 해야 할 일의 수준을 너무 높이 잡았고, 자신이 한 일의 결함을 과대하게 느꼈으며, 당면한 목적에 충분한 완성도가 있을지라도 스스로 만족할 수 없었다. 때문에 대부분의 저술에서 너무 힘을 들여 보통 사람들에게 도움이 되지 않았을 뿐 아니라, 쓸데없는 연구와 사색에 시간과 노력을 과도하게 소비했다. 따라서 과제가 완성되어야 할 때면 과로 때문에 병드는 게 보통이었고, 계획한 바의 절반도 끝내지 못했다. 이러한 정신적 불안정(이 점에서 그는 내가 아는 유능한 사람들 가운데 유일한 보기는 아니다)이 위험하다고는 말할 수 없어도, 종종 아무 것도 할 수 없게 만드는 병의 습격을 당할 가능성이 있었다. 뿐만 아니라 그가 생애에 이룩한 것은 그에게 가능할 수 있었던 것과 비교하면 너무나도 적었다. 그러나 그가 이룩한 것은 가장 유능하게 판단하는 사람들에게 최고의 평가를 받았다.

콜리지[28]의 경우처럼 그는 대화를 통해 여러 사람에게 많은 교훈을 주었을 뿐 아니라 그의 대화는 인격을 크게 향상시키는 원천이었다고 변명할 수도 있을 것이다. 그가 나에게 준 영향은 매우 유익했다. 그의 영향은 가장 좋은 의미에서 도덕적이기도 했다. 그는 나에게 간절한 관심을 보여주었다. 그것은 그와 같은 나이에 지위도 높고 준엄하리라 생각되는 성격의 소유자에게서 한 사람의 젊은이에게 향할 것으로 기대되는 정도를 훨씬 뛰어넘는 것이었다. 그는 대화와 태도 속에서 마음의 고매함을 보여주는 경향이 있었다. 내가 당시에 교류한 다른 사람들이 충분히 그러한 성격을 띠었다 할지라도 그 정도인 사람은 없었다.

그는 내가 종종 만난 다른 모든 지성인들과는 정신의 유형이 다른 사람이었다. 또 그는 특정한 사고 양식이나 특정한 사회집단에 의해 형성된 젊은이들에게서 거의 예외 없이 볼 수 있는 편견과 편협성에 처음부터 확고하게 반대했으므로 그와 친했던 점은 특히 유익했다.

---

28 Samuel Taylor Coleridge (1772~1834). 영국의 시인이자 비평가로 워즈워스와 함께 《서정민요집 Lyrical Ballads》을 발간하고, 초자연적 환상성을 나타내는 설화시 說話詩 〈늙은 선원의 노래 The Rime of the Ancient Mariner〉, 〈쿠블라 칸 Kubla Khan〉 등을 발표하여 낭만주의의 선구자가 되었다. 이 책 6장에서 보듯이 밀은 1826년의 '정신의 위기' 이후 콜리지의 낭만주의를 높이 평가하고 1840년 《콜리지론 An Essay on Samuel Taylor Coleridge》을 썼다.

찰스 오스틴

오스틴 씨의 동생 찰스 오스틴[29]과 나는 그해 그리고 그다음 해에 종종 만났다. 그는 나에게 큰 영향을 주었는데 형의 경우와는 매우 다른 종류의 것이었다. 그는 나보다 몇 살 위였고 당시 대학교를 막 졸업했지만 재학 중에는 지성을 가진 사람으로서, 또 웅변의 명수로 유명했다. 그가 케임브리지대학교의 같은 세대 학생들에게 준 영향은 하나의 역사적 사건으로 평가될 가치가 있다. 왜냐하면 그때부터 1830년까지 상류계급의 일부 활동적 젊은이들에게서 나타난 자유주의 일반, 특히 벤담주의적이며 정치적·경제적 형태의 자유주의를 향한 경향은, 부분적으로는 이러한 영향에서 기원을 찾을 수 있기 때문이다.

당시 명성의 절정에 있던 학생 토론회[30]는 케임브리지의 젊은 엘리트 청중 앞에서 매주 했던 것으로, 정치와 철학에 대해 당시 극단적으로 여겨지던 의견을 반대자들과 진지하게 대결하던 무대였다. 뒤에 다소간 유명하게 된 사람들(그중에서는 매콜리 경[31]이 뛰어났다)이 그곳에서

---

29 Charles Austin(1799~1874). 변호사로 케임브리지대학교 재학 시부터 벤담주의를 고취하는 웅변가로 알려졌다.

30 Union Debating Society. 1815년에 설립되어 영국 수상을 지낸 윈스턴 처칠Winston Churchill, 클레멘트 애틀리Clement Attlee, 마거릿 대처Margaret Thatcher, 존 메이저John Major를 비롯해 많은 정치가가 참여한 케임브리지대학교의 Union Debating Society는 Cambridge Union Society 또는 The Cambridge Union이라고 약칭된다.

31 Thomas Babington Macaulay(1800~1859). 영국의 정치가이자 시인이자 역사가. 휘그사관(현재의 시점에서 과거를 판단하는 태도)을 대표하는 인물로 그의 다섯 권으로 된《영국사The History of England from the Accession of James II》는 지금도 가장 유명한 역사서로 꼽힌다. 그는 1829년《에든버러 리뷰》에 제임스 밀의《통치론》을 비판하는 글을 발표하여 벤담파와 논쟁을 했다. 존 스튜어트 밀은 이 논문에서 많은 시사점을 얻었는데 그것에 대해서는 이 책 5장 참조.

의 토론을 통해 최초의 영광을 얻었지만, 그 지성적 논자들 중에서 가장 영향력이 컸던 사람은 찰스 오스틴이었다. 그는 대학교를 졸업한 뒤에도 대화와 개인적 탁월함 덕분에 재학 중 그의 동료였던 젊은이들 사이에서 계속 지도자 역할을 했다. 타인들 무리에 끼여 나도 그의 우산 밑에 들어갔다.

나는 그를 통해 매콜리, 하이드 빌리어스와 찰스 빌리어스 형제,[32] 스트러트(지금은 벨퍼 경),[33] 로밀리(지금은 기록관[34] 로밀리 경),[35] 뒤에 문단과 정계에 등장한 기타 여러 사람들을 알게 되었다. 그리고 그때까지도 내겐 어느 정도까지 새로웠던 여러 가지 화제에 대한 논의를 들었다.

찰스 오스틴은 이미 설명한 사람들과 달리 소년에 대한 성인으로서가 아니라 같은 세대의 연장자로서 내게 영향을 주었다. 내가 처음으로 교사 아래에 있는 학생이 아니라, 동료 가운데 한 사람이라는 느낌을 받은 것은 그를 통해서였다. 평등하다곤 해도 내 쪽이 훨씬 미숙했지만 아무튼 그는 내가 평등한 위치에서 만난 최초의 지식인이었다. 그는 설령 자신과 정반대되는 의견을 갖는 사람이라도 그를 알았던 사람에게라면 강렬한 인상을 주었다.

그는 무한의 힘, 강한 의지와 성격의 힘을 가진 사람으로 보이는 동시에 세상을 압도할 수 있는 재능을 가진 사람으로 생각되었다. 그를

---

32 Thomas Hyde Villiers(1801~1831)는 영국의 정치인이고 Charles Villiers(1800~1870)는 영국의 외교관.

33 Edward Strutt(Lord Belper, 1801~1880). 영국의 자유당 정치인.

34 Master of the Rolls. 대법원의 차석 대법관.

35 John Romily(1802~1874). 영국의 휘그당 정치인이자 판사.

알았던 사람들은 그에게 우호적이든 그렇지 않든 간에, 그가 정계에서 뚜렷한 역할을 수행할 것으로 예상했다. 스스로 어느 정도 노력하지 않으면 변론을 통해서 대단한 직접적 영향력을 주기란 거의 불가능한데, 그는 보통 이상으로 노력을 했다.

그는 상대의 허점을 찌르고 때로는 상대방으로 하여금 깜짝 놀라게 하는 것을 매우 좋아했다. 그는 결단력이 가장 크게 영향력을 주는 요소라는 사실을 알았기 때문에 자기 의견을 내세울 때는 되도록이면 결단력을 발휘했고, 대담한 언동으로 누군가를 놀라게 했을 때는 몹시 기뻐했다. 그의 형은, 형제가 함께 공언한 여러 원리를 좁게 해석하고 적용하는 데 엄격하게 반대했으나 그런 형과 반대로 아우는 벤담의 여러 이론을 가장 놀라운 형태로 주장하고, 그 이론 중에서 사람들의 선입감을 손상하는 결론으로 이끄는 모든 것을 과장되게 서술했다.

게다가 그는 이러한 것을 정력적으로 쾌활하게 변호하고, 강인하면서도 기분 좋은 태도로 밀고 나가서 언제라도 승리를 획득하거나 아니면 반반으로라도 나누어 가졌다. 나는 벤담주의자나 공리주의자라는 사람들의 주의나 의견에 대해 일반적으로 말해지는 것 대부분은 찰스 오스틴이 던진 역설에서 비롯되었다고 믿는다. 그러나 **그에게는 도저히 미치지 못하지만** 벤담주의로 귀향한 젊은이들이 그의 사례를 모방하고, 벤담주의의 이론이나 금언 중에 누군가의 마음에 드는 것이 있으면 가리지 않고 **과장**하는 것이, 당시 소수파 젊은이들의 특징이었음을 말해두고 싶다.

나도 그러했지만 조금이라도 생각 있는 사람이라면 이러한 유치한 허영심에서 빨리 벗어났다. 그렇지 않은 사람들은 남들과 의견이 다른 것을 참을 수 없어서 잠시 그들이 공언한 이단적 의견의 좋은 부분마저 나쁜 부분과 함께 포기했다.

공리주의자협회

내가 작은 단체를 만들 계획을 세운 것은 1822~1823년 겨울이다. 그 단체는 기본적 원리, 즉 공리성을 윤리와 정치의 원리로 삼고, 내가 받아들인 철학 가운데 그 기준에서 끌어낸 몇 가지 중요한 것을 승인하는 데 의견이 일치한 젊은이들이 격주로 모여 논문을 읽거나, 약속된 전제에 적합한 문제를 토론하는 것이었다. 이는 내가 그 단체에 붙인 명칭이 공리주의자협회가 아니었다면 별로 서술할 가치도 없는 일이다. 누군가가 공리주의자라는 이름을 붙인 최초의 사례였는데 그 말은 이처럼 사소한 기원에서 사용되었다.[36]

이 말은 내가 발명한 것이 아니라 골트[37]의 소설 《교구연대기》[38]에 나온 것이다. 이 소설은 스코틀랜드 목사의 자서전처럼 되어 있는데 그 속에는 목사가 교구 사람들에게 복음을 버리고 공리주의자가 되어서는 안 된다고 경고하는 장면이 나온다. 아이답게 이름과 깃발을 좋아했던 나는 그 말이 마음에 들어 몇 년간 스스로를 그리고 타인을 부르는 당파적 명칭으로 삼았다. 그리고 그것이 표현하는 의견을 가진 다른 사람들도 그 말을 종종 사용했다. 이러한 의견이 차차 주목받게 됨에 따라 그 말은, 처음에 그렇게 부른 사람들이 그 밖의 당파적 특징

---

36 공리주의자utilitarian라는 말은 벤담이 1915년에 이미 사용했다.

37 John Gault(1779~1839).

38 *Annals of the Parish*, 1821.

을 보이지 않게 되자 사용되지 않았는데, 바로 그때 무관한 사람들이
나 반대자들이 다시 그 말을 사용하게 되었다.

공리주의자협회라고 불린 단체의 회원은 처음에 세 명뿐이었다. 그
중 한 사람은 벤담이 부르는 것을 받아쓰는 사람이어서, 그의 허락을
받고 그의 집에서 모임을 갖게 되었다. 회원 수가 열 명이 넘은 적은 없
었으며, 1826년에 해산했으므로 3년 정도 지속되었다. 그 모임을 통해
구두로 토론하는 연습을 할 수 있어서 유익했고 당시 나만큼 진보적이
지 않았던 몇몇 젊은이들과 접촉했다는 점은 더욱 큰 이익이었다. 나
와 의견이 같다고 공언한 그들 사이에서 나는 잠시 일종의 지도자 같
은 역할을 하며 그들의 정신적 진보에 상당한 영향을 주었다.

교육받은 청년을 알게 되면 협회 의견과 완전히 양립하지 않는 한
강력하게 입회를 권했다. 그중에는 입회하지 않았더라면 전혀 모르
고 지냈을 것으로 생각되는 사람들도 있었다. 나의 친밀한 동료였던
회원들은 그중 누구도, 어떤 의미에서도 나의 제자가 아니라 회원 스
스로 자기 기반을 가진 독립된 사상가였다. 유명한 경제학자의 아들
로 도덕적으로나 지적으로 비범한 젊은이였으나 요절한 탓에 그 이
름이 알려지지 못한 아이튼 투크,[39] 그의 친구이자 경제학 분야의 독
창적 사상가로 지금은 교육의 개선을 위한 노력으로 유명한 윌리엄
엘리스,[40] 추상적 문제의 거의 모든 부문에서 독창적 능력을 발휘한
사상가로 뒤에 파산법원의 관선 관재인Official Assignee이 된 조지 그레
이엄[41](1824~1825년 법률가가 되는 공부를 하려고 영국에 왔을 때부터 알게 되

---

39 William Eyton Tooke(1806~1830). William Tooke(1744~1820)의 아들.

40 William Ellis(1800~1881). 영국의 사업가이자 경제학자이자 교육개혁가.

41 George Graham(1801~1879).

었다) 그리고 이상의 누구보다도 세상을 시끄럽게 한 아서 로벅[42]이 그들이다.

동인도회사

1823년 5월, 아버지가 나에게 동인도회사의 인도 통신부에 일자리를 주어 내 생애 35년간의 직업과 지위가 정해졌다.[43] 나는 관습에 따라 최하급 서기로 임명되어 적어도 초기에는 연공에 따라 승진했으나, 처음부터 발송문서를 기초起草하기 위해 고용되었다. 당시 부서의 높은 자리 사람들에게 후계자로 훈련받는다는 양해 사항이 있었다. 내가 기초한 문서는 얼마 동안 직속상관에게 많은 정정을 받을 필요가 있었음이 당연하지만, 나는 곧 업무에 숙달되었다. 아버지의 지도에 힘입어, 그리고 내 능력이 점차 성장함에 따라 몇 년 뒤 중요 부서인 토후국과課에서 인도와의 통신을 주로 다루는 자격을 얻어 실제로 그 일을 하게 되었다. 이 일은 정치단체로서의 동인도회사가 폐지되어 나의 퇴직이

---

42 John Arthur Roebuck(1801~1879). 스코틀랜드 사람으로 인도에서 태어나 캐나다에서 교육받았다. 1824년 런던에 와서 밀의 친구가 되었고 공리주의자협회에서 함께 활동했다. 그는 1832~1837년 하원에서 활동하면서 정치와 교육개혁을 주장하고 캐나다 자치를 위해서 노력했으나, 밀은 '정신의 위기' 이후 그와 사상적으로 다름을 통감했다고 이 책 5장에서 설명한다. 뒤에 밀이 테일러 부인과 만나는 것을 로벅이 반대하는 바람에 둘은 결별했는데 밀은 이에 대해《자서전》에서 언급하지 않았다.

43 밀은 열일곱 살에 동인도회사 인도 통신 심사부 서기로 취직해서 1858년 인도가 여왕의 직할령이 되어 회사가 없어질 때까지 근무했다. 마지막 2년 동안은 아버지처럼 부장으로 승진해 일했다. 이에 대해서는 Martin I. Moir, Douglas M. Peers, Lin Zaspovpil이 편집한 *J. S. Mill's Encounter with India*, 1999 참조.

결정되기 2년 전 인도 통신 심사부장에 임명될 때까지 이어졌다.

　나는 지금, 독립해서 생활할 형편이 못 될 경우, 이십사 시간 중 일부를 자신의 지적 연구에 충당하고 싶어 하는 사람이 생계를 해나갈 수 있는 직업으로서는 그 이상 적합한 것이 없다고 생각한다. 문학이나 사상의 고급 영역에서 뭔가를 해낼 소질이 있는 사람이라면 항구적 생계 수단으로 신문에 글을 쓰는 것은 추천할 수 없다. 그것은 특히 집필자에게 자신의 의견이 아닌 것을 쓰는 데 굴복하지 않을 만한 양심이 있는 경우 생계 수단으로서 불안정하기 때문만이 아니다. 생계 수단으로 삼는 집필은 그 자체로 생명을 갖는 것이 아니며, 집필자가 전력을 기울일 수 있는 것이 결코 아니기 때문이다.

　미래의 사상가들을 만들어낼 운명을 가질 정도의 책을 쓰려면 오랜 시간이 걸리고, 쓴다고 해도 주목받고 명성을 얻기까지 보통은 매우 긴 시간이 걸리므로 생계 수단이 될 수 없다. 집필을 통해 살아가야 하는 사람들은 시시한 글도 쓰지 않을 수 없고, 그렇지 않으면 기껏 대중에 영합하는 글을 써야 한다. 때문에 스스로 선택한 과제에 사용할 수 있는 것은 생계를 위해 필요한 집필을 하는 시간 외의 여가에 불과하다. 생계에 필요한 집필을 하는 시간은 근무 후 여가보다 짧은 것이 보통이지만 근무가 마음에 주는 영향은 훨씬 더 괴롭고 피곤하다. 나의 경우, 일평생 근무를 위해 하는 공무는, 그와 동시에 종사하는 기타 정신적 일과 동떨어진 휴식이라고 느껴왔다. 직무는 충분히 지적인 것으로 마음에 들지 않는 시시한 일이 아니었고, 추상적 사고나 신중하게 문장을 쓰는 노고에 익숙한 사람에겐 어떤 긴장도 요구할 만한 게 아니었다.

　그러나 어떤 생활양식에도 결함은 있게 마련이고, 나도 아무 결함을 느끼지 않은 건 아니었다. 일종의 직업, 특히 변호사라는 직업(앞서 말했듯이 나를 위한 직업으로 고려된 적이 있다)에 기대되는 부와 명예를 얻을 기회를 상실한 데는 아무 신경도 쓰지 않았다. 그러나 의회나 정계에 참여하지 못한 점에는 무관심할 수 없었다. 그리고 런던에 갇혀 있다는 점에 더욱 민감하게 불만을 느꼈다. 이는 동인도회사가 보통 인정하는 휴가는 연간 1개월을 넘지 않았으나, 시골 생활을 너무 좋아하는 나는 프랑스에 머물렀던 체험으로 인해 언제나 여행을 하고 싶다는 소망을 가졌기 때문이다.

이러한 취미를 마음껏 즐길 수는 없었으나, 그것을 전면적으로 희생한 적도 없었다. 나는 런던에 살 때도 1년 동안 일요일은 거의 시골에서 보냈고, 오랫동안 시골에서 산책을 했다. 오랫동안 나는 한 달 휴가 동안 아버지의 시골집에서 지냈고, 그 뒤에는 휴가의 반이나 전부를 이용해 내가 선택한 동료 한 사람 혹은 몇 사람과 함께 주로 걸어서 여행을 했다. 그리고 조금 더 뒤에는 홀로 또는 친구들과 함께 더욱 긴 여행을 했다. 프랑스, 벨기에, 독일의 라인지방은 연차휴가로 쉽게 갈 수 있는 곳이었다. 의사의 권유에 따른 3개월이나 6개월의 장기휴가 때에는 스위스나 티롤이나 이탈리아에도 갔다. 이 여행은 두 번 다 비교적 젊을 때 했고, 다행스럽게도 내 생애의 긴 시기를 유익한 추억과 매력으로 채울 수 있었다.[44]

나의 직무가 개인적 관찰을 통해 실제적 공무 수행에 필요한 조건을 배울 기회가 되었던 것은 현대의 사상이나 제도의 이론적인 개혁자

---

44 밀은 1836년 6~11월에 프랑스, 스위스, 이탈리아를, 1839년 겨울부터 다음해까지 이탈리아를 여행했다. 이에 대해서는 6장에 다시 언급된다.

로서의 나에게 상당히 가치 있는 일이었다고 추측하는 사람들이 있다. 나도 그 의견에 찬성한다. 서류상에서 행해진 공무가 지구 반대쪽에서 효과를 나타낸다는 것 자체가 인생에 대한 많은 실제적 지식을 주지는 않는다. 그러나 이 직업은 업무의 어려움이나 그 해결 방법이 목적 달성을 위해서 신중하게 서술되고 논의되는 것을 보고 듣는 데 익숙해지게 했다. 따라서 공공 정책이나 기타 정치적 사실이 예상되는 결과를 가져오는 때는 언제이며, 또 어떤 이유로 그렇게 되는지 이해할 기회를 주었다.

그리고 무엇보다도 소중했던 것은 내 활동의 이러한 부분에서, 내가 전체가 함께 움직여야 하는 기계의 단순한 부품으로 여겨졌다는 점이다. 사색적 저술가로서의 나는 나 자신에게만 물어서 결정하면 되고, 사색 중에는 실행에 옮겨지면 언제라도 부딪칠 수 있는 장애와 맞닥뜨리는 일이 없었을 것이다.

그러나 나는 정치적 통신을 하는 서기로서, 나와는 매우 다른 여러 사람이 적절하다고 여기게끔 납득시키지 않으면 훈령을 내리거나 의견을 낼 수 없었다. 나는, 습관적으로 어떤 생각을 받아들일 마음의 준비가 되어 있지 않은 사람들을 가장 쉽게 납득시킬 방법을 실제로 아는 데 더할 나위 없이 좋은 위치에 있었다. 한편으로는 사람들 집단을 움직이는 어려움, 타협의 필요성, 중요한 것을 지키기 위해 중요하지 않은 것을 희생하는 방법에 실제로 정통하게 되었다.

나는 모든 것을 손에 넣을 수 없는 경우, 어떻게 하면 자신에게 되도록이면 최선인 것을 획득할 수 있는지를 배웠다. 즉 생각대로 되지 않는다고 분개하거나 낙담하지 않고, 조금이라도 실현할 수 있는 것이 있으면 즐겁게 용기를 내고, 그것도 불가능하면 완전한 패배를 지극히 조용히 참는 법도 배웠다. 나는 일평생 이러한 것을 몸에 익히는 것이 개인의 행복에 최대한 중요하다고 생각했다. 이와 동시에 이론가든 실천가든 이것이 자신이 가진 기회를 활용해서 최대한 좋은 결과를 낳는 데 매우 필요한 조건이라고도 생각했다.

4

젊은 날의 홍보 활동, 《웨스트민스터 리뷰》

《웨스트민스터 리뷰》 창간

나는 많은 시간을 직장에서 보냈지만 나 자신의 공부를 게을리하지 않
았고 어느 때보다도 정력적으로 노력했다. 내가 신문에 글을 쓰기 시
작한 건 이 무렵이었다. 처음 활자화된 나의 글은 1822년 겨울, 석간지
《트래블러Traveller》에 실린 편지 두 통이었다.[1] 《트래블러》(훗날 《글로브
Globe》를 매수하고 합병해서 《글로브 앤드 트래블러Globe and Traveller》가 되었다)
는 당시의 저명한 경제학자 토런스[2] 대령이 소유하고 있었다. 그 신문
은 월터 쿨슨[3](그는 벤담을 구술한 뒤에 기자가 되었고, 이어서 주필이 되었으며
다시 변호사 겸 양도증서 작성인이 되었다. 내무부 고문으로 있던 중 세상을 떠났
다)이라는 유능한 인물 밑에서 자유주의적 정치론을 내세우는 가장 중

---

1 Exchangeable Value, *Traveller*, 1822년 12월 6일자와 13일자.
2 Robert Torrens(1780~1864). 군인이자 경제학자로 토머스 로버트 맬서스Thomas Robert
   Malthus, 리카도와 함께 고전파 경제학을 창시했다.
3 Walter Coulson(1794~1860).

요한 기관지가 되었다.

토런스 씨는 그 신문의 경제 기사를 많이 썼는데 그 무렵 리카도와 아버지의 의견을 비판했다. 나는 아버지의 권유로 반론을 썼다. 쿨슨은 아버지에 대한 배려와 나에 대한 호의로 그 글을 신문에 실었다. 이에 대해 토런스 씨가 답을 했고 나는 다시 그 답을 비판하는 글을 썼다.

얼마 뒤 나는 더욱 야심적 시도를 했다. 당시 리처드 카릴[4]과 그의 아내, 그리고 그의 누이가 기독교를 비판하는 출판물로 인해 고소를 당한 사건은 매우 주목받았다. 특히 나와 친했던 사람들이 가장 크게 주목했다. 지금은 언론 자유가 용인되는 것처럼 보이지만, 당시에는 종교적 차원의 언론 자유는 물론 정치적 차원의 언론 자유마저 이론상으로도 승인되지 못했다. 그래서 혐오되는 사상을 가진 사람이라면 끊임없이 사상을 표현할 자유를 주장하겠다고 마음의 준비를 해야 했다.

나는 위클리프[5]라는 필명으로, 종교에 대한 모든 의견을 자유롭게 공표하는 문제를 여러 가지 각도에서 논의한 글 다섯 편을《모닝 크로니클Morning Chronicle》에 기고했다. 그중 세 편은 1823년 1월호와 2월호에 실렸으나[6] 나머지 두 편은 그 신문에 적합하지 않을 정도로 과격하다는 이유로 끝내 실리지 못했다. 그러나 그 바로 뒤에 하원 토론과 관련하여 같은 주제에 대해 쓴 글[7]은 사설로 실렸다.

---

4 Richard Carlile(1790~1843). 급진주의자로《리퍼블리컨Republican》주필이었다. 토머스 페인Thomas Paine의《이성의 시대The Age of Reason》(1794~1795) 신판을 출판했다는 이유로 아내, 누이와 함께 1819년 가을에 기소되어 3년간 투옥되었다.

5 영국 종교개혁의 선구자 John Wycliffe(1320~1380)의 이름을 딴 것.

6 첫 번째 글은 1823년 1월 1일자에 실린〈종교적 기소Religious Presecution〉, 두 번째 글은 1월 28일자부터 2월 8일자까지 실린〈자유 토론, 편지Free Discussion, Letters〉1~3이었다.

7 1823년 4월 4일자에 실린〈메리 앤 카릴의 청원에 대한 토론The Devate on the Petition of Mary

그리고 1823년에는 나의 여러 기고문이 《크로니클》과 《트래블러》에 실렸다. 서평도 있었지만 주로 의회의 졸렬한 토론, 법률의 결함, 치안판사나 법원의 불법행위에 관한 편지 쪽이 더 많았다. 《모닝 크로니클》은 법원에 대한 비판이라는 점에서 당시 눈부신 역할을 했다. 페리[8] 씨가 죽은 뒤에 이 신문의 편집과 경영은 오랫동안 그 신문사의 기자를 지냈던 존 블랙[9]씨에게 넘어갔다. 아버지의 친구였던 그는 엄청난 독서가로 박식했으며, 매우 성실하고 순진한 마음을 가졌다. 존 블랙 씨는 벤담 사상의 많은 것을 받아들여 그의 글에서 여타 귀중한 사상과 함께 매우 쉽고 교묘하게 표현했다.

그 무렵부터 《크로니클》은 과거처럼 단순히 휘그당 기관지가 아니라 그다음 10년에 걸쳐 상당한 정도까지 공리주의적 급진주의의 사상을 발표하는 기관이 되었다. 그러한 변화는 주로 블랙이 쓴 글들이 초래했는데, 그중 몇 개는 폰블랑크[10]의 도움을 받았다. 폰블랑크는 처음에 《크로니클》에 쓴 논설과 익살스러운 경구jeux d'esprit로 비범한 자질을 보여주었다.

이 신문은 법과 법원 운영의 결함을 개선하는 데 가장 중요한 역할을 했다. 당시만 해도 벤담과 아버지 말고는 영국의 제도와 그 운영에 최대 결함이었던 사법에 반대론을 펼치는 사람이 거의 없었다. 영국의

Ann Carlile).

8 James Perry (1756~1821).

9 John Black(1783~1855). 1817~1843년 《모닝 크로니클》 주필을 지냈고 밀 부자를 비롯한 벤담의 제자들과 친했다.

10 Albany Fonblanque (1793~1872). 급진적 언론인으로서 1830~1847년 주간지 《이그재미너Examiner》 주필을 지냈다. 밀은 1830년대 초에 이 주간지에 많이 기고하면서도 폰블랑크의 미온적 태도를 비판했다. 이에 대해서는 이 책 6장 참조.

법과 법원, 무급 치안판사는 매우 훌륭하고 모범적이라고 보는 것이 영국인 대부분의 신조였다.

이러한 어리숙한 미신의 타파에 최대 공헌자가 벤담 다음으로 《모닝 크로니클》 주필 블랙이었다고 해도 과언이 아니다. 그는 끊임없이 엄격하게 비판하고, 법을 그리고 무급이든 유급이든 간에 법원의 어리석음과 해악을 폭로했으며, 결국 대중이 그러한 결함을 깨닫게 했다. 그는 그 밖의 많은 문제에 대해서도 당시의 신문에서 흔했던 그 어떤 의견보다도 앞선 의견을 발표하는 사람이 되었다.

블랙은 종종 아버지를 방문했다. 그로트 씨는 월요일 조간 논설을 읽으면 블랙이 일요일에 아버지와 만났는지 안다고 자주 말했다. 아버지의 의견과 개인적 영향력은 많은 수로를 통해 세상에 알려졌는데 블랙은 아버지의 의견을 세상에 말하기 위한 수많은 수로 중에서 가장 영향력이 큰 것 가운데 하나였다. 이와 함께 아버지의 저술이 던진 파문은 전국적 영향력을 발휘했다. 사적 위치에 있는 개인이 지성과 인격의 힘만으로 그러한 영향력을 준 적은 거의 없었다. 그러한 힘은 종종 거의 표면에 나타나지 않고 예상조차 하지 못한 경우에 효과적으로 작용했다.

리카도, 흄, 그로트가 한 일의 대부분이 부분적으로는 아버지의 격려와 설득의 결과였다는 사실을 나는 이미 서술한 바 있다. 브로엄[11]이 교육이든, 법개혁이든, 기타 무엇이든 간에 공공을 위해 수행한 거의 모든 것에 관해 아버지는 그의 옆을 지킨 수호신이었다. 그리고 아버

---

11 Henry Peter Brougham(1778~1868). 에든버러대학교에서 법학을 공부하고 변호사가 된 뒤 벤담의 법개혁을 실현하고자 노력했다. 1810년 하원의원이 되었고 법과 교육개혁, 노예무역 개혁을 주장했으며, 휘그당 내각의 대법관으로 선거법 개정에 기여했다.

지의 영향력은 일일이 특정할 수 없을 정도로 수많은 수로가 되어 흘렀다. 이러한 영향력은《웨스트민스터 리뷰》[12] 창간으로 크게 확대되었다.

많은 사람들이 생각하던 것과는 반대로 아버지는《웨스트민스터 리뷰》를 창간한 당사자는 아니었다. (당시 명성과 영향력의 절정에 있던《에든버러 리뷰》와《쿼털리 리뷰》에 대항하기 위한 급진파의 기관지가 필요하다는 것은 이미 아버지와 벤담 사이에서 오랫동안 논의하던 문제였다. 아버지가 주필이 되는 것이 두 사람의 꿈이었으나 결국 실현되지 못했다.) 벤담 씨는 1823년, 자비로 평론지를 창간하겠다고 결심하고 아버지에게 주필이 되어달라고 했으나, 아버지는 동인도회사 근무와 양립할 수 없다는 이유로 거부했다.

그래서 주필의 지위는 당시 런던의 상인이던 보링[13](지금은 존 보링 경)에게 넘어갔다. 보링 씨는 그 2, 3년 전부터 벤담 씨를 열심히 찾아다녔다. 인격이 훌륭하고 벤담 씨를 열렬히 숭배하는 사람으로 그의 의견 전부는 아닐지라도 상당수를 열심히 채택했고, 각국의 자유주의자와 널리 친교하고 편지로 교류했으므로, 벤담 씨의 명성과 이론을 세계 구석구석까지 보급할 자격이 충분한 인물로 여겨졌다. 아버지는 보링과 만난 적이 거의 없으나, 정치적·철학적 평론지 운영에 적합할 것으로 생각되는 종류의 인물과는 전적으로 다르다고 생각했다. 이러

---

12 *Westminster Review.* 휘그계의《에든버러 리뷰》와 토리계의《쿼털리 리뷰 Quarterly Review》에 대항하고자 벤담의 자금으로 창간한 급진파 기관지.

13 John Bowring(1792~1872). 언어학자로 동유럽 여러 나라의 언어와 문학을 연구했다. 벤담의 신뢰로《웨스트민스터 리뷰》주필이 되었으나, 밀 부자와의 의견 차로 1828년 이후에는 그 신문에 글을 쓰지 않았다. 보링은 벤담의 유언 집행자가 되어《벤담 전집 Works of Jeremy Bentham》(1838~1843) 전 11권을 편집하고 간행했다. 1835~1837, 1841~1849년에 하원의원으로 활동한 뒤 외교관으로 중국에서 활동했고 1854년 홍콩 총독이 되었다.

한 확고한 의견을 가지기에 충분할 정도로는 그를 안다는 판단이었다. 그리하여 벤담 씨가 출자금을 상실할 뿐 아니라, 급진주의의 원리에 누를 끼침으로써 그 기획의 앞날이 위험할 것이라며 매우 우려했다.

제임스 밀의 정치 비판 활동

그러나 아버지는 벤담 씨를 내버려둘 수 없었기 때문에 창간호에 글을 쓰기로 했다. 창간호 일부를 다른 평론지를 논평하는 데 할당하기로 한 것은 이전부터 기획에서 유력하게 논의했던 부분이었기에 아버지의 글은 《에든버러 리뷰》를 창간호부터 전면적으로 비판하는 것이 되었다. 아버지는 그 글을 쓰기 전에 나에게 《에든버러 리뷰》의 전부 또는 중요하다고 생각되는 부분 모두를 읽고(1823년에는 지금처럼 힘든 일이 아니었다) 아버지가 그 장단점에 대해 검토하기 바라는 글은 노트를 하게 했다. 아버지의 글은 《웨스트민스터 리뷰》가 창간되었을 때 충격을 야기한 중요 원인이 되었고, 그 이념이나 수법은 아버지의 글에서 가장 주목받는 점이었다.

그는 먼저 정기간행물의 일반적 경향을 분석하는 것에서 시작하여, 정기간행물은 책과 달리 호평을 얻기까지 기다릴 수 없고, 곧바로 호평을 얻거나 전혀 호평을 얻지 못하는 것이 된다고 했다. 때문에 대중이 이미 품은 의견을 교정하고 개선하기보다도 그러한 의견이 무엇인지 반복해서 드러낼 뿐이라고 지적했다.

이어서 그는 정치적 기관지로서 《에든버러 리뷰》의 성격을 부각시키고자 급진주의적 견지에서 영국 헌법을 전면적으로 분석하여 완전히 귀족주의적 성격이라고 규명했다. 즉 하원의원 대다수를 몇백 개의 가족이 지명하는 것, 가장 독립적 부분이어야 할 지방선거구 선출의원이 완전히 독립적이지 못한 것, 그러한 편협한 과두계급이 편의상 여러 계급으로 권력에의 참여를 인정받는 것, 마지막으로 그가 과두제의 양대 지주라고 부른 국교회와 법조인의 존재를 지적했다.

아버지는 이렇게 구성되는 귀족 집단이 양대 정당으로 나뉘어 행하는 자연스런 경향이 무엇인지 지적했다. 그 정당 가운데 하나가 행정부를 장악하고, 다른 하나는 본질적으로 귀족계급의 우위를 희생시키지 않으면서 여론의 도움을 빌려, 정권을 잡은 당을 대신해 우세한 정당이 되고자 노력한다고 했다. 그리고 야당이 된 귀족 정당이 대중의 지지를 받기 위해 민주적 원리를 가장하면서 추구할 만한 방침과 정치적 태도가 무엇일지 묘사했다. 그러면서 이러한 사고방식이 휘그당과 그 중요한 기관지인《에든버러 리뷰》에 나타나는지를 밝혔다.

그는 휘그당의 주된 특징을 자신의 시소 방식[14]이라는 말로 표현했다. 즉 지배계급의 권력과 이익에 관련된 모든 문제의 양면을, 때로는 다른 글로, 때로는 같은 글의 일부에서 교차해가며 쓰는 수법이다. 아버지는 그러한 자신의 견해를 엄청난 실제 사례로 실증했다. 휘그당과 그 정책에 대해 그 정도로 엄청난 공격은 지금까지 쓰였던 적이 없었고, 급진주의의 위치에서 그 정도로 강렬한 타격을 가한 일은 영국에서는 없었다. 나는 아버지 말고는 누구도 그런 글을 쓸 수 있으리라 생

14　제임스 밀은 휘그와 토리 양당이 모두 귀족 정당임을 강조했다. 야당인 휘그당은 여당인 토리당을 비판하기 위해 대중의 이익을 촉진하는 시늉을 하고, 귀족계급에 호소하는 동시에 대중에게도 호소하는 식으로 언제나 중간적 태도를 보였다는 것을 지적함으로써 시소 방식의 기만성을 비판했다.

각하지 못한다.[15]

그사이, 막 태어난 평론지는 또 다른 기획인 순수 문예지와 합쳐졌다. 뒤에 외교관이 되었으나 당시에는 문필에 종사한 헨리 서던[16]이 편집을 담당했다. 두 주필은 합동하여 보링은 정치 부문, 서던은 문학 부문을 각각 편집하는 데 동의했다. 서던의 평론지는 롱맨출판사에서 간행되어야 했다. 그 출판사는《에든버러 리뷰》의 공동 경영자였음에도 새로운 평론지의 출판을 담당할 생각이었다. 그러나 모든 준비가 끝나고 취지서도 발송된 뒤에《에든버러 리뷰》에 대한 아버지의 공격을 알게 된 롱맨출판사는 발행을 취소했다.

그래서 아버지는 자신의 책을 출판했던 볼드윈출판사에 부탁해서 출판하게 했다. 그 결과 1824년 4월, 아버지에게도, 훗날 이 평론지의 경영을 도운 대부분의 사람들에게도 희망이 없는 상태에서 창간호가 간행되었다.

창간호는 우리들 대부분에게 상당히 놀라웠다. 생각한 것보다는 글의 수준이 평균적으로 매우 좋았기 때문이었다. 문학예술 부문에서는 주로 빙엄[17] 씨에게 의뢰했다. 그는 변호사(뒤에 경시총감[18]이 되었다)로 오랫동안 벤담 씨를 방문했고, 오스틴 형제의 친구로 벤담 씨의 철학적 의견을 매우 열심히 흡수했다. 반은 우연이지만 창간호에는 빙엄 씨의 글이 다섯 편이나 실렸다. 우리는 그 모든 사실에 매우 만족했다.

---

15 (원주)《웨스트민스터 리뷰》2호에 실린 이 글의 속편은 내가 아버지의 지도를 받아 쓴 것이다. 그것은 작문 연습(이라는 점에서 내가 쓴 다른 어떤 글보다 유익했지만) 이외로는 거의 또는 전혀 무가치한 것이었다.

16 Henry Southern(1799~1853).

17 Peregrine Bingham(1788~1864). 영국의 법학자이자 정치인.

18 police magistrate를 종래 즉결재판소 판사나 형사재판관으로 번역했으나 잘못된 것이다.

나는 그 평론지에 대한 착잡한 느낌을 잘 기억한다. 즉 우리 모두 기대하지 않았던 것, 즉 그곳에 의견을 공언한 사람들의 신뢰에 값하는 기관지가 될 수 있을 정도로 충분히 잘되어 있는 것을 보고 기뻤다. 한편으로는 전체적으로 좋았던 만큼 우리가 결점이라고 생각한 것에 대해 극단적으로 걱정하는 기분이 들었다. 그러나 우리가 대체로 호평했을 뿐 아니라 창간호가 이상할 정도로 많이 팔렸다는 것, 기존 양대 정당의 기관지와 어깨를 나란히 할 정도로 의기양양하게 급진파의 평론지가 발족했다는 것이 주목을 끌었다는 사실을 안 이상 주저할 여지가 없었다. 우리 모두 그것을 강화하고 개선하기 위해 가능한 모든 것을 하고자 열중했다.

아버지는 계속 글을 썼다. 《에든버러 리뷰》에 이어 이번에는 《쿼털리 리뷰》의 본질을 폭로했다. 아버지의 다른 기고 중에서도 가장 중요한 것은 5호에 실린 사우디[19]의 《교회의 책》[20]에 대한 비판, 12호에 실린 정치 논문[21]이었다.

오스틴 씨는 한 편밖에 기고하지 않았으나, 그것은 당시 매컬럭McCulloch이 《에든버러 리뷰》에 발표한 글에 대한 반론으로, 장자상속제를 비판한 매우 가치 있는 글이었다. 그로트는 여가 시간을 《그리스사》에 쏟았기 때문에 역시 한 편밖에 기고하지 않았다. 자신의 전공과 관련된 것으로 미트포드의 책을 철저히 비판하고 폭로한 글이었다.

---

19 Robert Southey (1774~1843). 영국의 낭만주의 시인으로 이름바 '호빈시인' 가운데 한 사람이자, 계관시인이기도 했다.

20 *Book of the Church*(1824). 가톨릭교도의 해방에 반대해서 쓴 국교회 옹호론으로, 제임스 밀은 국교회와 귀족 지배 체제의 유착을 엄격하게 비판했다.

21 〈국민의 상태 State of the Nation〉에서 제임스 밀은 귀족주의적 통치에 대한 비판을 총괄했다.

빙엄과 찰스 오스틴은 얼마 동안 계속 기고했고 폰블랑크는 3호부터 종종 기고했다. 나의 특별한 동료로서는 엘리스가 9호까지 계속 기고했고 그가 기고를 그만둘 무렵 다른 친구들인 아이튼 투크,[22] 그레이엄, 로벅이 기고하기 시작했다. 나 자신은 가장 많이 써서 2호부터 18호까지 열세 편이나 기고했다. 그것은 역사 책이나 경제학 책에 대한 서평, 곡물법, 수렵법, 명예훼손법 같은 특정한 정치문제에 관한 논의였다. 그 밖에 아버지 친구들이나 내 친구들도 기고했다. 보링 측 집필자들이 기고한 것 중에도 좋은 글이 있었다.

그러나 전반적으로 보아 이 평론지의 운영은 내가 교제한 사람으로서, 그 취지에 깊은 관심을 가진 어느 누구도 만족할 만한 것이 아니었다. 의견이나 취향 면에서 또는 능력의 결여로 인해 우리에게 매우 불쾌하게 여겨지는 글을 몇 편씩 포함하지 않는 호가 거의 없었다. 우리 젊은 세대는 아버지와 그로트와 오스틴 형제 등의 혹평을 과장해서 되풀이했다. 젊은 우리의 정열은 불만을 떠드는 데는 누구에게도 뒤지지 않아서 우리는 두 사람의 주필을 궁지에 몰아넣었다. 당시 내가 어떠했는지를 돌이켜보면 적어도 옳았던 것 못지않은 잘못을 범하기도 했음을 의심할 여지가 없다.

그리고 나는 만일 평론지가 우리의 사고방식(즉 젊은 세대의 사고방식)에 따라 운영되었다고 해도 더욱 잘되었으리라고 말할 수 없고, 실제로는 그 정도로도 잘하지 못했을 것으로 확신한다. 그러나 벤담주의 역사에 있는 하나의 사실로서, 그 덕분에 벤담주의를 세상에 알린 이 기관지가 모든 문제에 대한 의견이 그 속에 반영되었다고 생각하는 사람들

22 Thomas Tooke(1774~1858). 경제학자이자 사업가.

에게는 처음부터 매우 불평이 많은 것이었음은 기록해둘 가치가 있다.

그러나 그런 가운데 그 평론지는 세상에 상당한 반향을 불러일으켰고, 벤담식 급진주의에 대한 의견을 토론하는 무대가 되었다. 그 신봉자들은 수적으로 보아도 당시 그 파에 속한다는 사람들 대부분의 개인적 가치나 능력과는 전혀 어울리지 않는 지위를 그 무대에서 부여받았다. 잘 알려져 있듯이 당시는 자유주의가 급속히 대두한 시대였다. 프랑스와의 전쟁에 따른 공포와 증오가 끝나고, 국민들에게 다시 내정을 생각할 여유가 생기자 물결은 개혁을 향하여 흐르기 시작했다. 대륙의 여러 나라에서는 과거부터 군림한 왕족들이 폭정을 부활시켰고, 영국 정부는 신성동맹[23]이라는, 자유를 억압하려는 음모에 가담했다. 그리고 지극히 오랫동안 돈을 들인 전쟁으로 국채와 과세 부담이 막대해짐으로써 정부와 의회에 대한 불만이 현저히 높아졌다. 버데트[24]와 코빗[25]을 지도자로 하는 급진주의는 그 성격과 중요성으로 인해 정부에 심각한 공포를 주었다. 그 공포가 악명 높은 6법[26]을 통해

---

23 Holy Alliance. 나폴레옹 전쟁 후 러시아 황제의 주장에 따라 1815년 9월 26일, 프랑스 파리에서 군주들의 현상 유지를 위해 러시아와 오스트리아, 프로이센 사이에서 체결된 동맹. 영국도 제안을 받았지만 자신들의 전통 외교정책을 고수하며 참가를 거부했다.

24 Francis Burdett(1770~1844). 벤담을 사숙하며 의회개혁을 주장한 급진주의자.

25 William Cobbett(1763~1835). 영국의 언론인이자 정치인. 처음에는 군인이었으나 군대를 비판하는 글을 쓰고 미국에 망명했다. 1800년 귀국한 뒤 신문을 간행하고 보통선거권과 농업개혁을 주장했다.

26 Six Acts. 1819년 8월 맨체스터 노동자 대집회에서의 탄압(피털루 학살Peterloo Massacre 또는 Battle of Peterloo) 후 리버풀 내각이 11월에 집회 및 시위를 금지하기 위해 제정한 여섯 가지 법률로, 이후 정부는 강경한 정책을 취했다. 피털루 학살은 1819년 8월 16일, 잉글랜드 맨체스터의 성 피터 광장에서 요먼대Yeomanry가 의회 체제개혁을 요구하는 집회를 열던 군중 6만~8만 명에게 돌격해서 열다섯 명을 죽이고 400~700명을 다치게 한 사건.

일시적으로 완화되는 가운데 캐롤라인Caroline 왕비의 재판[27]은 더욱 광범위하고 뿌리깊은 증오를 낳았다. 이러한 증오의 외부적 징후는 자극적 원인이 없어짐에 따라 소멸했으나 모든 방면에서 그전에는 전혀 나타나지 않던 세부적 폐해에 대한 반대 정신이 높아졌다.

흄 씨가 공적 지출을 철저히 조사하고 하원에 대해 예산안 중 모든 의문 나는 점을 표결하게 한 것은 여론에 큰 반향을 일으키기 시작했고, 그럴 생각이 전혀 없던 정부가 세부 항목에서 비용을 삭감하게 만들었다. 경제학은 정치문제에 매우 활발한 역할을 하기 시작했다. 1820년 투크 씨가 기초하고 알렉산더 베어링[28] 씨가 제출한 런던 상인들의 자유무역에 관한 청원,[29] 리카도가 몇 년간 의원 생활을 하면서 제시한 고귀한 행동이 그 보기였다. 경화Bullion 논쟁으로 촉발되어 쓴 그의 여러 논문에 이어 아버지와 매컬릭(그가 이 무렵 몇 년간《에든버러 리뷰》에 쓴 글들은 매우 귀중하다)이 해설과 주를 붙여 이 문제에 관한 일반적 관심을 불러일으켰고, 내각 내부에서도 적어도 부분적 개종자를 낳았다.

그리고 허스키슨[30]은 캐닝[31]의 지지를 받아 보호무역 제도를 서서히

---

27 캐롤라인은 조지 4세가 황태자였을 때의 황태자비로 별거한 뒤 오랫동안 외국에서 살았다. 1820년 귀국했는데 이혼을 원하는 국왕은 간통을 이유로 그녀를 재판에 회부했다. 캐롤라인은 무죄 판결을 받지만 이듬해 8월 세상을 떠난다.

28 Alexander Baring(1774~1848). 하원의원.

29 Merchant's Petition. 보호관세에 반대하는 실천운동의 선구가 되었다.

30 William Huskisson(1776~1848). 토리당 하원의원, 토리 내각의 재무부장관과 상무원 총재를 역임하고 서서히 자유무역주의를 실현했다.

31 George Canning(1770~1827). 토리당 정치가. 1822년 이래 외상으로서 중남미 제국의 독립운동과 관련해 불간섭 정책, 그리스 독립 지원, 포르투갈 자유주의 운동 지지 등 영국 상품의 시장 개척을 위한 정책을 폈다. 1827년에 수상이 되고 얼마 지나지 않아 세상을

폐지하는 정책을 개시했다. 그것은 1846년 그들의 동료[32]가 사실상 완성했다. 그 최후의 흔적은 1860년 글래드스톤[33]이 일소했다. 당시 내무부장관이던 필 씨는 전인미답이던 법률개혁을, 특히 벤담류의 개혁을 신중하게 시작했다. 자유주의가 시대 풍조로 여겨져 최상층도 제도 개선을 주장하고 최하층 사이에서 의회제도의 근본적 변혁을 크게 요구하는 시대에, 이러한 새로운 경향의 의원, 그리고 이론가를 자처하는 새로운 유파의 저술가들로 생각될 법한 사람들이 정기적으로 논쟁에 등장해서 주목받는 건 전혀 이상한 일이 아니었다.

아무도 그만큼 명확한 신념을 그만큼 굳게 견지하는 것으로 생각되지 않을 때 그들이 강렬한 확신을 가지고 저술한 점, 그들이 기존 양대 정당에 정면으로 공격을 가한 점, 그들이 일반적으로 받아들여진 의견 다수에 반대한다고 비타협적으로 공언한 점, 그들이 공언한 것보다도 더욱 이단적 사고방식을 가진 사람들이 있지는 않은지 의심된다는 점, 적어도 아버지의 글이 재능과 박력에 가득 차서 그 배후에서는 평론지를 운영하는 사람들이 충분히 있을 것으로 생각된다는 점, 마지막으로 평론지가 많이 팔리고 널리 읽힌 점 등이 공중의 마음속에서, 이른바

떠났다.

32 Robert Peel(1788~1850). 내무부장관으로 형법개혁과 가톨릭교도 해방을 위해 노력했다. 훗날 수상이 되어 곡물법을 폐지한 뒤 사직하고 토리당을 떠났다.

33 William Ewart Gladstone(1809~1898). 1833년 보수당 하원의원이 되었고 필 내각 때 관세 개혁을 통해 자유무역의 길을 열었다. 1852년 애버딘Aberdeen 연립내각의 재무상이 된 후 1853년 획기적 예산안을 성립해 재정가로서 명성을 확립했다. 1867년 자유당 당수가 되고 보수당 디즈레일리Disraeli와 상대함으로써 전형적 정당정치를 전개했으며, 여러 번 재무부장관이 되어 활약했다. 1868~1894년 네 번이나 자유당 내각을 만들어 교육제도를 고치고 국민 누구나 교육을 받을 수 있게 했다. 1894년 정계 은퇴 뒤 백작 작위 수여를 사양하고 위대한 하원의원The Great Commoner으로 일생을 마쳤다.

벤담파가 철학과 정치에서 그 이전에 차지한 적이 없고, 마찬가지로 여러 열렬한 유파의 사상이 영국에 나타난 이래 두 번 다시 차지한 적이 없는 지위를 차지하게 했다.

나는 벤담파 사령부 안에 있으면서 그것이 어떻게 구성되는지 알았고, 매우 적은 사람들 중 가장 활동적인 한 사람으로 그중에서 중요한 역할을 수행했다고 할 수 있으므로, 다른 대부분의 사람보다는 더욱 그 파에 대해 말할 자격이 있다고 해도 자만이 아닐 것이다.

세상에서는 벤담파를 하나의 당파라고 생각했지만, 사실 그것은 아버지의 저술이나 대화를 통해 이미 그의 확고한 정치적·철학적 의견을 다소 받아들인 일정 수의 젊은이들이 그의 주위에 모여든 것뿐이었다. 벤담이 제자들에게 둘러싸여 있었고, 벤담의 입에서 나온 의견을 그의 제자들이 그대로 흡수했다는 건 모두 만들어낸 이야기다. 이에 대해 아버지는《매킨토시 단장》[34]에서 그 잘못을 정정했다.

또한 그것은 벤담 씨의 생활 습관과 대화 방식을 아는 모든 사람에게는 어리석은 이야기에 불과하다. 벤담은 그의 저술을 통해 영향을 미친 것이었다. 그는 저술을 통해 아버지가 했던 어떤 것보다도 분명히 넓고 깊은 영향력을 인류에게 주었고, 지금도 주고 있다. 역사적으로 벤담은 아버지보다 훨씬 위대하다.

그러나 아버지는 개인적 영향력에서는 벤담보다도 훨씬 강력했다.

---

34 매킨토시가《대영백과사전》7권 보권에 쓴《윤리철학의 진보에 관한 논고Dissertation on the Progress of Ethical Philosophy》(1835)에서 벤담을 비판하자 제임스 밀은 그 비판에 반론하는《매킨토시 단장A Fragment on Mackintosh》(1835)을 썼다. 그는 본문에 나오는 사실을 지적한 뒤 벤담과 친교를 맺은 사람은 자신과 프랜시스 플레이스Francis Place뿐이고, 벤담 사상이 널리 보급된 이유는 그것이 시대가 요구한 급진적 개혁의 체계적 지침이었기 때문이라고 강조했다.

아버지는 활발하고 생생한 대화로 존경받았고, 주로 자신의 의견을 확대하는 수단으로 대화를 이용했다. 나는 아버지만큼 자신의 가장 뛰어난 사상을 구두 토론에서 멋지게 표현할 수 있는 사람을 한 번도 만난 적이 없다. 위대한 정신적 자질을 완전히 발휘했다는 점, 의미심장한 말을 사용했다는 점, 대화 중에 지성의 힘과 도덕적 열의가 포함되었다는 점 등 아버지는 모든 논쟁적 대화가들 가운데서 가장 뛰어난 사람이었다. 그리고 아버지는 이야깃거리가 풍부했고, 가슴속에서 터져 나오도록 호탕하게 웃었으며, 좋아하는 사람과 함께 있을 때면 너무나도 쾌활하고 재미있는 이야기 상대였다.

아버지의 힘이 발휘된 것은 단순히 지적 확신을 퍼뜨리는 경우만이 아니었다. 또 그런 경우가 중심이 되지도 않았다. 아버지의 힘은, 내가 훗날 특히 영국에서 매우 드물다는 사실을 알게 된 영향력 있는 소질을 통해서 매우 많이 발휘되었다. 그 소질이란, 고상한 공공 정신과 무엇보다도 전체의 행복에 대한 배려였다. 그것은 그가 알던 사람들 속에 존재하는 비슷한 미덕의 씨앗을 따뜻하게 만들어 생명과 활동을 낳게 했다. 아버지는 그들에게, 아버지의 인정을 받고 싶다는 희망과, 아버지의 인정을 받지 못하는 것을 부끄럽게 여기는 마음을 불러일으켰다. 아버지의 대화와 존재 자체는 같은 목적을 가진 사람들에게 도덕적 뒷받침이 되어주었다. 아버지가 이성의 힘과, 전반적으로 개선 쪽으로의 전진과, 개개인이 현명한 노력으로 선을 실현할 수 있다고 확신했던 점(특정 경우 기대되는 결과에는 결코 낙관적이지 않았지만)은 마음 약한 사람들이나 의기소침한 사람들을 격려했다.

공리주의

당시 벤담주의, 즉 공리주의의 선전 활동에 가장 뚜렷한 특징을 부여한 것은 아버지의 의견이었다. 그 하나하나는 다양한 방향으로 분산되었다. 아버지에게서 끊임없이 나온 수로는 주로 다음 세 가지였다.

첫 번째 수로는 아버지의 교육에 의해 직접 만들어진 유일한 인물인 나를 통한 것이었다. 아버지는 나를 통해서 여러 젊은이에게 상당한 영향을 주었고, 그들은 다시 홍보 활동을 했다.

두 번째 수로는 찰스 오스틴과 같은 세대인 케임브리지대학교 졸업생들을 통한 것이었다. 그들은 오스틴에게 배우거나 그가 준 일반적인 정신적 자극으로 인해 아버지 의견에 매우 가까워지게 되었고, 그들 중 뛰어난 몇 사람은 직접 만나고자 아버지의 집을 방문했다. 그중 훗날 벨퍼 경이 된 스트러트와 현재의 로밀리 경이 있었다. 아버지는 이전부터 로밀리의 유명한 아버지 사뮈엘[35] 경과 친했다.

세 번째 수로는 더욱 젊은 세대인 케임브리지대학교 재학생들이었다. 그들은 오스틴이 아니라 아이튼 투크와 같은 세대로서, 의견이 일치하고 존경하는 그에게 끌려 아버지에게 소개되었다. 그중 가장 뛰어난 사람은 찰스 불러[36]였다. 그 밖에 많은 사람들이 개인적으로 아버지의 영향을 받고 이를 남들에게 전했다. 가령 앞에서 말한 블랙, 폰블랑크 등이다.

---

35 Samuel Romilly(1757~1818). 1806년 이래 하원의원으로 노예제 폐지와 가톨릭교도의 해방을 주장했고, 벤담의 영향을 받아 형법의 전면 개혁을 위해 노력했다.

36 Charles Buller (1806~1848). 부호의 아들로 어려서 칼라일의 지도를 받았고 케임브리지대학교 재학 중에 벤담주의자가 되어 밀과 친해졌다. 훗날 캐나다 자치운동을 펼쳤다.

그러나 우리는 그들 대다수를 부분적 동맹자라고 생각했다. 가령 폰 블랑크는 많은 중요한 점에서 우리와 언제나 의견이 달랐다. 그런데 실제로 우리 중 누구도 완전한 의견 일치는 없었고, 아버지의 의견 전부를 암묵리에 받아들이는 사람도 없었다. 가령 아버지의《통치론》[37]은 우리 모두 정치적 지혜가 담긴 걸작으로 간주했으나, 아버지가 여성의 이익은 남성의 이익과 일치하므로 여성이 선거에서 배제되어도 훌륭한 통치와 모순되지 않는다고 주장한 구절에 우리는 조금도 동의하지 않았다. 나도, 나의 친구들도 이러한 이론에 단호히 반대했다.

아버지로서는, 그다음 구절에서 마흔 살 이하 남성에 대해서도 동일한 주장을 한 데서 볼 수 있듯이 여성이 배제되어야 한다고 말한 것이 아니라고 변명할 수는 있었다. 아버지가 정당하게 말하듯이 그는 선거권 제한의 정당성 여부에 대해 말한 것이 아니라, (선거권이 제한되는 경우를 가정해) 뛰어난 통치에 대한 보장을 결코 희생시키지 않는 제한의 극한이 무엇인지 말한 것이었다.

그렇다고 해도 당시 나는 아버지가 승인한 이론은, 그가 부인한 이론과 마찬가지로 그의 논문이 비판한 여느 논문과도 같은 커다란 잘못을 저질렀다고 생각했고, 그 뒤에도 언제나 그렇게 생각해왔다. 내 생각에는, 여성의 이익이 남성의 이익 속에 포함되는 것은, 신하의 이익이 국왕의 이익에 포함되는 것과 마찬가지이며 그 이상이 아니라는

---

37 *Government* (1820).《대영백과사전》 6판(1820년) 보권 4권에 발표된 것으로, 그중에서 "어떤 사람의 이익이 타인의 이익에 포함되는 경우, 전자를 제외하는 것은 모순이 아니다"라고 하면서 여성의 이익은 아버지나 남편의 이익에 포함되므로 여성이나 40세 이하의 남성에게 선거권을 부여하지 않아도 좋다고 했다. 이 글이 1829년 매콜리의 엄중한 비판을 받으면서 논쟁이 벌어졌고, 밀의 사회과학 방법론 반성에 큰 계기가 되었다.

것, 그리고 누구에게든 선거권을 부여해야 한다면 그 모든 선거권이 여성에게 거부되어서는 안 된다는 것을 요구해야 한다는 것이었다. 이는 젊은 전향자들 사이에서는 통설이었고, 벤담 씨가 이 중요한 문제에 대해 우리와 완전히 같은 의견이었다고 말할 수 있었던 건 기쁜 일이었다.

그러나 우리 중 누구도 모든 점에서 아버지에 동의하지 않았음에도, 이미 말했듯이 아버지의 의견은 나중에 '철학적 급진주의Philosophical Radicalism'라고 불린 최초의 홍보 활동가들의 젊은 소집단에 뚜렷한 색채와 성격을 부여한 중요 요소였다. 그들의 사고방식은 어떤 의미에서도 벤담을 우두머리나 지도자로 삼고 섬기는 벤담주의를 특색으로 하지 않았다. 도리어 그 사상적 특징은 벤담의 견해에 현대 경제학과 하틀리의 형이상학을 결부한 것이었다.

맬서스의 인구 원리는 벤담 특유의 사상 가운데 어느 것 못지않게 우리가 내흔드는 깃발이었고 단결의 중심이었다.[38] 그 위대한 이론은 본래 인간의 무한한 개선 가능성에 반대하기 위한 논의로 주장되었지만, 우리는 노동인구 증대를 자발적으로 억제함으로써 고임금으로 노동인구 전체의 완전고용을 확보하는 것만이 무한한 개선 가능성을 실현하기 위한 유일한 방법이라고 지적했다. 우리가 아버지와 함께 신봉한 다른 신조의 중요한 특징은 다음과 같이 말할 수 있다.

먼저 정치에서는 대의정치와 완전한 언론의 자유라는 두 가지 효과에 대해 거의 무한한 신뢰를 두었다. 아버지는 이성이 인류의 마음에 작용하도록 허용되는 경우, 이성이 주는 영향력을 전면적으로 믿었으

---

38 밀은 1823~1824년 인구문제에 대한 글을 네 편 썼다.

므로 만일 모든 사람이 읽기를 배우고 모든 종류의 사상이 말이나 책을 통해서 그들에게 호소하는 바가 받아들여진다면, 그리고 그들이 선거권에 의해 그들이 갖는 의견에 효과를 부여하기 위해 입법부를 지명하게 된다면, 모든 것을 확보할 수 있다고 느꼈다.

아버지는 입법부가 더는 계급적 이익을 대표하지 않게 되면 성실하고 적절한 지혜로 전체의 이익을 목표로 삼으리라 생각했다. 왜냐하면 국민은 교육받은 지식인의 지도를 받아 자신들을 대표하는 사람들을 전반적으로 잘 선택할 수 있으며, 나아가 자신들이 선택한 사람들의 자유재량에 맡기면 충분하기 때문이다. 따라서 귀족주의적 지배, 즉 어떤 형태라고 해도 소수자의 통치는, 그가 보기엔 인류가 찾아낼 수 있는 최고의 지혜에 그들의 일을 맡겨 다스리게 하는 것을 가로막는 유일한 방해물이기 때문에[39] 아버지는 그것을 격렬하게 비난했다.

그리고 민주적 선거권은 자유와 인권, 그리고 민주주의 옹호를 위해 다소간 사용되어온 어떤 용어에 근거하지 않더라도, '뛰어난 통치의 보장' 가운데 가장 근본적인 것으로 주장되었다. 아버지는 이 점에 대해서도 기본적이라고 생각된 것만을 강조했고, 정체가 군주정인가 공화정인가 하는 데는 비교적 무관심했다. 즉 아버지는 국왕이란 '부패의 괴수Corrupters-General'로 지극히 유해하다고 생각한 벤담과는 매우 달랐다.

아버지는 귀족정치 다음으로 국교회, 즉 성직자 단체를 증오했다. 왜냐하면 그러한 지위를 통해 종교를 극심하게 타락시키고, 인간 정신의 진보에 대립하는 데 관심을 기울였기 때문이다. 그러나 아버지는

---

39 배영원, p. 101은 이를 반대로 번역한다.

미워할 이유가 없는 성직자를 개인적으로 싫어하지는 않았고 몇몇 성직자와는 마음으로 친교를 맺었다.

다음으로 윤리에 대해 아버지의 도덕 감정은 그가 인간의 행복에 중요하다고 생각했던 모든 점에 강렬하고 준엄한 반면, 금욕주의와 성직자류만을 바탕에 두고 있다고 생각되는 통속 도덕의 여러 이론에 대해서는 (아버지의 무관심은 개인적 행위에 나타나지 않았지만) 전적으로 무관심했다. 가령 양성관계에서 자유가 크게 증대할 것으로 기대했지만, 그러한 자유의 엄밀한 조건이 어떤 것이며, 어떤 것이어야 하는가에 대해서는 정확하게 정의하고자 하지 않았다.

아버지의 경우 이러한 의견은 이론적으로도 실제적으로도 관능 찬미와는 전혀 무관했다. 도리어 아버지는 자유가 증대되는 것의 유익한 결과 가운데 하나로, 상상력이 더는 육체적 관계나 그것을 따르는 데 집착하지 않게 되고, 이러한 것을 인생의 중요한 목적 가운데 하나로 높이 두지 않으리라 예상했다. 그는 상상력과 감정의 왜곡이야말로 인간 정신에 가장 깊게 뿌리내린 가장 널리 퍼진 해악이라고 간주했다.

다음으로 심리학에 대해 아버지는 기본적으로 인간의 성격은 보편적 관념연합의 법칙을 통해 환경에 의해 형성되기 때문에 교육으로써 인간의 도덕적 힘, 지적 상태의 무한한 개선이 가능하다고 생각했다. 그의 모든 이론 중에서 그 이상 중요하게 강조할 필요가 있는 것은 없지만, 불행히도 그의 시대는 물론 그 뒤에도 이러한 이론 이상으로 세상의 사고 경향과 대립된 것은 없었다.

이러한 여러 가지 의견을 내가 그 일원이던 청년들의 소수 집단은 열정적으로 수용했다. 그리고 우리는 그러한 의견에 당파 정신을 고취했으나, 아버지에게는 그럴 의도가 전혀 없었다. 우리(라기보다도 우리를 대신하는 어떤 환영)는 때론 어리석을 정도로 과장되게 남들에게 '학파'라고 불리기도 했는데, 우리 가운데 몇몇은 잠시 동안 그렇게 되리라는 야망을 가지기도 했다. 18세기 프랑스 계몽철학자들은 우리의 모범이었다. 우리는 그들 못지않은 성과를 내길 희망했다. 우리 중에서 나만큼 그런 유치한 야심을 지나치게 품은 사람도 없었다. 그런 예를 많이 들 수 있지만 그렇게 한다면 지면과 시간만 낭비하는 일일 것이다.

공리주의의 한계

그러나 지금까지 서술한 것은 우리 생활의 외면뿐이다. 즉 적어도 지적인 부분만이고, 그것도 그 일면에 불과하다. 내면을 파고들어 가서 우리가 인간으로서 어떠했는지를 몇 가지라도 서술한다면 나 자신에 대해 말하는 것임을 이해해주어야 한다. 충분한 지식에 의해 말할 수 있는 것은 나 자신에 대해서뿐이고, 나는 이하의 묘사 대부분을 크게 수정하지 않고서는 내 동료 누구에게도 해당되는 일이 없다고 믿는다.

　내 생각으로는 종종 벤담주의자에게 붙는 말, 즉 단순한 추리 기구라는 호명은 그렇게 불린 사람들 대부분에게 결코 맞는 말이 아니지만, 내 생애의 2, 3년에 대해서는 전적으로 진실이 아니라고도 말할 수 없다. 그 호명은 인생에 발을 막 디디는 사람들 누구에게도 해당되듯이 나에게도 해당될 것이다. 그들에게는 엔간한 욕망의 대상도 매력적일 것임에 틀림없다. 이 사실은 특별히 이상하지 않다. 당시 나 정도 나이의 젊은이라면 한 가지 이상의 것을 기대할 수 없었고, 나도 종종 그러했다.

　나는 유명하게 되고 싶다는 야심과 욕망을 많이 품었으며, 내가 인류의 행복이라고 생각한 정열은 기타 모든 감정과 섞여 색채를 부여하는 나의 가장 강한 감정이었다. 그러나 내 인생의 이 시기에 나의 정열은 사변적 의견을 갖고 싶다는 정열 이외의 것이 아니었다. 순수한 자애, 즉 인류에 대한 공감은 나의 윤리적 기준 속에서 정당한 지위를 차지했다고 해도, 나의 정열은 이러한 순수한 자애나 공감 속에 뿌리내리지 못했다.

　또 나의 정열은 이상적 숭고함에 대한 고도의 열광과 결부되지도 않았다. 그래도 나는 상상 속에서 이러한 감정을 매우 민감하게 느꼈지만, 당시는 그 자양분이 되는 시적 교양이 정지 상태였던 데다가 시적 교양과 대립하는 단순한 논리나 훈련은 과잉이었다. 게다가 이미 말했듯이, 아버지의 교육은 감정을 과소평가하는 경향이 있었다. 아버지 자신이 냉담하고 무감동인 사람이어서가 아니라, 이는 도리어 반대 성질에서 나온 것이라고 나는 믿는다.

　아버지는 행위에 적절한 배려를 가한다면 감정은 스스로 육성되는 것이 확실하다고 생각했다. 윤리학이나 철학의 논쟁에서 감정 자체의 정당화를 묻지 않았으며, 도리어 감정이 행위의 궁극적 이유나 정당화의 근거가 되는 한편, 실제로는 인간의 행복에 여러 가지 유해한 결과를 가져오는 행위가 감정에 의해 변호되고, 감정이 풍부한 사람의 성격이, 오로지 행위에 의해 결정된다고 생각된 것과 동일한 가치를 인정받는 경우가 종종 있다는 사실에 아버지는 분개했다. 그러기에 사람을 평가하거나 사물을 논의할 때 감정을 칭찬하거나 감정에 대해 조금이라도 언급하는 것을 아버지는 도무지 참을 수 없었다.

아버지의 이러한 특징이 나나 다른 사람에게 중대한 영향을 끼친 데다가 우리는 자신이 가장 중요하다고 생각하는 모든 의견이 끊임없이 감정을 근거로 하여 공격받는다고 생각했다. 즉 공리성은 냉정한 계산으로, 경제학은 냉혹한 것으로, 과잉인구 반대론은 인류의 자연스러운 감정에 반하는 것으로 비난받았다. 이에 대해 우리는 '감상'이라는 말로 반박했고, 그 말은 '미사여구'나 '막연한 일반론'이라는 말과 함께 비난의 상투어로서 도움이 되었다.[40]

우리 쪽이 우리를 반대하는 사람들보다도 전반적으로 옳았다고 해도 그 결과 감정의 도야는 (공적 및 사적 의무의 감정을 제외하면) 우리 사이에서 그 정도로 존중되지 않았고, 우리들 대부분의 사상 속에서 매우 작은 지위밖에 차지하지 못했다. 나 자신의 경우 특히 그러했다.

우리가 주로 생각한 것은 사람들의 의견을 변화시키는 것, 즉 그들을 증거에 따라 믿게 하고, 그들의 참된 이익이 무엇인지 알게 하며, 그들이 자신들의 참된 이익을 알았다면 여론을 통해 참된 이익을 생각하도록 서로 강제하는 것이었다. 우리는 비이기적 자애나 정의에 대한 사랑이 매우 뛰어난 것임을 충분히 인정했지만, 인류의 개조는 그들의 감정이 직접 작용함으로써가 아니라, 교육받은 지성이 이기적 감정을 계발한 결과로서만 기대할 수 있다고 생각했다. 지성은, 숭고한 행동 원리에 따라 움직이는 사람들 수중에 있다면 개선 수단으로 매우 중요한 것이라 해도, 당시 벤담주의자, 즉 공리주의자로 현재 살아 있는 사람이라면 누구도 인간 행위의 전반적 개선을 위해 주로 여기에 의존했

---

40 이 세 가지 상투어는 밀이 개혁에 대해 토리당이나 휘그당이 반대한 것을 공격할 때 자주 사용한 말들이었다.

다고는 믿지 않는다.

이처럼 이론적으로도 실천적으로도, 감정의 도야를 무시함으로써 당연히 많은 결과가 나타났지만 특히 시와 상상력이 일반적으로 인간성의 한 요소라고 과소평가한 점이 문제였다. 벤담주의자는 시의 적이라는 것이 통념의 일부였고, 사실 그러하기도 했다. 이는 벤담 자신에 대해서도 부분적으로는 진실이었다. 그는 언제나 "모든 시는 왜곡이다"라고 말했다. 그러나 그가 말한 의미대로라면 모든 인상적 이야기나 그 성질상 산술 계산이 아닌 웅변적 표현 혹은 설교의 모든 것에 대해서도 그렇게 말할 수 있을지 모른다.

빙엄은 《웨스트민스터 리뷰》 창간호에 쓴 글에서 무어G. Moore를 혐오하는 이유로 "무어 씨는 시인이기 때문에 이론가가 아니다"라고 말했는데, 이는 그 평론지 집필자들이 시를 증오한다는 생각을 심어주는 데 크게 기여했다. 그러나 진실을 말한다면 우리들 대부분은 시를 잘 읽었고 빙엄 자신도 시를 썼다. 나의 경우 (아버지도 마찬가지였지만) 정확하게 말하면 시를 혐오하지 않았고, 시에 대해 이론적으로 무관심했다. 내가 시에서 혐오한 감정은 산문에서도 혐오했다. 산문에도 그런 감정이 상당히 포함되어 있다. 그리고 나는 시가 감정을 교육하는 수단으로 인간의 도야에서 어떤 지위를 차지하는지에 대해 조금도 몰랐다.

나는 어떤 종류의 시에 대해서는 언제나 개인적으로 민감했다. 나의 벤담주의가 가장 당파적이던 시기에 나는 종종 포프의 《인간론》[41]을 읽었다. 모든 의견이 나와는 반대였지만 그 책이 나의 상상력에 얼마나 강하게 작용했는지를 지금도 잘 기억한다. 당시에는 산문의 웅변적

---

41 Pope의 *An Essay on Man*(1732~1734).

논의보다 더 고급인 시작품일지라도 나에게 동일한 영향력을 주진 못했을지 모르지만, 여하튼 나는 그러한 시도를 전혀 하지 않았다.

그러나 이러한 일은 단순한 과도적 상태에 불과했다. 내가 상당한 정도까지 내 지적 신조의 기초를 확대하기 훨씬 전부터 나는 정신적 진보의 자연적 과정 속에서 영웅적 인물, 특히 철학적 영웅의 생애나 인격에 대한 존경 어린 예찬을 통해 가장 귀중한 시적 도야를 몸에 익혔다. 나의 경우, 수많은 인류의 은인들이 플루타르코스의《영웅전 Vitae Parallelae》부터 경험했다고 기록으로 남긴 것과 같은 감동적 영향이, 플라톤의 소크라테스 상이나 현대의 여러 전기, 특히 콩도르세[42]의《튀르고전 Vie de Monsieur Turgot》을 통해 생겨났다.

이 책은 가장 현명하고 숭고한 인물에 의해 쓰인 가장 현명하고 숭고한 인물의 전기였으며, 최고의 정열을 고양하도록 멋지게 쓴 책이었다. 나의 사상과 공명하는 빛나는 대표자들의 영웅적 미덕은 나에게 깊은 감명을 주었다. 감정과 사상이 더욱 고도의 경지에 오르고 싶을 때 남들이 좋아하는 시인의 시를 읽듯이, 나는 끊임없이 이 인물들의 책을 읽었다. 이 책은 나를 어리석은 당파성에서 구출해주기도 했다. "그는 모든 당파를 유해하다고 생각했다"는 구절로 시작해서 튀르고 Turgot가 백과전서파 사람들과 완전히 멀어진 이유를 설명한 두세

---

42 Marie Jean Antoine Nicolas de Caritat, Marquis de Condorcet (1743~1794). 프랑스의 수학자이자 정치가. 튀르고의 친구가 되어 사회와 정치문제에도 관심을 보였다. 프랑스혁명기에는 입법의회, 국민공회의 의원으로 국민교육 제도 확립에 힘을 기울였으며, 1793년에 지롱드 헌법 초안의 기초자가 되었으나 이것이 의회에서 부결되고 마침내는 고발까지 당하자 파리 한구석에 숨어 있으면서《인간 정신의 진보에 관한 역사적 개요 Outlines of an Historical View of the Progress of the Human Mind》(1793)를 집필했다. 그 후 거리에서 체포되자 독약을 먹고 자살했다

페이지는 내 마음속 깊이 새겨졌다. 나는 자신과 타인을 공리주의자로 부르거나 '우리'라는 대명사 등의 집단적 호칭으로 당파성을 드러내는 것을 중지했다. 내가 내재적 당파성에서 참으로 완전히 벗어난 것은 그 훨씬 뒤이며 그 과정은 서서히 이루어졌다.

법학 공부

1824년 말부터 1825년 초 무렵, 벤담 씨는 뒤몽 씨에게 증거에 대한 원고를 받았는데(뒤몽 씨의 《법정증거론》[43]은 이 원고에 근거하여 완성되어 출판되었다) 그것을 원문 그대로 인쇄하기로 결심했다. 그는 내가 원고를 출판할 수 있도록 정리할 능력이 있다고 생각했다. 그 일은 당시 그의 《오류론》[44]을 빙엄이 편집한 것과 같은 방식이었다. 나는 기꺼이 그 일을 받아 1년간 여가의 대부분을 그 일에 바쳤고, 다섯 권에 이르는 방대한 책의 교정에는 그 후로도 시간이 필요했다.

벤담 씨는 이 책을 상당한 시간 동안 세 번이나 고쳐 썼고, 그때마다 앞의 원고를 전혀 보지 않고 완전히 새로 썼으며, 세 번 가운데 두 번은 주제 범위 전부를 다루었다. 나는 그 세 번의 원고를 모두 요약해서 하나의 책으로 정리했는데 마지막에 쓴 원고를 기초로 하여 다른 두 원고 가운데 중복되지 않은 부분이 되도록이면 마지막 원고에 들어가도록 했다. 또 포함된 삽입구가 너무 많아 독자가 이해하기 힘들 정도로

---

43 Etienne Dumont, *Traité des Preuves Judiciaires*, 1823.

44 *Book of Fallacies*, 1824.

복잡한 문장을 알기 쉽게 고쳐야 했다.

　나아가 벤담 씨는 원고에 빠진 것이 있으면 보충하라고 당부했다. 나는 그의 의뢰에 따라 영국 증거법에서 가장 권위 있는 책을 읽고 벤담이 간과한 영국의 증거에 관한 규정에 있는 결점 몇 가지에 주해를 했다. 또 뒤몽의 편저를 비평한 사람들이 그의 몇몇 이론에 대해 반론한 것에 답했고, 비개연성이나 불가능성 이론 같은 몇 가지 더욱 추상적인 부분에도 보충 주석을 썼다. 이처럼 편집자가 추가하는 논쟁적 부분을, 나처럼 젊고 경험이 부족한 사람이 쓰는 것은 주제넘은 짓이었다. 그러나 내 이름이 밝혀지리라고는 전혀 생각하지 않았다. 따라서 벤담의 익명 편집자로서 나 자신과 아무리 어울리지 않는다 해도, 벤담과 그 주제에 어울리지 않는다고는 생각하지 않았기에 저자의 논지를 답습했다. 이 책이 인쇄된 뒤 벤담 씨의 강력한 요청으로 내 이름이 책에 나왔다. 나는 그것만은 말아달라고 청했으나 소용이 없었다.

　위 책의 편집 작업에 몰두한 시간은 나 자신의 진보에 매우 유익했다.《법정 증거의 원리》[45]는 벤담의 모든 저서 중에서 가장 귀중한 것 가운데 하나다. 증거 이론 자체가 그의 주제 중 가장 중요한 하나였을 뿐 아니라, 기타 그의 모든 주제를 다루었으므로 이 책은 그의 가장 뛰어난 사상 대부분을 발전시킨 형태로 포함한다. 이 책에는 특수한 것이 많이 들어가 있는데, 그중에서도 그의 수많은 책에서 볼 수 있는 당시 영국법의 해악과 결함을 가장 멋지게 폭로한 부분이 있다. 게다가 이 책은 증거법에만 한정하지 않고, 웨스트민스터 홀[46]의 모든 절차와

45　*Rationale of Judicial Evidence*.

46　Westminster Hall. 영국의 국회의사당 부속 회관으로 예부터 중대한 재판이나 대관식이 열렸던 곳이다.

관행을 사례로 설명했다.

작문 능력의 향상

따라서 내가 이 책에서 얻은 지식 자체는 적지 않은 수확이었다. 그러나 그 일은 그 정도로 기대하지 않았던 점에서도 유익했다. 즉 나의 문장 능력을 기르는 데 중요한 한 걸음이 되었다. 내가 이 편찬 작업 이후 쓴 글은 그전보다 훨씬 진보한 것이었다. 주지되듯이 벤담의 후기 문체는 정확성을 선호하는 장점이 지나치는 바람에 중후하고 번잡하게 되어 모든 문장의 핵심 절에 또 절을 더하는 바람에 독자는 주 명제와 동시에 수정이나 단서도 모두 함께 머리에 넣어야 했다. 이러한 습관이 극단적으로 된 결과 그의 문장에 익숙하지 않은 사람들에게는 가장 읽기 힘든 것이 되었다.

그러나《통치론 단장》[47]이나《사법제도 구상》[48] 같은 초기 문체는 생기 있고 읽기 쉬웠고 충실한 내용과 함께 거의 다른 것과 비교조차 할 수 없을 정도로 모범적이었다. 증거법의 원고 중에는 이런 초기 문체의 특색을 보여주는 부분이 많아서 나는 그러한 문체를 보존하고자 노력했다. 이처럼 뛰어난 문장에 오랫동안 접한 것은 나의 문장에 상당한 영향을 주었다.

---

47 *A Fragment on Government* (1776). 블랙스턴을 비판하면서 공리주의 사상의 체계화를 시도한 벤담의 처녀작.

48 *Draught of a New Plan for the Organisation of the Judicial Establishment in France* (1821). 벤담이 프랑스 혁명정부에 새로운 사법제도 수립을 충고하기 위해 쓴 책.

나는 또 읽기 쉬우면서도 힘 있는 글을 놀라울 정도로 잘 쓴 프랑스와 영국의 저술가들, 가령 골드스미스, 파스칼,[49] 볼테르, 쿠리에[50] 등의 책을 애독했다. 이러한 저술가들의 영향을 받은 나의 문장은 젊은 시절의 무미건조함에서 벗어나 뼈와 관절에 살이 붙기 시작했고 문체는 때로 생기 있고 경쾌하다고 할 만한 것이 되었다.

이러한 문체의 개선은 새로운 분야에서 처음으로 나타났다. 리즈 출신 마셜[51] 씨는 마셜 집안의 아버지로 그램파운드 선거구가 폐지되자[52] 요크주 선거구로 옮겨 하원의원에 당선된 후 의회개혁을 위해 적극적으로 활동했다. 그는 대부호였지만 의회개혁에 아낌없이 재산을 사용했고, 벤담의 《오류론》에 매우 감명받아 매년 의회의 토론을 출판하면 유익하리라 보았다. 그것을 《핸사드》[53]처럼 연대순으로 편찬하지 않고 항목별로 분류해서, 거기에 발언자들의 오류를 지적하는 논평을 붙이면 좋겠다고 생각했다. 그런 기획에 근거해서 그는 자연스럽게 《오류론》 편집인 빙엄과 상의했다. 빙엄은 찰스 오스틴의 도움을 받아 그 일의 주필을 맡았다. 그것은 《의회의 역사와 평론》[54]이라는 제목으로 나왔지만, 잘 팔리지 않아 3년 만에 폐간되었다.

---

49 Blaise Pascal(1623~1662). 프랑스의 심리학자·수학자·과학자·신학자·발명가·작가. 주요 저서로는 《팡세 Pensées》, 《시골 친구에게 보내는 편지 Lettres Provinciales》 등이 있다.

50 Paul Louis Courier(1772~1823). 프랑스의 언론인이며 훗날 그리스 문학에 심취했다.

51 John Marshall(1765~1845). 리즈의 부유한 사업가로 그램파운드 선거구가 폐지된 뒤 1826~1830년 요크주 선출의원이 되었다.

52 1832년 선거법 개정에 따라 남부 잉글랜드에 많았던 부패 선거구들을 폐지했으며 신흥 공업지구의 정원을 늘려 신규로 선거구를 증설했다.

53 *Hansard. Hansard Parliamentary Debate*의 약칭으로 1803년부터 지금까지 간행되는 영국 의회 의사록.

54 *Parliamentary History and Review.* 1825~1827년 간행되었다.

그러나 의원들이나 정계 사람들은 그것을 상당히 주목했다. 우리 동료들도 동원되었고 그 성과로《웨스트민스터 리뷰》이상 그들의 명성을 높였다. 빙엄과 찰스 오스틴이 많은 글을 썼고, 스트러트, 로밀리 등의 자유주의적 법률가들도 글을 썼다. 아버지는 최고의 문체로 한 편을 썼고, 존 오스틴도 한 편을 썼다. 쿨슨도 매우 중요한 글을 썼다.

나는 1호에 1825년 회기의 중요 의제였던 가톨릭연맹[55]과 가톨릭교도 배제[56] 문제에 대해 썼고, 2호에는 1825년 상업 공황 시에 벌어진 통화 논쟁에 대해 면밀한 글을 썼다. 3호에는 두 편을 썼는데 하나는 사소한 문제였고, 다른 하나는 캐닝[57]과 갤러틴[58] 사이의 유명한 외교상 문서 교환과 관련된 통상의 상호주의에 대한 것이었다. 그것들은 더는 내가 배운 이론의 재생산이나 응용이 아니었다. 또한 독창적이라는 말이 전통적 사고방식을 새로운 형태와 관련지어 표현하는 데도 적용될 수 있다면 독창적 사고였다. 그 글은 내가 그전에 쓴 글에서는 조금도 볼 수 없던 성숙함과 충분히 소화된 성격을 보여주었다고 해도 과언이 아니었다.

따라서 그 글들은 결코 무미건조하지 않았다. 그러나 그 주제를 이제 더는 논의하지 않게 되었거나 그 후 훨씬 잘 다루게 된 것도 있어서 그 글들의 존재 가치가 없어졌으므로 내가《웨스트민스터 리뷰》에서 초기 전성기 때 쓴 많은 글들과 함께 망각 속에 묻혀야 할 것이다.

---

55 아일랜드 정치인 다니엘 오코넬Daniel O'Connell이 가톨릭 농민을 압제하는 데 대항하고자 1823년 결성한 단체로 회원 수가 늘어남에 따라 1825년 2월 해산당했다.

56 영국 국교회의 신도가 아닌 자에 대한 차별 대우.

57 George Canning(1770~1827). 영국 정치인으로 1825년 당시 외무부장관이었다.

58 Albert Gallatin(1761~1849). 미국 정치인으로 당시 주영 미국 대사였다.

나는 이처럼 공공 목적을 위해 집필을 계속했지만 자기 도야 등의 방법도 등한시하지 않았다. 독일어를 해밀턴 방식[59]으로 배우기 시작한 것은 이 무렵이었다. 그 때문에 나와 몇 사람이 클래스를 만들었다. 이때부터 몇 년간 우리의 사회 연구는 나의 정신적 진보에 크게 도움이 되었다. 우리는 우리 자신이 익히고자 희망한 과학의 몇몇 부문에 대해 독서와 대화를 통해 공동 연구를 하려고 했다. 모두 열두 명에서 그 이상 되는 사람들이었다. 그로트 씨는 우리를 위해 스레드니들가 자택의 방 하나를 빌려주었다. 그와 공동 경영자이고 공리주의자협회의 최초 3인 회원 가운데 한 사람이던 프레스코트[60]가 우리 모임에 참가했다.

우리의 모임은 매주 2회, 아침 8시 반부터 10시까지였다. 10시가 되면 우리 대부분은 일상 업무에 나섰다. 최초 과제는 경제학이었다. 우리는 체계적 저술 몇 권을 텍스트로 선택했는데 최초의 책은 아버지의 《정치경제학 원리》였다. 한 사람이 그 책 1장이나 더 짧은 부분을 읽은 뒤에 토론이 시작되었고 반론 등을 하고 싶으면 누구나 발언을 했다.

우리의 규칙은 문제의 대소를 막론하고 제출된 논점을 철저히 토론하고, 참가자 전원이 개별적으로 도달한 결론에 납득할 때까지 토론을 계속하며, 그 장이나 토론에서 나온 파생적 사색의 모든 주제를 추구해서 우리가 찾은 모든 난문에 대한 의견이 일치할 때까지 방치해서는 안 된다는 것이었다. 우리는 하나의 논점을 여러 주 동안 끊임없이 토론하고, 모임과 모임 사이의 며칠 동안 열심히 생각함으로써 지난번

---

59 Hamiltonian method. James Hamilton(1769~1829)이 고안한 어학 학습법으로 문법보다 책을 번역하는 법을 먼저 배우고 축자역을 중시하는 것이다.

60 William George Prescott(1800~1865).

아침 토론에서 나온 새로운 난문을 해결하고자 궁리했다.

이렇게 우리는 아버지의 《정치경제학 원리》를 마친 뒤 같은 방법으로 리카도의 《정치경제학과 조세의 원리》와 베일리[61]의 《가치론 Dissertations on Value》을 읽었다. 이처럼 면밀하고 활발한 토론은 참가한 사람들의 진보에 크게 도움이 되었을 뿐 아니라 추상적 경제학의 몇 가지 주제에 대해 새로운 견해를 낳았다. 훗날 내가 발표한 《국제적 가치론 Theory of International Values》은 당시의 토론에서 비롯되었고, 리카도 이윤론을 수정하여 이윤과 이자에 관해 쓴 나의 논문 《이윤 및 이자론 Essay on Profits and Interest》도 마찬가지였다.

우리들 가운데 새로운 사색을 낳은 사람은 주로 엘리스와 그레이엄 그리고 나였다. 다른 사람들도 토론에 귀중한 도움을 주었다. 특히 프레스코트와 로벅은 각각 지식과 예리한 변론을 통해 큰 도움이 되었다. 《국제적 가치론》과 《이윤 및 이자론》은 나와 그레이엄이 반반씩 생각해서 체계화한 것이어서 우리의 본래 기획이 실현된다면 나의 《정치경제학 논문집》[62]은 그의 다른 논문과 함께 두 사람 이름으로 간행되었을 것이다.

그러나 내 생각을 글로 옮겨보니 나는 그와의 의견 일치를 과대평가했음을 알게 되었다. 그도 두 논문 중에 가장 독창적인 《국제적 가치론》에 대해 이의를 제기했으므로 나로서는 그 이론이 전적으로 나의 것이라고 생각하지 않을 수 없었고, 몇 년 뒤에 내 책으로 간행되었다.

---

61 Samuel Bailey(1791~1870). 영국의 철학자이자 경제학자로 그가 쓴 책의 실제 제목은 《자연, 측정, 가치의 원인에 대한 비판적 논의 A Critical Dissertation on the Nature, Measures, and Causes of Value》(1825)였다.

62 *Essays on Some Unsettled Questions of Political Economy*.

아버지가《정치경제학 원리》3판에서 정정한 부분 중에 몇 가지는 우리의 토론에서 나온 비판에 근거한 것으로, 특히 아버지 의견의 정정은 (우리의 새로운 생각만큼 철저하지는 않았지만) 두 가지 다 내가 지적한 점이었다고 말할 수 있다.

경제학을 충분히 공부한 뒤 우리는 동일한 방법으로 삼단논법 논리학을 공부했다. 이번에는 그로트도 참가했다. 최초의 텍스트는 올드리치[63]가 쓴 책이었다. 그러나 우리는 그 책의 천박함이 싫어져 중단하고, 스콜라파 논리학의 많은 안내서들 가운데 가장 훌륭한 하나인 예수회 수사 뒤 트리외의《논리학 입문》[64]으로 바꾸었다. 우리는 그러한 종류의 책을 수집하는 아버지가 가지고 있던 이 책을 복사했다. 그 책을 마친 뒤《엔사이클로페디아 메트로폴리타나Encyclopaedia Metropolititana》에 실려 있다가 막 재간된 훼이틀리의《논리학 원리》[65]를 공부했다. 이어 홉스의《계산 또는 논리》를 공부했다.

이러한 책들을 우리가 늘 하던 방법으로 읽음으로써 독창적인 형이상학적 사색에 넓은 시야를 부여했다. 내가《논리학 체계A System of Logic》1권에 스콜라파 논리학자의 원리와 특징을 합리적으로 수정하고, 명제의 의미에 관한 이론 개선을 위해 서술한 것 대부분은 이 모임의 토론에서 비롯되었다. 새로운 학설을 제기한 사람은 그레이엄과 나였으나, 그로트 등도 훌륭한 판단이나 비판을 부여했다. 내가 논리학에 대한 책을 쓰려고 계획한 것은 이때부터였다. 그러나 그때 구상한 것은 뒤에 쓴 것보다 훨씬 작은 책이었다.

63　Henry Aldrich, *Artis Logicae Compendium*, 1691.

64　Du Trieu, *Manuductio ad Logicam*, 1662.

65　Richard Whately, *Elements of Logic*, 1826.

우리는 논리학 공부를 마친 뒤에 분석심리학으로 나아갔다. 텍스트로는 하틀리의 책을 선택했다. 프리스트판[66]을 한 권씩 가지려고 런던 시내를 배회한 탓에 가격이 엄청나게 올랐다. 하틀리를 끝낸 뒤 잠시 모임은 중지되었다. 그러나 얼마 뒤 아버지의《인간 정신현상의 분석》[67]이 간행되어 우리는 그 책을 읽기 위해 다시 모였다. 우리의 공부는 이것으로 끝났다.

나는 언제나 이 모임의 토론이 독창적이고 독립된 사상가로서의 나자신의 참된 출발점이었다고 생각한다. 내가 사색에 대해 지금까지 이룬 것, 그리고 지금부터 이룰 모든 것이 이 토론을 통해 은혜입은 습관을 몸에 익힌 탓이었다. 그것은 난문을 중도에서 해결해도 완전하다고는 생각하지 않고, 미로 같은 난문이라도 포기하지 않으면서 분명하게 해결할 때까지 몇 번이나 되돌아가보고, 문제의 막연한 부분이라도 중요하게 생각되지 않는다는 이유로 손을 놓고 방치하지 않으며, 자신이 전체를 이해할 때까지는 문제의 어떤 부분도 완전하게 이해했다고 생각하지 않는 것이다.

공개 연설

1825~1830년 우리가 공개 연설을 한 것은 이 시기 우리의 생활에서 상당 부분을 차지했다. 공개 연설은 나의 진보에 중요한 영향을 주었

---

66 Joseph Priestley(1733~1804)가 편집한 하틀리의《인간론》신판을 말한다.

67 James Mill, *Analysis of the Phenomena of Human Mind*, 2 Volumes, 1829.

으므로 이에 대해 몇 가지를 서술해야 한다.

한동안 '협동조합협회'[68]라는 오언주의자 단체가 첸서리 레인에서 1주 1회 공개 토론회를 열었다. 1825년 초, 그 회원들과 알게 된 로벅은 몇 차례 토론회에 참석해서 오언주의에 반대하는 연설을 했다. 그후 우리 가운데 누군가가 그 토론회에 가서 논쟁을 벌이자고 제안했다. 우리의 모임에 오지 않았던 찰스 오스틴과 그의 친구들도 이 계획에 참여했다. 협동조합협회 중요 멤버들도 이에 찬성하고 토론회를 갖기로 했다. 그들은 동료들의 은밀한 토론보다도 논적과의 논쟁을 즐겼기 때문이다.

논제로는 인구문제가 제안되었다. 먼저 찰스 오스틴이 우리를 대표해서 멋진 연설을 했다. 협동조합협회 회원과 그들의 친구들 외에 법학원[69]에서 온 여러 청중과 몇몇 연설자를 포함한 많은 사람들 앞에서 5, 6주간 주 1회의 집회가 이어지는 논쟁이었다. 이 토론회가 끝나자

---

68 Cooperation Society. 로버트 오언Robert Owen(1771~1858)의 협동조합을 통한 사회개혁을 목표로 삼은 사람들의 단체. 오언은 영국의 사상가이자 사회주의자로 자신의 사상을 일컬어 최초로 '사회주의socialism'라는 용어를 사용했다. 영국 최초의 사회주의자로서 생시몽·푸리에와 함께 3대 공상적 사회주의자로 불린다. 저서로《사회에 관한 새로운 관점A New View of Society》등이 있다. 오언은 전 세계 협동조합 설립운동의 아버지로도 불린다. 오언과 오언의 이론을 따르는 활동가들은 직업별 노동조합들을 전국노동조합대연합Grand National Consolidated Trades Union으로 조직했다. 건설 노조원들이 길드를 되살려 스스로 경영하도록 했으며, 전국등가노동교환소를 설립하여 협동조합이 자본주의에서 벗어나 발전할 수 있게 했다. 자본주의의 대안 공동체를 고민한 이들의 생각은 매우 앞선 것이어서 노동조합, 협동조합, 노동자 자주 경영, 대안화폐 운동을 약 190년 전인 1829~1834년 생각하고 실천했다. 1844년, 오언의 제자들은 흑자도산을 불러올 수도 있는 외상거래가 아닌 현금거래, 품질이 좋은 생필품 유통을 규칙으로 하는 생활협동조합을 만들었는데, 이를 로치데일협동조합The Rochdale Society of Equitable Pioneers이라고 한다.

69 Inns of Court. 영국 런던에 있는 비영리 변호사 조직. Gray's Inn, Lincoln's Inn, Middle Temple, Inner Temple로 구성된다.

오언 사상체계의 일반적 가치에 대한 또 다른 토론이 시작되어 논쟁은 3개월간 이어졌다. 그것은 오언주의자와, 그들이 불구대천의 적이라고 생각한 경제학자의 대토론이었으나 매우 우호적이었다. 경제학을 대표한 우리도 그들과 같은 목적을 가졌으므로 이를 분명히 보여주고자 노력했다.

협동조합협회의 중심인물은 내가 잘 아는 윌리엄 톰슨[70] 씨였다. 그는 부의 분배에 관한 책[71]과 아버지의《통치론》에 나오는 여성에 관한 절을 반론한 호소문[72]의 저자였다. 엘리스와 로벅과 내가 논쟁에 적극적으로 참여했고, 법학원에서 참가한 사람들 중에서 기억나는 사람은 찰스 빌리어스였다.

상대편도 인구문제에 대해 외부에서 매우 유효한 도움을 받았다. 당시 사회 원로로 유명했던 게일 존스[73]가 멋진 연설을 한 것이다. 그러나 내가 가장 감명 깊게 들은 것은 역사가로서 뒤에 성데이비드교회의 감독, 이어 대법원 변호사를 지낸 설월[74]의 연설이었다. 하지만 나는 그의 말에 거의 찬성하지 않았다. 그에 대해서는 오스틴이나 매콜리 세대 이전에 케임브리지의 학생 토론회에서 웅변가로서 엄청난 찬사를 받았다는 점 말고는 알려지지 않았다. 그의 연설은 내 연설 가운

---

70 William Thompson(1775~1833). 영국의 경제학자로 처음에는 벤담주의자였으나 훗날 오언주의자가 되어 부의 분배에 있어 평등화와 협동제도를 주장했다.

71 《부의 분배 원칙에 관한 분석 An Inquiry into the Principles of Distribution of Wealth》(1824).

72 《인류의 반인 여성을 위한 호소 Appeal of One Half the Human Race, Women Against the Pretensions of the Other Half, Men to Retain Them in Political, and Thence in Civil and Domestic ; Slavery ; In Reply to a Paragraph of Mr. Mill's Celebrated "Article on Government"》(1825).

73 John Gale Jones(1769~1838). 영국의 저명한 급진파 연설가.

74 Connop Thirlwall(1797~1875). 국교회의 성직자이자 역사가.

데 하나에 대한 반박이었다. 그가 열 문장도 말하기 전에 지금까지 들었던 가운데 최고의 연설이라는 것을 알았고, 그 뒤에도 그 이상의 연설을 들어본 적이 없다.

이 토론회는 매우 흥미로운 것이어서 여기 참가한 사람들 중 몇몇은 경제학자 매컬럭이 브로엄이나 보너[75] 등이 공개 연설을 연마한 에든버러의 사색협회[76] 같은 것을 런던에 세우자고 제안했을 때 대뜸 찬성했다. 협동조합협회의 경험으로 미루어보아 런던에서 그런 목적을 위해 어떤 종류의 사람들을 모으는 게 가능할지 낙관할 수 있다고 생각했다. 매컬럭은 경제학에 관한 사적 강의를 했던 유력한 몇몇 젊은이에게 이야기를 했고, 그들 중 몇 사람이 적극적으로 그 계획을 추진했다. 클라렌든Clarendon 백작이 된 조지 빌리어스George Villiers가 특히 열심히 뛰었다. 그리고 조지 빌리어스와 그의 아우 하이드와 찰스, 로밀리, 찰스 오스틴과 나 그리고 몇 사람이 모여 계획에 합의했다.

우리는 11월부터 7월까지 격주로 프리메이슨즈 터번Freemason's Tavern에서 토론회를 열기로 하고 곧바로 몇 명의 의원과 케임브리지 학생 토론회, 옥스퍼드 연합 토론회[77]의 가장 유명한 연사들이 포함된 멋진 명부를 만들었다. 회원 모집을 할 때 토리당 연사를 충분히 확보하는 것이 힘든 일이었음은 당시의 경향을 기묘한 형태로 보여주었다. 우리가 모을 수 있었던 사람들은 그 종류와 정도에서 차이가 있을지언정 거의 모두 자유주의자들이었다.

---

75 John Bonar(1721~1761).

76 Speculative Society. 에든버러대학교 졸업생과 재학생들이 1774년에 설립한 토론단체로 스코틀랜드 계몽운동에 기여했다.

77 Oxford Union.

앞서 이름을 든 사람들 말고도, 매콜리, 설월, 프레드,[78] 호윅 경,[79] 사무엘 윌버포스(훗날의 옥스퍼드 감독),[80] 찰스 에드워드 폴레 톰슨[81](훗날의 시드넘Sydenham 경), 에드워드 리튼-불워와 헨리 리튼-불워 형제,[82] 폰 블랑크, 그 밖에도 내가 지금은 잊은 많은 사람들이 훗날 정계나 문단에서 다소간 유명하게 되었다. 그들 이상으로 앞날이 창창하다고 생각되는 사람들은 없었다.

그런데 개회 시간이 다가오자 의장을 뽑고 최초 연설자를 정할 필요가 있었으나 모인 명사들 누구도 나서는 사람이 없었다. 많은 사람을 교섭한 결과 그 역할을 할 유일한 사람으로 뽑힌 사람은 잘 알지 못하는 사람으로, 옥스퍼드대학교에서 우수상을 받고 그 학교에서 웅변가로 유명했으며 졸업 후 토리당 의원이 된 사람이었다.[83] 결국 그가 의장을 맡고 최초의 연설도 하기로 했다.

드디어 중요한 날이 왔다. 청중석은 만원이었고 훌륭한 연사들이 모두 참석했다. 그런데 그들은 우리를 돕기 위해서가 아니라 비판하기 위해 왔다. 옥스퍼드 변사의 연설은 완전히 실패했다. 이로써 모든 것을 망쳐버렸다. 이어지는 변사는 소수였고, 누구도 최선을 다하지 않았다. 결과는 완전한 대실패였다. 우리가 기대했던 웅변가들은 사라지고 다시 돌아오지 않아 나에게 세상물정을 알기 위한 교훈을 남겼을

---

78 Winthrop Mackworth Praed(1802~1839). 영국의 정치인이자 시인.

79 Henry George Howick(1802~1894). 영국의 정치인.

80 Samuel Wilberforce(1805~1873). 영국 국교회의 주교.

81 Charles Edward Poulett Thomson(1799~1841). 영국의 사업가이자 정치인.

82 Henry Lytton Bulwer(1801~1872)는 외교관이고, Edward Lytton Bulwer(1803~1873)는 철학자.

83 도널드 맥린Donald Maclean(1800~1874)을 말한다.

뿐이었다. 이 뜻밖의 실패는 이 계획에 대한 나의 관심을 송두리째 바꾸어버렸다.

나는 처음부터 뚜렷한 역할을 하거나 연설을 많이 할 생각이 없었지만 그 계획의 성공 여부가 우리들 신진에게 달려 있음을 알고 최선을 다하기로 결심했다. 그래서 두 번째 모임에서는 내가 질문을 했고 이어 매번 연설을 했다. 한동안은 매우 힘들었다. 빌리어스 삼형제와 로밀리는 얼마 동안 우리와 함께 일했으나, 나와 로벅 말고는 창립자 모두 지치고 말았다.

다음 연도인 1826~1827년에는 좀 나아졌다. 두 사람의 뛰어난 토리당 연사 헤이워드[84]와 시[85](훗날 상급 법정 변호사가 됨)가 참가했다. 찰스 불러, 콕번,[86] 기타 케임브리지대학교 출신 벤담주의자 제2세대에 속하는 사람들이 급진파를 보강해주었다. 이들 말고도 다른 사람들이 가끔 도와주었고 두 사람의 토리당 당원만이 아니라 로벅과 내가 꾸준히 연사로 나섰기에 토론은 거의 매번 '철학적 급진파'와 토리파 법률가의 당당한 논전이 되었다. 그래서 마침내 우리의 논쟁은 화젯거리가 되었고 지위와 명성이 있는 사람들도 토론을 들으러 왔다.

1828~1829년에는 더욱 많은 사람들이 왔다. 그 무렵 모리스[87]와 스

---

84 Abraham Hayward(1801~1884). 영국의 문인.

85 William Shee(1804~1868). 영국의 정치가이자 법률가.

86 Alexander Cockburn(1802~1880). 스코틀랜드의 법률가이자 정치가로 훗날 내법원상이 되어 21년간 근무했다. 밀이 하원의원으로 자메이카 사건을 다루면서 전 자메이카 총독 에드워드 에어Edward Eyre를 소추했을 때, 콕번이 중앙형사법원에서의 로버트 넬슨Robert Nelson의 재판에서 공정한 훈시를 한 점에 대해서는 이 책 6장 참조.

87 Frederick Denison Maurice(1805~1872). 영국 국교회 신학자이자 성직자이며, 기독교 사회주의의 창시자이자 지도자이기도 하다.

털링[88] 같은 콜리지주의자[89]들이, 벤담주의와는 전혀 다른 근거를 들며 이에 열렬히 반대하는 제2의 자유주의적 혹은 급진주의적 일파로 토론에 출석했다. 그들은 18세기 철학에 대한 유럽의 반동을 보여주는 일반적 이론과 사고방식을 토론에 가지고 왔고 우리의 논쟁에 매우 중요한 제3의 전투적 일파를 더했다. 이렇게 해서 토론은 새로운 세대의 가장 교양 있는 사상운동을 상당히 잘 대표하게 되었다.

우리의 토론은 언제나 쌍방이 낳을 수 있는 가장 강력한 주장과 철학적 원리에 의해 구성되었다. 종종 서로 간에 숨쉴 수도 없는 논쟁이 전개되었기에 보통의 토론회와는 전혀 달랐다. 이러한 실천은 필연적으로 우리에게 매우 유익했고, 특히 나에게 그러했다. 나는 사실 유창하게 연설하는 법을 익히지 못했고 언제나 말이 서툴렀으나 청중들에게 내 말을 경청하게 할 수는 있었다. 그리고 나는 연설에 포함해야 할 감정이나 전개해야 할 사상의 성격으로 보아 표현이 중요하다고 생각될 때는 언제나 미리 연설 원고를 썼기에, 효과적으로 글을 쓰는 능력이 진보했다. 즉 연설의 유창함과 억양을 들을 줄 아는 힘만이 아니라, 유효한 문장에 대한 실제적 감각을 익혔고, 그러한 문장의 특성이 각양각색의 청중에게 어떤 영향력을 주는지 직접적으로 판단하는 기준을 몸으로 익혔다.

토론회와 그 준비, 그리고 아침 토론 준비를 병행했기 때문에 내 여가 대부분이 그러한 일로 사용되었다. 그래서 1828년 봄 《웨스트민스터 리뷰》 집필을 중지했을 때 짐 하나를 벗은 듯했다. 그것은 난관에

---

88 John Sterling(1806~1844). 스코틀랜드 출신의 영국 저술가로 콜리지주의자였다.
89 콜리지의 낭만주의에 영향을 받은 사람들.

봉착해 있었다. 창간호 판매는 괜찮았으나, 그 뒤에는 잘 팔리지 않아 당시의 경영 규모로는 손실을 보상하기에 부족했다. 주필의 한 사람인 서던은 사임했고, 최초의 기고에 대해 다른 집필자와 같은 원고료를 받았던 아버지와 나를 포함한 몇몇 집필자는 그 후부터 원고료 없이 글을 썼다. 그래도 자금은 거의 또는 전혀 없었기에 계속 발간을 하려면 새로운 수습책을 강구해야 했다.

아버지와 나는 이 문제에 대해 몇 번이나 보링과 상담했다. 우리는 우리 의견을 대표하는 기관지로 《웨스트민스터 리뷰》를 유지하고자 전력을 기울일 생각이었으나, 보링을 주필로 삼고서 그렇게 하기는 싫었다. 반면 그 이상으로 유급 주필을 두기는 불가능했다. 이러한 사정은, 우리가 보링을 싫다고 하지 않고 관둬달라고 제안할 구실을 제공했다. 우리는 친구 몇 사람과 원고료 없이 집필하고 우리들 사이에서 무급 주필을 뽑거나, 우리끼리 편집 일을 분담해서 운영할 참이었다.

그러나 이러한 교섭이 진행되고 보링도 표면상으로는 묵인한 가운데, 그는 다른 방향으로 (페로네 톰슨Perronet Thompson 대령과 함께) 일을 꾸미고 있었다. 우리는 누군가와 계약이 이루어졌으며 원고료가 나오니 다음 호에 글을 써달라고 의뢰한 보링의 편지로 이를 알게 되었다. 우리는 우리의 제안보다 유리한 계약을 할 수 있었다 할지라도 보링에게 그렇게 할 권리가 있느냐고 비난하지는 않았다. 하지만 표면상으로는 우리 계획에 찬성하는 듯하면서도 숨겨옴으로써 우리를 모욕했다고 생각했다. 그리고 설령 그렇게 생각하지 않았다고 해도 우리로서는 그가 경영하는 평론지에 집필하기 위해 이 이상 시간과 노력을 소비할 생각이 없었다.

그래서 아버지는 집필을 거부했으나 2, 3년 뒤에 무리한 의뢰를 받고는 정치 논문을 한 편 써주었다. 반면 나는 단호하게 거부했다.

내가 쓴 마지막 글은 그전의 어떤 것보다도 힘들게 쓴 것이지만 그야말로 사랑의 수고[90]였다. 그것은 월터 스콧 경의《나폴레옹 전기》서문에 반박하여 프랑스 혁명가들을 옹호한 글이었다. 이를 쓰기 위해 만든 노트나 발췌를 위해 만든 책의 수는 내가 산 것만 해도(당시에는 참고도서를 집에 빌려가게 해주는 공공 도서관이나 회원제 도서관이 없었기 때문에) 그 직접적 목적을 위해서라면 너무 많았다. 그러나 나는 당시 프랑스혁명사를 쓸 생각이 있었다. 나는 끝내 쓰지 못했지만, 나의 장서는 뒤에 같은 목적을 가진 칼라일[91]에게 크게 도움이 되었다.

---

90 A Labour of Love. 〈데살로니가전서〉 1장 3절에 나오는 말.

91 Thomas Carlyle(1795~1881). 영국의 평론가이자 역사가로 이상주의적 사회개혁을 제창하여 19세기 사상계에 큰 영향을 끼쳤다. 저서로는《의상철학 Sartor Resartus》(1834),《프랑스혁명사 The French Revolution》(1837),《영웅숭배론 On Heroes, Hero-Worship, and the Heroic in History》(1841),《과거와 현재 Past and Present》(1843) 등이 있다. 벤담의 공리주의를 '돼지철학'이라고 비판한 그는 산업사회의 비정한 인간관계를 '금전관계 Cash Nexus'라고 표현하기도 했는데 이는 엥겔스 F. Engels 등을 비롯한 19세기 사회주의자들이 즐겨 인용하는 문구이기도 했다. 칼라일은 밀을 '쾌락의 계산기'라고 혹평하고 '학'이라고 비판했다. 위 본문에서 밀은 칼라일이 세 권으로 된 방대한《프랑스혁명사》를 저술하며 자신의 장서를 이용했다고 했다. 하지만 그 과정에서 칼라일이 존 스튜어트 밀에게 초고를 빌려주었다가 하녀가 불쏘시개로 태워버리는 바람에 다시 저술했다는 이야기가 유명하다. 칼라일은 이 책에서 혁명은 지배자들의 악정에 대한 천벌이며 영웅적 지도자가 필요하다고 주장했고, 이는 그의 대표작《영웅숭배론》으로 이어졌다.

5
내 정신사의 위기, 일보 전진

위기의 도래

나는 이때부터 몇 년간 정말 조금밖에 쓰지 않았고, 간행을 위해 정기적으로 쓴 것은 전혀 없었다. 이처럼 집필을 중단함으로써 얻은 이익은 엄청났다. 이 시기의 사상을 인쇄해서 발표하지 않고 자신의 마음만으로 사상을 소화하고 성숙시킬 수 있었던 것은 나에게 너무나도 중요했다. 만일 내가 계속 글을 썼다면 그 몇 년간의 사상이나 성격의 중대한 변화에 크게 방해를 받았을 것이다. 이러한 변화의 기원 혹은 적어도 내가 변화를 위한 준비로 나아간 과정은 어느 정도 그 이전까지 거슬러 올라감으로써 비로소 설명할 수 있을 것이다.

1821년 겨울, 내가 처음으로 벤담의 책을 읽은 뒤, 특히 《웨스트민스터 리뷰》 창간 이래, 나는 참으로 인생의 목적이라고 할 만한 것을 갖게 되었다. 그것은 세계의 개혁자가 된다는 것이었다. 나 자신의 행복에 관한 생각은 이러한 목적과 완전히 일치했다. 나는 이러한 사업을 위해 동료로 일하는 사람들 사이의 공감을 바랐다. 나는 그 길을 가면서 가능한 한 많은 꿀을 따려고 노력했지만 진지하고 영속적인 개인적 만족을 위해 전면적으로 의존한 것은 이러한 공감이었다. 나는 진보는 언제나 이루어지지만, 완전하게 달성되어 끝나는 적이 결코 없다고 생각하면서, 지속적이고 멀리 있는 어떤 것에 자신의 행복을 맡겼다고 생각하고, 나 자신이 행복한 생활을 향수하는 것이 확실하다는 스스로의 만족감에 젖어 있었다.

이러한 상태는 몇 년 동안 지극히 순조롭게 이어졌다. 그동안 세계는 일반적으로 진보했고, 자신이 타인과 함께 세계의 진보를 촉진하기 위해 싸우고 있다고 생각하는 것이 흥미롭고 활기찬 생활을 충실하게 하는 데 충분하다고 생각되었다. 그러나 꿈에서 깨어나듯이 그렇게 생각할 수 없게 되는 때가 찾아왔다. 그것은 1826년 가을이었다.

나는 누구나 때로는 그러하듯이 맥이 빠진 상태가 되었다. 즉 즐거움도, 쾌적한 자극도 느끼지 못하게 되고, 다른 때라면 쾌락이었을 것도 시시해지고 아무래도 좋다고 생각되었다. 보통 감리교監理敎[1]로 개종한 사람이 최초로 '죄의 확신'에 젖을 때 느끼는 상태와 같았다고 생각된다. 이러한 심경이 되어 나는 스스로에게 직접적으로 다음과 같이 물었다. "네 이생의 목적이 모두 실현되고, 네가 바란 제도와 사상 변화 모두가 지금 바로 완전하게 실현될 수 있었다고 생각해보자. 그것

---

1 18세기 영국 국교회 사제 존 웨슬리John Wesley가 이끈 영국의 신앙 부흥운동이던 메서디즘Methodism이 국교회에서 분리되어 창설된 개신교의 한 교파로 현재 전 세계에 7,500만 명 이상 신도가 있다. 당시 경직되었던 국교회에 새로운 활력을 불어넣었고, 영국 사회 전반에 걸쳐 개혁을 일으킨 운동으로 평가받는다. 신학적으로는 성공회 특유의 중도Via Media를 이어받되 칼뱅주의의 이중예정론을 배격하고 선행 은총을 전제로 한 자유의지와 만인구원론을 주장한다. 교회 체제는 나라마다 조금씩 다르지만 대체로 감독제를 택하는 보편교회 구조를 따른다.

이 너에게 큰 기쁨과 행복을 줄 것인가?"

그런데 억누를 수 없는 자의식이 분명히 "아니다"라고 답했다. 그 순간 나는 절망했고 생활의 기초가 붕괴됨을 느꼈다. 나의 모든 행복은 언제나 이러한 목적을 추구하는 데서 발견되어왔다. 그 목적이 매력을 상실한 이상, 어떻게 두 번 다시 수단에 관심을 품는 게 가능할까? 나에게는 삶의 목적이 없어졌다고 생각되었다.

처음에는 구름이 저절로 걷히리라 기대했지만 그렇지 않았다. 인생의 사소한 고뇌에는 특효약이 될 하룻밤의 잠도 아무 효과가 없었다. 눈을 뜨면 비통한 현실에 대한 의식이 되돌아왔다. 이러한 의식은 누구를 사귀어도, 어떤 일을 해도 항상 따라다녔다. 어떤 것도 나에게 단 몇 분만이라도 그런 의식을 잊게 하는 힘을 거의 갖지 못했다. 몇 달 동안 어두운 구름은 더욱더 짙어만 갔다. 당시의 나는 몰랐지만 콜리지의 〈실의〉[2] 가운데 몇 구절이 내 심경을 정확하게 묘사했다.

> 허전하고 어둡고 쓸쓸하고 아픔이 없는 슬픔.
> 졸리는 듯 숨 막히는 듯 얼빠진 슬픔.
> 말로도, 한숨으로도, 눈물로도
> 없어지지도, 구원받을 수도 없는 슬픔.

나는 애독하던 책에 구원을 요청했으나, 그때까지 언제나 활력과 원기를 주던 과거의 숭고하고 위대한 인물을 회상해도 소용이 없었다. 책을 읽어도 도무지 감정이 용솟음치지 않거나 습관이 된 감흥은 있어

---

2 *Defection : An Ode.*

도 매력은 전혀 없었다. 인류애와 탁월성 자체에 대한 나 자신의 사랑이 고갈되었다고 생각하지 않을 수 없었다. 나 자신이 느낀 것을 타인에게 말함으로써 위로받으려는 생각은 전혀 없었다. 만일 스스로의 고뇌를 털어낼 정도로 누군가를 마음으로 사랑했다면 내가 직면한 상태에 빠지지 않았을 것이다. 그리고 스스로의 고뇌 따위는 관심의 대상이 될 수 없고, 아무리 생각해도 훌륭하지 않다고 느꼈다. 거기에는 공감을 불러일으킬 만한 점이 전혀 없었다. 만일 누군가에게 충고를 구하면 좋다는 사실을 알았더라면 그 충고는 매우 귀중했으리라. 맥베스가 의사에게 한 말[3]이 떠올랐다. 그러나 내가 조금이라도 그러한 원조를 기대할 만한 사람은 없었다.

실제로 어떤 고뇌라도 밝혀줄 당연한 상대였어야 할 아버지는 나의 고뇌하는 정신상태를 전혀 이해하지 못했고, 설령 이해했다 해도 치료해줄 의사가 아니라고 나는 확신했다. 나의 교육은 전적으로 아버지의 일이었으나, 그것이 이런 결말에 이를 가능성을 조금도 고려하지 않고 이루어졌다. 따라서 나는 그 파탄이 아버지의 힘을 넘어섬으로써 구원될 수 없는 것일 때에, 그에게 계획이 실패했다고 생각하는 고통을 안겨줘 봤자 무익하다는 사실을 잘 알았다. 다른 친구들을 생각해보아도 그 무렵의 내 상태를 이해시킬 만한 사람은 하나도 없었다. 그 사실은 너무나 분명했기에 생각하면 할수록 아무 희망도 없는 것으로 여겨졌다.

---

3 《맥베스》 5막 3장 40~45행에서 맥베스는 의사에게 다음과 같이 말한다.
"그대는 상한 마음을 고쳐, 거기서 뿌리깊은 욕심을 빼내고, 머릿속에 기록된 저 고통을 덜며, 어떻게든 잊게 해주는 감미로운 약으로 잔뜩 눌리어 당장 파열할지 모를 내 마음을 시원하게 해줄 수 없는가?"

나의 교육 과정은 다음과 같은 것을 믿게 했다. 즉 모든 정신적·도덕적 감정과 특징은 좋은 것이건 나쁜 것이건 관념연합의 결과라는 사실이다. 우리가 어떤 것은 사랑하고 어떤 것은 미워하며, 어떤 종류의 행위나 사고방식에는 쾌락을 느끼고 또 다른 종류의 행위나 사고방식에는 고통을 느끼는 것은 교육이나 경험의 결과로서, 이러한 것들에 쾌적함이나 고통이라는 관념을 부착하기 때문이라는 것이다. 그 결과 나는, 아버지가 늘 주장하시던 말을 들으며 스스로 다음과 같이 믿게 되었다. 즉 교육의 목적은 바람직한 종류의, 되도록이면 가장 강한 관념연합, 즉 모든 사람에게 유익한 모든 것에 대한 쾌락의 연상을 형성시키고, 모든 사람에게 유해한 모든 것에 대한 고통의 연상을 형성시키는 것이어야 한다.

이러한 이론은 절대로 논파할 수 없는 것처럼 생각되었다. 그러나 지금 돌이켜 생각해보면 나의 스승들은 바람직한 관념연합을 형성하고 유지하는 수단에 대해서는 표면적으로만 고려했다. 그들은 칭찬과 질책, 보상과 처벌이라는 낡고 전통적인 수단에 완전히 의존한 것으로 생각되었다. 나는 그러한 수단을 조기에 사용하기 시작해서 끊임없이 적용함으로써 고통과 쾌락, 특히 그중에서도 고통에 관한 강한 연상을 만들고, 생애 끝까지 감소하지 않고 영속할 수 있는 욕망이나 혐오를 만들어낼 수 있다는 사실을 의심하지 않았다.

그러나 이렇게 해서 생긴 연상 중에는 언제나 인공적이고 우연적인 것이 있게 마련이다. 이처럼 무리하게 사물과 결부된 고통과 쾌락은 자연스러운 유대를 통해서 사물과 결부되지는 않는다. 그래서 나는 이러한 연상이 영속적이려면 분석력이 관습적으로 행위를 하기 이전에 연상이 실제로 분해될 수 없을 정도로 강력하고 뿌리깊은 것이 되어야 한다고 생각했다. 그제야 나는 알았다. 혹은 알았다고 생각했다. 그전에는 좀처럼 신용하지 않던 사고방식, 즉 분석의 습관이 감정을 약화시키는 경향을 갖는다는 점을 그때가 되어서야 깨달았기 때문이다. 만일 기타 정신적 습관이 전혀 함양되지 않고 분석적 정신이 자연스럽게 보충되거나 교정받지 않은 상태인 경우, 특히 그런 경향을 가졌다.

(나는 다음과 같이 주장했다.) 분석이 갖는 뛰어난 장점은, 편견의 모든 결과를 약화시키고 타파하는 것이다. 즉 우리로 하여금 우연하게 밀착된 여러 이념을 정신적으로 분리하는 것을 가능하게 한다. 그리고 우리가 분석 덕택에 자연 속에서 영구적으로 계속 일어나는 것에 대해 가장 명확한 지식을 갖지 않는다면, 어떤 관념연합이라고 해도 이러한 분해적 힘에 저항할 수 없을 것이다. 이러한 인과관계란 우리의 의지나 감정에 의존하는 것이 아닌 자연의 법칙으로서 많은 경우 하나가 사실상 다른 하나와 분리될 수 없는 관계에 있다. 이러한 자연법칙이 명료하게 인식되고 상상 속에서도 이해되는 정도에 비례해, 자연 속에서 언제나 결부되어 있는 사물에 관한 우리의 이념을 우리의 사고 속에서 더욱 밀접하게 응집시키는 것이다.

이처럼 분석의 습관은 원리와 결과, 수단과 목적의 연상을 강화하기도 하지만, 흔히 말하는 단순한 감정 문제에 대해서는 완전히 약화시키는 경향이 있다. 따라서 분석의 습관은, 신중한 사색과 통찰력에 대해서는 유리하지만, 정열과 미덕의 밑바닥에 언제나 잠재되어 있는 해충이다(라고 나는 생각한다).

그 습관은 모든 욕망이나 쾌락을 두려울 정도로 손상시킨다. 내가 믿는 이론에 따르면 순수하게 육체적이고 생리적인 것을 제외한 욕망이나 쾌락이 모두 관념연합의 결과이다. 그렇지만 인생을 바람직한 것으로 만들려고 하면 육체적이고 생리적인 욕망이나 쾌락이 전적으로 불완전한 것이라는 점에 나는 누구보다도 강한 확신을 품었다.

이러한 것이 인간성의 법칙이며, 이 법칙이 당시 나와 같은 상태에 이르게 했다고 나는 생각했다. 내가 존경한 모든 사람의 의견은, 인류에 대한 공감을 통한 쾌락과 타인의 행복, 특히 인류 전체의 행복을 인생의 목적으로 삼는 감정이야말로 행복의 최대 원천이자 가장 확실한 원천이라는 것이었다. 나는 이것이 진실이라고 확신했지만, 내가 그런 감정을 갖는 것이 나를 행복하게 한다는 사실을 안다고 해서 그 감정이 나에게 부여되지 않았다.

내 교육은 분석의 분해적 영향력에 저항하기에 충분한 힘을 갖는 이러한 감정을 만들어내는 데 실패한 반면, 나의 지적 도야는 조숙하고 미숙한 분석을 내 마음속에서 뿌리깊은 습관이 되게 했다고 생각했다. 그래서 나는 항해의 출발에서 좌초한 것이었으며, 배는 잘 정비되어 키도 있지만 돛이 없는 상태였다. 즉 내가 항해하기 위해 매우 조심스럽게 배려한 목적에 대한 참된 욕구가 없고, 미덕이나 일반적 행복만이 아니라 다른 어떤 것에도 아무런 즐거움을 느낄 수 없는 상태가 되었다고 혼잣말을 했다.

허영과 야심의 원천도 자애의 원천과 마찬가지로 완전히 말라버린 것처럼 생각되었다. (회고해보면) 나는 너무 어린 시절에 어느 정도 허영심을 만족시킬 수 있었고, 뛰어나고 중요한 사람이 되고 싶다는 욕망이 정열로까지 높아지기 전에 어느 정도 뛰어나고 중요한 지위를 차지하여, 어느 정도 중요한 위치에 있게 되었다고 실감했다. 그러나 성과가 아무리 작은 것이라고 해도, 너무 일찍 확보했기 때문에 너무 빨리 누린 모든 쾌락처럼 내가 그것을 추구하는 데 싫증을 느끼게 하고 무관심하게 했다.

이처럼 이기적 쾌락도, 비이기적 쾌락도 내겐 쾌락이 아니게 되었다. 그리고 나의 성격 형성을 쇄신하고 이제는 돌이킬 수 없을 정도로 분석적으로 된 마음속에, 인간 욕망의 어떤 대상에도 신선한 쾌락의 연상을 창조하기 시작할 만큼 충분한 힘이 자연에는 전혀 없다고 생각되었다.

행복관의 변화

이상과 같은 것이 1826~1827년 우울한 겨울의 무미건조하고 무거운 의기 상실과 뒤섞인 생각이었다. 그동안 일상적 일을 할 수 없었을 뿐 아니라, 오로지 습관의 힘으로 기계적으로 일할 뿐이었다. 나는 일정한 종류의 정신적 일에는 훈련이 잘되어 있어서 모든 정신이 완전히 떠나 있어도 일을 할 수 있었다. 나는 몇 번이나 연설 원고를 썼고 토론협회에서 연설도 했지만 어떤 연설에서 어느 정도 성공했는지 기억이 없다. 토론협회에서 4년간 계속 연설을 했으나, 그 1년간에 대해서는 아무 기억도 나지 않는다.

모든 작가 중에서 콜리지만이 내가 느낀 것을 묘사해주었다. 나는 그의 시에 나오는 다음 두 구절을 당시가 아니라 (내가 아직 그 시를 읽지 않았기 때문에) 같은 마음의 고뇌를 품었던 훗날에 종종 떠올렸다.

소망 없이 일함은 맛이 좋은 술을 체로 뜨는 것 같고
목적 없는 소망은 오래가지 못하리.

나의 경우가 스스로 생각한 만큼 특별한 것은 아니었을지 모른다. 나는 다른 많은 사람들이 똑같은 상태를 거쳤음을 의심하지 않는다. 그러나 내 교육이 특이했던 만큼 일반적 현상에 특수한 현상이 가해졌고, 시간과 함께 사라질 가능성이 거의 없는 여러 원인에서 나온 자연스러운 결과로 생각되었다. 나는 인생을 이런 상태로 보내야 한다면 계속 살아갈 수 있을지, 또는 계속 살아가야 하는지 종종 자문했다.

나의 답은 언제나 1년 이상 참을 수 있다고는 생각하지 않는 것이었다. 그러나 반년도 지나지 않아 나의 음울한 마음에 한줄기 빛이 비쳤다. 나는 종종 마르몽텔[4]의 《회상기》[5]를 읽으며, 아버지의 죽음과 가족이 비탄에 빠진 정경, 아직 아이였던 그가 급히 영감을 느끼고 자신이야말로 가족을 위해 무엇이라도 하고자, 가족이 잃은 아버지를 대신할 수 있다고 느끼고 가족에게도 느끼게 했다는 장면을 보았다. 그 광경을 눈으로 직접 본 듯이 생생한 생각이 나를 덮쳐 눈물을 흘렸다.

이 순간부터 나의 짐은 가벼워지기 시작했다. 모든 감정이 죽었다고 생각하는 압박이 사라졌다. 나는 이제 절망하지 않았다. 나는 목석이 아니라, 모든 인격의 가치와 행복해질 수 있는 모든 능력을 만들어 내는 소재를 아직 많이 가진 것처럼 생각되었다. 나는 벗어날 수 없다고 생각된 불행에서 해방되어 인생의 매우 평범한 사건이라도 다시금 내게 어떤 쾌락을 줄 수 있다고 서서히 느꼈다. 즉 햇빛, 하늘, 책, 대화, 공공의 일에서 강렬하지는 않아도 충분히 즐거움을 맛볼 수 있고, 나아가 자신의 사상을 위해, 또 공공복지를 위해 활동하는 가운데 사소

---

4 Jean François Marmontel(1723~1799). 프랑스 극작가.

5 *Memoires d'un Père, pour Servir A L'Instruction de Ses Enfants*, 1800~1806.

한 것이라고 해도 흥분을 느낄 수 있음을 알게 되었다. 그리하여 어두운 구름은 차차 맑아지고, 다시 인생을 향수하게 되었다. 그 뒤 몇 번 되돌아가기도 했고 몇 달 이어지기도 했지만, 다시는 과거처럼 우울한 상태에 빠지지는 않았다.

이 시기의 경험은 나의 사상과 성격에 매우 현저한 두 가지 영향을 주었다. 첫째, 이러한 경험은 내가 하나의 인생관을 갖게 했다. 그것은 지금까지 내가 행동한 원리와는 전혀 달랐고, 당시에는 전혀 몰랐던 칼라일의 반자아의식설[6]과 많은 공통점이 있었다. 행복이 모든 행위의 규칙에서 기준이 되는 인생의 목적이라는 나의 신념은 조금도 동요하지 않았다. 하지만 나는 이제 처음으로 이러한 목적이, 행복을 직접 목적으로 삼지 않는 것에 의해 달성된다고 생각하게 되었다. 자신들의 행복과는 다른 어떤 것, 즉 사람들의 행복이나 인류의 진보나 수단으로서가 아니라, 그 자체를 목적으로 추구되는 예술이나 연구에 자신의 정신을 집중하는 사람만이 행복한 것이다(라고 나는 생각했다). 그들은 이러한 다른 무엇을 목적으로 하면서 그 과정에서 행복을 발견한다. 인생의 즐거움을 중요한 목적으로 삼지 않고 **지나가는 길**에 얻을 수 있을 때, 인생을 즐거운 것으로 만들 수 있다. 즐거움을 중요한 목적으로 삼는 것은 충분하지 못하다고 느끼게 된다.[7]

인생의 즐거움은 엄격한 음미를 이겨내지 못한다. 스스로 행복한지

---

6 anti-self-consciousness theory. 칼라일의 《의상철학》 2권 9장에 나오는 가공의 철학자가 도달한 경지를 말한다. 그것은 어떤 종류의 의혹도 행동을 통해서만 제거될 수 있고, 자신에게 가장 가까운 의무를 다해야 한다는 것이다. 또 칼라고는 〈특징론 Characteristic〉 (1831)에서 올바른 행위의 특징은 언제나 자발적이고 무의식적이라고 하면서 인간은 악에 대해서는 언제나 의식하지만 선에 대해서는 의식하지 않는다고 했다.
7 이러한 밀의 행복관은 벤담이나 제임스 밀과는 다르다.

자문해보면 바로 행복하지 않게 된다. 유일한 길은 행복이 아니라 행복과 다른 어떤 목적을 인생의 목표로 삼는 것이다. 당신의 자의식, 자기 음미, 자기 규명을 그 목표에 주입하면 된다. 그렇게 하면 기타 사정이 행운인 한에는 호흡하는 공기와 함께 행복을 마시게 될 것이다. 밤낮 행복을 꿈꾸고 여러 가지로 궁리하지 않아도 되고, 상상 속에서 앞질러 생각하거나 까다로운 문제로 싸우지 않아도 된다. 이러한 이론이 이제 내 인생철학의 기초가 되었다. 그리고 나는 지금도 이러한 것이야말로 감수성이 부족하고 사물을 향수하는 능력이 모자란 모든 사람들, 즉 인류 대다수에게 최선의 이론이라고 생각한다.

시와 예술의 중요성

이 무렵 생긴 내 의견의 또 다른 변화는 처음으로 인간의 행복에 매우 필요한 것 가운데 하나로 개인의 내면적 도야에 적절한 지위를 부여한 것이었다. 나는 외부적 환경을 정리하는 것과 사색과 행위를 위해 인간을 훈련하는 것을 거의 배타적으로 중시하지 않게 되었다.

나는 이제 수동적 감수성도 능동적 능력과 마찬가지로 도야할 필요가 있으며, 그러한 감수성에 이끌리는 것만큼 양성되고 풍성해져야 한다는 것을 경험을 통해 배웠다. 나는 이전과 마찬가지로 이미 알았던 진리 일부를 잊어버리지도 않았고 소홀히 하지도 않았다. 지적 교양을 경시하지도 않았고, 분석 능력과 그 실현이 개인적·사회적 진보의 불가결한 조건이라고 생각하는 것을 멈추지도 않았다. 그러나 나는 분석 능력은 다른 종류의 도야로써 교정받아야 하는 결과를 초래한다고 생각했다. 따라서 여러 능력 사이에서 적절한 균형을 유지하는 것이 매우 중요하다고 보았고 감정의 도야가 윤리적·철학적 신조의 한 핵심이 되었다. 그리고 나의 사상과 취향은 더욱더 무엇이라도 이러한 목적에 도움이 되는 것 쪽을 향해서 갔다.

나는 시와 예술이 인간 도야의 양식으로서 중요성을 갖는다는 점에 대해 읽거나 들은 것 중에서 의미를 찾기 시작했다. 그러나 내가 개인적 경험을 통해 이를 알기 시작한 것은 훨씬 뒤였다. 상상력에 호소한 예술 가운데 내가 어릴 적부터 엄청난 기쁨을 느낀 건 음악뿐이었다. 음악의 최고 영향력(이 점에서 다른 모든 예술을 초월한다)은 정열을 북돋우는 것이다. 즉 이미 성격 속에 존재하는 고상하고 정열적 감정을 고도로 흥분시키지만, 이러한 자극은 감정에 빛과 열을 준다. 그것은 일시적으로만 가장 고양되지만, 다른 때에도 감정을 뒷받침하기 위해 소중한 것이다.

나는 음악의 영향을 이미 자주 경험했으나, 음악의 이러한 효과도 우수憂愁의 시간을 통해 정지된 상태였다. 나는 재삼 음악에 구원을 청했지만 아무런 구원도 발견하지 못했다. 조류가 변하여 내가 회복 과정에 있을 때에는 음악을 통해 구원을 얻었지만, 그 정도가 크지 않았다.

이때 나는 처음으로 베버의 〈오베론Oberon〉[8]을 들었다. 그 감미로운 멜로디에서 나온 엄청난 기쁨은 내가 그전과 마찬가지로 받아들일 수 있었던 열락의 원천을 가르쳐줌으로써 나에게 큰 도움이 되었다. 그러나 그런 이익은 음악의 즐거움이라는(음악의 즐거움은 단순히 선율의 즐거움이기 때문에 그러한 즐거움은 전적으로 당연한 것이지만) 친숙함에 따라 옅

---

8 이 오페라는 1826년 4월 12일, 런던 코벤트가든에서 처음으로 상연되었다.

어지기도 하고, 오랜 시간 듣지 않다가 들으면 흥미가 소생하기도 했으며, 끝없는 새로운 추구가 필요하다고 생각하면 크게 감소되기도 했다. 그리고 음악적 조합이 결국은 소진되고 말 가능성을 생각해서 심각하게 고뇌한 것은 당시의 내 상태나 내 생애에서 이 시기 정신의 전반적 경향이 보이는 특징 자체였다.

음계를 구성하는 것은 온음 다섯 개와 반음 두 개뿐이므로 수의 한계가 있는 수법으로밖에는 조합할 수가 없다. 그중 아름다운 조합의 비율은 적기 때문에 아름다운 조는 이미 대부분 발견되었음에 틀림없다. 차차 모차르트나 베버 같은 사람들이 나타난다 해도 그런 대가들이 실현했듯이 음악미의 완전히 새롭고 탁월한 광맥을 파낼 여지는 거의 없다고 생각된다. 이러한 염려의 원천은 태양이 타버리지 않을지 걱정한 라퓨타[9] 철학자들의 기우와 같은 것으로 간주될지 모른다.

그러나 이는 결코 훌륭하다고 할 수 없는 내 실의에서 가장 좋은 특징과, 지극히 비낭만적이고 어떻게 생각해도 찬양될 수 없는 나의 우수 가운데서 찾을 수 있는 유일한 좋은 점과 연결되었다. 왜냐하면 나의 실의는, 정직하게 직시한다면 내가 생각해온 행복에 대한 관념의 붕괴로 생긴 이기적인 것이라고밖에 말할 수 없었지만, 그래도 인류 전체의 운명이 언제나 내 사고 속에서 나 자신의 운명과 떨어질 수 없었기 때문이다.

나는 내 생활의 결함은 인생 자체의 결함이라고 느꼈다. 문제는, 만일 사회와 정치 개혁자가 목적 달성에 성공해서 사회의 모든 사람이 자유로워지고 물질적으로 안락한 상태가 된다면, 인생의 기쁨이 더는

---

9 조너선 스위프트Jonathan Swift의《걸리버 여행기Gulliver's Travels》에 나오는 섬의 이름.

투쟁이나 고난을 통해서 유지되지 않을 것이며 더는 쾌락이 아니게 되지 않겠는가 하는 것이었다. 그리고 인간 행복 일반에 대해 지금보다 어느 정도 나은 희망으로 가는 길을 찾지 못한다면 내 실의는 계속되리라 느꼈다. 그러나 만일 내가 그런 길을 찾을 수 있다면 그때야말로 스스로에 관한 것을 일반적 운명의 정당한 몫으로 만족함으로써 세계를 즐겁게 볼 수 있으리라 느꼈다.

워즈워스

나의 사상과 감정이 이러한 상태였던 만큼, 내가 (1828년 가을에) 워즈워스[10]를 처음으로 읽었던 사실은 내 인생에서 일대 사건이었다. 내가 정신적 구원을 시에서 추구한 것은 그전부터였지만 워즈워스의 시집을 손에 넣었던 건 달리 정신적 구원을 기대해서가 아니라 호기심 때문이었다.

실의에 빠진 내가 최악 상태일 때, 강렬한 감정이야말로 본령이라

---

10 William Wordsworth(1770~1850). 영국의 낭만주의 시인. 1790년 프랑스로 건너간 그는 프랑스혁명의 열광적 분위기 속에서 혁명을 옹호했으나 말년에는 보수 쪽으로 기울었다. 워즈워스의 시와 인생에 가장 영향을 미친 것은 바로 "자연으로 돌아가라"는,《에밀Émile ou de L'Éducation》에 뿌리박힌 장 자크 루소Jean Jacques Rousseau의 사상이었다. 그는 1797년 콜리지와 사귀면서 많은 영향을 받았다. 이듬해 두 시인은 공동 시집《서정가요집 Lyrical Ballads》을 발표하면서 영국 낭만주의의 중심이 되었다. 자연의 미묘한 아름다움을 깊이 관찰하고 사랑과 고요함을 노래한 그는 영국의 낭만주의를 대표했다. 많은 영국 낭만주의 시인이 요절한 반면 그는 장수했으며 1843년 일흔셋의 나이에 계관시인이 되었다. 밀은 1831년 여름, 호반지방을 여행하면서 워즈워스와 만나 대화했다.

고 생각한 바이런[11]의 시 전집(나에게는 처음이었다)이 나의 감정을 고양해줄지 알아보고자 이를 통독했다. 예상했듯이 아무것도 얻지 못했고, 도리어 그 반대였다. 이 시인의 정신상태는 나 자신의 정신상태와 유사했다. 그의 비탄은 모든 쾌락에 지친 사람의 그것이었다. 인생의 좋은 것을 소유한 모든 사람에게는 인생은 내가 아는 것처럼 싱겁고 흥미 없는 것일 뿐이라고 생각하는 듯한 사람들의 비애였다. 그의 작품에 나오는 해롤드Harold와 맨프레드Menfred는 나의 경우와 같이 무거운 짐을 지고 있었다. 나는 그가 《이교도》[12]에서 묘사한 격렬한 육욕적 열정이나, 《라라》[13]의 음울함에서 어떤 위로를 끌어낼 만한 마음이 아니었다.[14]

그러나 바이런이 나의 마음과 맞지 않는 것과 반대로 워즈워스는 꼭 맞았다. 나는 2, 3년 전에 그의 《소요》[15]를 읽었지만 거의 이해하지 못

---

11 George Gordon Byron(1788~1824). 영국의 시인으로 존 키츠John Keats, 퍼시 비시 셸리 Percy Bysshe Shelley와 함께 낭만주의 문학을 선도했다. 1807년, 시집 《나태한 나날들 Hours of Idleness》을 출판했지만 이듬해 《에든버러 리뷰》에서 비난을 당하면서 풍자시 《영국 시인과 스코틀랜드 비평가 English Bards and Scotch Reviewers》를 출간해 울분을 해소했다. 1808년 케임브리지를 떠나 1811년까지 포르투갈, 스페인, 그리스 등을 여행하고 귀국한 뒤 런던에 살았으며 1812년 《차일드 해롤드의 순례 Childe Harold's Pilgrimage》를 발표하여 일약 유명해졌다. 그 후 《돈 주앙 Don Juan》 등 유명한 작품을 계속 발표함으로써 19세기 낭만파 시인들 가운데 대표적 존재가 되었다.

12 The Giaour, A Fragment of Turkish Tale, 1813. 이름을 알 수 없는 기독교도 지아우르 Giaour(이슬람교도의 관점에서 보면 이교도)가 하산 Hassan이라는 이슬람교도의 첩(노예) 라일라 Leila와 사랑에 빠진다(이 두 사람이 함께 도망을 쳤는지는 불분명하다). 이 사실을 알게 된 하산은 라일라를 살해해서 수장하고, 분노한 지아우르는 하산과의 결투 끝에 그를 죽인다. 사랑하는 사람을 잃고 증오의 대상도 없어진 지아우르는 수도원에 머물면서 끔찍한 과거의 기억을 간직한 채 비참한 나날을 보내며 죽음을 기다린다.

13 Lala, A Tale, 1814.

14 기존 번역들은 《이교도》와 《라라》를 작품명으로 번역하지 않았다.

15 The Excursion, 1814.

했고, 설령 다시 읽는다고 해도 알지 못했을 것이다. 그러나 1815년 두 권으로 된 시집[16](시인의 만년에는 가치 있는 작품이 거의 추가되지 않았다)은 그 특정 시점에 내가 가졌던 정신적 욕구와 꼭 들어맞았다.

첫째, 거기 실린 시들은 쾌감을 느낄 수 있는 나의 감수성 가운데 가장 강력한 것 가운데 하나인 전원 풍경과 자연미 취향에 강하게 호소했다. 나는 내 인생에서 느낀 즐거움 중 많은 것에 대해 이러한 취향의 은혜를 받았을 뿐 아니라, 그 직전에 길게 우수 상태가 이어졌을 때에도 이를 통해 구원을 받았다. 이처럼 나에게 전원 풍경의 아름다움을 보여준 힘 가운데 워즈워스의 시는 기쁨을 느끼게 해준 기초가 되었다. 그리고 그가 묘사한 풍경 대부분이 내 소년 시절 피레네 여행 때 내게 자연미의 이상이 되었던 산들이어서 더욱 그러했다.

그러나 만일 워즈워스가 자연 풍경의 아름다운 묘사만 내 앞에 보여주었을 뿐이라면 그는 내게 그 정도로 큰 영향은 결코 주지 못했을 것이다. 이 점에서는 스콧이 워즈워스보다 더욱 뛰어났고, 시시한 풍경화가 어떤 시인보다 유효한 영향을 주었을 것이다. 그러나 워즈워스의 시를 내 정신상태의 특효약으로 만든 것은, 그가 외적 아름다움만이 아니라 아름다움이 촉발하는 감정과 그 감정에 채색된 사상 상태를 표현했기 때문이다. 그것이야말로 내가 추구한 감정의 도야 자체인 것으로 생각되었다.

나는 그의 시를 읽고 모두가 공유할 수 있는 공감과 상상의 즐거움을 길어낸다는 생각에 잠겼다. 그런 즐거움은 투쟁이나 불완전과는 무

---

16 *Poems of William Wordsworth, Including Lyrical Ballads, and the Miscellaneous Piece of the Author*, 1815. 1830년에 제3권이 간행되었다.

관했으며 인류의 물질적 또는 사회적 상태가 개선됨에 따라 더욱 풍요로워지는 것으로 생각되었다. 그의 시에서 인생의 커다란 해악이 모두 제거되고 행복의 영원한 원천이 된다는 것이 무엇인지 배우는 것처럼 느꼈다. 그리고 그 시의 영향을 받음에 따라 더욱 선량해지고 더욱 행복해지는 것 같았다.

우리 시대에도 워즈워스 이상으로 위대한 시인은 분명 있을 것이다. 그러나 더욱 고상하고 심오한 감정을 갖는 시라고 해도, 그 시기의 나에게 그 이상 감동을 줄 수는 없었을 것이다. 나는 조용한 명상 속에서 진실로 영원한 행복이 있다고 느꼈는데, 워즈워스가 그것을 가르쳐주었다. 게다가 인간에게 지극히 일반적인 감정이나 운명에서 도피하지 않을 뿐 아니라, 그러한 감정이나 운명에 대한 관심이 더욱 커질 수 있도록 해주었다. 그리고 그러한 시가 나에게 준 기쁨은, 이러한 종류의 감정 도야가 행해지면 아무리 깊게 분석의 습관이 뿌리박혔다 해도 두려울 게 없음을 입증했다.

그 시집 마지막에는 플라톤적이라고 잘못 평가되는 유명한 송시頌詩 〈영혼 불멸의 노래〉[17]가 있다. 나는 그 속에서 그의 아름다운 멜로디와 리듬, 그리고 종종 인용되는 웅장한 마음이나 잘못된 철학과 함께 그 역시 나와 같은 경험을 했음을 발견했다. 즉 그도 젊은 날의 인생을 향수한 최초의 신선미가 오래 지속되지 않는다고 느꼈으나, 그것을 메꾸어줄 것을 찾아 이제 내게 그것을 찾는 방법을 알려준다고 생각했다.

그 결과 나는, 만성화된 실의에서 조금씩 완전하게 벗어나 다시는 실의에 빠지지 않게 되었다. 내가 오랫동안 워즈워스를 평가한 것은

---

17 *Ode, Intimation of Immortality from Recollections of Early Childhood.*

그의 내재적 가치 때문이라기보다도 그가 나에게 준 영향 때문이었다. 가장 우수한 시인과 비교하면 그는 조용히 명상하는 경향의, 비시인적 성격을 갖는 시인이었다고 할 수 있을지 모른다. 그러나 비시인적 성격이야말로 시적 도야가 필요하다. 워즈워스는 태어나면서부터 그보다 훨씬 시인적인 사람보다도, 이러한 도야를 부여하는 데 훨씬 적합한 사람이다.[18]

로벅

워즈워스의 장점을 논하는 것은 나의 새로운 사고방식을 명백히 밝히고, 동일한 변화를 겪지 않는 친한 동료의 사고방식과 처음으로 공적 결별을 선언하는 계기가 되었다. 당시 이러한 주제에 대해 언제나 의견을 교환한 사람은 로벅이었다. 내가 그에게 워즈워스를 읽어보라고 권했을 때, 그 역시 처음에는 찬양했다. 그런데 나는 워즈워스의 애독자 대부분이 그러하듯이 바이런에 대해 시인으로서도, 성격에 미치는 그의 영향에 대해서도 강하게 반발했다. 이에 반해 로벅은 본능적으로 행동과 투쟁의 인간이었기 때문에 바이런의 애독자고 예찬자였다. 그는 바이런의 시야말로 인생의 시지만, 워즈워스의 시는 꽃과 나비의 시에 불과하다고 보았다.

우리는 토론협회에서 이에 대해 철저히 토론하자고 약속했다. 우리

---

18 밀은 〈시의 두 종류 The Two Kinds of Poetry〉(1833)에서 워즈워스와 셸리를 비교하면서 워즈워스는 철학적 시인으로서, 그의 풍부한 교양에 의해 '천성의 시인'이 될 수 없었다고 했다.

는 이틀 밤[19]에 걸쳐 길다란 인용으로써 각자의 생각을 주장하거나 예를 들었고, 바이런과 워즈워스의 가치를 비교하는 토론을 벌였다. 스털링도 종종 훌륭한 연설을 해서 독특한 이론을 전개했다. 이것이 중요한 문제에 대해 로벅과 나의 의견이 대립된 최초의 토론이었다. 우리는 그 뒤에도 몇 년간 친구로 지냈지만, 두 사람의 분열은 그때부터 더욱 깊어졌다.

처음에는 감정의 도야에 관한 사고방식의 차이였다. 로벅의 개념은 많은 점에서 벤담주의자나 공리주의자의 통속적 개념과는 매우 달랐다. 그는 시를 포함한 대부분의 예술을 사랑했다. 음악과 연극, 특히 그림을 매우 좋아했고 솜씨도 뛰어나서 풍경화를 그리거나 스케치를 하기도 했다. 그러나 그는 그것에 성격 형성에 도움이 될 만한 가치가 있다는 사실을 전혀 이해하려 하지 않았다. 벤담주의자는 감정이 결핍된 자들이라고 흔히 말하지만 그는 개인적으로 매우 예민하고 강렬한 감수성을 지녔다.

그러나 그는 감정을 갖는 대부분의 영국인과 마찬가지로 자신의 감정이 몹시 방해가 된다고 생각했다. 그에게는 즐거운 공감보다도 고통이라는 감각에 대한 감수성 쪽이 더욱 강했기 때문에 자신의 행복을 감정 이외의 것에서 구했고, 자신의 감정을 예리하게 하기보다 도리어 없애기를 희망했다. 그리고 실제로 영국인의 성격과 영국의 사회환경이 공감의 발휘를 통해 행복을 끌어내는 경우가 별로 없었기 때문에 영국인의 생활 설계 속에서 공감이 거의 문제가 되지 않았다는 건 놀

---

19 1829년 1월 16일, 스털링의 연설과 로벅의 반론이 시작되었고 1월 30일, 밀이 두 시간에 걸쳐 연설을 했다. 이는 밀과 로벅을 멀어지게 한 반면 스털링, 모리스와는 가까워지게 한 계기가 되었다.

라운 일이 못 된다.

다른 대부분의 나라에서는 개인적 행복의 구성 요소가 되는 공감이 항상 중요한 하나의 공리가 되어 다시 말할 필요가 없을 정도로 당연하게 여겨진다. 하지만 대부분의 영국 사상가들은 공감을, 사람의 행동을 자애적으로 만들고 동정적으로 하기 위해 요구되는 필요악으로 생각하는 듯했다. 로벅은 이러한 유의 영국인이었다. 아니면 그런 것처럼 보였다. 그는 감정의 도야에 대해 아무런 가치를 발견하지 못했고, 상상력을 통한 감정 도야는 환상을 키우는 데 불과하다고 생각해 그 가치를 조금도 인정하지 않았다.

나는 그에게, 하나의 이념이 생생하게 이해될 때 그것이 우리 마음속에 일으키는 상상력이 풍부한 정서는 환상이 아니라 대상의 여느 성질처럼 하나의 진실한 사실이며, 우리가 그 대상을 이해하면서 어떤 잘못을 범하거나 미혹되기는커녕 도리어 그 물질적·지적 법칙과 관계에 대한 가장 정확한 지식이나 가장 실제적 인식과 완전히 양립할 수 있다고 주장했으나 소용이 없었다. 황혼에 빛나는 구름의 아름다움에 대한 강렬한 감정은 구름이 수증기라는 사실을 아는 데 방해가 되지 않는다. 이 사실을 인정하는 경우 스스로 미추의 구별을 이해할 수 없었을 때와 똑같이 그 물질의 법칙에 근거해서 행동할 수 있다.

모리스

로벅과 친분을 끊는 동안, 콜리지주의자들로 토론협회에서 나와 대립했던 프레드릭 모리스, 존 스털링과 더욱 친하게 지내게 되었다. 뒤에 모리스는 저술로써, 스털링은 칼라일이 쓴 전기[20]를 통해 유명해졌다. 모리스는 사상가였고 스털링은 웅변가였다. 스털링은 당시 거의 전적으로 모리스가 품게 해준 사상을 열정적으로 해설하는 사람이었다.

나는 케임브리지대학교에서 모리스와 동급생이던 아이튼 투크를 통해서 그 얼마 전부터 모리스와 친해졌다. 그와의 토론은 거의 언제나 논쟁이었지만, 나의 새로운 사상체계를 창출하는 데는 그 토론에서 커다란 도움을 받았다. 이는 내가 콜리지에게서, 또 당시 몇 년간 읽었던 괴테[21]나 독일의 여타 저술가들의 책에서 얻은 것과 같았다. 나는 모리스의 위대한 천부적 정신과 마찬가지로 그의 성격과 목적 또한 깊이 존경했다. 따라서 그에 대해 기꺼이 우수함을 인정할 수 있는 것보다 낮은 역할로 그를 평가하는 듯한 말을 한다는 사실이 좀처럼 내키지 않는다.

그러나 나는 언제나 동시대 어느 누구와 비교해도 모리스만큼 지적 능력을 낭비한 사람은 없다고 생각했다. 그 정도로 낭비할 수 있을 만큼 많은 능력을 가진 사람은 사실 동시대 사람 중에서는 거의 없었다. 뛰어난 일반화 능력, 희귀할 정도의 창의성과 명민함, 중요하지만 명확하지 않은 진리에 관한 광범위한 이해력도 그가 거대한 사상 문제에 대한 종래의 가치 없는 의견 무더기 대신 무언가 더 좋은 것을 도입하는 데 도움이 되지 못했다. 도리어 영국 국교회가 처음부터 모든 것

---

20 Thomas Carlyle, *Life of John Stirling*, 1851.

21 Johann Wolfgang von Goethe(1749~1832). 독일의 작가이자 철학자, 과학자였으며 바이마르 대공국에서 재상을 지낸 정치인이기도 했다. 1806년《파우스트 Faust》1부를 완성했고 별세 1년 전인 1831년에는 2부를 완성했으며, 연극을 세계적 수준에 올려놓았다. 자연과학 분야에까지 방대한 업적을 남겼으며, 연극 면에서는 셰익스피어뿐만 아니라 프랑스 고전작가들을 비평하는 한편 그리스 고전극의 도입을 시도했다.

을 알고 있었다는 것, 영국 국교회와 그 정통성을 공격하는 기초가 된 모든 근거(그 다수를 그는 누구보다 더 분명히 알았지만)는 39개 조항[22]의 신앙 조문과 양립할 뿐 아니라, 이를 부정하는 어떤 반론보다도 그 조문에서 더욱 잘 이해되고 표현되어 있음을 스스로의 정신에 증명하는 데 도움이 되었다.

나로서는 이에 대한 설명으로, 약한 양심에 천성적으로 민감한 기질이 결합했기 때문이라는 것 말고는 찾을 수가 없다. 그러므로 고도의 재능을 갖는 사람들은 자신이 판단한 독립적 결론에서 발견한 것보다 더욱 확실한 뒷받침이 필요하기에 로마가톨릭에 들어가는 일이 종종 있었다. 모리스를 아는 사람들이라면 결코 그를 비속한 비겁자 등의 말로 비난하지는 않을 것이다. 그것은, 설령 그 자신이 정통 교의에 사로잡히지 않았다고 공공연히 증명한 적은 없다고 해도 보통은 정통으로 생각되는 몇 가지 의견과 궁극적으로 대립해서 과감하게 기독교 사회주의 운동을 개시했기 때문이다.

도덕적 관점에서 볼 때 그와 가장 비슷한 사람은 콜리지다. 시적 재능은 제외하고 오로지 지력에 대해 모리스를 그와 비교하면 모리스 쪽이 결정적으로 우수하다고 생각된다. 그러나 당시 모리스는 콜리지의 제자였고, 스털링은 콜리지와 모리스의 제자였다고 말할 수 있다. 나의 오래된 사상에 생긴 변화는 나에게 그들과의 어떤 접점을 주었고 모리스도, 스털링도 나의 진보에 상당히 유익한 역할을 수행했다.

22　Thirty-Nine Articles. 잉글랜드 성공회의 신학적 선언을 담은 기독교 문서로 1556년에 발표되었다.

스털링

나는 곧바로 스털링과 매우 친해졌고 다른 누구에게 매혹되는 것보다도 더욱 애착을 느꼈다. 그는 참으로 가장 사랑스러운 사람 가운데 하나였다. 그의 솔직하고 친절하고 애정 어리고 마음 넓은 성격, 고상한 것에도 사소한 것에도 똑같이 보여준 진리에 대한 사랑, 자신의 의견을 당당하게 주장하면서도 그 이론을 잘못된 것으로 생각하는 사람들과 싸우는 동시에 대립하는 이론과 사람들을 공평하게 다루고자 하는 관대하고 열렬한 성격, 자유와 의무라는 두 가지 기본적인 것에 대한 동등한 헌신 등이 결부된 성격은 나와 마찬가지로 그를 잘 아는 사람들에게도 매력적이었다. 그는 열린 마음과 사랑을 가졌기에 우리가 의견을 나누는 틈바구니를 넘어서서 나와 손을 잡는 것을 조금도 꺼리지 않았다.

그는 자신과 타인들이 (소문을 듣고) 나를 '만들어진' 인간이나 인공적 인간으로, 강요된 특정 의견을 반복할 뿐이라고 생각했다고 말해주었다. 워즈워스와 바이런에 대한 토론을 듣고서 내가 워즈워스와 그 이름이 함축하는 모든 것을 자신이나 친구들과 마찬가지로 '분별한다'는 것을 알았을 때, 자기 마음에 생긴 변화에 대해서도 말해주었다. 얼마 지나지 않아 건강이 나빠지는 바람에 인생의 계획이 수포로 돌아간 그는 런던을 떠나 살아야 했다. 때문에 나는 그와 1, 2년간 친교한 뒤 오랫동안 떨어져 만나지 못했다.

그러나 (그가 칼라일에게 보낸 편지에 썼듯이) 우리가 만났을 때에는 형제와 같았다. 그는 말 자체의 완전한 의미대로 보았을 땐 결코 심오한 사상가가 아니었지만, 그 마음의 솔직함과 도덕적 용기에 대해서는 모리스보다 더욱 뛰어났고 모리스와 콜리지가 과거에 그의 지성에 준 영역을 넘어 성장했다. 그런데도 그는 두 사람에 대해 강하지만 맹목적이지 않은 존경의 마음을 최후까지 지녔고, 특히 모리스에 대해서는 따뜻한 애정을 간직했다. 성직자가 되겠다는 잘못을 범한 인생의 짧은 과도기를 제외하면, 그의 정신은 언제나 전진했다. 내가 오랜 간격을 두고 그를 만나면 언제나 진보하는 것처럼 생각되어 괴테가 실러에 대해 "그는 무서울 정도로 진보했다"고 한 말을 그에게 적용해야 했다.

그와 나는 거의 북극과 남극 정도로 떨어진 지적 지점에서 출발했지만, 두 사람의 거리는 언제나 축소되어갔다. 내가 그의 몇 가지 의견에 가까워지면 그는 짧은 생애 동안 언제나 내 몇 가지 의견에 더욱 가까이 왔다. 그가 오래 살아 꾸준히 건강하고 활발하게 자기 수양을 계속할 수 있었더라면 이러한 자발적 동화작용이 어디까지 갔을지 도저히 알 수 없다.

벤담에 대한 회의

1829년 이래, 나는 토론협회에서 나왔다. 연설은 이미 충분히 했기에 개인적 연구와 명상을 하되 그 결과를 외부에 주장하라는 압박 없이 하는 것을 즐겁게 생각했다. 나는 스스로 오랜 배움을 통해 얻은 사상의 직물이 군데군데 새롭게 해지고 있음을 알았고, 그것이 완전히 해어지는 건 조금도 바라지 않았기에 새롭게 짜려고 끝없이 노력했다. 나는 나 자신의 과도기에 잠시라도 혼란스럽고 불안하게 있기를 바라지 않았다. 나는 어떤 새로운 생각을 받아들일 때 그것과 내 이전 사상과의 관계를 조정하고, 그것 때문에 이전의 사고방식을 어느 정도로 수정하고 바꾸어야 하는지를 확인하기까지 안심하지 못했다.

나는 벤담과 아버지의 저술에 나타난 통치 이론을 변호하고 종종 논쟁을 해왔다. 또 정치사상의 다른 유파에 대해서도 충분히 알게 됨으로써 벤담과 아버지가 일반적 통치 이론이라고 공언한 이론이 포함했어야 하는데도 넣지 못한 것이 많음을 알게 되었다. 그러나 그때까지는 이론적 결함이라기보다도, 도리어 이론을 실천에 적용할 때 가해야 할 수정에 불과하다고 생각했다.

나는 정치학이 특정한 경험의 과학일 수 없다고 생각했다. 따라서 벤담의 이론이 베이컨적 실험이 아니라 일반적 추론에 의해 선험적으로 논의가 진행되어가는 단순한 이론에 불과하다는 비난은 베이컨 원리의 이론과 실험적 연구에 필요한 여러 조건에 관해 완전한 무지를 보여준다고 느꼈다.

바로 그 무렵, 《에든버러 리뷰》에 아버지의 《통치론》에 대한 유명한 비판 논문[23]이 발표되었다. 이 논문은 나에게 많은 것을 생각하게 했다. 나는 매콜리의 정치학 논리에 관한 생각이 잘못된 것이라고 생각했다. 그가 정치 현상을 철학적으로 다루는 것에 반대하여, 경험적으로 다루어야 한다고 주장했기 때문이다. 자연과학에 대해서도 그의 이론화 개념은 케플러[24]를 인정할지 모르지만, 뉴턴[25]이나 라플

---

23 Thomas Babington Macaulay, *Mill's Essay on Government: Utilitarian Logic and Politics*, *Edinburgh Review*, 1829년 3월호

24 Johannes Kepler(1571~1630). 독일의 수학자, 천문학자, 점성술사이자 17세기 천문학 혁명의 핵심 인물. 자신의 이름이 붙은 행성운동 법칙으로 유명하다. 후대의 천문학자들은 그의 저작 《신천문학The New Astronomy》,《세계의 조화The Harmony of the World》,《코페르니쿠스 천문학 개요Epitome of Copernican Astronomy》를 바탕으로 그 법칙을 성문화했다. 또한 이 저작들은 아이작 뉴턴Isaac Newton이 만유인력의 법칙을 확립하는 데 기초를 제공했다.

25 Führer Isaac Newton(1642~1727). 잉글랜드의 물리학자이자 수학자. 그의 《자연철학의 수학적 원리Philosophiae Naturalis Principia Mathematica》(1687)는 고전역학과 만유인력의 기본

라스[26]를 배제한다고 생각했다.

그러나 나는 그의 논조가 부적절했다고 해도(저자는 이러한 잘못에 대해 훗날 타당하고 훌륭한 수정을 가했다) 이 주제에 대한 아버지의 취급 방법에 대한 몇 가지 비난은 진리라고 느끼지 않을 수 없었다. 확실히 아버지의 전제는 너무 편협했고, 정치학에서 중요한 결론을 얻게 하는 일반적 진리를 소수만 포함한다고 느낄 수밖에 없었다. 지배자 집단과 사회 전체의 이익 일치는 그 말에 붙일 수 있는 어떤 실제적 의미에서도 훌륭한 통치가 의존하는 유일한 것이 아니다. 또 이러한 이익 일치는 오로지 선거 조건을 통해서만 확보할 수 있는 것도 아니다.

나는 아버지가 매콜리의 비판에 대처한 방법을 도저히 납득할 수 없었다. 나는 아버지가 "나는 정치학에 대한 과학적 책을 쓴 것이 아니라, 의회개혁론을 썼다"고 답하며 자기변호를 해야 한다고 생각했지만 아버지는 그렇게 하지 않았다. 그는 매콜리의 논의가 완전히 불합리하다고 보고, 그 추리 능력을 공격하며 "이성이 인간에 반대한다면 인간은 이성에 반대할 것이다"라는 홉스의 말을 전형으로 다루었다. 이는 철학적 방법에 관한 아버지의 개념 중에는 그때까지 내가 상상한 것 이상으로 더욱 근본적 잘못이 있는 게 사실이라고 생각하게 했다.

그러나 처음에는 무엇이 잘못인지를 확실히 알지 못했다. 그러다 다

바탕을 제시하며, 과학사에서 가장 영향력 있는 저서 가운데 하나로 꼽힌다. 이 저서에서 뉴턴은 다음 3세기 동안 우주의 과학적 관점에서 절대적이었던 만유인력과 뉴턴의 세 가지 운동 법칙을 저술했다.

26 Pierre Simon Marquis de Laplace(1749~1827). 프랑스의 수학자이자 천문학자로 18세기 후반 천체역학의 황금시대를 전개했다. 수학적 물리학의 근대적 일파를 창립했으며, 만유인력 이론과 태양계에 대한 응용을 연구했다. 성운설星雲說을 제창하면서 우주 창조를 논급하기도 했다. 저서로는《우주 체계론The System of Universe》등이 있다.

른 방면의 연구를 하던 중 한 가지 생각이 번쩍 떠올랐다. 1830년 초 앞서 말한 아침 토론회에서 힌트를 얻어 논리학의 여러 개념(주로 명사의 구별과 명제의 의미)에 대해 쓰기 시작했다. 그런 생각을 잊지 않도록 기록한 뒤에 논리학 이론을 전면적으로 명백히 하는 데 무엇이 가능할지 검토하고자 문제의 다른 부분으로 나아갔다. 추리 문제는 나중에 다루기로 하고 바로 귀납법 문제를 다루었는데, 이는 전제에서부터 추리해나가기 전에 전제를 명백히 할 필요가 있다는 이유 때문이었다.

그런데 귀납은 주로 결과의 원인을 찾는 과정이다. 그리고 자연과학에서 원인과 결과를 추구하는 방법을 찾고자 시도하면서 나는 곧바로 다음과 같은 것을 알게 되었다. 즉 완성도가 높은 과학에서는 특수에서부터 일반화에 의해, 개별적 사실을 고찰함으로써 상승해서 여러 경향이 되고, 그다음에 하강하여 이 원인들이 결합한 때의 결과로 간다는 것이다. 이어서 나는 보통의 삼단논법은 이에 빛을 던져주지 않을 게 분명하므로 이 연역적 과정에 대한 궁극적 분석은 어떤 것일지 자문했다.

홉스와 아버지에게 배운 나의 방법은 발견할 수 있는 가장 구체적 사례를 통해 추상적 원리를 연구하는 것이었으므로, 역학상 힘의 합성이 내가 탐구한 논리적 과정의 가장 완전한 사례로 나의 머리에 떠올랐다. 그래서 힘의 합성 원리를 적용하는 경우, 마음은 어떤 것을 하는지 검토하면서 그것이 단순한 더하기라는 사실을 깨달았다. 즉 마음은 하나의 개별적 결과를, 다른 힘의 개별적 결과에 더하여 그 개별적 결과의 합계를 합성한 결과로 간주한다.

그러나 이것이 정당한 과정인가? 역학이나 물리학의 모든 부분에서는 그렇다. 그러나 화학 등 몇몇 경우에는 그렇지 않다. 그래서 나는 이와 유사한 것이 어린 시절 애독서였던 톰슨의《무기체 화학 체계 A System of Chemistry of Inorganic Bodies》서론 중에서 화학적 현상과 역학적 현상의 차이를 지적한 것이었다고 생각했다. 이 차이점은 정치철학에서 나를 고뇌하게 한 점을 시원하게 해결해주었다. 이제 나는 과학은 과학이 다루는 영역에서 여러 원인의 결과가 합성되었을 때, 동일한 여러 원인이 각각일 때에 낳는 결과의 총합인가 아닌가에 따라 연역적이 되거나 귀납적이 된다는 점을 알게 되었다.

여기서 정치학은 연역적 과학이어야 했다. 그러므로 매콜리도, 아버지도 모두 옳지 않게 생각되었다. 즉 매콜리는 정치학을 이론적인 것으로 보는 방법을 화학의 순수한 실험적 방법과 동일시했다는 점에서 틀렸다. 아버지는 연역법을 채택했다는 점에서는 옳았지만 그 방법을 잘못 선택했다. 연역법의 전형으로 적절한 방법인 자연철학의 여러 연역적 부분의 방법이 아니라, 순수 기하학의 부적절한 방법을 채택했던 것이다. 순수기하학은 인과관계를 다루는 과학이 아니므로 결과를 총합할 필요가 없고, 그것을 인정하지도 않는다. 그리하여 이는 내가 훗날 정신과학의 논리에 대해 간행한 여러 장에서 사상적 기초가 되었다. 그리고 이전의 정치적 신조에 대한 나의 새로운 태도가 완전히 명확해졌다.

새로운 사상

만일 누가 나에게 내가 철학으로 포기한 것 대신 어떤 정치철학 체계를 선택했는지 묻는다면 나는 어떤 체계도 선택하지 않았다고 답하고 싶다. 단지 참된 체계는 내가 이전에 생각한 것보다도 매우 복잡하고 다양한 것으로 그 역할은 여러 제도의 모범을 제공하는 것이 아니라,

어떤 사정에도 적합한 제도를 도출할 수 있는 원리를 제공하는 것임을 확신하게 되었다고 답하고 싶다.

유럽, 즉 대륙의 사상, 특히 18세기에 대한 19세기의 반동사상이 여러 방향에서 나에게 흘러들어 왔다. 내 의견이 변하기 이전부터 흥미롭게 읽기 시작한 콜리지의 여러 저술, 내가 개인적으로 교제한 콜리지주의자들, 내가 괴테의 책에서 읽은 것,《에든버러 리뷰》나《포린 리뷰》[27]에 발표된 칼라일의 초기 논문이 그러한 것들이다. 나는 칼라일의 논문에 대해서 (아버지가 마지막까지 아무것도 찾지 못했듯이) 미친 사람의 망상이라고 생각했다.

나는 이러한 자료나 당시의 프랑스 문학과 계속 접촉했고, 유럽 사상가들의 의견 가운데 전면적 방향 전환이 표면화된 기타 여러 사상 중에서 특히 다음을 끌어왔다. 그것은 인간 정신에는 가능한 진보의 일정한 순서가 있고, 그들 중 어떤 것들은 다른 것에 선행하며, 정부나 공공 교육자들은 그 순서를 어느 정도까지 수정할 수 있지만 그 정도는 무제한이 아니라는 점, 정치제도에 관한 모든 문제는 상대적인 것이지 절대적인 것이 아니라는 점, 인간 진보의 단계가 다르면 제도도 달라지고 또한 달라져야 한다는 점, 정권은 사회 속에서 가장 강력한 권력을 갖는 사람들 수중에 있거나 그 수중으로 이행한다는 점, 그 권력의 내용은 제도에 의존하지 않고 도리어 제도가 권력에 의존한다는 점, 통치의 일반 이론인 철학은 그에 앞서 인간의 진보 이론인 역사철학을 전제한다는 점이었다.

이상의 의견은 대체로 옳다고 할 수 있지만, 당시 내가 가장 빈번하

---

27 *Foreign Review.*

게 의견을 교환한 사상가들은 격렬하게 과장된 논조로 이를 주장했다. 그들은 반동에 흔히 따르는 태도가 그러하듯 18세기 사상가들이 이해한 진리의 반을 무시했다. 나도 잠깐 동안 저 위대한 세기를 과소평가했지만 18세기에 대한 반동에 가담하지 않고, 19세기에 진리의 반을 찾은 것처럼 18세기의 진리의 다른 반에 대한 파악도 착실하게 계속했다. 19세기와 18세기의 싸움은 언제나 나에게, 반은 희고 반은 검은 방패를 둘러싼 싸움을 상기시켰다. 나는 논쟁자들이 격정적으로 대립하는 것을 이상하게 생각했다. 그래서 콜리지의 반진리[28]에 관한 말을 그들에게, 그리고 콜리지에게도 적용했다. 괴테가 말한 '다면성'[29]이야말로 내가 그 시대에 가장 바란 것이었다.

생시몽주의

다른 무엇보다도 정치사상의 새로운 양식을 가르쳐준 것은 프랑스의 생시몽 학파였다. 나는 1829년과 1830년, 그들 저술 가운데 몇 가지를 읽었다. 당시는 그들 사색의 초기로 철학을 종교로 내세우지도 않았고, 사회주의 사상을 체계화하지도 않았으며, 다만 세습재산의 원리에 의구심을 갖기 시작하던 시기였다. 나는 그 정도로도 그들에게 동조할 생각이 전혀 없었지만, 인간 진보의 자연적 순서에 대해 그들이 보여준 논리적 견해에는 크게 감명했다. 특히 그들이 모든 역사를 조직적

---

28 half-truth. 밀이 사상과 언론의 자유를 주장할 때 사용한 말로서 콜리지의 유고집에 나온다.

29 many-sidedness. 괴테의 좌우명인 Vielseitigkeit의 영역.

시대와 비판적 시대[30]로 분류한 것에 공감했다. (그들에 따르면) 조직적 시대에 인류는 자기 행동의 모든 것을 지배하도록 요구받고, 인간에게 필요한 것에 대해 다소간 진리와 적합성을 포함하는 어떤 적극적 신조를 받아들인다. 인류는 이러한 신조의 영향하에 그 신조와 양립 가능한 모든 진보를 수행하지만, 마지막에는 그 신조를 넘어 성장한다. 그 뒤에 오는 것이 비판과 부정의 시대다. 이 시대에 인류는 일반적이거나 권위적 성격을 띠는 새로운 신조를 전혀 지니지 못한 채 단지 과거의 신조는 틀렸다는 확신밖에 갖지 못하게 된다.

그리스와 로마의 다신교 시대는 교양 있는 그리스인과 로마인이 정말로 다신교를 믿는 하나의 조직적 시대였으나, 그 뒤 그리스 철학자들의 비판적 시대, 즉 회의주의 시대가 찾아왔다. 그다음의 조직적 시대는 기독교와 함께 시작되었고, 이에 대응한 비판적 시대는 종교개혁에서 비롯되어 지금까지 이어져왔다. 그것은 더욱 앞선 신조가 승리하여 새로운 조직적 시대가 시작될 때까지 완전히 없어지지 않을 것이다.

나는 이러한 사고방식이 생시몽주의 특유의 것이 아님을 알았다. 도리어 그런 사고방식은 적어도 프랑스와 독일에서는 공유재산과도 같았다. 그러나 내가 아는 한 생시몽주의 저술가들만큼 이러한 사고방식을 완전히 체계화한 사람들이 없었고, 비판적 시대의 현저한 특징을 그 정도로 강력하게 주장한 적도 없었다.

내가 그렇게 알았던 이유는 당시까지 나는 피히테[31]의 연속 강의인

---

30 organic period와 critical period.

31 Johann Gottlieb Fichte(1762~1814). 독일 철학자로 헤겔Hegel, 프리드리히 셸링Friedrich Schelling과 더불어 독일관념론을 대표한다. 철학사적으로는 지식학을 주로 했으며 칸트Kant(1724~1804) 비판철학의 계승자 또는 칸트에서 헤겔로 이어지는 다리 역할을 한

《현대의 특징》[32]을 알지 못했기 때문이다. 나는 칼라일의 '무신앙의 시대'와 현대 전체에 대한 통렬한 비판을 보고 당시 대부분의 사람들과 마찬가지로 낡은 신앙 양식을 두둔하는 열정적 항의로 생각했다. 그러나 나는 이러한 비난 가운데 옳은 것은 모두 생시몽주의자들이 더욱 냉철하게 철학적으로 서술했다고 생각했다.

콩트

그들이 출판한 저술 가운데 일반적 이념이 더욱 명확하고 설득적으로 숙성되어 다른 저술보다 훨씬 뛰어나다고 생각되는 책이 한 권 있었다. 그것은 콩트[33]가 초기에 쓴 것[34]이었다. 당시 그는 생시몽의 제자를 자처하고 책의 표지에도 그렇게 썼다. 콩트 씨는 그 작은 책에서 그가 훗날 매우 상세하게 설명하게 되는 이론을 처음으로 제창했다. 그것은 인간 지식의 모든 부문에는 3단계의 자연적 계기가 있는데, 그것은 신

철학자로 인정받는다. 일반적으로는 통속철학의 저작이 유명해지는 경우가 많았으므로, 당시 나폴레옹 1세에게 점령당한 베를린에서 했던 교육 등과 관련된 강의록의 주인공으로 이름이 알려졌다.

32 *Die Grundzüge des gegenwärtigen Zeitalters*, 1806.

33 Isidore Marie Auguste François Xavier Comte(1798~1857). 프랑스의 사회학자.《실증철학 강의Cours de Philosophie Positive》를 집필하여 '사회학'의 원리들을 창안했다. 후기 저작인 《실증정치 체계Systeme de Politique Positive》에서 과학보다는 종교적 색채를 띤 주장을 함으로써 '인류교'를 만들고 스스로 사제가 되었다. 자신의 학문 내에서도 모순으로 가득 찬 모습을 보였으나 그가 사회학을 창시하고 후대의 많은 사상가들에게 영향을 주었다는 데는 별다른 이견이 없다.

34 《사회재조직에 필요한 과학적 작업 계획 Plan des Travaux Scientifiques Nécessaires pour Réorganiser la Société》(1822).

학적 단계, 형이상학적 단계, 과학적 단계라고 했다.[35] 그는 사회과학도 같은 법칙에 따라야 한다고 주장했다. 즉 봉건제도와 가톨릭 체계는 사회과학의 신학적 상태의 최종 단계, 프로테스탄티즘은 형이상학적 상태의 시작, 프랑스혁명 이론은 그 총결산으로서 사회과학의 실증적 상태는 지금부터 나온다고 말했다.

이 학설은 당시 나의 사고방식과 잘 어울렸고, 나의 사고방식에 과학적 형태를 부여하는 것으로 생각되었다. 나는 이미 자연과학의 방법을 정치학의 적절한 모범으로 간주했다. 그러나 내가 그 무렵 생시몽주의자나 콩트가 말한 일련의 사상에서 중요한 은혜를 입었던 점은, 사상의 과도기가 갖는 특징에 대해 이전보다 더욱 명확한 개념을 확보하게 되었으며, 과도기의 도덕적이고 지적인 특징을 인류의 정상적 속성으로 보는 잘못을 저지르지 않게 된 것이었다. 나는 시끄러운 논쟁을 하기는 해도 일반적으로는 확신이 약한 현대를 거쳐 비판적 시대의 최선의 특징과 조직적 시대의 최선의 상태를 결합할 미래를 바라보았다.

즉 사상의 무제한적 자유, 타인에게 유해하지 않는 한 개인의 갖가지 행동의 무제한적 자유[36]에 더해 조기교육과 감정상의 일반적 일치에 의해 옳은 것과 그른 것, 유용한 것과 유해한 것에 관한 확신이 감정 속에 깊이 박히고 또 이성 속에 확실히 뿌리내려서, 인생의 위기 때도 이전과 현재의 종교적·윤리적·정치적인 모든 신조처럼 정기적으로 폐기되고 다른 신조로 바뀌지 않을 미래를 대망했다.

---

35 콩트는 이를 허구적 단계, 추상적 단계, 실증적 단계라고도 했다. 그리고 천문학, 물리학, 화학, 생리학은 이미 실증적 단계에 도달했으나 정치학은 1단계의 국왕 이론, 2단계의 루소를 정점으로 한 인민 이론을 거쳐, 현시점에서 3단계에 도달했다고 보았다.

36 밀이《자유론》에서 주장한 내용이다.

생시몽주의자

콩트 씨는 얼마 안 가서 생시몽파를 떠났다. 나는 오랫동안 그의 소식
도, 저술도 알지 못했다. 그러나 생시몽주의자들과는 친교를 계속했
다. 그들의 가장 정열적 제자이자 오랫동안 영국에 체류한 구스타브
디슈탈[37] 씨에게 그들의 동향에 대해 상세히 들었다. 1830년에는 그들
의 리더 격인 바자르[38]와 앙팡탱[39]을 소개받았고, 그들이 공개 연설과
개종운동을 계속하는 동안 그들이 쓴 모든 것을 읽었다.

자유주의 일반 이론에 대한 그들의 비판은 나에게 중요한 진리로 생
각되었다. 사유재산과 상속을 부정할 수 없는 사실로 간주할 때, 생산과
교환의 자유를 사회 진보의 최종 선언이라고 간주하는 전통 경제학이
매우 한정된 일시적 가치밖에 갖지 못한다는 사실에 내가 눈을 뜨게 된
것은 그들의 저술을 통해 다소 영향을 받았다. 생시몽주의자들이 차차
표명하게 되는 구상, 즉 사회의 노동력과 자본이 사회 전체를 위해 운
영되고, 모든 개인은 사상가·목사·예술가·생산자 등으로 모두 각자의
능력에 따라 분류되며, 각자가 노동에 따라 보수를 받는다는 구조는 나
에게 오언의 주장보다도 더 뛰어난 사회주의에 대한 구상으로 보였다.

---

37 Gustave D'Eichthal(1804~1886). 1828년 4월에서 12월까지 런던에 머물며 토론협회에서
밀의 연설을 듣고 친구가 되었고 귀국 후에도 편지 왕래를 계속했다. 밀은 1830년 프랑
스에서 7월혁명이 터진 직후 파리에 갔다.

38 Saint-Amand Bazard(1791~1832). 프랑스 왕정복고 후 카르보나리당 비밀결사의 지도자
가 되었으나 벨포르 폭동에 실패함으로써 결석재판에서 사형을 선고받았다. 특사를 받
은 뒤에는 생시몽주의 선전 활동에 종사했다.

39 Barthélemy Prosper Enfentin(1796~1864). 바자르와 함께 생시몽주의자 지도자로 활동했
으나 의견 불일치로 헤어졌다. 정부 탄압으로 운동에서 물러난 뒤에는 수에즈운하 사업
에 참여했다.

설령 그들의 수단이 아무리 효과가 없다고 해도, 그들의 목적은 바람직하고 합리적으로 생각되었다. 그리고 나는 그들의 사회 기구가 실제적이지도 않고, 잘 운영될 수 있다고도 믿지 않았지만, 인간 사회의 이러한 이상을 선언하는 것은 현재 구성되어 있는 사회를 어떤 이상적 수준에 가까운 것으로 만들려는 타인의 노력에 유익한 방향을 제시하는 분명한 경향이라고 느꼈다. 그리고 무엇보다도 그들이 많은 비난을 받았던 것, 즉 가족문제를 다루면서 대담하게 편견에서 벗어난 점에 대해 진심으로 그들을 존경했다. 가족문제는 다른 무엇보다도 중요하고, 그 어떤 대규모 사회제도보다도 더욱 근본적 개혁이 필요한데도, 개혁자 중에서는 누구도 그 문제를 건드릴 용기를 가진 사람이 없었다. 남녀 간의 완전한 평등과 남녀 상호 간의 관계에 대한 새로운 질서를 주장했다는 점에서 생시몽주의자들은 오언 및 푸리에Fourier와 함께 미래 세대 사람들이 충분히 경의를 품고 기억할 만한 가치가 있다.

새로운 발견

내 생애의 이 시기를 설명하면서 나는 당시와 그 훗날 나의 사고방식에 명확한 진보를 이룬 일종의 전환점으로 생각되는 새로운 인상만을 특정해서 서술해왔다. 그러나 그 몇 가지만을 적는다면 그 전환기 동안, 내가 많은 문제에 대해 얼마나 많은 사색을 했는가 하는 점에 불충분한 관점만을 주게 된다. 그 대부분은 세상 사람들이 모두 알던 것 가운데 내가 당시까지 믿지 않거나 무시한 것의 재발견이기도 했다. 그러나 이 재발견도 나에게는 하나의 발견이었고, 진부한 전통적 진리가 아니라 그 원천에서 막 나온 신선한 진리였다. 그럼으로써 충분히 이해되는 결과가 되었고, 나는 그러한 진리를 새로운 지식 속에 위치시켰다.

그리고 이 새로운 지식은 당시까지 내 사상 속에 있으면서 그 기본적 부분에서 동요된 적이 전혀 없었으나, 일반적으로는 잘 알려지지 않은 진리와 조화를 이루었고, 수정하면서 확인하는 이전의 사상이 거의 오류를 범하지 않은 것으로 생각되게 했다. 나의 새로운 사고 전부는 이처럼 더욱 깊고 강하게 그 진리의 기초를 세웠으나, 한편으로는 결론을 왜곡하는 오해나 혼란을 제거해준 적도 종종 있었다.

가령 훗날 나의 우울이 다시 찾아왔을 때, 이른바 철학적 필연성 이론이 꿈속의 악마처럼 나에게 덮쳤다. 나는 스스로가 지금까지의 모든 환경에 매여 있는 희망 없는 노예라는 사실이 과학적으로 증명되는 듯한 느낌을 받았다. 즉 나 자신과 다른 모든 사람의 성격이 우리의 힘으로는 도저히 어떻게 할 수 없는 힘에 의해 형성되는 것처럼 느꼈다. 나는 만일 성격이 환경에 의해 형성된다는 이론을 내가 믿지 않을 수 있다면 얼마나 좋을까 하고 혼잣말을 했다. 폭스[40]가 정부에 대한 반항권이 국민에게 있다는 이론과 관련해 국왕들은 그것을 결코 잊지 않고 국민들은 기억하지 말기를 바랐음을 상기하면서, 만일 필연성의 이론을 타인의 성격에 대해서는 모든 사람들이 믿을 수 있지만, 자신의 성격에 대해서는 믿지 않아도 된다면 다행이라고 말하기도 했다.

나는 이 문제를 곰곰이 생각한 끝에 결국 서서히 광명을 보게 되었다. 즉 필연성이라는 것이 인간의 행동에 적용되는 인과관계 이론과 관련될 때 오해받기 쉬운 연상을 내포했다는 사실을 알게 되었다. 그리고 이

---

40 Charles James Fox(1749~1806). 영국의 정치가로 자유주의의 아버지라고 불린다.

연상이야말로 내가 경험한, 기분을 우울하게 하고 마비시키는 영향에 원동력이 된다는 것을 알았다. 나는 우리의 성격은 환경에 의해 형성되지만, 우리 자신의 욕구가 그러한 환경을 만드는 데 크게 기여한다는 것을 깨달았다. 또 자유의지론 속에서 참으로 사람을 고무하고 숭고하게 하는 것은, 우리가 자신의 힘을 형성하는 참된 힘을 가지고 있다는 확신임을 알았다. 나아가 우리의 의지는 우리들 환경 몇 가지에 영향을 줌으로써 장래의 습관과 의지력을 변경시킬 수 있음을 알게 되었다.

이 모든 것은 환경론과 완전히 양립할 뿐 아니라 도리어 정당하게 이해된 환경론이기도 하다. 그 후 나는 마음속에서 환경론과 숙명론을 명확하게 구별했으며, 오해를 초래하기 쉬운 필연론이라는 용어를 좀처럼 사용하지 않게 되었다. 이때 처음으로 바르게 이해할 수 있었던 이론은 나를 낙담시키는 것이 전혀 아니었고, 내 정신에 구원이 되었다. 뿐만 아니라 나는 의견의 개혁자가 될 것을 목표로 삼은 사람이, 하나의 이론을 진실이라고 생각하면서도 그것과 대립되는 이론이 도덕적으로 유리하다고 생각해야 하는 무거운 짐을 지지 않아도 좋게 되었다. 나를 이러한 딜레마에서 해방한 일련의 사고는 훗날 타인에게도 똑같이 도움이 될 적절한 것이라고 생각했다. 그것은 지금 나의 《논리학 체계》에서 〈자유와 필연 Of Liberty and Necessity〉이라는 장이 되어 있다.

사회주의적 정치개혁론

또 정치에 대해서도 나는 이제 아버지의 《통치론》 학설을 과학적 이론으로 받아들이지 않게 되었으며, 대의민주주의를 절대적인 것으로 생각하지 않게 되었고, 그것을 시대와 장소, 환경의 문제로 생각하게 되었다. 그러나 나아가 정치제도의 선택은 물질적 이익에 관한 문제라기보다도 도덕적이고 교육적인 문제로 생각했다. 즉 그것은 주로 국민의 진보를 위한 조건으로서 생활과 문화의 어떤 면에서 거대한 개선이 있어야 하는가, 어떤 제도가 그 개선을 가장 잘 촉진할 수 있는가 하는 것을 고려해서 결정해야 한다고 생각하게 되었다.

이러한 내 정치철학의 전제가 변화했음에도, 나 자신의 시대와 국가가 요구하는 것에 관한 나의 실천적 정치 신조는 변경하지 않았다. 나는 유럽에 관해서, 특히 영국에 관해서 그때까지와 마찬가지로 급진주의자이자 민주주의자였다. 영국 헌법에 보장된 귀족과 부호라는 귀족계급의 우월은 어떠한 투쟁을 통해서라도 제거해야 할 해악이라고 생각했다. 과세 등 비교적 적은 불이익 때문이 아니었다. 그것이 국가를 도덕적으로 현저히 타락시키는 힘이기 때문이었다.

타락이라고 말한 이유는 다음과 같다. 첫째, 국가에서 사적 이익을 공적 이익보다 우월하게 하고, 특정 계급의 이익을 위해 입법권을 남용함으로써 통치 행위가 현저한 공공적 비도덕의 전형이 되게 했다. 둘째, 더욱 큰 타락의 요인은 다음과 같다. 현재와 같은 사회 상태에서는 대중이 언제나 소중하게 여기는 것은 권력을 얻는 데 가장 중요한 통행권이다. 그러므로 영국의 제도하에서는 세습받은 것이든 자수성가한 것이든 간에, 정치적으로 무게를 갖기 위해서는 부가 거의 배타적 원천이 된다. 그러므로 부와 부의 표시가 유일하게 존경받는 것이 되고, 인민의 생활은 주로 부를 추구하는 데 바쳐진다.

나는 지위가 높고 부유한 계급이 정권을 장악하는 한, 인민대중의 교육과 진보는 지배계급의 지배적 이익에 반한다고 생각했다. 그것이 명예를 타파할 수 있을 정도로 인민을 강화하기 때문이다. 하지만 민주주의가 크고 중요할 정도로 정권에서 반영될 경우에는 재산을 부정하게 침범될 참으로 위험한 오류를 일소하기 위해 인민을 교육한다면 부유한 계급의 이익이 되리라 생각했다.

이러한 이유에서 이전보다 더욱더 민주주의 제도를 열렬히 지지했을 뿐 아니라, 오언주의나 생시몽주의, 그리고 사유재산에 반대하는 기타 이론이 빈민계급 사이에서 널리 퍼질 것을 기대했다. 그러한 이론이 옳다고 생각했기 때문이 아니고, 그것이 실현되기를 바라서도 아니고, 빈민계급은 교육을 받았을 때보다도 교육받지 못했을 때 더욱 무섭다는 점을 상류계급 사람들에게 이해시키기 위해서였다.

내가 이런 생각을 가지고 있을 때 프랑스에서는 7월혁명이 터졌다. 그 혁명은 나를 극도로 흥분시켜 이른바 하나의 새로운 삶을 살게 했다. 나는 즉시 파리에 가서[41] 라파예트[42]를 소개받았고 이는 그 뒤 극좌 민주파의 활동적 지도자들과 계속 교제하는 데 기초가 되었다. 나는 귀국 후 저술가로서 당시의 정치적 토론에 열렬히 참여했다. 곧 그레이[43] 경의 내각이 성립되어 선거법 개정 법안을 제출함에 따라 정치적

---

41 밀은 로벅, 불러와 함께 8월 초에 급히 프랑스에 가서 9월 초까지 체류했다.

42 Marie Joseph Paul Yves Roch Gilbert du Motier de Marquis La Fayette(1757~1834). 프랑스의 사상가이자 장교이며, 미국 독립전쟁에 참가한 장군으로서 프랑스혁명 중에는 국민위병 지휘를 맡았다. 혁명 이전부터 자유주의적 귀족 그룹을 이끌이 심부회 소집을 주장했고, 혁명 후에는 인권선언을 기초했다. 나폴레옹 몰락 시 하원의장으로서 나폴레옹의 퇴위를 주장했으며, 왕정복고 후에는 반정부파가 되었고, 7월혁명 때에는 국민군 사령관을 지냈다. 루이 필립 왕정 아래에서도 반정부파로서의 태도를 견지했다.

43 Charles Gray(1764~1845). 영국의 정치인으로 1830~1834년 수상을 지냈다. 1831년에 제출한 선거법 개정안Reform Bill은 토리당과 상원이 반대했으나 1832년 통과되었다. 그 뒤

토론은 더욱 격렬해졌다.

나는 그 뒤 몇 년간 신문에 많은 글을 썼다. 《이그재미너》에 기사를 쓴 폰블랑크는 그 신문사의 주필 겸 소유자가 되었다. 그레이 내각이 들어서 있는 동안 그가 얼마나 박력과 재능, 뛰어난 기지를 발휘해 그 신문을 경영했는지, 또 그 신문이 언론계에서 급진적 의견을 대변하는 주요한 신문으로서 얼마나 중요했는지를 잊을 수가 없다. 이 신문의 특색은 전적으로 폰블랑크의 논설 덕분이었다. 신문 기사 가운데 적어도 4분의 3을 그가 썼고, 나머지 4분의 1 중에는 그 기간 동안 내가 쓴 것이 다른 사람이 쓴 것보다 많았다.

나는 프랑스 관련 기사를 거의 전부 썼다. 그것은 프랑스 정국을 매주 요약한 것을 비롯해 상당히 긴 글도 포함했다. 또 정치 일반, 통상, 재정 관련 입법, 때로는 서평을 포함해 내가 흥미를 갖는 것 가운데 신문에 적합한 여러 가지 주제에 대한 글을 썼다. 시시각각의 사건이나 문제에 관한 신문 논설을 통해서는 나의 일반적 사고방식을 발전시킬 기회가 없었으나, 1831년 초에는 〈시대정신 The Spirit of Age〉[44]이라는 연재 속에서 몇 가지 새로운 의견을 서술하기도 했다. 특히 현대의 특징 중에서, 이미 소멸한 사상체계에서 아직 형성 과정에 있는 새로운

새로 구성된 의회에 최초로 벤담의 철학적 급진파가 진출했고, 밀은 원외에서 그들을 지도하고자 활발한 정치적 저널리즘에 헌신했다.

44 이 연재의 키워드인 '자연적 상태 natural state와 과도적 상태 transitional state'는 생시몽의 '조직적 시대와 비판적 시대'에 대응되는 것이었다. 밀은 과거에는 안정된 사회와 사상의 중심이던 엘리트층이 현대에 와서 지적·도덕적·정치적 권위를 모두 상실한 것이 현대를 혼란에 빠뜨린 원인이라고 보고, 귀족과 사제를 중심으로 한 구舊지배계급을 권력 독점에서 배제하는 것이 급선무라고 주장했다. 이는 생시몽의 사상을 벤담주의적 정치개혁과 결합한 것이라 할 수 있으며, 밀의 사상 형성 과정에서 매우 중요한 글이다.

사상 체계로 옮아가는 과도기의 불안정성과 해악을 지적하고자 했다. 그 연재는 딱딱한 문체에다 어느 시대에도 신문 독자가 받아들일 만한 생생함과 예리함이 결여되어 있었다. 설령 더욱 매력적이었다고 해도 임박한 정치적 대변혁이 모든 사람의 마음을 빼앗는 터였다. 이렇게 시대를 잘못 만나는 바람에 그 글들은 불발로 끝나고 말았다.

내가 아는 한 그 논문으로 인한 유일한 효과는, 당시 스코틀랜드 벽지에 살던 칼라일이 고독 속에서 읽고 (훗날 나에게 말했듯이) "새로운 신비주의자가 있다"고 혼자 중얼거렸다는 것, 그해 가을 그가 런던에 왔을 때 그 집필자를 찾고 그 결과 우리 두 사람이 가까워지는 직접적 원인이 되었다는 것뿐이다.

칼라일

칼라일의 초기 글들이 내 초기의 편협한 사상의 시야를 넓히는 데 영향을 준 수로 가운데 하나였음은 앞에서 이미 말했지만 그의 글만으로 나의 사상에 어떤 영향을 주었다고는 생각하지 않는다. 그것에 포함된 진리는 모두 내가 다른 쪽에서 받아들인 것과 완전히 똑같은 종류였지만 나 같은 훈련을 받은 사람의 마음에는 적합하지 않은 형태와 옷차림으로 나타났다. 그것은 시와 독일 형이상학의 안개처럼 생각되었다. 그중 거의 유일하게 명백했던 것은 내 사상 양식의 기초였던 사상의 대부분, 즉 종교적 회의주의·공리주의·환경설·민주주의·논리학·경제학의 중요성을 인정하는 데 대한 강렬한 적의뿐이었다.

나는 처음부터 칼라일에게 무엇을 배웠다고 할 수 없다. 내가 나의 정신 구조에 더욱 적합한 매개를 통해서 진리를 알고자 할수록 칼라일의 책 중에 동일한 진리가 있음을 알게 되었다. 그렇게 되었을 때 그가 발휘한 놀라운 힘이 나에게 깊은 인상을 주었고, 그래서 오랫동안 나는 그의 열렬한 예찬자가 되었다. 그러나 내가 그의 글에서 얻은 주된 이익은 철학을 배운 것이 아니라 시로 힘을 불러일으킨 것이었다.

우리의 교제가 시작되었을 때에도 나는 그를 충분히 평가할 수 있을 정도로 내 사고의 새로운 양식을 충분히 발전시키지 못했다. 그 증거로, 그가 막 완성한 최고의 걸작《의상철학Sartor Resartus》[45]의 원고를 보여주었을 때, 나는 어떠한 인상도 받지 못했다. 그러나 약 2년 뒤 그 글이《프레이저즈 매거진Frazer's Magazine》에 발표되었을 때는 열광적 예찬과 강렬한 기쁨의 기분으로 읽었다. 나로서는 칼라일의 철학이 나와 근본적으로 다르다고 해서 그와의 교제를 중단하지는 않았다. 그는 얼마 안 가서 내가 '새로운 신비주의자'가 아님을 알게 되었다. 나 자신의 성실성을 지키기 위해 내 의견 중에서 그가 가장 싫어할

---

45 이 책의 제목은 '다시 재단된 재단사'라는 뜻인데 독일의 의상철학가 토이펠스드뢰크(가공인물이지만 실제로는 칼라일 자신)의 의상철학과 전기를 저자가 편집·증보하는 형식으로 된 일종의 상징적 자서전이다. 3부 중 1부와 3부가 철학 부문으로, 육체와 자연처럼 눈에 보이는 것은 모두 영혼과 신 등 눈에 보이지 않는 것의 상징인 '의상'이라고 생각해 자연적인 것에서 초자연적 의의를 인정하고, 도덕적 실천에 종교적 가치를 부여했는데 이것이 '의상철학'이다. 2부는 전기로, 주인공이 자아에 집착하는 기계적이고 유물적 세계관(영원의 부정)에서, 자아의 초월(무관심의 중심)을 지나, 자유와 동포애의 경지(영원의 긍정)에 이르는 정신적 발전의 자취를 서술했다. 독일 낭만파의 문학과 철학에 영향을 받아서 쓴 이 저서는 당시의 공리주의 사상과 물질주의에 반대하고 전통적 기독교 신앙에 불만을 품은 동시대 사람들의 요망에 부응했다. 영혼과 의지의 힘을 존중하는 이 사상은 이른바 그 시대의 전형적 청년이 쓴 영혼의 기록이라는 점에서 커다란 의미가 있다. 우리말 번역은 토머스 칼라일, 박상익 옮김,《의상철학-토이펠스드뢰크 씨의 생애와 견해》, 한길사, 2008.

부분을 명확하게 밝힌 편지[46]를 썼을 때, 그는 두 사람의 주된 차이는 내가 "아직 의식적으로 전혀 신비주의자가 아니다"라는 데 있다고 답장을 보냈다. 내가 신비주의자가 될 운명이라는 기대를 그가 언제 접었는지는 분명하지 않다. 둘의 사상은 그 뒤 오랫동안 상당한 변화를 겪었으나 그와 교제한 최초의 몇 년만큼 서로의 사고방식이 접근한 적은 결코 없었다.

하지만 나는 나 자신이 칼라일을 판단할 자격이 있다고 생각하지 않는다. 그는 시인이지만 나는 아니고, 그는 직관의 인간이지만 나는 그렇지 않다. 따라서 그는 내가 남들의 지적을 받은 뒤에야 여기저기 헤매며 비로소 깨달을 수 있었던 것을 나보다도 훨씬 앞서서 알았을 뿐아니라 타인의 지적을 받은 뒤에도 내가 보지 못하는 것을 알 수 있었다. 나는 그를 사방에서 볼 수도 없고, 그를 위에서 내려다볼 수도 없음을 알았다. 그리고 나는 우리보다 훨씬 뛰어난 사람, 즉 칼라일보다 더 시인이고, 나보다 더 사상가인 사람으로서 스스로의 정신과 성질이 칼라일이 갖는 모든 것을 포함하며 칼라일보다 많은 것을 가진 사람[47]이 그를 설명하기까지 그를 판정하고자 하지 않았다.

존 오스틴

내가 이전에 알던 지식인 중에서 당시 나와 의견이 가장 일치한 사람

46   밀은 칼라일에게 보낸 17번 편지(1834. 1. 12.)에서 자신은 '개연적 신probable God'밖에 믿지 않고 행복을 궁극적인 목적으로 생각한다는 점에서 여전히 공리주의자라고 썼다.

47   해리엇 테일러를 말한다.

은 존 오스틴[48]이었다. 그가 우리의 초기 당파주의에 언제나 반대했던 사실에 대해서는 이미 말한 바 있다. 그는 훗날 나처럼 여러 가지 새로운 영향을 받게 된다. 그는 런던대학교(현재의 유니버시티 칼리지) 법학 교수로 임명된 뒤 강의 준비를 위해 얼마 동안 본에서 살았고 독일 문학과 독일 국민성, 사회 상태의 영향을 받아 인생관이 크게 변했다. 그의 개인적 기질은 크게 누그러졌고, 전투적이고 논쟁적인 경향도 훨씬 약화되었다. 그의 취향은 시적이고 명상적인 것으로 바뀌었다. 내면적 성질을 함양하지 않는다면 외부적으로 변화하는 것을 중시하지 않게 된 것이다.

그는 영국인의 생활이 전반적으로 저질이고, 시야가 넓은 사상이나 비이기적 의욕이 결여되어 모든 계급의 영국인이 저급한 목적에 만족한다는 사실을 매우 혐오했다. 그는 영국인이 관심을 갖는 공공적 이익의 종류에 대해서도 매우 낮게 평가했다. 그는 영국의 대의정치보다도 프로이센 왕정 쪽에 실질적으로 훨씬 뛰어난 통치가 있고, (전적으로 진실이지만) 모든 계층의 국민에 대한 교육과 정신적 진보에 더욱 많은 배려가 이루어져 있다고 생각했다. 또한 프랑스 중농주의 경제학자와 마찬가지로 참으로 뛰어난 통치를 보장하는 것은 '계몽된 인민'인데 그러한 인민은 언제나 민주주의 제도의 소산인 것은 아니고, 그런 제도가 없어도 뛰어난 통치가 보장될 수 있다면 그쪽이 더 좋을 수도 있다고 주장했다. 그는 선거법 개정에 찬성했지만 그것은 많은 사람들이 기대한 통치의 거대하고 직접적인 개선을 낳지는 못하리라 예언했고 사실상 그 말대로 되었다. 그는 그런 위대한 일을 할 수 있는 사람이 영

---

48 최명관, p. 184에 나오는 '형제 오스틴'은 오역이다.

국에는 없다고 말했다.

그와 나 사이에는 그가 채택한 새로운 의견과 그가 계속 가져왔던 과거의 의견 가운데 서로 공감하는 점이 많았다. 그는 나와 마찬가지로 공리주의자이지 않은 적이 없었다. 그 정도로 독일인을 사랑하고 독일 문학을 좋아했는데도 선험적 원리의 형이상학과는 조금도 타협하지 않았다. 그는 일종의 독일적 종교, 즉 실질적 교의가 있다고 해도 거의 없는 것과 마찬가지인 시와 감정의 종교를 만들어냈다.

그리고 정치에 대해서는 (이는 나와 가장 달랐던 점인데) 민주주의적 제도의 진전에 대해 거의 경멸에 가까운 무관심을 보여주었다. 그러나 사회주의의 진전에 대해서는 환영했다. 이를 강력한 여러 계급에게 인민을 교육하도록 강제하고, 인구 제한이 인민의 물질적 상태를 영원히 개선할 유일한 참된 수단이라고 인상 지우기 위한 가장 효과적 수단으로 보았기 때문이다. 당시 그는 개선의 궁극적 결과로서의 사회주의 자체에 대해 기본적으로 반대하지는 않았다.

그는 그가 말하는 "경제학자가 말하는 인간성의 보편적 원리"에 대한 격렬한 불신을 공언하고 "인간성의 놀라운 유연성"(내가 어디에선가 그에게 빌려 쓴 용어)에 대해서는 역사와 일상 경험이 제공하는 증거를 강조했다. 또 그는 사회적·교육적 영향이 바람직한 방향으로 나아갈 때 인류가 발휘할 도덕적인 가능성에 어떤 한계를 지을 수 있다고는 생각하지 않았다. 그가 생애 마지막까지 이러한 생각을 가졌는지는 모른다. 분명히 그의 만년의 사고방식, 특히 그의 마지막 저술[49]은 일반적 성격으로 보아 당시 그의 사고보다도 훨씬 토리적이었다.

---

49 《헌법에의 호소 A Plea to The Constitution》, 1859.

아버지와의 거리감

나는 이제 아버지의 사상에서 멀리 떨어졌다고 느꼈다. 그러나 두 사람의 관점을 충분히 냉정하게 설명하고 재고한 결과 두 사람 사이에 참으로 존재한다고 생각한 차이보다도 큰 차이는 없었으리라 생각했다. 그러나 적어도 아버지는 어떤 의미에서 그의 진영에서 벗어났다고 생각할지도 모를 사람에게서 이론의 기본적인 점에 대해 냉정하고 충분한 설명을 들을 사람이 아니었다. 다행히도 아버지와 나는 관심과 대화의 대부분을 차지한 당시의 정치문제에 대해서는 거의 언제나 의견이 완전히 일치했다. 아버지와 의견이 다른 부분에 대해서는 거의 말하지 않았다.

아버지는 그의 교육법이 키운 스스로 생각하는 습관이 때로는 나를 그와 다른 의견으로 이끌어갔음을 알았고, 내가 얼마나 의견이 다른지를 그에게 말하지 않는 것도 이해했다. 나는 아버지와 다른 의견을 논의해도 좋은 결과가 나오지 않으며, 두 사람에게 고통이 될 뿐일 거라고 예상했다. 그래서 내가 참기 어려운 사상과 감정에 침묵함으로써 불성실하게 되지 않기 위해 말을 한다는 듯한 태도로 말하는 경우 말고는 나 스스로의 의견을 표명하지 않았다.

1830년대의 저술

이제 이 몇 년간 내가 쓴 것에 대해 말할 것이 아직 남아 있다. 그중에서 신문에 기고한 것을 빼도 상당한 분량이다. 1830년과 1831년에 쓴 논문 다섯 편은 훗날《정치경제학의 미해결 문제에 관한 에세이》[50]로 출간되었다. 그 논문들의 내용은 1833년에 다섯 번째 논문을 부분적으로 수정한 것 말고는 책의 내용과 같았다. 바로 출판할 목적으로 쓴 것은 아니었고, 몇 년 뒤 어떤 출판사와 상의했을 때 출판을 거절당했다. 그것은《논리학 체계》가 출판된 뒤인 1844년에 출판되었다.

논리학에 대해서도 사색을 재개했다. 그리고 이전 사람들도 고뇌했듯이 일반적 추리를 통해 새로운 진리를 발견한다는 역설에 부딪혀 애를 먹었다. 또 모든 추리는 삼단논법으로 환원되고, 모든 삼단논법에서 결론은 실제로 전제들 중에 포함되어 의미가 있다는 것 또한 거의 의심의 여지가 없었다. 이처럼 포함되어 의미가 있다는 것이 어떻게 해서 새로운 진리가 될 수 있는가, 또 표면상으로는 정의나 공리와 전혀 다른 기하학의 정리가 어떻게 해서 모두 정의나 공리 중에 포함될 수 있는가 하는 것은 누구나 충분히 깨닫지 못했고, 누구도 성공적으로 해결하지 못한 난문이었다. 훼이틀리 등의 설명이 일시적 만족을 주었을지 모르지만, 나는 언제나 이 문제를 안개 속에 두고 방치했다.

마침내 내가 두갈드 스튜어트의 저서 2권에서 추리에 관한 여러 장을 두세 번 읽으면서 모든 점에서 신중하게 따져보고 내가 힘이 닿는 한 사고思考의 소재를 생각해나갈 때, 추론에서의 공리의 효용에 관한 그의 사고방식에 눈을 뜨게 되었다. 이전에 나는 그 점에 대해 전혀 알지 못했는데 그때 심사숙고하는 과정에서 이것이 공리에 대해 진실할 뿐 아니라 모든 일반 명제에 대해서도 진실하고, 난문 전체를 해결하는 열쇠로 생각되었다. 이러한 싹이 자라《논리학 체계》2권에서 전개

50 *Essays on Some Unsettled Questions of Political Economy*, 1844.

한 삼단논법 이론이 생겨났다.

　나는 곧바로 이것을 적어두었다. 이제 어느 정도 독창성과 가치를 갖는 논리학 책을 쓸 수 있다는 커다란 희망에 부풀었고 이어서 이미 썼던 조잡하고 불완전한 초고를 토대로 1권을 썼다. 그때 쓴 것이 나중에 나온 저술의 기초가 되었다. 그러나 그것은 〈유별론Theory of Kind〉을 포함하지 않았다. 이는 3권의 결론을 이루는 여러 장에서 몇 가지 문제를 정리하고자 최초로 시도했을 때 해결될 수 없는 난문을 만나고 여기에 시사를 받아 쓴 것으로 그 뒤에 추가되었다. 이때 도달한 곳에서 집필을 중지했는데 그것이 5년간이나 이어졌다. 노력의 한계에 도달한 것이다. 당시 귀납법에 대해 만족할 만한 것은 아무것도 쓸 수 없었다. 나는 이 문제를 조금이라도 해결할 듯한 책은 모두 읽었고, 되도록이면 많은 결과를 얻고자 했으나 오랫동안 사색의 매우 중요한 맥락을 나에게 명백하게 해줄 만한 것은 발견할 수 없었다.

　1832년, 나는 초기《테이츠 매거진Tait's Magazine》의 여러 호에 논설을 썼고 계간지《주리스트Jurist》에 한 편을 썼다. 후자는 모두 변호사이자 법개혁론자인 나의 지인 몇 사람이 창간하여 잠시 발간되었다. 〈공공 재단과 교회 재산〉[51]이라는 나의 글은 국가의 권리와 의무를 논의한 것이었다. 지금은 나의 책《논설과 토론》[52] 앞머리에 실려 있다. 그 책에는《테이츠 매거진》에 실린 글 가운데 하나인 〈통화의 요술〉[53]

---

51 "Corporation and Church State", *Jurist*, 1833, 2. 이 논문은 훗날《콜리지론》에서 상세히 논의한, 국교회 기금을 국민의 지적 향상을 위해 사용해야 한다는 주장을 최초로 논한 것으로 콜리지의 국민재산nationality이라는 이념의 영향을 받은 것이다.

52 *Dissertations and Discussions*. 밀이 스스로 고른 논설집이다. 최초의 1, 2권이 1859년에, 3권이 1867년에 간행되었고, 4권은 사후인 1875년에 간행되었다.

53 "The Currency of Juggle", *Tait's Magazine*, 1833, 1.

도 실려 있다. 그 글들 앞에 쓴 많은 것들은 다시 출판할 가치가 없다. 나는 지금도《주리스트》의 논설이 증여 기금에 대한 국가의 권리에 대해 매우 완전하게 논한 것이라고 생각한다.

이 논설은 내 의견의 양면을 보여준다. 한편으로는 모든 증여 자금이 국가의 재산이므로 정부는 그것을 통제할 수 있고 또 통제해야 한다는 것을, 내가 언제라도 그랬던 것처럼 명확하게 주장한다. 다른 한편으로는 과거에 주장했듯이 증여 재산 자체를 비판하고 그것을 몰수해서 국채 상환에 충당할 것을 제안하지는 않았다. 도리어 나는 시장의 단순한 수요, 즉 평범한 부모의 지식과 분별에 근거하지 않고, 재화 구매자들의 자발적 바람보다 훨씬 고도의 교육수준을 확립해서 유지하도록 배려된 교육시설을 만드는 것이 얼마나 중요한지 열심히 주장했다. 이러한 의견 모두는 그 뒤 내 사상의 모든 과정 동안 확인되고 강화되었다.

6

내 생애 가장 귀중한 교제의 시작,
아버지의 죽음,
1840년까지의 저술과 여타 일들

해리엣과의 만남

나의 정신적 진보가 이러한 시기에 이르렀을 때, 내 인생의 영예이자 주된 축복이었던 것 그리고 내가 인류의 진보를 위해 시도해온 것, 그 뒤에도 실현하고자 바라는 모든 것의 원천이 된 교제를 맺기에 이르렀다. 20년 동안 교제한 뒤 내 아내가 되기를 승낙한 여성을 처음 소개받은 것은 1830년이었다. 그때 나는 스물다섯, 그녀는 스물세 살이었다. 그녀 남편의 가족은 내가 잘 알던 사람들이었다.

그의 조부는 뉴잉턴 그린 아버지 집 부근에 살아서 나는 어린 시절, 그 노신사 집 뜰에서 놀았다. 그는 전통적 스코틀랜드 청교도의 전형과 같은 인물로, 엄격하고 준엄하며 강인했지만 아이들에게는 매우 자상했다. 그럼으로써 아이들에게 영원히 남을 깊은 인상을 주었다.

내가 테일러 부인과 친밀한 신뢰관계를 갖게 된 것은 그녀를 소개받고 몇 년 뒤의 일인데 나는 곧바로 그녀가 지금까지 알던 사람 중에서 가장 존경할 만한 사람이라고 느꼈다. 그러나 그녀가 처음 만났을 때부터 훗날과 같은 인물이었으리라 상상해서는 안 된다. 그 정도 나이에는 누구도 그럴 수 없다. 자기 개선, 즉 최고의 의미에서, 그리고 모든 의미에서의 진보가 태어나면서부터의 법칙이었던 그녀에 대해 누구도 그렇게 말할 수 없다. 언제나 진보를 추구하는 성격은, 그녀가 열렬히 진보를 추구한 것에서, 그리고 어떤 인상이나 경험도 지혜를 몸에 익히는 원천으로 삼거나 활용하지 않고서는 견디지 못하는 여러 가지 힘의 자발적 경향에서 생겨난 필연적인 것이었다.

내가 처음 그녀와 만날 때까지 그녀의 풍부하고 강인한 성격은 천재적 여성이 세상의 인정을 받는 극히 보편적 형태에 따라 발휘되었다. 피상적으로 사귀는 사람들에게도 그녀는 미인이고 재원이었으며, 그녀에게 다가가는 모든 사람이 그녀의 타고난 천분을 느꼈다. 좀 더 가까운 사람들에게 그녀는 깊고 강한 감정과 투철한 직관적 지성과 남달리 명상적이고 시적인 자질을 갖춘 여성이었다.

그녀는 매우 이른 나이에 결혼했다. 상대는 고결하고 용기 있는 훌륭한 인물로, 자유주의적 사상과 고도의 교양을 지녔지만 그녀의 반려가 되기에는 지성적이거나 예술적 취미가 결여되어 있었다.[1] 그러나 그는 침착하고 애정이 풍부한 사람으로 그녀는 평생 남편에 대한 참된 존경과 강렬한 사랑을 가졌고, 그가 죽자 더할 나위 없이 깊은 비탄에 빠졌다.

---

1 컬럼비아대학교가 소장한 《자서전》 최종 원고의 이 부분에 밀의 의붓딸 헬런 테일러Helen Taylor(1831~1907)는 "사실이 아니다not true"라고 써넣었다(전집 1권, 서문, p. xxvi). 자신의 친아버지를 의붓아버지 밀이 비방했다고 느껴서였는지도 모른다. 헬런 테일러는 연극배우였으나 어머니가 죽은 뒤 밀을 위해 가사를 담당하고 그의 비서로 일했다. 밀은 《자서전》 초고에서 그녀를 극찬했으나, 그 부분은 헬런이 삭제한 후 출판되었다.

그녀는 여성을 무능력자로 보는 당시 사회구조로 인해, 외부 세계에서 활동하면서 자신의 최대치의 능력을 충분히 발휘하지 못했기 때문에 내면적 명상으로 나날을 보냈다. 변화라고 한다면 친구들의 작은 서클[2]과 친밀하게 교류하는 정도였다. 이 서클에서 그녀 같은 천재와 감정과 지성의 능력을 모두 갖춘 사람은 단 한 사람(훨씬 전에 세상을 떠났다)뿐이었으나, 모든 사람은 감정과 의견에 대해 다소간 그녀와 통하는 바가 있었다.

나는 다행히도 이 서클에 들어갈 수 있었다. 그리고 바로 그녀가 그때까지 다른 사람에게는 하나라도 발견되면 행운이라고 생각했던 여러 가지 소질을 겸비하고 있음을 알았다. 그녀에게는 모든 종류의 미신(자연과 우주의 질서가 완전하다고 보는 미신도 포함해)에서의 완전한 해방도, 아직도 사회에 확립된 구조의 일부인 수많은 것에 대한 치열한 반항도 완고한 지성의 결과가 아니라 숭고하고 고귀한 감정의 힘에서 생기는 결과로 고도의 존경심을 갖게 하는 겸양과 양립했다.

해리엇의 정신

나는 전반적인 정신적 특징에 대해서도, 기질과 성격에 대해서도 그녀를 종종 셸리[3]와 비교했다. 셸리가 그의 짧은 생에 발전시킨 여러 능력

---

2 정치적 급진주의자이자 유니테리언 선교사 윌리엄 존슨 폭스William Johnson Fox(1786~1864)가 주도한 서클. 테일러 부부는 그가 1824년에 세운 유니테리언 교회에 신자로 참여했다.

3 Percy Bysshe Shelley(1792~1822). 영국의 시인으로 바이런, 키츠와 함께 영국 낭만주의의 3대 시인으로 꼽힌다. 플라톤의 이상주의와 개혁정신을 통합한 서정시인이며 서른 살에

은, 그녀가 마지막에 도달한 것에 비하면 거의 어린이 수준이었다. 그녀의 정신은 사색의 최고 영역에서도, 일상생활의 극히 사소한 실무에서도 한결같이 완전하게 활동하면서 문제의 핵심을 파고들고 언제나 본질적 이념이나 원리에 투철했다. 그녀의 감정적 능력만이 아니라 정신적 능력도 동일하게 정확하고 기민하게 활동했으므로 그녀의 천부적 감정 및 상상력과 함께 그녀를 최고 예술가가 되게 했을지도 모른다. 그녀의 정열적이고 우아한 영혼과 그녀의 활발한 웅변은 그녀를 대연설가로 만들었을지도 모른다. 또 인간성에 대한 그녀의 심오한 지식과 실생활에 대한 통찰력은 그러한 경력이 여성에게 허용되는 시대였다면 그녀를 인류의 통치자들 중에서도 뛰어난 인물로 만들었을 것이다. 하지만 그녀의 지적 소양은 내 평생 그때까지 만난 적이 없었던 가장 숭고하고 균형 잡힌 도덕적 성격을 형성하는 데 바쳐졌을 뿐이다. 그녀의 비이기적 성격은 가르침에 따른 의무의 체계가 아니라 타인의 감정과 자신의 마음이 완전히 일체가 된 결과였다. 따라서 타인의 감정도 자기감정처럼 강렬하다고 상상하고 타인에게 강렬한 감정을 투입하는 바람에 종종 지나친 면이 있었다. 그녀의 무한한 관대함, 고맙게 여기는 모든 사람에게 매우 작은 감정이라도 아낌없이 주는 애정이 없었더라면, 정의에 대한 정열이 그녀에게 가장 강렬한 감정이라고 생각했을지 모른다.

그 밖에 그녀의 도덕적 특징은 당연히 이러한 정신과 마음의 성격에 따르는 것이었다. 그러한 도덕적 특징은 가장 강렬한 자존심과 결부된 가장 진정한 겸허함, 그것을 받기에 적합한 모든 사람에 대한 절대적

요트 전복 사고로 세상을 떠났다.

순수와 성실, 비열하고 비겁한 모든 것에 대한 가장 준엄한 비난, 잔인하고 전제적이며 불성실하고 불명예인 행위나 성격에 대한 불같은 분노였다. 한편 그녀는 **본질적 악과 금지된 악[4]을 구별했다.** 즉 감정과 성격 속에 있는 내재적 악을 입증하는 행위와, 선악을 묻지 않고 단순한 관습을 침범하는 것에 불과한, 그 자체가 선인지 악인지를 묻지 않고, 다른 모든 점에서 사랑하고 찬양해야 할 사람들도 범할 가능성이 있는 행위의 구별을 매우 광범위하게 인정했다.

나에 대한 해리엣의 영향

이러한 소질을 갖는 인물과 어느 정도라도 정신적 교류를 할 수 있었던 것은 나의 발전에 가장 유익한 영향을 주었다. 그러나 그 영향은 서서히 나타났고, 그녀와 나의 정신적 진보가 최후에 달성한 완전한 협력관계에 이르기까지 많은 세월이 흘렀다. 내가 받은 이익은 내가 주고자 바란 것보다 훨씬 많았다. 그래도 강렬한 감정에 풍부한 도덕적 직관으로 자신의 사상을 구축한 그녀가 연구와 추리를 통해 같은 결론에 이른 사람에게 격려와 동시에 원조를 받았다는 점에는 의심의 여지가 없다. 또 모든 것을 지식으로 환원하는 그녀의 지적 성장과 정신적 활동의 기민함이 그 소재의 다수를 갖가지 원천에서 끌어내듯이 나에게서 끌어냈다는 데도 의심의 여지가 없다. 내가 그녀에게 얻은 것을

---

4 mala in se, mala prohibita. 법률용어로 존 그랑빌John Granville(1586~1661)이 1628년에 한 권리청원Petition of Right에 대한 연설에서 비롯되었다.

자세히 열거하려면 거의 무한대이기 때문에 그 전반적 특징에 대해 정말 작은 몇 마디로 불완전하지만 어느 정도는 서술할 수 있을 것이다.

가장 선량하고 현명한 모든 사람들이 그러하듯이, 현재의 인간 생활에 불만을 가지고 그 근본적 개혁에 전면적으로 전념하는 사람들에게는 두 가지 중요한 사상의 영역이 있다. 그 하나는 궁극적 목적의 영역이다. 즉 인생에서 실현 가능한 최고의 이상을 구성하는 여러 요소의 영역이다. 또 하나는 직접적으로 유용하고 실제로 달성할 수 있는 영역이다. 이 두 영역에서 나는 다른 모든 원천을 합친 것 이상 훨씬 많은 것을 그녀에게 배웠다.

그리고 사실, 참된 확실성은 주로 양극단 중에 있다. 나 자신의 능력은 불확실하고 파악하기 어려운 중간 영역인 이론, 즉 도덕과 정치의 과학 영역하고만 관련이 있었다. 경제학, 분석심리학, 논리학, 역사철학, 기타 무엇이든, 내가 받아들이거나 창조한 어떤 형태의 결론에 관해서도 그녀에게 현명한 회의주의를 배운 것은 내가 그녀에게 받은 결코 적지 않은 지적 은혜였다. 그녀의 회의주의는 나중에 어떤 결론이 나오더라도 계속 성실하게 나의 사고력을 행사하는 것을 방해하지 않았다. 동시에 내가 그러한 사색의 성질상 허용되지 않을 정도의 확신을 가지고 이 결론을 계속 선언하는 것을 조심스럽게 했다.

또 내가 가장 숙고해온 문제에 대해서도 명확한 인식이나 확실한 증거가 있어 보일 때에는 그것에 내 마음을 열게 했을 뿐 아니라, 이를 환영하고 열심히 추구하게 했다. 나와 마찬가지로 추상성이 큰 이론에 전념해온 대부분의 사상가와 비교할 때 내 저술에서 더 많은 실천성을 볼 수 있다며 종종 칭찬을 받곤 했는데 나는 부분적으로밖에 그러한 칭찬을 받을 자격이 없다. 그런 성격을 인정받은 저술은 한 사람의 저술이 아니라 두 사람의 합작이었다. 그리고 그 한 사람은 먼 장래를 높고 대담하게 예상하는 동시에 현재의 사물에 대한 판단과 인식에서도 현저하게 실제적이었다.

이 시기에는 지금까지 서술한 영향들이 내 장래의 발전의 성격을 형성하는 데 도움이 된 많은 영향 가운데 하나에 불과했다. 그리고 사실대로 말하면, 그것이 나의 정신적 진보에 지도적 원리가 된 뒤에도, 진로를 변경하지 않고 같은 길을 더욱 대담하게, 동시에 더욱 신중하게 걸어가게 했다. 지금까지 내 사고방식에 생긴 유일한 현실의 혁명은 이미 완성되어 있었다. 나의 새로운 경향은 어떤 점에서는 확인되고, 어떤 점에서는 완화되어야 했으나, 실질적으로 의견이 변한 것은 정치에 관한 것뿐이었다. 그것은 한편으로는 인류의 궁극적 전망에 관련되어 수정된 사회주의에 더욱 접근한 것이고, 다른 한편으로는 내 정치적 이상이 그 주창자들이 일반적으로 이해하는 순수한 민주정치에서 내가《대의정치론》[5] 중에 서술한 형태의 민주정치로 변한 것이다.

토크빌

매우 서서히 생긴 이 마지막 변화의 시작은 출판 후 바로 입수한 드 토크빌[6] 씨의《미국의 민주주의》를 읽었다기보다도 연구함으로써 나타

---

5 *Consideration on Representative Government*, 1861.

6 Alexis Charles Henri Clérel, vicomte de Tocqueville(1805~1859). 프랑스의 정치철학자이자 역사가로,《미국의 민주주의De la Démocratie en Amérique》(1835/1840)와《앙시앵 레짐과 프랑스혁명L'Ancien Régime et la Révolution》(1856)을 썼다.《미국의 민주주의》1부를 간행한 직

났다. 주목해야 할 이 책은 민주주의의 장점을, 가장 열광적 민주주의자가 지적했던 것보다도 훨씬 뛰어난 수법으로 더욱 명확히 서술하고 있었다. 동시에 수적 다수자의 통치로 생각되는 민주주의가 어떤 독특한 위험에 빠지기 쉬운지를 마찬가지로 강렬한 빛을 비추며 멋지게 분석했다. 그러나 이것은 저자가 인간 진보의 불가피한 결과라고 생각한 민주주의에 저항하기 위해서가 아니라 민주정치의 약점을 지적하고 여러 가지 유익한 경향의 완전한 발휘를 통해 해로운 성격을 중화하거나 완화하기 위한 것이었다. 즉 민주정치를 옹호하기 위한 방위책과 그것에 가해야 할 교정책을 분명하게 밝히기 위한 것이었다.

당시 나는 이러한 성격의 사색을 할 준비가 충분히 되어 있어서, 그때부터 나의 사상은 더욱더 동일한 수로 속으로 나아갔다. 하지만 이에 따라 나의 실천적 정치 신조가 변하는 데는 오랜 세월이 필요했다. 그것은 1835년 봄에 발표한《미국의 민주주의》에 대한 첫 번째 서평[7]을 1840년의 두 번째 서평(《논설과 토론》에 수록)과 비교하고, 나아가 두 번째 서평[8]을《대의정치론》과 비교하면 분명해질 것이다.

이와 관련된 주제에 대해 토크빌을 연구함으로써 얻은 커다란 이익 가운데 하나는 중앙집권에 관한 근본 문제였다. 그는 미국과 프랑스의

후 토크빌이 영국을 4개월간 방문했을 때 밀과 친해졌다.

7 밀은 토크빌이 영국을 방문하고 귀국한 직후 쓴 첫 번째 서평에서 자신은 토크빌보다 민주주의에 조금 더 호의적이라고 했다. 본문에서 보듯이 토크빌이 미국 민주주의의 기초로 지방자치를 발견한 것은 밀에게 중대한 영향을 미쳤다. 특히 토크빌이 다수자의 전제에 의한 개성 파괴나 개인이 군중에 매몰되는 것의 위험성을 경고한 점이 첫 번째 서평 발표 후 이듬해에 쓴 〈문명론〉과 1840년의 두 번째 서평, 그리고《자유론》과《대의정치론》의 중요한 논점이 되었다.

8 *De Tocqueville on Democracy in America*, 1840.

경험을 강력하게 분석한 결과, 인민이 수행할 수 있는 사회의 집단적 일 가운데 되도록이면 다수를 행정을 하는 정부가 인민을 대신해서 행하지 않으며, 그 행사 방법을 명령해서 간섭하지 않고 인민에게 위임하는 것이 매우 중요하다고 지적했다. 그는 개별 시민의 이러한 실천적 정치 활동은 그 자체로 매우 중요하며, 뛰어난 통치에 불가결한 인민의 사회적 감정과 실제적 지혜를 훈련하는 데 가장 효과적 수단이라고 생각했다. 뿐만 아니라 그것은 민주정치 특유의 약간의 허약함에 대한 독특한 대항력이 되고, 현대 세계에서 발생 위험성이 잠재하는 유일한 전제정치, 즉 만인이 평등하지만 만인이 노예처럼 고립된 개개인의 집단에 대해 행정부 수장이 절대적 지배를 행사하는 것으로 민주정치가 타락하는 것을 막는 데 필요한 방위라고 생각했다.

실제로 해협 건너 영국에서는 이러한 원인에 의한 직접적 위험은 없었다. 다른 나라에서 정부에 위임된 국정을, 영국에서는 10분의 9까지 정부에서 독립된 기관이 행사해왔다. 중앙집권이라는 것은 합리적으로 부인되는 대상일 뿐 아니라 부조리한 편견의 대상이기도 했다. 또 정부의 간섭에 반대하려는 맹목적 감정이 너무나 커서 지방자치라는 명분 아래 속 좁은 이권을 취하는 **편협한** 과두계급에 의한 폐해를 교정하려는 입법부의 유익한 권리 행사까지도 방해하고 있었다.

그러나 대중이 중앙집권에 반대해서 잘못을 저지르는 것이 확실할수록 철학적 개혁주의자들은 정반대 잘못을 범하고, 자신들이 고난을 겪으며 체험한 적이 없는 해악을 간과하는 것이 더욱 큰 위험이다. 나는 바로 그때, 1834년의 위대한 구빈법 개정[9] 같은 중요한 법안을, 중

---

9 휘그당의 그레이 내각이 1834년에 단행한 구빈법 Poor Law 개정은 종래 저임금 노동자를

앙집권에 반대한다는 편견에 근거해서 비합리적으로 항의하는 데 대항해 적극적으로 변호했다. 토크빌에게 배운 교훈이 없었더라면 나 이전의 많은 개혁주의자들과 마찬가지로 극단적 태도에 빠졌을지도 모른다. 영국에서 득세하는 편견을 공격하는 것이 나의 임무이기도 했는데 바로 그러한 편견과 정반대되는 태도다. 나는 양극단의 오류 가운데 쪽으로 주의 깊게 방향을 잡았는데, 그것이 정말 중간인지는 모르지만, 나로서는 적어도 양자의 이익을 조화시킬 수단을 진지한 연구 과제로 삼아왔다.

급진파의 정치 활동

이어 선거법 개정[10] 후의 총선이 최초로 실시되었다. 새 의회는 나의 급진주의파 친구와 지인 중에서 가장 유명한 그로트, 로벅, 찰스 불러, 윌리엄 몰스워스[11] 경, 존과 에드워드와 로밀리 형제 등과, 워버튼,[12]

위한 구빈세에서 지급된 보조금(스핀햄랜드제)을 폐지하고, 구빈원 내에서의 구제에 한정하는 동시에 전국의 구빈 행정을 합리적으로 획일화하기 위해 중앙 구빈법위원회에 전국적 지휘 감독권을 부여했다. 이 개혁의 기본 방침을 보여준 보고서의 기초자는 경제학자인 시니어N. Senior와 벤담주의자 채드윅E. Chadwick이었다.

10 그레이 내각이 제출한 선거법 개정안은 중산층 정치동맹이 지도한 원외 대중운동의 압력으로 1832년 6월 7일 상원의 집요한 반대를 무릅쓰고 통과되었다. 이 개혁으로 지배계급인 귀족과 젠틀리의 정치 지배가 붕괴한 것이 아니라 그들이 중산층을 체제 내에 포함시키는 결과를 낳았다.

11 William Molesworth(1810~1855). 귀족 가문 출신으로 케임브리지대학교를 중퇴한 뒤 외유를 했고, 1832년 스물두 살 나이에 하원의원이 되었으며, 불러를 통해 밀 부자와 교유했다.

12 Henry Warburton(1784~1858). 목재상의 아들로 태어났고 케임브리지대학교를 졸업했다.

212

스트러트, 기타 이전부터 의원이었던 사람들을 포함했다.[13] 자신도 그렇게 생각하고 친구들에게도 철학적 급진파로 불린 사람들은 이제 자신들의 본령을 보여줄 절호의 기회를 얻었고, 그들이 당시까지 차지했던 어떤 위치보다도 훨씬 유리하게 되었다고 생각했다. 아버지와 마찬가지로 나도 그들에게 큰 기대를 걸었다.

그러나 그러한 기대는 배신당할 운명이었다. 그들은 성실했고, 종종 엄청난 방해를 받았음에도 투표에 관한 한 자신들의 사상에 충실했다. 아일랜드 탄압 법안[14]이나 1837년의 캐나다 탄압 법안[15]처럼 그들의 신조와 현저히 다른 법안이 제안되자, 그들은 권리를 포기하기는커녕 과감히 궐기해서 어떤 적이나 편견과도 용감하게 맞섰다. 그러나 전반

가업에 종사하다가 1826~1841년, 1843~1857년 급진파 하원의원으로 활동했다.

13 1832년 총선에서는 벤담주의자 약 20명이 하원의원에 당선되어 개혁에 앞장섰으나, 1837년 총선에서는 로벅 등이 낙선했고 양대 당은 매우 근접한 의석수를 가지게 되었다.

14 Irish Coercion Bill. 1833년 4월 2일에 공표되었다. '해방자'로 널리 알려진 가톨릭교도 법조인 다니엘 오코넬이 1823년부터 가톨릭교도에 대한 정치적 차별 철폐(공직 진출 제한)를 주장하는 운동을 전개함으로써 1829년 가톨릭교도에 대한 정치적 차별을 폐지하는 가톨릭교도 해방령이 공표되었다. 그러나 이러한 해방령 아래에서 로마가톨릭교회 신도들에게 여전히 아일랜드 성공회Church of Ireland에 대한 십일조 납부 의무를 부과함으로써 1831~1838년 아일랜드에서는 십일조 전쟁이 벌어졌다. 이 '전쟁'은 아일랜드 성공회에 대한 십일조 납부를 거부하는 아일랜드 가톨릭 신도들의 산발적 무장봉기였고 영국 정부는 무차별적 무력 탄압으로 이를 진압했다.

15 Canada Coercion Bill. 캐나다에서 반란이 일어났던 시기인 1838년 2월 10일에 공표되었다. 1837년 영국 식민정부에 대항하는 반역자들이 상하부 캐나다를 차지했다. 상캐나다에서는 1837년 12월 13일 캐나다공화국 설립을 선포했으나 1838년 영국군이 그 단기 반란을 진압했다. 1837~1838년에는 영국 통치에 반발해서 벌어진, 하캐나다 반란이라고 알려진 소규모 반란이 더욱 많이 발생했다. 일부는 미국을 등에 업었으며, 영국계와 프랑스계 캐나다인 모두 영국에 대항해서 여러 번 충돌을 일으켰다. 반란 지도자 로버트 넬슨은 1838년 나페이르빌의 군중 앞에서 독립선언서를 읽었으나 전투에서 패배하고 말았다. 이로써 몇백 명이 체포되고 일부 마을은 보복당해 불태워졌다. 지도자 두 명이 교수형을 당하고 몇십 명이 체포되었다.

적으로 볼 때 그들은 어떤 의견도 추진하지 않았다. 그들에게는 계획성도, 행동력도 없었고 하원 급진파 세력의 지도를 흄이나 오코넬[16] 같은 노인들에게 맡겼다.

부분적 예외였던 젊은이 한두 사람에게는 경의를 표해야 한다. 로벅의 경우 하원에 진출한 첫해에 국민교육을 위한 원내 활동을 창시한 (또는 브로엄 씨의 시도가 실패한 뒤 다시 제안한) 점,[17] 그리고 식민지 자치를 위한 싸움[18]을 최초로 시작하고 몇 년간 거의 혼자서 수행한 점은 영구히 기억될 만하다. 전반적으로 이 두 가지 활동에 필적할 만한 것은 가장 기대되던 사람들도 하지 않았다.

냉정하게 회고해보면 그들이 우리가 생각하는 것처럼 잘못했다기보다 우리가 그들에게 기대한 것이 과했다고 할 수 있다. 그들은 불리한 상황에 있었다. 그들의 운명은 불가피하게 반동의 10년과 맞닥뜨렸다. 선거법 개정을 둘러싼 흥분이 가시고 공중이 진정으로 요망했던 몇 가지 입법상의 개선이 급속히 실현되자 권력은 그 자연적 방향으로 기울어져 사태의 현상 유지를 도모하는 사람들 손으로 돌아갔다.

공중의 마음은 휴식을 바랐고, 신선한 활동과 새로운 것을 위한 개혁의 감정을 불러일으키려는 시도에는 평화 회복 후의 어떤 시기보다

---

16 Daniel O'Connell(1775~1847). 19세기 아일랜드 정치 지도자로 가톨릭교도 해방령 운동에 참여했으며, 아일랜드와 영국을 합방한 1800년의 연합법 폐지를 위해 노력했다.

17 밀은 해리엇과의 관계에 대해 충고하는 로벅과 절교했으나 그의 원내 활동은 높이 평가했다. 그가 1833년 하원에 제출한 획기적 교육개혁 법안은 철학적 급진파를 제외한 모든 의원의 반대로 취하되었으나 이듬해 조사위원회 설치를 제안함으로써 채택되었다.

18 캐나다에서 자라난 로벅은 캐나다를 최초로 하는 백인 식민지의 자치를 주장했다. 그는 캐나다 전 총독을 새로운 혁신정당 당수로 추대하고자 한 밀의 의견에 반대했지만 밀은 의회와 언론을 통한 로벅의 자치운동을 높이 평가했다.

도 움직일 기분이 아니었다. 국민의 풍조가 그러했으므로 의회 토론으로 참으로 중요한 것을 성취하려면 위대한 정치적 지도자가 절실히 필요했다. 하지만 그러한 지도자가 없었다는 점에 대한 책임은 누구에게도 물을 수 없다.

아버지와 나는 유능한 지도자, 즉 철학적 학식과 대중을 받아들일 능력을 갖춘 인물이 나타나기를 바랐다. 그러한 인물을 도울 마음이 있는 많은 젊은이들이나, 그 정도로 뛰어나진 않다 해도 활력을 불어넣어 그들의 재능에 따라 공중의 면전에서 진보적 사상을 펼치게 할 수 있는 사람, 공중의 마음을 교육하고 추진하기 위한 연단이나 교단으로 하원을 이용하고, 이러한 지도자의 정책을 받아들이도록 휘그당**을** 강제하거나, 휘그당에서 개혁파의 지도력을 빼앗는 지도자가 나오기를 간절하게 소망했다. 만일 아버지가 의원이 되었더라면 그런 지도자가 되었을 것이다.

그런 인물이 없었기 때문에 교양 있는 급진주의자들은 휘그당의 **좌파**로 타락하고 말았다. 나는 그때부터 1839년까지 급진주의자들이 그들의 사상을 위해 보통 정도의 노력이라도 했다면 급진주의자에게 가능성이 열려 있다는, 지금 생각하면 과대한 가능성을 강렬하게 느꼈다. 그러면서 그들 가운데 몇몇 사람에게 나의 개인적인 영향력과 저술로써 머리에는 사상을, 마음에는 목적을 불어넣고자 노력했다. 찰스 불러와 윌리엄 몰스워스에 대해서는 어느 정도 성공했다. 두 사람 모두 훌륭한 일을 했으나 불행히도 그들이 막 공헌하기 시작할 때 손을 놓았다.[19]

---

19 최명관, p. 203에는 "세상을 떠났다"고 되어 있지만 불러가 1848년에 죽었고, 몰스워스

그러나 전반적으로 말하면 나의 시도는 실패로 끝났다. 성공할 기회를 얻으려면 나와는 다른 태도가 필요했다. 그 일은 스스로 의회에서 급진파 의원들과 교류하며 매일 상의하고 주도권을 쥐면서, 타인의 지도를 촉구하지 않고 자기 자신이 앞장서서 그들에게 따라오라고 명령할 수 있는 인물이 아니면 할 수 없는 일이었다.

나는 글을 써서 할 수 있다면 무슨 일이든 했다. 1833년, 당시 휘그당 내각에 투쟁하는 데 열심이던 폰블랑크와 함께《이그재미너》에 집필을 계속하기도 했다. 나는 1834년 회기 중에《먼슬리 리포지터리 Monthly Repository》에 신문 기사로 쓰기에 적합한 시사 문제에 대한 평론을 (〈신문 단평〉[20]이라는 제목으로) 썼다. 선교사 겸 정치적 웅변가로 유명하며 훗날 올덤 선출 의원이 된 폭스[21] 씨가 이 월간지를 경영했다. 나와는 그 무렵 알게 되었는데 나는 주로 그를 위해 이 잡지에 집필했다. 다른 논설도 몇 편 기고했지만, 그중 (시론으로서) 가장 중요한 것은《논설과 토론》에 수록되었다.

(신문에 쓴 것을 제외하면) 1832~1834년 발표한 논설을 모으면 큰 책한 권이 될 정도다. 그중에는 플라톤의 몇 가지 대화편의 초역에 서론을 붙인 것이 포함되어 있다. 1834년까지 발표하지 않았던 것으로 그몇 년 전에 쓴 글이었다. 그 뒤 여러 기회에 알게 되었지만, 이 영어 번역은 내가 그때까지 쓴 그 어느 글보다 더욱 많은 사람들에게 읽혔고그 필자도 알려지게 되었다.

는 정계에서 은퇴한 후 학구적 생활을 시작했다.

20 "Notes on the Newspaper".

21 William Johnson Fox(1786~1864).

1830년대의 집필

이 시기의 집필에 대한 서술을 완결하기 위해 1833년, (당시로서는 일반인의 생각보다도 훨씬 진보한 저술이었다)《영국과 영국인England and English》을 거의 완성하고 있던 불워의 요청으로 그를 위해 벤담철학에 대한 비판적 해설을 썼음을 덧붙이고 싶다. 불워는 이 논설의 일부분을 본문에 넣고, 다른 부분을 (정중한 사사謝辭와 함께) 부록으로 인쇄했다. 이 책에서 벤담의 이론에 관한 내 평가의 호의적 부분과 함께 비호의적 측면도 처음으로 활자화되었다.

그러나 얼마 지나지 않아 내가 그때까지 한 것 이상으로 '철학적 급진주의' 당파에 유효한 원조와 자극을 동시에 줄 기회가 제공되었다. 아버지와 나, 그리고 우리 집에 자주 드나들던 원내의 급진론자 사이에서 자주 화제가 된 계획 가운데 하나는《웨스트민스터 리뷰》가 했던 역할을 대신할 철학적 급진주의의 정기 기관지 창간이었다. 이 기획이 진행되어 자금 모으기와 주필 선정까지 논의했으나 얼마 동안 구체화되지 못했다.

1832년 여름이 되자 열렬히 학구적이고 치밀한 형이상학적 사상가로서 자금 면에서만 아니라 문필을 통해서도 그 기획을 원조할 수 있을 만한 윌리엄 몰스워스 경이, 내가 표면상 주필이 될 수는 없어도 실질적으로 주필을 맡는다면 평론지를 창간하겠다고 자발적으로 신청했다. 거절할 수 없는 제안이었다. 그 결과 평론지가 창간되었는데, 처음에는 '런던 리뷰London Review'라는 이름으로 나왔으나, 나중에 몰스워스가《웨스트민스터 리뷰》소유자였던 톰슨 대령에게서 그것을 매수하고 둘을 합쳐 '런던 앤드 웨스트민스터 리뷰London and Westminster

Review'라는 이름으로 나왔다.

1834년부터 1840년까지 내 여가 시간 대부분은 이 평론지의 운영 때문에 너무나 바빴다. 최초에는 이 평론지가 결코 나의 의견을 전반적으로 대표하지 않았다. 나는 나에게 없어서는 안 될 협력자들에게 상당히 양보할 필요가 있었다. 이 평론지는 '철학적 급진주의자'를 대표하는 것으로 창간되었으나, 나는 많은 본질적인 점에서 그들 대부분과 의견이 달랐다. 그들 사이에서 나 자신을 가장 중요한 인물로 공언할 수도 없었다. 우리 모두는 아버지가 집필자로 협력하는 것이 불가결하다고 생각했고, 아버지는 최후의 병환으로 더는 쓰지 못하게 될 때까지 많은 논설을 썼다.

아버지가 쓴 논설의 주제, 자신의 의견을 표명하는 강력함과 결연한 태도 등으로 인해 이 평론지의 논조와 색채는 처음엔 다른 집필자들 누구보다도 아버지에게서 비롯되었다. 따라서 이전의 《웨스트민스터 리뷰》의 이론이 거의 수정되지 않고 이 평론지의 기조가 되었다. 나로서는 이러한 기조에 다른 사고방식이나 논조를 더해 당파의 다른 사람들 의견과 함께 나 자신의 의견이 가진 특징도 공평하게 대표하는 것으로 하고 싶었다.

나는 주로 이러한 목적으로 각 논설에 필자의 이름 첫 글자를 적어 넣거나 다른 서명을 붙여서 모든 논설이 개별 집필자만의 의견을 표명하는 것으로 했다. 주필은 공표할 가치가 있고 그 평론지가 입각한 목적에 반하지 않는 것을 판별하는 데만 책임을 지는 것을 이 평론지의 특징으로 삼았다. 나는 최초의 기고 주제를 선택하면서 '철학적 급진주의자' 신구 세대의 화해라는 계획을 실행할 기회를 얻었다.

아버지의 마지막과 평가

자연과학의 특정 분야에 대해서는 뛰어난 학자였으나, 철학에는 침입하지 말았어야 했을 세지윅[22] 박사가 《케임브리지대학교의 연구에 관한 논고》[23]를 출판한 직후, 이 책은 로크와 베일리를 공격하는 형태로 분석심리학과 공리주의 윤리학에 대해 격렬한 비판을 가하는 전형이 되었다. 이 책은 아버지를 비롯한 여러 사람의 격렬한 분노를 불러일으켰는데, 나는 그 분노가 지극히 당연하다고 생각했다. 나는 부당한 공격을 반론하는 동시에 하틀리주의와 공리주의의 변호론 속에 이러한 주제에 관해 과거 동료들과 다른 나의 견해로 많은 것을 삽입할 호기이기도 하다고 상상했다. 나의 시도는 거의 성공했으나 이 문제에 관한 내 생각 전부를 토로하는 건 언제나 고통스러웠고 아버지가 집필한 평론지에서 그렇게 하기란 불가능했다.

그러나 나 스스로 아버지와 다르다고 믿었던 사고방식에 대해 아버지가 그 정도로 반대하지는 않았다고 생각하게 되었다. 즉 아버지는 극도로 논쟁적 지성이었으므로 자신의 의견을 무의식적으로 과장해서 오해를 낳기 쉬웠으나, 논적을 의식하지 않고 사고할 때에는 아버지가 부정한 것처럼 생각되는 진리의 많은 부분을 받아들였다. 실제로 나는 아버지가 그의 이론에는 전혀 없었다고 생각되는 사고방식을 대

---

22 Adam Sedgwick (1785~1873). 영국의 지질학자로 현대 지질학의 창시자 가운데 한 사람. 지질 연대에서 데본기라는 명칭을 제안하고, 후에 웨일스의 암석 지층 조사에서 캄브리아기의 연대를 제안했다.

23 *A Discourse on the Studies of University*, 3rd ed., 1834. 이 책은 1832년 말 트리니티 칼리지에서의 강연에 근거한 것이며, 밀의 서평은 그의 대학론과 공리주의 사상 비판에 대한 반론을 위해 쓰였다.

폭 허용하는 것을 자주 보았다.

그의 《매킨토시 단장》은 이 무렵에 나온 책으로, 나는 그중 어느 부분에는 크게 감탄했으나, 전체적으로는 기쁨 이상으로 고통을 느끼며 읽었다. 그러나 그 뒤에 다시 읽었을 때에는 책에 포함된 의견에서 대범하고 정당하다고 생각되는 것 말고는 아무것도 발견하지 못했다. 그리고 나는 아버지가 매킨토시가 말이 많았던 점을 혐오한 것도 공감할 수 있었다. 하지만 아버지가 이를 맹렬하게 공격한 것은 현명함의 영역에서 벗어나 공정함조차 결여된 것이었다.

당시 내가 바람직한 전조라고 느낀 것은 아버지가 토크빌의 《미국의 민주주의》를 호의적으로 받아들인 점이었다. 아버지는 토크빌이 민주주의의 결함이라고 말한 것보다도 민주주의에 호의적으로 말한 점을 더 많이 말하고 생각했다. 그렇다고는 해도, 어떻게 생각해도 아버지와 거의 정반대 수법, 즉 순수하게 추론적인 것이 아니라 완전히 귀납적이고 분석적 방법으로 통치 문제를 취급한 사례인 책을 높이 평가하는 것은 나에게 용기를 주었다. 또 그는 두 평론지가 합병된 후의 최초 호에서 내가 발표한 논설인 《논설과 토론》에 수록된 〈문명론〉[24]을 칭찬했다. 나는 그 논설에 많은 새로운 의견을 포함시켰고, 아버지에게 배우지 않은 이유나 논조로 현대의 정신적이고 도덕적인 경향을 강렬하게 비판했다.

그러나 내 아버지의 의견이 장래에 발전될 가능성도, 아버지와 내가 우리의 사상을 보급하는 데 언제까지나 협력할 가능성도 사라질 운명

---

24 "Civilization"(1836). 토크빌이 지적한 사회의 획일화와 개성 상실 경향을 현대 문명의 특징으로 파악하고, 특히 교육의 개선을 통해서 그러한 경향을 저지해야 한다고 주장했다.

이었다. 아버지의 건강은 1835년 들어 1년 내내 쇠약해지더니 폐결핵을 앓는 것이 분명하게 드러났다. 그리고 병이 오래 끌다 보니 극도로 쇠약해져 1836년 6월 23일 세상을 떠났다.[25] 하지만 그 마지막 며칠 동안에도 지적인 활력은 조금도 쇠퇴하지 않았다.

아버지 생애를 일관한 모든 것과 모든 사람에 대한 아버지의 관심은 약해지지 않았고, 죽음이 가까워져도 (아버지처럼 강렬하고 확고한 정신의 소유자에겐 당연한 일이지만) 종교 문제에 대한 그의 신념에는 아무런 동요가 없었다. 마지막이 가까워진다는 사실을 안 뒤에 아버지가 주로 만족을 느낀 건 자신이 세상을 이전보다도 좋게 만들었다는 것이었고, 제일 후회했던 건 더 오래 살면서 더 많은 일을 할 만한 시간이 없었다는 사실로 생각된다.

영국 문단사나 정치사에서 아버지는 출중한 위치를 차지했다. 그러므로 그의 참된 가치로 인해 득을 본 세대들에게 아버지가 매우 드물게만 언급되고 그보다 훨씬 못한 사람들에 비해 거의 기억되지 않는다는 건 결코 명예로운 일이라고는 할 수 없다. 그 원인은 주로 다음 두 가지다. 첫째, 그의 사상은 그보다 더 이름날 가치가 있는 벤담의 높은 명성에 파묻혀버렸다. 그러나 아버지는 벤담의 단순한 추종자도 아니었고 제자도 아니었다. 그는 당대의 가장 독창적 사상가였기에 그 이전 세대에서 생겨난 가장 중요하고 독창적인 사상 다수를 가장 빨리 평가하고 받아들였다.

그의 정신과 벤담의 정신은 근본적으로 구조가 달랐다. 아버지는 벤담이 가진 고도의 자질 전부를 갖지 못했고 벤담도 아버지의 자질을

---

25 제임스 밀은 마지막까지 동인도회사의 통신부장이라는 요직에 있었다.

갖지 못했다. 아버지에게도 벤담이 인류를 위해 성취한 훌륭한 공적만큼 공이 있다는 평가를 요구한다면 어리석은 짓이다. 아버지는 인간사상의 큰 분야에 혁명을 일으킨 (또는 창조한) 사람이 아니었다. 그러나 벤담의 성취로써 득을 보았던 업적은 제외한다 치고 벤담이 아무것도 하지 않은 분야에서 아버지가 달성한 것, 즉 분석심리학 분야만 예를 든다 해도 아버지는 모든 도덕과 정치와 과학이 궁극적 기초를 두고, 그 여러 가지 기본적 진보의 단계 가운데 하나를 마련한 사색에 있어 가장 중요한 최대 인물 가운데 한 사람으로 후세까지 이름을 남길 것이다.

그의 명성을 그의 진가보다 못하게 한 또 하나의 이유는, 부분적으로는 아버지 스스로의 노력을 통해서 지금은 일반적으로 받아들여지는 의견이 매우 많은데도 전반적으로 아버지의 정신과 현대의 정신은 현저히 대립한다는 점이다. 브루투스Brutus가 '최후의 로마인'[26]이라고 불렸듯이 아버지는 18세기 최후의 사람이었다. 아버지는 18세기 사상과 감정의 풍조를 (수정이나 개선을 전혀 가하지 않은 것은 아니지만) 19세기에 가져왔지만, 19세기 전반의 특징이었던 18세기에 대한 반동에는 좋은 영향을 미친 것이든, 나쁜 영향을 미친 것이든 참여하지 않았다. 18세기는 위대한 시대고, 강인하고 용감한 사람들의 시대였는데 아버지는 그들 중 강인하고 용감한 사람들에게 적합한 동료가 될 수 있었다.

그는 저술과 개인적 영향력을 통해 같은 세대 사람들에게 위대한 광명의 중심이 되었다. 그는 만년에 볼테르가 프랑스 계몽사상가의 우두머리이자 지도자였던 것처럼 영국의 지성적 급진주의자들의 우두머

---

26 셰익스피어W. Shakespeare, 《줄리어스 시저Julius Caesar》, 5막 3장, "최후의 로마인Last of All the Romans"의 독백 부분에 나온다.

리이고 지도자였다. 아버지 최대 저서의 주제인 인도에 대해 그는 모든 올바른 정치적 수단을 창시했는데 이는 그의 자그마한 공적 가운데 하나에 불과하다. 그가 저술하며 다루었던 어떤 주제도 아버지의 귀중한 사상 덕택에 풍부해지지 않은 것이 없었다. 쓰였던 당시에는 매우 유익한 책이었지만 오래전에 그 역할을 끝낸《정치경제학 원리》는 예외로 한다 해도, 아버지의 책 가운데 어떤 것도 시대에 뒤떨어진 것이 되거나 그 주제를 공부하는 사람들에게 교훈적 읽을거리가 아닌 것이 되려면 앞으로도 오랜 세월이 흘러야 할 것이다.

단순히 정신과 성격의 힘만으로 타인의 확신이나 목적에 영향을 미치는 능력, 그리고 자유와 진보의 촉진을 위해 끊임없이 그러한 능력을 행사하는 데 아버지에 필적할 남성은 내가 아는 한 단 한 사람도 없었다. 오로지 한 여성만이 있을 뿐이다.

평론지

아버지에게 인격적 탁월성을 부여한 자질에 있어 스스로가 매우 열등하다는 사실을 통감하면서도 나는 이제 아버지 없이 혼자서 가능한 것을 하고자 노력했다. 그리고《런던 앤드 웨스트민스터 리뷰》는 공중 정신의 자유주의적이고 민주주의적인 부분에 유익한 영향력을 확립하기 위해 주된 희망을 거는 수단이었다. 나는 아버지의 원조를 잃었지만 그 대가인 제약이나 조심스러움에서도 해방되었다. 이제는 나 자신과 의견을 달리해도 존경해야 할 급진파의 저술가나 정치인이 존재한다고는 생각이 들지 않았다.

몰스워스의 완전한 신뢰를 얻은 나는 그때부터 스스로의 의견이나 사고방식을 전면에 내세우고, 설령 과거의 동료를 잃는 일이 있더라도 내가 이해한 진보에 공감해주는 많은 저술가들에게 평론지를 널리 해방하고자 결의했다. 따라서 그때부터 칼라일이 종종 기고하게 되었고, 조금 후에는 스털링도 가끔 기고했다. 각각의 논설이 그 집필자의 개인적 의견의 표명이라는 데는 변화가 없었지만, 전반적 논조는 상당한 정도까지 내 의견과 일치했다.

평론지 운영을 위해 나를 도와줄 사람은 로버트슨[27]이라는 젊은 스코틀랜드인이었다. 그는 능력과 정보력이 상당했고, 매우 부지런하고 적극적으로 기획하는 두뇌의 소유자로 평론지 판매 상승을 위해 노력했으며, 나는 그의 그런 능력을 크게 기대했다. 그사이, 1837년 초에 평론지의 적자 경영이 계속되는 데 싫증이 난 몰스워스(그는 자신의 역할을 훌륭하게 수행했고 적지 않은 비용 지출을 부담했다)가 평론지 소유권을 넘기고자 했다. 그래서 금전상 이익에는 극히 분별력이 없었던 나는 로버트슨의 기획을 전적으로 믿고 그의 기획이 충분히 실현될 때까지 스스로 위험부담을 떠안고 경영을 계속하고자 결심했다.[28]

기획은 잘 들어맞았다. 나로서는 그 기획에 대한 의견을 바꿀 이유가 없었다. 그러나 나는 급진주의적이고 민주적인 평론지의 어떤 기획으로도 유급 주필이나 부주필 그리고 필자들에게 충분한 원고료를 지불할 만한 비용을 댈 수 있으리라 기대하지 않았다. 나와 몇몇 기고자는 몰스워스 때 그랬듯이 무보수로 기고했다. 반면 유료 기고자에게는

---

27 John Robertson (1811~1875). 1834~1840년《런던 앤드 웨스트민스터 리뷰》주필을 지냈다.

28 밀은 1837년부터 3년간 소유자 겸 실질적 주필을 지냈다.

《에든버러 리뷰》나 《쿼털리 리뷰》에서 주는 만큼 원고료를 계속 지불했지만, 이는 잡지 판매액으로는 충당할 수 없었다.

나는 같은 해인 1837년, 이런 일들을 하며 《논리학 체계》 집필을 재개했다. 귀납법에 들어가는 입구에서 길이 막혀 5년간 이 주제에 대해 아무것도 쓰지 않았다. 모든 자연과학 분야의 종합적이고 정확한 견해가 이 분야에서 이 주제의 난점을 극복하는 데 주로 부족한 점이었음을 차차 알게 되었다. 여러 과학의 일반적 개략과 과정을 내 앞에 전개해주는 책이나 기타 안내에 대해 전혀 몰랐기에 그러한 지식을 익히려면 오랫동안 연구해야 한다는 사실이 우려되었고, 되도록이면 여러 과학의 세목에서 스스로 뽑아낼 수밖에 없다고 생각했다.

휴엘[29] 박사가 그해 초 《귀납적 과학의 역사》를 출판한 것은 내겐 다행스러운 일이었다. 나는 그 책을 읽고 내가 바라던 것에 상당히 접근했음을 알았다. 그 책에 포함된 철학의 대부분은 아니어도 많은 부분을 반론해야 한다고 생각했지만, 나 스스로 사고하게 해줄 소재가 있었다. 저자는 그 소재를 뛰어난 방식으로 정리했으므로 커다란 자극을 주고 노력을 덜어주었다.

휴엘 박사가 준 자극에 힘을 얻은 나는 허셜[30] 경의 《자연철학 연구 논고A Preliminary Discourse on the Study of Natural Philosophy》를 다시 읽었다. 여러 해 전에 이 책을 읽고 별 이득도 없이 서평까지 썼는데 이제

---

[29] William Whewell (1794~1866). 철학자이자 과학사학자로 케임브리지대학교에서 광물학 교수(1828~1832)와 도덕철학(1838~1855) 교수를 지냈다. 베이컨의 귀납법을 당시 과학 수준에 따라 발전시킨 《귀납적 과학의 역사History of the Inductive Sciences》(1837)는 밀의 귀납법 논리학에 크게 기여했다.

[30] Frederick William Herschel(1738~1822). 독일의 천문학자로 천왕성을 발견하여 '조지의 별'이라고 이름 붙였다. 조지 3세는 그를 국왕부 천문관에 임명했다.

다시 읽으면서 많은 도움을 받고 내 정신의 진보를 측정할 수 있었다. 그래서 그 주제에 대해 생각을 정리해서 정력적으로 집필했다. 내가 이 일에 들인 시간은 더욱 긴장된 일을 하는 시간에서 틈틈이 빼내야만 했다. 내가 쓸 수 있는 시간은 평론지에 집필하는 사이의 두 달에 불과했으나 그동안《논리학 체계》의 약 3분의 1가량, 즉 어려운 첫 부분의 최초 초고를 썼다. 그전에 쓴 것이 3분의 1, 이어지는 나머지도 3분의 1일이었다.

이때 쓴 것은 추론 이론의 나머지(추론의 연쇄와 논증적 과학의 이론)와 귀납법에 관한 편 대부분이었다. 여기까지 썼을 때, 가장 어려운 부분을 해결했으니 그 책의 완성은 시간문제에 불과하다고 생각했다. 이 일을 마친 후에는 평론지 다음 호에 실을 논설 두 편을 쓰기 위해《논리학 체계》에서 떠나야 했다. 그 논설들을 집필한 뒤 논리학이라는 주제로 돌아갔을 때, 당시 막 출판된 콩트의《실증철학 강의》[31] 두 권과 접하게 되었다.

콩트

나의 귀납법 이론은 내가 콩트의 책을 알기 이전에 실질적으로 완성되었다. 그리고 내가 콩트와 다른 경로로 그 이론에 도달한 건 잘된 일이었다. 왜냐하면 그 결과, 내 책에는 삼단논법과 논증의 관계처럼 콩

---

31 *Cours de Phiolosophie Positive.* 1842년에 6권이 완결되었으나 당시 간행된 것은 1830년과 1835년에 각각 나온 1, 2권이었다.

트 책에는 없는 귀납법적 과정을 엄밀한 규칙과 과학적 검증으로 환원하는 것이 포함되었기 때문이다. 콩트는 탐구 방법에 관해서는 언제나 정확하고 심오했으나 증명의 여러 조건을 정확하게 정의하는 것조차 전혀 시도하지 않았고, 그의 책은 증명의 여러 조건의 정당한 개념에 도달하지 못했음을 보여주었다. 그런데 이 점이야말로 내가 귀납법을 다루면서 특히 스스로에게 부과한 과제였다. 그래도 나는 콩트에게 배운 점이 많았다. 그 뒤에 내가 쓴 글은 그의 저서를 통해 풍부해졌고, 내가 조금 더 생각해야 할 부분에 큰 도움이 되었다. 그의 책이 나올 때마다 나는 열심히 읽었지만, 사회과학에 관한 것이 나오자 느낌이 달라졌다. 4권에는 실망했다. 사회문제에 대해 내가 가장 찬성하기 어려운 의견이 포함되어 있었기 때문이다. 그러나 역사가 서로 관련된다는 견해가 포함된 5권이 나오자 내 열의는 다시 불탔다. 6권(즉 마지막)도 나의 열의를 후퇴시키지 못했다.

순전히 논리학의 관점에서 본다면 내가 그에게 은혜를 입은 유일한 중요 개념은 역사나 통계의 복잡한 문제에 주로 적용되는 방법인 역逆연역법[32]이었다. 이 과정이 연역법의 보통 형태와 다른 점은, (자연과학의 연역적 분야의 자연적 순서처럼) 일반적으로 추론하여 그 추론을 특정한 경험에 의해 논증하는 것이 아니라, 특정한 경험을 대조해감으로써 일반적 법칙을 얻고, 또 그런 법칙이 이미 알려져 있는 일반적 원리에서 필연적으로 나오는지 그렇지 않은지 확인함으로써 그 법칙을 검증한다는 점이다. 내가 콩트 책에서 이런 사상을 발견했을 때, 나에게는 참으로 새로운 생각이었다. 그의 은혜가 없었더라면 나는 (언젠가는 도달

---

32 Inverse Deductive Method.

했을지 모르지만) 곧바로 도달하지는 못했을 것이다.

나는 콩트와 편지 교환을 하기 전부터 오랫동안 그의 저작에 대한 열렬한 찬양자였지만 한 번도 만나지 못했다. 두 사람은 종종 편지를 교환했는데 그것이 논쟁의 성질을 띠게 되어 서로 열의가 식어갔다. 처음에 편지를 게을리한 것은 나였고, 먼저 중단한 것은 그였다. 나는 내가 그에게 아무런 도움이 되지 않으며 그가 나에게 도움이 되는 것 또한 그의 저서를 통한 것뿐이라는 사실을 깨달았고, 아마도 그 역시 마찬가지 생각을 한 듯했다. 하지만 우리의 견해차가 단순히 이론상의 것이었다면 절교에 이르지는 않았을 것이다. 우리는 주로 쌍방의 가장 강렬한 감정과 섞여 열의의 방향 전체를 결정하는 점이 서로 달랐다.

그가 인생의 실제적 부문의 모든 면에서 지배자를 포함한 인류 대다수는, 자연과학 문제에서도 그러하듯이 정치적·사회적 문제에서도 마찬가지 필연성에서, 그들의 능력 이상으로 그 문제를 잘 연구한 사람들의 권위를 존중해 그런 사람들의 의견 대부분을 받아들여야 한다고 말할 때, 나는 완전히 찬성했다. 이러한 의견은 이미 말한 콩트의 초기 저작[33]을 통해 나에게 강렬한 인상을 주었다.

그리고 그의 대작 중에서 내가 가장 찬양한 것은, 근대 유럽의 국민들이 중세를 통해서 세속적 권위와 정신적 권위의 분리 그리고 정신적 권위가 명확한 조직을 가졌다는 점에서 역사적 이익을 끌어낸 사실을 멋지게 해설한 부분이었다. 과거에는 성직자가 행사했던 도덕적·지적 주도권이 이제는 철학자에게 이행되어야 하며, 철학자들의 의견은 충

---

[33] 《사회 재조직에 필요한 과학적 작업 계획 Plan des Travaux Scientifiques Nécessaires pour Réorganiser la Société》.

분히 일치하므로 다른 점에서도 주도권을 쥐는 게 당연하다는 그의 주장에도 나는 동의했다.

그러나 그가 이러한 일련의 사상을 과장해서 철학자가 과거 가톨릭교회가 지녔던 것과 거의 같은 정신적 우월성(세속적 권위는 전혀 갖지 않는다고 해도)을 부여받는 일종의 계층제로 조직화된 실천적 체계를 만들고, 이러한 정신적 권위를 뛰어난 통치의 유일한 보장, 즉 실제적 억압에 대한 유일한 방파제로 보아 거기에 크게 의존하고, 그것에 의해 국가의 전제 조직과 가정 내의 전제가 무해하고 유익한 것이 되리라고 기대한다는 사실을 알았을 때, 우리가 논리학자로서는 거의 사고방식이 같았던 반면, 사회학자로서는 그 이상의 동행이 불가능했다는 것은 조금도 놀라운 일이 아니다.

콩트 씨는 생전에 그의 마지막 저술이 된《실증정치학 체계》[34]에서 이그나티우스 로욜라[35]의 경우 외에는 지금까지 인간 두뇌에서 나온 적이 없었던 정신적이고 세속적인 전제의 가장 완벽한 조직을 계획함으로써 철저하게 이러한 이론을 세웠다. 이는 정신적 교사와 지배자로 조직된 단체가 제공하는 일반적 의견의 멍에가 모든 행위 위에 절대화되고, 인간에게 가능한 모든 일에서, 자신의 사정에 관한 사상이나 타인의 이익에 관한 사상에 대해서도, 사회 구성원의 모든 사상 위에서도 절대화되는 조직이다.

---

34 *Système de Politique Positive*(1851~1854).

35 Sanctus Ignatius de Loyola(1491~1556). 스페인 바스크 귀족 가문의 기사였고, (1537년 이후) 로마가톨릭교회의 은수자이자 사제였으며, 신학자였다. 예수회 창립자, 초대 총장이기도 했다. 이그나티우스는 가톨릭 개혁 시기에 특출한 영적 지도자로 급부상했다. 가톨릭교회에 대한 그의 충성은 가톨릭교회의 권위와 교계제도에 대한 절대적 순명으로 특징지을 수 있다.

같은 주제를 다룬 콩트의 이전 저술보다도 이 책이 감정상 많은 점에서 상당히 개선되었다고 말한다면 정당할 것이다. 하지만 나는 이 책이 사회과학에 기여하는 유일한 가치는, 종교적 신앙의 도움이 없으면 효과적인 도덕적 권위를 유지할 수 없다는 사고방식에 종지부를 찍은 것이라고 생각한다. 왜냐하면 콩트의 책은 인류교 말고는 아무런 종교를 인정하지 않지만, 그래도 사회 전체에서 일치되는 어떤 도덕적 신조는, 생각만으로도 개별 구성원의 행위와 생활 전체를 두려운 힘과 가능성을 가지고 덮칠 수 있다는 저항하기 힘든 확신을 보여주었다. 이 책은 사회와 정치에 관한 사상에 대해서, 사람들이 일단 그들의 사색에서 자유와 개성의 가치를 상실한다면 어떤 일이 생길지 기념비적으로 경고한 것이다.[36]

급진주의 철학

나 자신의 이야기로 돌아가면, 평론지의 일은 얼마 동안 내가 집필과 집필을 위한 사고에 전심할 수 있는 거의 모든 시간을 독점했다.《논설과 토론》에 재수록된《런던 앤드 웨스트민스터 리뷰》의 여러 논문은

---

36 밀은《자유론》에서 콩트의 경우 "그의 사회 체계는 그의 저서《실증정치학 체계》에서 설명되듯이 개인에 대한 사회의 전제주의를 수립(법적 수단보다도 도덕적인 수단에 의한 것이지만)하는 것을 목적으로 삼았다. 그 전제주의는 고대 철학자 가운데 가장 엄격한 규제주의의 정치 이론에서 의도된 그 어떤 것보다 엄격했다"(박홍규 옮김, 문예출판사, 2009, p. 49)라고 썼다. 또《오귀스트 콩트와 실증주의August Comte and Positivism》(1865)에서 콩트가 사회과학 방법론에 공헌한 점을 높이 평가하면서도 그의 정신적 권위주의를 날카롭게 비판했다.

내가 쓴 글의 약 4분의 1에 이르렀다.

　나는 평론지를 운영하면서 주로 두 가지를 목적으로 삼았다. 하나는 철학적 급진주의가 당파적 벤담주의라는 비난에서 해방되게 하는 것이었다. 나는 정확한 표현과 명쾌한 의미, 허황된 말이나 막연한 일반론에 대한 비난 등, 벤담과 내 아버지의 훌륭한 특징이었던 점을 유지하는 한편, 급진주의적 사색에 더욱 넓은 기초와 자유롭고 따뜻한 성격을 부여함으로써 벤담에게서 영원한 가치를 갖는 모든 것을 승인하고 받아들이면서도 벤담 철학보다도 더욱 뛰어난 완전한 철학이 있음을 보여주려 했다. 이러한 첫 번째 목적에 대해서는 어느 정도 성공했다.

　내가 시도한 또 하나는 의회 안팎의[37] 교양 있는 급진주의자들의 의욕을 불러일으켜 적절한 수단을 사용하면 그들이 할 것으로 생각되는 것, 즉 정권을 잡거나 적어도 휘그당과 공동으로 정권에 참여 조건을 제시할 수 있는 강력한 정당이 되도록 노력하라고 편달하는 것이었다. 이러한 시도는 처음부터 환상에 불과했다. 그 이유는 부분적으로는 시기가 나빴다는 점, 즉 선거법 개정의 열광이 퇴조한 시기에 토리당의 영향력이 강력해진 것 때문이었으나, 그 밖에 오스틴이 묘하게 말했듯이 '나라에 인물이 없었기' 때문이었다. 원내의 급진주의자 사이에서는 개명 급진주의자 정당의 유력한 당원이 될 자격이 있는 사람 몇몇이 존재했지만, 그러한 정당을 형성해서 지도할 만한 사람은 없었다. 그들에게 권고해보았지만 아무런 반응이 없었다. 급진주의를 위해 대담한 운동을 하고 성공할 수 있는 기회라고 생각된 적이 한 번 있었다. 더럼[38]

37　배영원, p. 185에는 '의회 이외의'라고 되어 있는데 잘못된 번역이다.

38　John George Lambton Durham(1792~1840). 영국의 군인이자 귀족으로 휘그당 급진파의 정치가였다.

경은 내각에서 물러났다. 내각이 충분히 자유주의적이지 못했다는 이유 때문이었던 것으로 생각된다. 그 뒤 그는 내각에서 캐나다 반란의 원인을 조사하고 제거하는 임무를 받아들였다. 그는 처음부터 급진파 고문들을 주위에 둘 의향을 보였다. 그가 최초에 내세운 정책 가운데 의도와 효과가 뛰어났던 정책 하나가 본국 정부의 부인으로 취소되었다. 때문에 그는 사임을 하고 공공연히 내각과 대립해서 항쟁하는 위치에 섰다. 토리당에게서는 혐오받고 휘그당에게서는 막 중상을 당한 요인要人이야말로 급진주의 정당의 수령으로서 적합하게 생각되었다.

정당 정략의 극히 초보적 사고방식을 가진 사람이라면 누구라도 어떻게든 이러한 기회를 살리려는 시도를 해야 했다. 더럼 경은 곧바로 사면초가의 곤경에 빠져 적에게는 격렬한 공격을 받고, 비겁한 동지에게서는 버림받아 자진해서 그를 변호하고 싶다고 생각하는 사람들도 뭐라고 말해야 좋을지 모르는 상태가 되었다. 나는 캐나다 사태에 처음부터 주목했고, 더럼 경의 후견인 역할을 한 사람들을 격려한 사람 가운데 한 사람이었다. 그의 정책은 나의 정책이라고 할 정도로 거의 완전히 일치했으므로, 당연히 그의 정책을 변호하는 자리에 섰다.

나는 성명서를 만들어 평론지에 발표했다. 그 속에서 그를 위해 가장 명백한 이유를 들어 그를 무죄방면해야 한다고 주장했을 뿐 아니라 그를 찬양하고 그에게로 명예를 돌렸다. 곧바로 다수 집필자가 같은 논조로 기고했다. 나는 더럼 경이 얼마 뒤 나에게, 자신이 영국으로 귀국했을 때 거의 개선장군처럼 환영받은 것은 오로지 내 글[39] 때문이라고 과장되지만 정중하게 말해준 것은 어느 정도 진실이었다고 믿는다.

---

[39] 원문의 this article이 최명관, p. 220에는 '이 논문들'이라고 되어 있는데 잘못된 번역이다.

나는 그 글이 시의적절했다고 믿는다. 즉 그것은 위기의 순간에 결과를 크게 좌우했으며, 산의 정상에 있던 돌이 어디로 굴러가느냐를 판가름하게 해줄 손놀림과도 같았다.

정치가로서의 더럼 경에게 걸었던 모든 기대는 곧 사라졌으나, 캐나다 정책과 식민지 정책 일반에 대해서는 성과가 달성되었다. 부분적으로는 웨이크필드E. G. Wakefield의 사사를 받아 찰스 불러가 쓴 더럼 경의 보고서[40]는 새로운 시대를 열었다. 완전한 자치를 확대하자고 하는 이 권고는 2, 3년 사이에 캐나다에서 완전히 실시되었고, 이어 중요한 공동사회로서의 성격을 주장할 수 있는 유럽인의 다른 모든 식민지에도 확대되었다.[41] 그리고 나는 가장 중요한 순간에 더럼 경과 조언자들의 이름을 드높이는 점에 성공함으로써 이러한 결과에 실질적으로 공헌했다고 말할 수 있다.

내가 평론지를 경영하는 동안 신속하게 주도권을 획득해 좋은 결과를 얻은 일이 또 하나 있다. 칼라일의《프랑스혁명사 The French Revolution》의 조기 성공과 유명세는 내가 쓴 평론지의 서평이 촉발한 부분이 상당하다고 믿는다. 칼라일은 평범한 평론가들이 판단하는 기준이나 방식을 완전히 무시해서 썼지만 책이 출판된 직후 그들이 대중

---

40 *Lord Durham's Report on the Affairs of British North America*, 1839.

41 밀은《대의정치론》마지막 장에서 "여러 국민의 식민지 정책의 새로운 시대는 더럼 경의 보고서로 시작되었다. 그것은 그 귀족의 용기와 애국심과 개명적 관대함, 또 공저자인 웨이크필드 씨와, 애도해야 할 고故 찰스 불러 씨의 지성과 실천적 현명함이 남긴 불멸의 기념이다"라고 강조하면서 "그것을 가장 빠르게 주장한 사람이라는 명예는 의심할 바 없이 로벅 씨의 것이다"라고 주에 달았다. *Consideration on Representative Government*, 전집 19권, p. 563. 우리말 번역은 존 스튜어트 밀, 서병훈 옮김,《대의정부론》, 아카넷, 2012, p. 311. 이 책에서의 번역은 옮긴이가 한 것.

에게 그 책을 비난하도록 선입견을 심어주기 전에, 나는 서평을 발표하고 그 책이 모든 기준을 넘어 스스로 법칙을 세우는 천재의 작품 가운데 하나라고 찬양했다.

이 경우나 더럼 경의 경우나, 내가 쓴 글이 좋았기 때문에 영향을 주었다고는 생각하지 않는다. 실제로 적어도 그 하나(칼라일에 관한 글)가 좋았다고 생각하지는 않는다. 그리고 나는 그 두 가지 경우 모두, 어느 정도 독자를 확보한 사람이 같은 시기에 같은 의견을 표명하며 그 정당한 이유를 상당한 분량으로 썼다면 누구나 똑같은 효과를 불러왔으리라 생각한다. 그러나 평론지를 통해 급진주의 정치에 새로운 생명을 불러일으키려던 나의 희망이 완전히 사라진 후였기 때문에 나는 노력할 가치가 있는 것과, 사람들에게 직접 도움이 된다고 성실하게 시도하는 가운데 성공한 두 가지 사례를 회고할 수 있다는 점에 기쁨을 느낀다.

급진주의 정당을 수립하겠다는 최후의 희망이 사라진 이상, 평론지에 쏟는 시간과 비용의 과중한 부담을 중지할 때가 왔다. 평론지는 내 의견의 발표 기관으로 어느 정도까지 나의 개인적 목적에 적합했고, 변화된 사상 양식의 많은 것을 인쇄함으로써 초기 저술의 편협한 벤담주의에서 나 자신을 현저하게 떼어냈다. 이는 다양한 순문학적 논설을 포함해서 내가 쓴 모든 글의 일반적 논조를 통해 이루어졌다. 특히 (《논설과 토론》에 수록된) 벤담과 콜리지에 대한 철학적 평론을 시도한 두 편의 글이 그러했다.

첫 번째 논문에서는 벤담의 공적을 충분히 인정하면서 내가 그 철학의 오류와 결함이라고 생각한 점을 지적했다. 나는 지금도 이러한 비판이 완전히 옳다고 생각하지만, 그 글을 그때 발표한 것이 옳았는지 종종 의문스러워한다. 진보의 수단으로서 벤담의 철학이 업무를 수행하기도 전에 어느 정도 불신을 받게 하고, 그 명성을 낮추는 데 기여한 것은 사회 개선에 도움이 되기보다 도리어 유해하지 않았을까 하는 생각이 가끔 들었다. 그러나 벤담주의 중에서 뛰어난 점에 대한 재반동이 생겨난 지금, 나는 그 결함에 대한 이러한 비판을 이전보다 만족스럽게 회고할 수 있다. 《논설과 토론》에 함께 실은 벤담주의의 기본 원리에 대한 변호론을 통해 균형을 유지하는 것이 가능했으므로 더욱 그러하다.

《콜리지론》에서는 18세기의 부정적 철학에 대해 유럽의 반동이 어떤 특징을 갖는지 밝히려고 했다. 그 글의 영향에 대해서만 생각하면, 벤담의 경우 단점을 너무 강조해서 잘못을 범했듯이, 콜리지의 경우 장점을 너무 강조해서 오류를 범했다고 생각할지도 모른다. 어떤 경우는 벤담과 18세기 이론 중 지지할 수 없는 점에서 나 자신을 분리하려고 너무 애를 썼다. 그래서 실체는 아닐지라도 표면상의 내가 반대쪽에 기울게 했을지도 모른다. 그러나 《콜리지론》에 관한 한 급진주의자나 자유주의자를 위해 쓴 것이고, 다른 파의 저술가들이 쓴 지식 중에서 그들이 가장 크게 개선을 이끌어낸 점을 강조하는 것의 나의 일이었다고 강조하고 싶다.

《콜리지론》은 내가 평론지의 소유자였던 동안에 간행된 마지막 호에 실렸다. 1840년 봄, 나는 평론지를 힉슨[42] 씨에게 넘겼다. 내가 경영하는 동안 좋은 논문을 종종 무상으로 기고했던 그는 한 가지 조건만을 제시했다. 그것은 《웨스트민스터 리뷰》라는 본래 이름으로 돌아가

42 William Edward Hickson(1803~1870).

경영자가 바뀌었음을 분명히 밝힌다는 것이었다. 힉슨 씨는 그 이름으로 10년간 발간하면서 주필 겸 집필자로서의 자기 노력은 무상으로 하고 이익은 기고자에게 분배했다. 원고료가 적었기 때문에 기고자를 구하기 어려웠음에도 급진주의자와 진보의 기관지로서의《웨스트민스터 리뷰》의 성격을 상당한 정도로 유지할 수 있었던 것은 커다란 찬양을 받을 만한 일이다.

나는 이 평론지에 기고를 멈추지 않고 종종 글을 썼다. 하지만《에든버러 리뷰》가 더 발행부수가 많았으므로 그때부터는 그쪽에 적절하다고 생각하는 글은《에든버러 리뷰》에 기고하게 되었다. 바로 그때《미국의 민주주의》마지막 권이 나와서 그 평론[43]을 처음으로《에든버러 리뷰》에 실었다. 그것은《논설과 토론》2권 첫머리에 수록되어 있다.

---

43 "De Tocqueville on Democracy in America",《에든버러 리뷰》, 1840년 10월호.《전집》18권.

7
내 마지막 생애의 개관

논리학 연구

이 시기[1]부터의 내 생애에 대해 기록할 가치가 있는 것은 매우 좁은 범위에 그친다. 나에게 이어진 정신적 진보가 있었다고 자부해도, 연속적으로 기록할 정도의 정신적 변화가 더는 없었다. 만약 나의 정신적 진보가 참된 것이었다면 내 저술 중에 가장 잘 나타나 있을 것이다. 그래서 나는 이때 이후 여러 해에 대한 서술을 매우 간단히 하겠다.

나는 평론지 일을 떠나면서 생긴 여가를 《논리학 체계》 완성에 사용했다. 1838년 7, 8월이 되자 3권의 초기 초고 중에서 아직 미완성이던 부분을 쓸 시간이 생겼다. 인과율 법칙도 아니고 인과율 법칙에 따르는 계系, corollaries도 아닌 자연법칙의 논리적 이론을 만들어가는 사이에, 나는 유類, kinds가 단순한 편의상 구별이 아니라 사연에 실재한다는 점을 승인하게 되었으나, 1권을 쓸 때는 이러한 착상을 깨닫지 못했

---

1 1840년, 밀의 나이는 서른여섯이었다.

으므로 1권 가운데 몇 장을 수정하고 증보할 필요가 있었다.

언어와 분류에 관한 권과 오류의 분류에 관한 장의 초고는 같은 해 가을에 썼고, 여타 부분은 1840년 여름과 가을에 썼다. 1841년 4월부터 연말까지 시간을 낼 수 있을 때는 이 책을 처음부터 전부 새로 쓰는 것으로 보냈다. 나는 모든 책을 이러한 방법으로 썼다. 즉 언제나 두 번 반복해서 썼고, 최초 원고를 주제 마지막까지 쓴 후에는 전체를 새롭게 다시 썼다. 그러면서 두 번째로 쓸 때에는 첫 번째 초고와 다른 방식으로 쓰기보다는 내 목적에 적합하다고 생각되면 첫 번째 초고의 문장이나 그 일부를 모두 그대로 넣었다. 이처럼 두 번 개정하는 방법은 매우 유익하다고 생각한다. 그것은 처음 생각한 것의 신선함과 활력을, 시간을 들여 생각함으로써 생겨난 정확성 및 완전성과 결부하는 데 다른 집필 방법보다 뛰어나기 때문이다.

뿐만 아니라 나의 방법에서는 주제 전부를 일단 조감해보고, 아무리 불완전하다고 해도 서술하고 싶은 것 전부를 종이 위에 쓰는 쪽이, 서술이나 표현의 세부를 진지하게 퇴고하는 데 필요한 인내심이 더욱 적게 들게 한다. 최초 원고를 쓸 때 내가 최대한 주의를 집중하는 유일한 점은 구성이다. 구성이 좋지 않으면 다양한 이념을 짜는 모든 갈래가 꼬이게 된다. 사고방식이 잘못된 관계에 놓이면 옳은 관계에 적합한 서술을 할 수 없다. 따라서 첫 번째 초고에 처음부터 이러한 결함이 있으면 마지막 원고의 기초로서는 거의 전혀 도움이 되지 않는다.

《논리학 체계》를 다시 쓰는 동안 휴엘 박사의 《귀납적 과학의 철학》[2]이 간행되었다. 이 책이 내가 몹시 바라던 것을 준 점은 내게 행운

---

2 *The Philosophy of the Inductive Sciences*, 2 vols, 1840.

이었다. 이는 반대자가 귀납법을 전면적으로 다룬 것이어서, 나는 나 자신의 생각을, 명백한 반론에 대해 변호하면서 반대 이론과 명확하게 대결함으로써 더욱 명확하게 강조하고, 더욱 완전하고 다양하게 전개할 수 있었다. 원고를 다시 쓰는 과정에서 벌어진 휴엘 박사와의 논쟁은 콩트에서 가져온 많은 것처럼 처음으로 내 책에 포함되었다.

1842년 말에 책으로 인쇄할 준비가 끝나서 머리[3] 씨에게 들고 갔지만, 그는 그 시기에 간행하기에는 너무 늦을 때까지 가지고 있다가 거절했다. 그 이유는 처음부터 말할 수 있는 것이었다. 그러나 원고는 파커Parker 씨에게 건네져 1843년 봄에 간행되었으므로 한 번 거절당한 데 대해서 유감은 없다. 본래부터 나는 이 책의 성공을 거의 기대하지 않았다.

훼이틀리 대주교는 논리학이라는 이름과 추론의 형식, 규칙, 논증의 오류 등에 관한 연구를 부활시켰고, 휴엘 박사의 저서는 내 주제의 또 한 가지 부분이었던 귀납법 이론에 관심을 불러일으켰다. 그러나 그 정도로는 추상적인 문제에 대한 책이 인기를 끌 거라고 기대하지 않았다. 이 책은 학생들을 위한 교과서에 불과하고, 이러한 것을 연구하는 학생은 (적어도 영국에서는) 적을 뿐 아니라, 형이상학에서 반대파인 본체론적이고 '내재적 원리' 학파에 열중했기 때문이다.

따라서 나는 이 책을 많은 사람들이 읽거나 찬양하는 것을 기대하지 않았고, 내가 가장 올바른 철학이라고 생각한 것의 전통을 끊임없이 유지한다는 것 말고는 실제적 효과를 거의 바라지 않았다. 내가 적어도 직접적 주목을 불러일으키리라 기대한 것은 휴엘 박사가 논쟁을

---

3 John Murray(1778~1843).

좋아한다는 점에 근거했다. 다른 경우, 그의 행동으로 미루어볼 때 그의 의견에 대한 공격에 바로 반론함으로써 이 책이 주목을 끌 것이라고 생각했다.

그는 반론을 해왔지만 그것은 1850년의 일이었기에 나는 3판에서야 그에게 답할 수 있었다. 그런 종류의 책으로서 이 책이 엄청난 성공을 거둔 이유가 무엇인지, 또 읽었다고까지는 말할 수 없다고 해도 이 책을 구입한 사람들이 누구인지 나는 전혀 모른다. 그러나 그 뒤에 일어난 사색의 부활, 특히 (전혀 기대하지 않았던) 대학에서의 자유로운 사색의 부활과 관련해서 보면 부분적이지만 사실은 명백하다.

나는 그 책이 철학 사상에 상당한 영향을 주었다는 등의 환상은 전혀 품지 않았다. 인간의 지식과 지적 능력에 관한 독일적, 즉 아 프리오리 a priori적 견해는 지금부터 얼마 동안 (그 정도는 적어질 것으로 생각되지만) 영국에서도, 대륙에서도 이러한 연구에 종사하는 사람들 사이에서 우세할 것이다. 그러나 《논리학 체계》는 당시 크게 요망된 정반대 이론의 교과서를 제공했다. 그 이론은 모든 지식을 경험에서, 그리고 모든 도덕적이고 지적인 자질을 주로 연상 連想[4]에 주어지는 방향에서 끌어낸다.

논리학적 과정의 분석이나 증거의 어떠한 기준이 그 자체로 지성의 작용을 이끌고 정당화할 수 있는가 하는 점에 대해 나는 누구보다도 겸허하게 평가한다. 다른 필요조건과 결부되면 그것들은 확실히 매우 유익할 것으로 생각된다. 그러나 이에 관한 참된 철학의 실제적 가치가 어떤 것일지라도, 잘못 결부된 철학의 해악은 아무리 과장해도 지

---

4 또는 관념연합.

나치지 않다. 정신 외부에 있는 진리를 관찰이나 경험과 독립해서 직관이나 의식을 통해 알 수 있다고 보는 사고방식은 오늘날 잘못된 이론이나 제도에서 커다란 지적 뒷받침이 된다.

이러한 이론의 도움을 받아 그 기원을 기억하지 못할 뿌리깊은 신념이나 모든 강렬한 감정이 이성을 통해 자신을 정당화할 의무를 면제받고, 그 자체로 충분한 증거가 되어 정당화되고 있다. 이 모든 뿌리깊은 편견을 신성화하기 위해서 이러한 수단이 고안된 적은 지금까지 없었다. 그리고 그러한 도덕, 정치, 종교에서의 잘못된 철학의 중요한 힘은, 언제나 수학이나 자연과학 같은 동종 부문에 호소하게 된다. 이러한 잘못된 철학을 도덕, 정치, 종교에서 배제하려면 그것을 그 본거지에서 추방해야 한다. 하지만 그것이 효과적으로 이루어진 적이 없기 때문에 아버지의《인간 정신현상의 분석》이 간행된 뒤, 직관학파는 간행된 책에 관한 한 전반적으로 가장 뛰어난 논의를 한 것처럼 보였다.

《논리학 체계》는 수학적이고 자연과학적인 진리의 참된 성질과 증거를 해명하기 위해, 직관주의 철학자들이 이전에 난공불락이라고 생각한 전장에서 대결했다. 그리고 그들의 증거가 경험보다도 더욱 심오한 원천에서 유래한다는 것을 증명함으로써 이끌어낸 모든 필연적 진리의 특수한 성격에 대해 경험과 관념연합을 통해 독자적 설명을 했다. 이것이 효과적으로 이루어졌는지 아직까지 확정되지 않았다. 설령 그것이 효과적으로 이루어졌다고 해도 사람들의 선입관이나 편견에 매우 강하게 뿌리내린 사고방식에서 단순히 사색상 뒷받침을 제거한 것은 그 극복을 향한 극히 작은 전진에 불과하다. 하지만 단지 한 발자국이라고 해도 없어서는 안 될 한 발자국이다. 왜냐하면 결국 선입견을 극복할 수 있는 것은 철학뿐이고, 선입견이 철학을 자기편으로 가지고 있지 않다는 것이 밝혀지기 전에는 결코 선입견에 대한 공격이 이루어질 수 없기 때문이다.

사교

이제 나는 당면한 정치에 적극적으로 관여하는 일에서도, 기고자 등과의 개인적 관계를 수반하는 문필상의 일에서도 해방되었으므로, 어린이 같은 허영심이 과거의 일이 되었을 때 사려 깊은 사람들에게 당연하듯이, 극소수 사람들로 교제하고 싶은 사람을 한정하고 싶다는 기분에 솔직히 따를 수 있게 되었다.

　현재 영국의 사교계라는 것은, 그것을 그렇게 만드는 사람들에게도 매우 시시한 것으로 그것이 계속되는 이유는 즐거움을 주기 때문이 아니다. 의견이 나뉘는 문제에 대한 진지한 논의는 모두 버릇없는 일로 생각되고, 쾌활함이 결여된 영국인에게는 18세기 프랑스인이 몹시 자랑으로 여긴, 사소한 것도 기분 좋게 말하는 수법을 양성할 가망성이 없다. 그래서 최고 지위를 차지하지 않는 사람들에게 사교계의 유일한 매력은 조금이라도 상층으로 오르는 데 도움이 되는 것이다. 한편 이미 최고 지위에 있는 사람들에게는 주로 관습과 그들의 지위에 요구된다고 상상되는 일에 따르는 것만이 유일한 매력이다.

　매우 평범한 사상이나 감정밖에 갖지 않는 사람들을 제외하면, 이러한 사교계는 그것을 개인적 목적에 도움이 되도록 하려는 것이 아니라면 아무런 매력도 없을 게 분명하다. 그리고 오늘날, 참으로 고도의 지성을 갖는 사람들 대부분은 사교계와 거의 접촉하지 않으므로 완전히 은퇴한 것으로 생각될 정도다. 정신적으로 조금은 뛰어난 사람이 사교계와 계속 접촉한다면 거의 예외 없이 사교계를 통해 타락하고 만다. 시간을 낭비하는 건 물론, 그들의 감정 경향은 저하되며, 출입하는 사교계에서 침묵해야 하는 자신들의 의견에 대해 열의를 상실해간다.

그리고 그들은 자신들의 가장 고상한 목적을 비현실적이라거나, 적어도 도저히 실현할 수 없는 환상이나 공론 이외의 것이 아니라 생각하게 되고, 대부분의 경우보다 행운이어서 자신들의 고상한 원리를 손상하지 않고 유지할 수 있었다 해도, 동시대 사람들이나 문제에 대해 그들 동료의 공감을 기대할 수 있는 감정과 판단의 양식을 무의식적으로 익히게 된다. 고도의 지성을 갖는 사람은 자신이 지도자로 들어갈 수 있다면 몰라도 절대로 비지성적 사교계에 들어가서는 안 된다.

그러나 이러한 사람들이야말로 고상한 목적을 가지고 사교계에 안전하게 들어갈 수 있는 유일한 사람들이다. 지적 포부를 갖는 사람들도 가능하면 적어도 자신들과 같은 지식, 지성, 나아가 고상한 감정을 갖는 사람들과, 그리고 되도록 자신보다 우수한 사람들과 늘상 교류하는 편이 좋다. 뿐만 아니라 성격이 형성되고 정신이 구성되는 것은 사람들의 생각 가운데 소수의 핵심에 근거하므로, 그러한 핵심에 대한 신념과 감정의 일치가 참으로 열렬한 사람들이야말로 우정이라는 이름에 맞는 본질적 전제조건이라고 언제나 느껴왔다. 이러한 여러 사정이 결부되어 내가 자발적으로 교제하고자 하는 사람들은 매우 소수가 되었고, 친교를 추구하는 사람들은 더욱더 소수가 되었다.

해리엣과 사회주의

그런 친구들 중에서도 가장 중요한 사람은 앞서 말한 비길 데 없는 벗이었다. 이즈음 그녀는 어린 딸과 함께 조용한 시골에서 살았다. 시내에 있는 그녀의 첫 남편 집에 오는 경우는 드물었다. 그녀가 있는 곳이면 나는 어디든 방문했는데, 보통은 테일러Taylor 씨와 별거하는 그녀를 종종 방문했다. 때때로 함께 여행하는 것을 두고 항간에서 그릇된 해석을 해도 무시할 수 있는 그녀의 강한 성격에 나는 많은 은혜를 입었다. 기타 모든 점에 대해 그 무렵 여러 해 동안 우리의 행동은, 서로의 관계가 강한 애정과 신뢰로 맺어진 친밀함뿐인 관계라는 진실 말고는 다른 어떤 추측에도 아무 빌미를 주지 않는 것이었다. 우리는 개인적 문제에 속박을 가하는 사회의 관습을 고려하진 않았다. 하지만 그녀의 남편에게, 따라서 그녀 자신에게도 의혹을 주는 점이 우리의 행동에 있어서는 안 된다고 느꼈기 때문이었다.

나의 정신적 성장의 3기(그렇게 말해도 좋다면)에는 그녀의 성장과 함께 나아갔으므로 나의 사상은 넓이와 깊이를 함께 확보했다. 나는 더욱 많은 것을 이해하게 되었고, 이전부터 이해해온 것도 더욱 완전하게 이해하게 되었다. 나는 이제 벤담주의에 대한 나의 지나친 반동에서 완전히 되돌아갔다. 나는 이러한 반동의 절정기에 있을 때 사회 일반의 보통 의견에 지나치게 관대했고, 많은 점에서 일반인과는 근본적으로 다른 신념을 가진 사람이 되기보다도 일반의 의견에 생기기 시작한 표면상 개선을 지지하는 데 만족하고 싶다는 지나친 생각을 했다. 지금 와서 생각하면 도저히 옳다고 할 수 없는 일이지만, 당시 나는 내 사상에서 결정적으로 이단적인 부분을 떼어내려 했다. 반면 지금은 어떤 형태로든 사회를 재생하는 경향을 갖는다고 생각하는 거의 유일한 일이 그것을 주장하는 것이다. 나아가 우리의 사상은 내가 가장 극단적 벤담주의를 신봉했을 때 나의 사상보다도 이제는 **더욱** 이단적인 것이 되었다. 그 당시 나는 사회 기구의 완전한 개선 가능성에 대해 구파 경제학자보다도 선견지명을 갖지 못했다.

지금 이해되고 있는 사유재산과 상속은 구파 경제학자의 경우와 마찬가지로 나에게는 입법의 **최종 목적**처럼 생각되었다. 나는 이러한 제도에 따르는 불평등을 완화하기 위한 방책으로 장자상속제와 한정상속제[5]를 폐지하는 것 말고는 달리 생각하지 못했다. 누구는 날 때부터 부유한 반면 압도적 다수는 가난하게 태어난다는 사실에 포함된 부정의 injustice(완전한 구제를 승인하건 승인하지 않건 부정의는 부정의인데)를 제거하기 위해 그 이상을 하고자 하는 것을 당시 나는 환상일 뿐이라고 생각했다. 그리고 나는 보통교육과 인구의 자발적 제한을 지도함으로써 빈민의 일부 생활이 인내할 정도가 되는 정도밖에는 기대하지 않았다. 요컨대 나는 민주주의자이기는 했지만 결코 사회주의자가 아니었다. 우리는 이제 과거에 내가 그랬던 것보다는 훨씬 민주주의자가 아니게 되었다. 왜냐하면 교육이 여전히 형편없을 정도로 불완전한 한, 우리는 대중의 무지, 특히 이기심과 잔인함이 두려워할 법한 것이라 생각했기 때문이다.

그러므로 궁극적 개선에 대한 이상은 민주주의를 훨씬 넘어, 결정적

---

5 Entails. 주로 남계 상속인에게 재산을 상속하기 위한 것이 목적이다. 피상속인이 재산을 A에게 상속하고, A가 아들을 낳으면 그 아들에게, A에게 아들이 없으면 B에게 상속하는 식으로 상속인을 한정하는 상속제도를 말한다. 종래 일본식으로 한사상속 限嗣相續으로 번역되었으나 이는 국어사전에 나오지 않는 말이다.

으로 우리를 사회주의자라는 일반적 호칭 아래 포함시키는 것이었다. 우리는 대부분의 사회주의 제도가 포함한다고 생각되는 개인에 대한 사회의 전제를 매우 열렬히 비난하는 반면, 사회가 더는 게으른 사람들이나 부지런한 사람들로 구분되지 않는 시대, 일하지 않는 자는 먹지 마라는 규칙이 빈민만이 아니라 모든 사람에게 편견 없이 적용되는 시대, 노동력의 생산물 분배가 현재 최대한 그러하듯이 출생이라는 우연에 의존하지 않고 정의가 인정되는 원리에 근거해서 강조되고 행해지는 시대, 인간이 자신만의 이익이 아니라 자신이 속하는 사회와 함께 나누는 이익을 얻기 위해 열심히 노력하는 것이 더는 불가능하지 않고 불가능하다고 생각되지도 않는 시대를 대망했다.

미래의 사회문제는 개인 행위에서의 최대한의 자유를 지구상 원료의 공동 소유와 어떻게 결합하는가, 그리고 노동자가 합동으로 얻는 이익에 모든 사람이 평등하게 참여하는 것과 어떻게 결합하는가 하는 것이라고 우리는 생각했다. 우리는 이러한 목적을 어떤 명확한 형태의 제도로 가장 효과적으로 달성할 수 있을지, 또는 그러한 제도의 실현이 곧바로 가능할지, 또는 얼마나 먼 시기에 가능할지 예견하는 것이 지금부터 가능하리라는 주제넘은 생각은 하지 않았다. 우리는 이러한 사회적 변혁을 가능하게 하고 바람직한 것으로 하려면 현재의 노동자 계급을 구성하는 교육받지 못한 대중과 그들을 고용하는 사람들 대다수에게 똑같은 정도의 성격 변화가 생겨나야 한다는 사실을 명백하게 이해했다.

이 두 계급은 모두 실천을 통해 노동하는 것을 배워야 하며, 종래와 같이 협의狹義의 이익을 위해서가 아니라 고매한, 그리고 적어도 공공적·사회적 목적을 위해 단결하는 것을 실천을 통해서 배워야 한다. 그런데 인류에게는 언제나 이러한 것을 실현할 능력이 있었고, 그 능력은 현재 소멸하지 않았으며, 앞으로도 결코 소멸되지 않을 것이다. 교육, 관습과 감정의 도야는 극히 평범한 사람들이 자기 나라를 위해 싸우듯이 나라를 위해 쉽게 경작을 하고 베를 짜게 할 것이다. 이러한 과정은 분명 서서히 이루어지고, 모든 사람이 그런 정도까지 육성되려면 여러 세대를 걸쳐 길게 도야하는 과정이 이어져야 할 것이다.

그러나 인간성의 본질적 구조 속에는 방해 물질이 없다. 지금은 공공복지에 대한 관심이 전반적으로 매우 미약한데, 그것은 인간성이 그에 관심을 가질 만큼 강렬해질 수 없어서가 아니라 인간의 마음이 아침부터 밤까지 개인적 이익이 되는 것에만 집중되는 만큼 공공복지에 대한 배려에 젖어 있지 않기 때문이다. 지금 사적 이익이 그러하듯이 공공복지에 대한 관심이 일상생활에서 환기되고, 그 이상이 되고 싶다는 심정과 치욕을 두려워하는 심성에 의해 배후에서 박차가 가해진다면 매우 평범한 사람들 중에서도 공공복지는 가장 열렬한 노력이나 가장 희생적인 영웅을 낳을 수 있다.

지금의 사회 상태에서 일반적 특징인 뿌리 깊은 이기심이 이토록 깊게 뿌리박힌 것은, 현재의 제도 전체가 그렇게 되도록 촉진하는 경향을 갖기 때문이다. 현대 제도는 많은 점에서 고대보다도 그러한 경향이 강하다. 그 이유는 현대 생활에서는 공공을 위해 무상으로 무언가를 하도록 요구되는 것이 고대의 작은 공화국의 경우보다도 적기 때문이다. 이렇게 생각했다고 해도 우리는, 사회적 활동에서 개인의 이익이 갖는 매력을 대신할 만한 게 주어지지 않고, 주어질 가능성도 없는데, 사회문제에 대한 사적 이익의 유인을 없애려는 시도가 어리석은 것임을 간과하지 않았다.

우리는 현재의 제도나 사회구조 전부를 (내가 오스틴에게 들은 적이 있는 말을 사용하면) '단순히 잠정적인 것'이라고 생각하고, 선택된 사람들에 의한 모든 사회주의적 실험(협동조합 같은)을 최대의 기쁨과 관심으로 환영했다. 그러한 시도는 성공하든 실패하든 간에, 전체의 복지를 직접 목표로 하는 동기에 근거해서 행동하는 능력을 함양한다. 또한 그들이나 타인에게 그러한 행동을 할 수 없게 만드는 결함을 깨닫게 함으로써 이러한 시도에 참여하는 사람들에게 가장 유효한 교육으로서 작용하지 않을 수 없다.

《경제학 원리》

나는 이상의 견해를 《경제학 원리》[6]에서 서술했지만 초판에서는 그 정도로 명쾌하거나 완전하지 못했고, 2판에 와서야 상당히 명쾌해졌으며, 3판에서는 애매한 점이 전적으로 없어졌다. 이러한 변경은 부분적으로 시대의 변화 때문이었다. 초판은 1848년 프랑스혁명 전에 집필하여 인쇄에 부쳤는데 혁명 후 공중의 마음은 더욱 솔직하게 새로운 의견을 받아들이게 되어 얼마 전까지만 해도 놀랍다고 생각되던 이론도 온건하게 생각되었다. 초판에서는 사회주의의 난점이 강조되었으므로 전반적 논조는 사회주의에 대한 반대론이었다. 그 뒤 1, 2년 사이에 대륙의 가장 뛰어난 사회주의자들의 저술을 연구하고, 논쟁에 포함된 주

---

6 *Principles of Political Economy, with Some of Their Applications to Social Philosophy*, 1848. 이 책은 1849년 2판, 1852년 3판, 1857년 4판, 1862년 5판, 1865년 6판 및 일반인 판, 1871년 7판에서 계속 개정되었다.

제의 모든 영역을 숙고하고 토론하는 데 많은 시간을 보낸 결과, 이 주제에 대해 초판에 쓴 내용을 대부분 삭제하고 더욱 진보한 의견을 보여주는 논의와 의견을 넣었다.

《경제학 원리》는 《논리학 체계》보다 더욱 빨리 썼다. 실제로 내가 당시까지 쓴 어떤 중요한 저술보다 빨리 쓴 책이다. 1845년 가을에 시작해서 1847년 말에는 인쇄를 위한 준비를 마칠 수 있었다. 그 2년 가운데, 내가 《모닝 크로니클》(그 신문은 예상 외로 나의 희망에 따라주었다)에 아일랜드 황무지 위의 자작 농지 창출을 주장하는 연재 논문을 썼던 6개월간은 집필이 중단되었다.[7] 1846~1847년 겨울의 기근 때였다. 당시의 절박한 긴급성은 나에게 목전의 궁핍에 대한 구제책과 아일랜드 인민의 사회적·경제적 상태의 영구적 개선을 결부할 유일한 방법으로 생각되는 것에 이목을 집중시킬 호기를 준 것처럼 생각되었다.

그러나 그러한 생각은 신기하고 기묘한 것으로 영국에는 그런 정책의 전례가 없었다. 영국의 정치가도 대중도 (다른 곳에서는 흔하지만) 영국에서는 만나기 힘든 모든 사회현상에 관해 전적으로 무지했으므로 나의 노력은 완벽한 실패로 끝이 났다. 의회는 황무지에 대개혁을 가해서 소작농을 자작농으로 바꾸는 일을 하지 않고 그들을 구휼 대상인 빈민으로 두려고 구빈법을 제정했다. 그리고 만일 국민이 그 뒤에 전통적 폐해와 엉터리 구제책이 합쳐진 작용으로 인한 곤란에 직면하지 않을 수 있었다면, 그것은 기근으로 시작해서 이민에 의해 끝없이 계속된 아일랜드 인구 감소라는 전혀 예상치 못했던 놀라운 사실 때문이다.

---

7 밀은 《모닝 크로니클》 1846년 10월 5일호~1847년 1월 7일호에서 〈아일랜드의 현재 상황 The Condition of Ireland〉을 43회 연재하면서, 기근으로 인한 아일랜드 황폐화를 막으려면 황무지에 대개혁을 단행해 시급히 소작농을 바꾸어야 한다고 주장했다.

《경제학 원리》의 빠른 판매는 공중이 그러한 책을 바라고 읽고 싶어 하는 마음을 가졌음을 보여주었다. 1848년 초에 나온 이 책의 초판 1,000부는 1년도 못 되어 매진되었다. 1849년 봄, 2판이 같은 부수로 간행되었고, 1852년 초에 3판 1,250부가 간행되었다. 이 책은 처음부터 권위 있는 책으로서 인용되거나 언급되었다. 단순한 추상적 과학의 책이 아니라 응용의 책이고, 경제학을 고립된 것이 아니라 더 큰 전체의 일부, 모든 기타 부문과 연결된 사회철학의 일부로 다룬 것이었기 때문이다. 그래서 그 결론은, 직접 그 범위에 들지 않는 원인으로 인한 간섭이나 반작용을 받기 때문에 경제학 자체의 특정 분야에서도 조건부로만 진리에 불과하다. 따라서 여러 가지 다른 것에 대한 고려를 떠나 실제적인 지도라는 성격을 갖는다고 자부할 수는 없었다.

실제로 경제학이 경제학만의 근거를 가지고 사람들에게 충고하려 한 것은 결코 아니었다. 그러나 경제학밖에는 아무것도 모르는 사람들(따라서 경제학도 제대로 모르는 자들)은 충고한답시고 빈약한 지식으로 이러한 일을 한 적도 있었다. 그러나 경제학에 대한 다수의 감정적 반대자나 감정적 가면을 쓰고 이해관계에 얽혀 있는 더 많은 반대자는 경제학에 대한 기타 부당한 비난과 함께 이상과 같은 비난을 믿게 하는 데 크게 성공했다. 그리고 《경제학 원리》는 그 의견 대부분이 자유를 주장하는 것인데도 지금까지 그 주제에 대한 가장 인기 있는 책이 되었으므로 매우 중요한 반대자들을 무장해제하는 데 도움이 되었다. 이 책이 경제학에 대한 해설로서 어느 정도 가치를 갖는지, 이 책이 시사하는 여러 가지 응용의 가치가 어느 정도인지는 두말할 필요도 없이 타인이 판단할 것이다.

그 뒤 나는 큰 책을 쓰지 않았다. 그래도 정기간행물에는 종종 글을 썼고, 공공적 관심을 갖는 주제에 대한 편지 교환(그 대부분은 알지 못하는 사람들과의 것이었다)은 상당한 분량에 이르렀다. 그 몇 년간 나는 나중에 출판할 생각으로 인생과 사회생활의 몇 가지 기본 문제에 대해 여러 가지 논설을 썼고 또한 쓰기 시작했다. 그중 몇 가지에 대해서는 호라티우스의 준엄한 금언[8]을 훨씬 넘어 이미 많은 말을 했다.

나는 공적 사건의 진전에 강렬한 관심을 가지고 계속 주목했다. 1848년 이후 유럽의 반동[9]과 1851년 11월의 무원칙 찬탈자의 성공[10]은 프랑스와 대륙의 자유와 사회적 진보에 대한 모든 희망에 종지부를 찍게 한 것으로 생각되었다. 영국에서는 내가 젊은 시절 가졌던 사상이 일반적으로 승인되었고, 생애를 통해 싸워온 제도개혁은 실현되거나 실현 중에 있었다. 그러나 이러한 변화도 내가 과거에 예상했던 인간의 행복보다 훨씬 작은 행복밖에 인간에게 주지 못했다. 이러한 변화는 인류 운명의 모든 참된 개선에 바탕이 되어줄 인류의 지적이고 도덕적인 상태에 극히 작은 개선밖에 가져오지 못했고, 그사이 여러 가지 타락의 원인이 작용해 개선에 대한 경향을 상쇄하고도 남지 않을지 의문시되었기 때문이다.

나는 모든 잘못된 의견이 참된 의견으로 대체된다 해도, 그 결과로 잘못된 의견을 낳았던 정신의 습관은 조금도 변하지 않는다는 것을 경험으로 알았다. 가령 영국의 공중은 영국이 자유무역으로 전환된 뒤에

---

8 "무엇을, 누구에 대해, 누구에게 말하는지에 대해 자주 주의하라."

9 1848년 프랑스 2월혁명으로 시작되어 독일의 3월혁명 등으로 확대된 개혁운동이 억압되고 각 나라에서는 프랑스 제2제정을 비롯한 반동정부가 확립되었다.

10 1851년 12월 2일, 루이 나폴레옹은 쿠데타로 헌법을 폐지하고 다음해 12월 국민투표로 황제가 되어 제2제정을 확립했다.

도, 과거와 마찬가지로 경제적 문제에 대해 유치하고 조잡한 생각을 한다. 그들이 어떤 오류를 부정했다고 해도, 그들 마음의 지적이고 도덕적인 훈련은 변하지 않기 때문이다. 나는 지금, 사람들 사고 양식의 기본적 구조에 큰 변화가 생길 때까지는 인류 운명의 커다란 개선이 불가능하다고 확신한다.

종교, 도덕, 정치에 관한 전통 사상은 지성이 풍부한 사람들에게 불신을 받아 좋은 효과를 낳을 만한 힘을 대부분 상실했다. 반면에 전통 사상은 그들의 문제에 대해 더욱 뛰어난 사상이 생겨나는 것을 강력하게 방해했다. 철학적 정신이 풍부한 사람들이 더는 세상의 종교를 믿을 수 없게 되고, 또는 그 성격을 근본적으로 바꿈으로써 겨우 믿을 수 있게 된 때에, 확신이 약화되고 지성은 마비되며 원리가 더욱 이완되어가는 과도기가 시작된다. 이러한 과도기는 그들 신념의 기초에 새로운 활기를 주고 그 결과 종교적인 것이든, 단순히 인간적인 것이든 간에 그들이 참으로 믿을 수 있는 어떤 신앙이 나타나게 될 때까지 끝나지 않는다.

그리고 그러한 상태가 되었을 때, 새로운 활기를 촉진하는 경향이 없는 모든 사고나 저술은 일회성 이상의 가치를 갖지 않게 된다. 공중 정신의 표면 상태에는 이러한 방향의 경향을 보여주는 것이 거의 없었기 때문에, 인간 진보의 가까운 장래에 대한 전망은 결코 낙관적인 것이 아니었다. 최근 들어 자유로운 사색의 정신이 생겨났고, 영국이 서서히 정신적으로 해방되는 용기 있는 전망이 나온 뒤에 유럽 여러 나라들에서도 정치적 자유를 위한 운동이 부활했으므로 인간관계의 현재 상태에 대해 과거보다도 희망을 가지게 되었다.

결혼과 공동 작업

지금까지 내가 서술해온 시기와 현재 사이에 내 사생활에 가장 중요한 일이 생겨났다. 그 첫째는 1851년 4월에 결혼한 것이다. 우리가 서로 밀접한 관계가 되리라고는 전혀 기대하지 않은 오랜 세월 동안, 그녀의 비길 데 없는 가치 덕분에 그녀의 우정은 나에게 행복과 진보의 원천이었다. 나는 생애의 어떤 시점에서도 그것이 가능하기만 했다면 우리 두 사람의 생활이 이렇게 완전하게 일체화하는 것을 열렬히 갈망했을 게 틀림없다. 하지만 나도 아내도, 내가 가장 진지하게 존경하고 그녀가 가장 강하게 사랑한 인물의 요절을 통해서만 그것이 달성될 수 있다면 도리어 그러한 특권을 영원히 포기하고자 했다.

그러나 그런 일이 1949년 7월에 벌어졌다. 나는 그 불행에서 스스로의 최대한의 행복을 끌어낼 특권을 부여받았고, 그때까지 오래 지속된 사고, 감정 및 저술상 협동에 두 사람의 존재라는 협동이 더해지게 되었다. 7년 반 동안 나는 정말 행복했다. 겨우 7년 반! 그녀를 여읜 것이 어떤 손실이었는지, 지금까지도 그런지를 나는 적을 수 없다. 그러나 나는 그녀의 소원을 알고 있으므로 전력을 기울여 나머지 생을 가장 보람 있게 하고, 그녀를 생각하고 그녀와의 추억을 간직함으로써 힘을 잃지 않으며, 그녀가 의도했던 일을 수행하기 위해 최선을 다해서 노력한다.

두 사람이 완전히 공통된 사상과 사색을 갖는 경우, 지적으로나 도덕적으로 관련된 모든 문제를 일상생활에서 서로 토론하고, 일반 독자를 위해 책을 쓸 경우나 통상적으로나 편의상 행해지는 경우보다도 훨씬 깊은 곳까지 들어간다면, 그리고 두 사람이 같은 원리에서 출발해서 함께 추구하는 과정을 통해 두 사람의 결론에 이른다면, 독창성의 문제에 관해 두 사람 중 누가 펜을 들었는지는 거의 중요하지 않은 일이 된다. 또한 문장으로 쓰기에는 지극히 작은 공헌밖에 하지 않은 쪽이 사상에서는 더욱 큰 공헌을 하기도 한다. 그 결과 만들어진 저술은 두 사람의 공동 작품이다. 각자의 몫을 나누어 이 부분은 이 사람, 저 부분은 저 사람에 속한다고 꼬집어 말할 수 없다.

이처럼 넓은 의미에서 우리의 결혼 생활 동안만이 아니라, 그 이전에 서로 믿고 지내던 우정의 관계 대부분을 통해, 내가 간행한 저술은 모두 그녀 것이었고, 내 저술에 대한 그녀의 기여는 매년 증대했다. 그녀에게 속한 것을 구별하고, 특정할 수 있는 경우도 있다. 그녀의 정신이 나의 정신에 작용한 일반적 영향력 이상으로, 공동 작품의 가장 중요한 사상과 성질, 즉 중요한 결과 중에서도 가장 중요하고, 저술 자체의 성공과 명성에 가장 크게 공헌한 것은 그녀가 생각하고, 그녀의 정신에서 나온 것으로 나의 역할은 내가 과거 저술 중에서 보인 사상을 나 자신의 사상체계에 포함하는 것 이상이 아니었다.

내 문필 생활 대부분을 통해 내가 그녀에게 수행한 역할은, 일찍이 사상 영역에서 수행할 자격이 있는 가장 유익한 역할이라고 스스로 생각해온 것이었다. 즉 독창적 사상가들의 해설자, 그들과 공중의 중개자로서의 역할이었다. 왜냐하면 나는 언제나 추상적 과학(논리학·형이상학·경제학·정치학의 이론적 원리) 외에는 독창적 사상가로서의 능력이 없다고 생각했으나, 모든 사람에게서 배우고자 하는 의욕과 능력에 있어서는 동시대 대부분의 사람들보다도 더욱 뛰어나다고 생각했기 때문이다.

사상이 새롭건 낡았건 간에, 모든 사상을 변호하면서 말해진 것을 검토하는 경우, 나만큼 철저하게 검토하는 습관을 가진 사람은 거의 볼 수 없었다. 이는 설령 그것이 틀렸다고 해도 그 밑에 몇 가지 진리가 있을지 모른다거나, 어느 경우를 막론하고 하나의 사상을 파고들면 진리에 유익하다고 확신하는 습관에서 나온 것이었다. 그래서 나는 이 점에서 도움이 되는 것이야말로 스스로 열심히 노력해야 할 특별한 의무가 있는 영역이라고 생각했다.

　이러한 경향은 내가 콜리지주의자나 독일 사상가나 칼라일의 사상과 친해지면서부터 더욱 현저해졌다. 그들은 모두 내가 그 속에서 자란 사상 양식을 진정으로 반대했지만, 나는 그들이 많은 오류와 동시에 많은 진리를 가지고 있다고 확신했다. 그러나 그들의 진리는 초월적이고 신비적 용어로 덮여 있어서, 그렇지 않았더라면 그것을 받아들일 수 있는 사람들한테서 차단되었고, 따라서 사람들은 주의를 기울이지 않는다면 그것을 어떻게 해석해야 좋을지 알 수 없었다.

　그러나 나는 진리를 오류에서 분리하여 나 자신과 같은 철학을 신봉하는 사람들에게도 이해되고 그들이 반발하지 않을 말로 진리를 표현할 수 있다는 점에 절망하지 않았다. 이러한 마음에서, 가장 뛰어난 능력을 가지고 그 재능이 진보하여 사상으로 표현됨에 따라 끊임없이 나보다 훨씬 앞서서 진리를 발견하고, 내가 다른 사람들의 경우에 그랬던 것처럼 오류가 섞인 것을 발견할 수 없을 때조차 어떤 오류가 섞여 있는지를 아는 인물과 밀접한 협력관계를 맺기에 이르렀을 때, 내 정신적 진보에서 최대한의 부분은 그들의 진리를 흡수하는 것이었고, 나의 지적 사업에서 가장 귀중한 부분은 그녀의 사상과 나의 일반적 사상체계 사이에 다리를 놓아 양자를 잇는 길이었음은 쉽게 믿을 수 있

는 일로 생각된다.[11]

《경제학 원리》

그녀의 참여가 두드러지게 나타난 최초의 책은 《경제학 원리》였다.
《논리학 체계》는 구문상의 미세한 점 말고는 그녀의 힘을 빌리지 않고
쓴 책이었으나, 구문에 대해서는 다소간 그녀의 정확하고 명석한 비판
에서 커다란 도움을 받았다.[12]

---

11 (원주) 그녀의 은혜를 입은 나의 정신적 성장은 사정을 전혀 모르는 사람들이 상상하는 것
    과는 완전히 다르다. 가령 모든 입법적·정치적·사회적·가정적 차원에서 남녀 사이에 완
    전한 평등이 존재해야 한다는 나의 강력한 확신을 그녀에게서 채택하거나 배웠다고 생각
    할지도 모르지만 이는 결코 사실이 아니다. 그러한 확신은 나의 정신을 정치문제에 적용
    했을 때 가장 초기에 나타난 결과 가운데 하나이며, 내가 그러한 사고방식을 강하게 품었
    던 것이 그 밖의 어떤 것보다도 그녀가 나에게 관심을 갖게 한 최초의 원인이었다고 나는
    믿는다. 진상은, 내가 그녀를 알 때까지 이러한 의견은 내 마음속에서 하나의 추상적 원리
    에 불과했다는 것이다. 나는 남성이 타인의 법적 종속 아래 놓일 이유가 없는 것은, 여성
    이 남성을 종속할 이유가 없는 것과 마찬가지라고 생각했다. 나는 여성의 이익이 남성의
    경우와 마찬가지로 충분히 보호되어야 하고, 그들이 속박하는 법률을 만드는 데 평등한
    발언력이 없다면 평등한 보호를 받을 가능성이 거의 없다고 확신했다. 그러나 《여성의 예
    속》에서 썼듯이 여성을 무능력자라는 위치에 두는 것이 실제로 얼마나 중대한 문제인지
    를 주로 그녀에게 배워서 알았다. 인간성에 관한 그녀의 비길 데 없는 지식과 도덕적·사
    회적 영향력의 깊은 이해가 없었다고 해도 내가 지금 같은 의견을 품었으리라는 데는 한
    점 의심의 여지가 없지만 여성의 낮은 지위로 인한 결과가 현사회의 모든 해악과 인간 개
    선의 모든 어려움과 결합하는 데 대해서는 매우 불완전하게만 이해할 수 있었을 것이다.
    나는 실제로 이 문제에 대해 그녀의 최선의 사상에서 많은 부분을 재현할 수 없었음을 의
    식한다. 그녀가 더욱 오래 살았더라면 반드시 그랬을 걸로 예상되듯이, 만약 그 작은 책
    에 그녀가 이 문제에 관한 모든 사상을 기록했다거나 나의 불완전한 서술을 수정해서 개
    선해주었다면, 그 보잘것없는 책이 훨씬 좋아지지나 않았을지 마음이 아프다.
12 (원주) 《논리학 체계》를 준비할 때 내게 직접 도움을 준 사람은 베인 씨였다. 그가 철학적
    저술로 찬양받은 건 매우 당연한 일이다. 원고를 인쇄하기 전에 신중하게 검토한 그는 과

《경제학 원리》 가운데 다른 어떤 부분보다도 여론에 큰 영향을 끼친 '노동자계급의 장래에 대한 전망'이라는 장[13]은 전면적으로 그녀의 은혜를 입은 것이었다. 그 책의 최초 초고에는 그 부분이 없었다. 그러한 장이 필요하고, 그것이 없으면 책이 매우 불완전해진다고 그녀에게 지적을 받았기에 그 장을 썼다. 그 장의 개설적 부분인 노동자계급의 적절한 상태에 관한 서로 대립하는 두 가지 이론의 서술과 논의는 모두 그녀의 사상을 서술한 것이고, 종종 그녀 자신의 말을 그대로 서술한 것이다.

《경제학 원리》의 순수 과학적인 부분은 그녀에게 배운 것이 아니다. 그러나 과학적이라고 자처하는 이전의 모든 경제학 서술과 구별되는 일반적 논조를 이 책에 부여하고, 그 이전 서술에 반발하는 사람들을 납득시키기 위해 이 책을 매우 유익하게 만든 것은 주로 그녀의 영향 덕분이었다. 이러한 논조는 주로 대상의 속성에 의존하는 참된 자연법칙인 분배법칙과 인간 의지에 의존하는 부의 분배 양식의 적절한 구별을 통해 생긴 것이었다. 경제학자들은 그 두 가지를 혼동하고 이 모두

학의 예를 많이 끌어내어 내용을 더욱 풍부하게 만들었다. 나는 그 대부분과 나의 논리학에 대한 공정한 비판을 거의 그대로 책에 집어넣었다.

내가 콩트에게 얻은 것은 그의 책 《실증철학 강의》 일부일 뿐이다. 앞에서 이미 말했듯이 그러한 은혜는 종종 사람들이 주장하는 것보다 훨씬 적다. 《논리학 체계》 1권은 실질적으로 내가 콩트 책을 읽기 전에 완성되었다. 그 뒤에 나는, 특히 가설의 장과 기하학의 논리에 관한 견해에 대해 많은 귀중한 사상을 그에게 배웠지만, 논리적 방법의 적용에 관한 나의 사고방식을 조금이라도 근본적으로 개선하는 데 도움을 받은 것은 마지막 편, 즉 〈정신철학의 논리〉에 관한 것뿐이다. 이러한 개선에 대해서는 《자서전》 앞부분에서 강조해서 말한 바 있다.

(옮긴이 주) Alexander Bain(1818~1903)은 영국의 심리학자이자 철학자로 1882년에 쓴 밀 부자의 전기작가로 유명하다.

13 여기서 밀은 노동자계급을 보호 대상으로 보는 견해를 비판하고, 노동자의 자율성을 주장했다.

를 경제적 법칙이 인간의 노력으로 깨뜨려지거나 변경될 수 없는 것이라고 생각한다. 즉 그들은 우리처럼 불변적 조건에 의존하는 지상적 존재에 대해서도, 또 특정한 사회구조의 필연적 결과로, 그 사회구조와 공존하는 데 불과한 사물에 대해서도 마찬가지 필연성이 부여된다고 생각한다.

일정한 제도와 관습을 전제로 한다면 임금이나 이윤이나 지대는 일정한 원인에 의해 결정될 것이다. 그러나 이러한 종류의 경제학자는 이처럼 불가결한 전제를 무시하고 인간이 어떤 수단을 사용해 그 원인을 변화시키려 해도 불가능하다는 내재적 필연성에 의해 생산물 분배 시에 노동자, 자본가 및 지주에게 돌아가는 몫이 결정된다고 주장한다. 《경제학 원리》는 예상되는 여러 조건 아래서 이러한 원인이 작용하는 것을 과학적으로 인식하는 데 있어 이전의 경제학자들이 쓴 책들 못지않지만, 그 조건을 최종적인 것으로 취급하지 않는다는 점에서 새로운 기틀을 세웠다.

이 책은 자연의 필연성이 아니라, 사회의 현재 구조와 결부된 필연성에 의존하는 경제학상의 일반 이론은 단순히 일시적인 것에 불과하며, 사회 진보에 따라 크게 변화할 가능성이 있는 것으로 취급했다. 실제로 나는 이러한 방식을 생시몽주의자들의 사색을 통해 깨닫게 된 사상에서 부분적으로 배웠으나, 그러한 견해가 이 책 전체에 활기를 부여하는 살아 있는 지도 원리가 된 것은 아내의 자극 덕분이었다. 이러한 예는 그녀가 나의 저술에 공헌한 일반적 성격을 충분히 보여준다.

일반적으로 추상적이고 철학적인 부분은 나의 것이지만, 인간적 요소라고 하는 편이 적절해 보이는 요소는 그녀에게 나왔다. 즉 철학을 인간 사회와 진보의 급무에 적응시키는 모든 것에 대해 나는 그녀의 학생이었고, 대담한 사고와 신중한 실제적 판단에 대해서도 마찬가지였다. 한편으로 그녀가 미래의 상태를 예상할 경우, 그녀 없이 나 혼자였을 경우보다도 훨씬 용기 있고, 선견지명이 있었기 때문이다. 그런데 이 경우, 오늘날 너무나 자주 일반적 원리와 혼동되는 한정된 일반이론 대부분이 도저히 실제에 적용될 수 없는 것이 된다.

나의 책, 특히《경제학 원리》에서 사회주의자들이 긍정하는 반면 일반적으로 경제학자들이 철저히 부정할 장래의 가능성을 고찰하는 부분은 그녀가 없었더라면 전혀 쓰지 못했거나 비겁하게 한정된 형태의 암시에 그쳤을 것이다.[14] 그러나 그녀는 이처럼 사회문제를 고찰할 때 나를 훨씬 대담하게 해준 반면, 그녀 정신의 실제적 경향과 실제적 장애에 관한 거의 틀리지 않는 인식은, 내 속에 있는 참으로 환상적인 경향을 억제해주었다. 그녀의 정신은 모든 이념에 구체적 형태를 부여하고 이념이 실제로 작용하는 것을 충분히 파악했으므로 인류의 현재 감정과 행동에 관한 그녀의 지식은 결코 잘못에 빠지지 않았고, 실현되기 어려운 제안에 있을 수 있는 약점을 간과하지도 않았다.

퇴직

결혼 생활의 시작과 그것이 끝나는 슬픈 사건 동안 나의 외부 생활에 생긴 주된 변화는(처음으로 유전적 결핵에 걸렸다거나 그 때문에 건강 회복을

---

14 (원주) 이 책이 그녀의 은혜를 입은 것에 감사하는 문장 몇 줄이《경제학 원리》초판 증정본에 있었다. 이 책의 증정본 외에 그것을 쓰지 않은 것은 그녀가 공표하는 걸 좋아하지 않았기 때문이다.

목적으로 이탈리아, 시칠리아, 그리스를 6개월 이상 여행한 것을 제외하면) 동인
도회사에서의 지위에 관한 것이었다. 나는 1856년, 33년을 근무한 직
장에서 최고위직으로 승진했다. 인도청장관[15]에 이어 동인도회사의 본
국 근무자로서는 가장 높은 인도 통신 심사부장이라는 직무는 육해군
과 재정 이외에 인도 통치에 관한 모든 통신을 전반적으로 감독하는
것이었다. 나는 이 지위가 존속할 때까지 2년여를 그 자리에 있었다.

그 뒤 의회는, 달리 말하면 팔머스턴[16] 경은 왕권 아래 인도 통치의
일부로 동인도회사를 폐지하고, 그 나라 행정을 영국의 이류, 삼류 의
원들의 쟁탈 대상으로 삼았다. 나는 동인도회사 자체의 정치적 소멸에
대해 회사에 항의하는 중심인물이었다. 그 무모한 변경이 어리석고 잘
못된 것이라고 보는 나의 의견에 대해서는 내가 이에 대해 쓴 청원서[17]
와《대의정치론》마지막 장을 참조하기 바란다.[18]

나로서는 전 생애 동안 충분히 인도를 위해 헌신했고, 충분한 보상[19]
을 받고 은퇴하는 것이 싫지 않았으므로 개인적으로는 이득이라고 생
각했다. 변혁이 끝난 뒤, 인도청장관 스탠리Stanley 경이 위원회의 위원

---

15 Secretary는 종래 소장(배영원, p. 214)이나 사무총장(최명관, p. 250)으로 번역되었으나 당시
   의 인도는 동인도회사와 인도청에 의한 이중 통치 구조여서 인도청장관으로 번역한다.

16 Henry John Temple, Viscount Palmerston(1784~1865).

17 "East-India Company Petition to Parliament", 전집 30권, pp. 75~89.

18 밀은《대의정치론》18장에서 "자유로운 국가가 다른 종류의 인민이 사는 원격지 속령을
   자국의 집행기관를 통해 통치하려는 시도는 거의 불가피하게 실패할 것이다. 성공하는
   유일한 방법은 비교적 항구적 성격을 갖는 위탁된 단체가 통치하고, 사찰권과 거부권만
   을 인정하는 것이다. 이러한 단체는 인도에 존재했다. 이러한 중간적 통치단체를 폐지함
   으로써 인도와 영국이 함께 엄청난 벌금을 지불하게 되지는 않을지 나는 두려워한다"고
   말했다. 전집 19권, p. 573. 우리말 번역은 pp. 326~327쪽인데 위 번역의 '사찰권과 거부
   권' 대신 '감사권 등 제한된 범위'로 되어 있다.

19 1,500파운드의 연금을 받았다.

이 되어달라고 정중하게 요청했다. 그 뒤 최초로 결원을 보충해야 하는 기회에 위원회가 다시 같은 제안을 해왔다. 그러나 내가 어떤 형태로 참여해도 새로운 제도 아래에서 인도의 통치 상태는 불만과 시간 낭비만 낳으리라 예상했다. 그리고 그 뒤 일어난 일로 인해서 나는 거부했던 사실을 전혀 후회하지 않게 되었다.

《자유론》

내가 근무를 그만두기 직전의 2년 동안, 나와 아내는《자유론》을 함께 저술했다. 내가 그 주제를 구상하고, 짧은 에세이로 쓴 것은 1854년이었다. 처음으로 이를 한 권의 책으로 만들겠다고 생각한 것은 1855년 1월, 카피톨리노의 언덕 계단[20]을 오를 때였다. 내 책 중에서 그 책만큼 주의 깊게 구성하고 철저히 수정한 책이 없다. 언제나 그러했듯이 두 번 고쳐 쓴 뒤에 늘상 원고를 곁에 두고 자주 꺼내어 모든 문장을 읽고 숙고하고 비판하면서 **처음부터** 음미했다. 마지막 수정은 우리가 은퇴 후 최초로 남유럽에서 보내려고 계획한 1858~1859년 겨울에 하기로 했다. 그 희망도, 다른 모든 것도 우리가 몽펠리에로 향하는 도중 아비뇽에서 돌연한 폐출혈 발작으로 그녀가 세상을 떠나는 뜻밖의 쓰라린 불행으로 인해 좌절되었다.[21]

---

20 로마에 있는 제우스 신전의 폐허로 공화국 시대에는 국회의사당이었다.

21 밀 부부는《자유론》을 니스에서 완성하고자 1858년 10월 10일 런던을 출발했다. 그해 후반부터 애버딘에서 여배우로 일하던 헬런이 런던에 와서 부부를 환송했다. 매일같이 헬런에게 보낸 해리엇의 편지에 따르면 10월 20일 리용에서 격렬한 두통이 찾아왔다. 부

그때부터 나는 여전히 그녀 곁에 있다고 느끼는 것이 최대한 가능한 생활을 함으로써 형편이 허락하는 한 마음의 상처를 다스리려고 노력해왔다. 그녀가 묻힌 곳과 가장 가까운 곳에 집을 한 채 구해서 (나와 함께 슬픔을 당하고 이제는 나의 주된 위로가 되어주는) 그녀의 딸과 나는 1년의 대부분을 살고 있다. 내 인생의 목적은 오로지 아내의 목적이었고, 나의 연구와 작업은 그녀와 함께하거나 공감한 것으로서 그녀와 밀접하게 결합되어 있다. 그녀를 추억하는 건 내게 하나의 종교이고, 그녀가 승인한 것은 모든 가치의 총괄이자 내가 나의 생활을 규제하고자 노력하는 기준이다.[22]

돌이킬 수 없는 소실을 입은 뒤 가장 먼저 마음 쓴 일은, 대부분 그녀의 업적인《자유론》을 출판해서 그녀 영전에 바치는 일이었다. 나는 전혀 고치지 않았고 더하지도 않았다. 앞으로도 그럴 생각이 없다. 그녀가 마지막으로 손을 대지 못했지만 내가 그것을 대신할 수는 없다.

《자유론》은 내 이름으로 나온 어떤 책보다도 직접적으로, 또 문자 그대로 우리의 공동 작품이었다. 왜냐하면 어느 한 문장도 우리가 함께 읽고 여러 번 숙고하지 않은 것이 없으며, 사상이나 표현에서 발견한 잘못을 고치지 않은 것이 없기 때문이다. 그녀가 마지막으로 수정하지는 못했지만, 구문의 표준이라는 점만으로도 내 어떤 저술보다도 뛰어난 것은 그 때문이었다.

사상에 대해서는 어떤 특정한 부분이나 요소가 다른 어떤 것보다도

부는 10월 27일 아비뇽에 도착해서 니스에 있는 의사를 불렀으나 의사도, 헬런도 도착하기 전인 11월 3일 해리엇은 세상을 떠났다.

22 이상은 1861년 이전에 썼고, 이하는 1870년에 썼다. 그리고 이하《자유론》에 대한 언급 이전까지는 배영원 판에는 나오지 않는다.

더욱 많이 그녀의 것이었는지 특정하기가 어렵다. 이 책이 표현하는 사고 양식 전체는 명백히 그녀 것이다. 그러나 나도 똑같은 사상 양식에 완전히 젖었으므로 같은 사상이 자연스럽게 우리 두 사람 마음에서 생겨났다. 그렇지만 내 마음이 그러한 사상 양식에 젖게 되는 데는 그녀에게 엄청난 은혜를 입었다.

내 정신적 진보의 과정에서 사회적으로도, 정치적으로도 과대한 지배를 주장하는 경향에 빠졌던 때가 있고, 극단적으로 정반대 반동에 의해 급진주의자와 민주주의자로서의 정도가 지금보다 철저하지 못했을 때도 있었다. 그녀는 다른 많은 경우처럼, 양극단의 어떤 경우에도 내가 옳았던 때에 그것을 유지하게 하는 동시에 나를 새로운 진리로 이끌어 잘못을 피하게 함으로써 내게 은혜를 주었다.

모든 사람에게 쉽게 열심히 배우고, 낡은 의견과 새로운 의견을 조정함으로써 모든 새로운 것을 위해 스스로의 의견 중에 여지를 남기겠다는 것이 나의 뚜렷한 성격이었다. 때문에 그녀의 부단한 영향이 없었더라면 나는 내 이전 의견을 과도하게 수정했을지도 모른다. 여러 가지 생각의 상대적 중요성에 관한 그녀의 올바른 척도만큼 나의 정신적 발전에 귀중한 것은 없었다. 덕분에 최근에 막 알게 된 진리를 내 사상에서 그 정당한 가치보다 더 중요한 것으로 위치시키지 않을 수 있었다.

《자유론》은 내가 쓴 어떤 책보다도 (아마도《논리학 체계》는 예외일 것이다) 오랫동안 후세에 남으리라 생각한다.[23] 왜냐하면 그녀와 내가 마음

---

23 그러나 《자유론》이 간행되었을 때 나온 서평은 대체로 차가웠다. 여론의 압력으로 인해 개인의 개성과 다양성이 상실되고 획일성이 강요된다는 그의 견해가 너무나 부정적 의견으로 받아들여졌기 때문이다.

을 합친 결과, 이 책은 하나의 단순한 진리에 대한 일종의 철학적 교과서가 되었기 때문이다. 그 진리란 현대사회에서 서서히 생겨나는 여러 가지 변화를 통해 점점 강렬하게 부각되는 경향을 보여주는 것으로, 여러 성격 유형에는 수많은 다양성이 있으며, 인간성이 무수하고 서로 대립하는 방향으로 발전하도록 완전한 자유를 인정하는 것이 인간과 사회에 중요하다는 것이다.

이러한 진리의 기초가 얼마나 뿌리깊은지는, 피상적으로 보았을 때는 이러한 교훈이 크게 필요하지 않다고 생각되는 시기에 그 중요성을 역설함으로써 엄청난 감동을 낳은 사실이 잘 보여준다. 사회적 평등과 여론 지배의 불가피한 증대가 인류에게 의견과 행동의 획일성이라는 억압적 멍에를 덮어씌우지 않을까 하는 우리의 우려는 현재의 사실만을 보고 앞으로의 경향을 볼 수 없는 사람들에게는 쉽게 환상으로 치부되는 경향이 있었을지 모른다. 왜냐하면 사회와 제도 속에서 서서히 생겨나는 혁명은 지금까지는 새로운 의견 발달에 결정적으로 유리했고, 새로운 의견은 이전보다도 훨씬 편견 없이 경청되었기 때문이다.

그러나 이것은 전통적 사고방식이나 감정은 불안정해졌지만 새로운 이론이 아직 낡은 것을 대체할 만큼 우세하지 않은 과도기에 속하는 특징이다. 이런 시대에는 정신적 활동력이 있는 사람들은 전통적 신념 대다수를 포기했으면서도, 자신들이 아직 갖고 있는 신념을 변함없이 그대로 두어도 좋다고는 완전히 확신할 수 없어서 새로운 의견을 열심히 경청한다. 그러나 이러한 상태는 필연적으로 과도기적인 것으로, 특정한 이론 체계가 그 주위에 다수를 재결집하고 그 특정한 이론에 적합한 사회제도와 행동 양식을 조직한다. 교육은 이 새로운 신조를 그러한 신조로 이끌리는 정신적 과정을 거치지 않은 새로운 세대에 주입하고, 그 새로운 신조는 점차 그것이 물리친 낡은 신조가 오랫동안 행사해온 것 같은 압력을 확보해간다. 이러한 유해한 힘이 행사되는지 여부는 인류가 그때까지 이러한 힘이 인간성을 위축하고 왜소화하지 않고서는 행사될 수 없음을 깨닫느냐, 못 깨닫느냐에 달려 있다. 《자유론》의 교설이 그 최대 가치를 갖는다고 생각되는 것은 그러한 때다. 그리고 이 책이 오랫동안 그러한 가치를 가질 것으로 생각된다는 건 우려해야 할 점이다.

독창성에 관해서는 이 책이, 모든 사려 깊은 사람이 공유재산인 진리에 자신의 인식 양식과 표현 양식을 부여하는 것 이상의 내용을 갖지 않는다는 건 두말할 필요도 없다. 이 책의 중요한 사상은 많은 시대에 고립된 사상가에게만 한정되었다고 해도, 문명의 발상 이래 인류가 전혀 그런 사상을 갖지 않았던 시대는 아마도 없었을 것이다. 최근 여러 세대에만 한정해서 말한다면 그러한 사상은 페스탈로치[24]의 노력과 재능을 통해 유럽인의 정신에 보급되었다.

빌헬름 폰 훔볼트[25]가 이러한 사상의 대표였던 것은 이 책에서도 언

---

24 Johann Heinrich Pestalozzi(1744~1827). 스위스의 교육학자이자 사상가. 고아들의 대부였으며, 어린이를 교육할 때 조건 없는 사랑을 실천하고 19세기 이전에 이미 어린이를 하나의 인격체로 간주한 것으로 유명하다.

25 Karl Wilhelm von Freiherr Humboldt(1767~1835). 독일의 철학자이자 언어학자. 세계 각지의 언어를 연구해서 비교언어학의 기초를 마련했으며, 저서로《비교언어에 대하여 Ueber die Verschiedenheiten des menschlichen Sprachbaues》가 있다. 그는 언어를 개인과 사회를 연결하는 힘이자 국민성의 표현으로 보고, 심신 능력의 미적 조화를 인간성의 진수라고 주장하며 독일 인문주의를 대표했다. 밀은《자유론》3장에서 개성과 다양성의 중요성을 강조하며 훔볼트의《정부의 영역과 의무 The Sphere and Duties of Government》영역판에서 다음 문장을 인용했다. "인간의 목적은, 또는 이성의 영원불변한 지시에 따라 규정된 것으로, 막연하게 변하기 쉬운 욕망에 의해서는 부여되지 않는 목적은, 인간의 능력을 최고도로, 가장 조화롭게 발달시킴으로써 완전하고도 모순 없는 전체를 형성하는 데 있다."

급했지만, 그가 자신의 나라에서 유일하게 고립되어 있지는 않았다. 19세기 초에 모든 저술가의 모든 학파[26]는 개성의 권리를 주장하는 이론과 도덕적 성품은 독자적 형태로 자기 발전해야 한다는 요구를 과장되게 주장했다. 독일 저술가 중에서 가장 유명한 괴테는 어떤 학파에도 속하지 않았고 그의 저술에서는 옹호하기 힘든 부분이 종종 나타난다. 하지만 그는 자기 발전의 권리와 의무의 이론 중에서 권리와 의무가 인정되는 한 끊임없이 추구하는 인생의 도덕과 행위에 관한 견해를 전면적으로 관철하고 있다고 생각한다.

영국에서는 《자유론》이 나오기 전에 윌리엄 매콜[27] 씨가 일련의 저술을 통해 개성의 이론을 주장했다. 그중 가장 훌륭한 것이 《개인주의의 요소》로 이 책에서 그는 때로는 피히테를 연상시키는 활기에 찬 웅변조 문체로 이 이론을 열렬히 주장했다. 또 저명한 미국인 워런Warren 씨는 '개인의 주권'을 기초로 한 협회를 만들어 많은 회원을 확보하고 실제로 농촌 공동체(지금도 존재하는지는 모르겠다)를 만들었다. 이는 사회주의자들이 세운 계획의 어떤 것과 표면상으로는 유사하지만 그 원리는 근본적으로 다르다. 왜냐하면 모든 개인에게 평등하게 발전하는 자유를 강력하게 추구한다는 점 말고는 개인에 대한 사회의 어떤 권위

따라서 "모든 인간이 끊임없이 힘써 노력해 추구해야 할 뿐만 아니라 자기 동포를 이롭게 하려는 사람들이 언제나 마음속에 간직해야 할 목적은, 개성을 활기차게 발전시키는 데 있다."(존 스튜어트 밀, 박홍규 옮김, 《자유론》, 문예출판사, p. 131)

26 a whole school은 종래 '한 학파(낭만파)'로 번역되었으나 의문의 여지가 있다.

27 William Maccall(1812~1888). 유니테리언 목사였다가 언론인이 되었다. 관습의 지배를 받지 않는 개성을 주장하고, 고독한 이기심을 비판하며, 개성 존중에 관한 사회적 공감을 중시한 《개인주의의 요소 The Elements of Individualism》(1847)와 《개인주의 개요 The Outlines of Individualism》(1853)를 썼다.

도 승인하지 않기 때문이다.

나의 책은 이론의 어떤 부분에 대해서도 독창성을 주장하지 않았고 그런 이론의 역사를 쓸 생각도 아니었기 때문에, 그런 이론을 나보다 앞서 주장한 사람들에 관해 무언가를 서술한다면 유일하게 적당하다고 생각되는 저자가 훔볼트였다. 나는 어느 구절에서 워런주의자에게 개인의 주권[28]이라는 말을 빌리기는 했지만, 권두에는 훔볼트의 모토를 적어두었다.[29] 내가 거론한 모든 선인의 이론과 이 책에서 주장하는 이론 사이에는 세부적으로 다른 점이 많다는 것을 굳이 여기서 언급할 필요는 없을 것이다.

《의회개혁론》

그 직후 나는 시대의 정치적 상황에 자극을 받아 《의회개혁론》[30]이라는 팸플릿을 완성해 출판했다. 그 일부는 실패로 끝난 의회개혁 법안 가운데 하나가 문제되었을 때 썼고[31] 그녀의 승인과 수정을 받았다. 그 주된 특징은 무기명투표를 반대(우리는 모두 의견을 바꾸었는데 먼저 바뀐 것은 그녀 쪽이었다)하고 소수투표제를 요구한 것이었다. 당시에는 가스 마셜Garth Marshall 씨가 제안한 누적투표법[32] 이상의 주장은 없었다.

---

28 존 스튜어트 밀, 박홍규 옮김, 《자유론》, p. 165.

29 이 책에서 전개되는 모든 논의가 직접 지향하는 숭고한 지도 원리는, 인간을 그 가장 풍부한 다양성 속에서 발전시키는 것이 절대적이고도 본질적으로 중요하다는 점이다.

30 *Thoughts on Parliamentary Reform*.

31 1853년 1월에 제출된 선거법 개정안.

32 James Garth Marshall, *Minorities and Majorities ; Their Relative Rights*, 1853에서 주장된 것

1859년, 더비Derby 경과 디즈레일리Disraeli 씨의 내각이 제출한 선거법 개정안을 고려한 이 팸플릿을 완성해 출판하면서 나는 제3의 특징인, 재산에 대해서가 아니라 뛰어난 교육을 받은 걸로 증명된 사람들에게 인정하는 복수 투표권을 추가했다.

나는 이 제도가, 모든 남녀와 밀접한 관련이 있는 규제를 할 때는 상담을 받고 발언권을 승인해야 한다는 반론의 여지가 없는 요구와 지식이 뛰어나다는 이유에 바탕을 두고 어떤 특별한 의견을 중시하는 것을 조화시키기 위한 수단으로 적합하다고 생각했다. 그러나 이러한 시사에 대해서는, 거의 틀린 적이 없는 상담자인 아내와 토론을 해본 적이 한 번도 없었으므로 그녀가 찬성을 했으리란 증거는 없다.

지금까지 내가 알기로는 거기에 찬성하는 사람은 없었다. 그리고 선거권에 어떤 종류든 불평등을 바라는 사람은 지성이나 지식에 의한 불평등이 아니라, 재산에 의한 불평등이 좋다고 생각했다. 이러한 제안이 그것에 반대하는 강렬한 감정을 극복하려면 오로지 조직적 국민교육이 수립되고, 정치적으로 가치 있는 다양한 지식수준이 정확히 명료화될 만큼 근거 있는 것으로 인정받을 수 있어야 가능할 것이다. 그러한 교육제도가 없다면 그런 선거제도는 언제나 강력하고 결정적인 반대를 받게 될 테고, 그러한 교육제도가 실현된다면 그런 선거제도는 불필요해질 것이다.

내가 헤어 씨의 훌륭한 개인대표제[33]가 현재와 같은 형태로 출판되

으로, 선거인 각자에게 후보자 수와 같은 수의 투표를 허용하고, 그 전부를 한 사람에게 주거나, 여러 사람에게 나누어주는 것을 인정하는 제도.

33 Thomas Hare(1806~1891)의 《의원선거론A Treatise on the Election of Representatives, Parliamentary and Municipal》(1859)을 읽고 공감한 것은 아비뇽에서 런던에서 돌아온 직후였다. 밀이 개

었음을 알게 된 것은《의회개혁론》을 출판한 직후였다. 나는 그 위대하고 실제적이며 철학적인 이념 속에서 대의정치의 구성에 대한 최대의 개선책을 보았다. 이는 그전까지 대의제도에 내재한 하나의 큰 결함이라고 생각된 것을 깨끗이 제거해주는 것이었다. 즉 다수파가 되면 그 수에 비례하는 권력이 아니라 모든 권력을 갖고, 가장 강력한 정당이 모든 약소 정당을 국회의 의견 청취에서 배제할 수 있게 하며, 약소 정당은 우연히 여러 지방에서 의견 분포가 불평등하게 되어 있는 때를 제외하면 기회를 얻을 수 없는 현재 상황에 매우 교묘한 방법으로 엄밀하게 대처함으로써 그러한 폐해를 교정하는 것이었다.

그러한 폐해에 대해 매우 불완전한 완화 이상이 불가능하다고 생각해왔는데 헤어 씨의 구상은 근본적 해결책이었다. 나는 그러한 정치 기술상의 대발견은 이 제안에 찬성한 모든 사려 깊은 사람들을 감동시켰다고 믿으며, 나도 인간 사회의 미래 전망에 관한 새로운 낙관적 희망을 보았다. 그것은 이 제도를 통해 문명 세계 전체가 명백하고 불가항력적으로 향하는 정치제도의 형태에 대해, 그 최종적 이익에 단서를 달 만한 혹은 의심스럽게 생각될 중요한 문제 대부분이 해결되기 때문이다.

소수파는 소수파에 머무는 한 투표에서 지게 마련이고, 이는 당연한 것이다. 그러나 어떤 투표인의 모임이 일정 수에 이르러 그 대표를 의회에 보내면 소수파는 억압될 수 없다. 독립된 의견을 갖는 사람들이 의회에 들어가 자신들의 의견을 발표할 수 있는데 이는 현행 대의민주

인대표제personal representation라고 한 것은 비례대표제proportional representation와 같은 말이다.

제에서는 종종 생기는 일이다.[34] 그리고 특이한 개성을 갖는 사람들이 제거되고 정치적·종교적 대정당의 신조만을 대표하는 의회가 아니라, 정당과는 무관하게 그들의 개인적 탁월성을 평가하는 선거인에 의해 당선된, 나라에서 가장 뛰어난 개인을 상당수 포함하는 의회가 될 것이다.

그 밖의 점에서는 지성적 사람들이 충분히 검토하지 않았기 때문에 헤어 씨의 제안이 제도적으로 복잡한 성격을 띤다는 생각으로 반발하는 것도 이해할 수 있다. 그러나 이러한 제안이 보완하고자 하는 결점을 실감하지 못하거나, 가치 있는 목적에 적합하지 않은 난해하고 멋대로의 이론으로, 실제적 사람들이 주목할 가치가 없다고 말하며 문제 삼고자 하지 않는 사람이라면 미래 정치에는 적합하지 않은 무능한 정치가라고 하지 않을 수 없다. 지금 장관이거나 장관이 되고자 하는 자들에 대해 이렇게 말하는 것은 아니다. 왜냐하면 장관은 자신의 양심이나 이익 때문에 어떤 개선책을 공식 정책으로 채택해서 집행하는 그날까지 그 개선책에 무조건 반대한다고 계속 공언하기 때문인데 우리는 이 사실을 잘 알고 있다.

나의 팸플릿이 나오기 전에 내가 헤어 씨의 제안을 알았더라면 한마디했을 것이다. 그렇게 할 수 없었기 때문에 나는 《프레이저즈 매거진》에 글을 하나 썼다(이는 《논설과 토론》에 수록되었다). 주로 헤어식 대표제를 소개하기 위해서였고, 헤어의 책과 함께 시사 문제에 대한 다른 두 권의 책에 대한 서평도 포함되었다. 그중 하나는 옛 친구인 존 오스틴 씨의 팸플릿이었다. 만년의 그는 의회개혁에 전적으로 반대했다.

---

34 최명관, p. 260에는 이와 반대로 번역되어 있다.

또 하나는 로밀리 씨가 쓴 책인데 일부 잘못되기는 했으나 유능하고 솔직한 책이었다.

정치평론

같은 해 여름, 나는 특별한 의무를 감당해야 했다. 그것은 마침 2권이 발간되면서 막 완결된 베인Bain 씨의 정신에 관한 훌륭한 책을 세상에 알리기 위해 《에든버러 리뷰》에 글을 써서) 돕는 일이었다. 그리고 짧은 글들의 선집을 두 권의 《논설과 토론》으로 인쇄했다. 글의 선정은 아내가 살았을 때 했는데, 재수록을 위해 그녀와 협력해서 수정을 가하지는 못했다. 그녀의 판단을 받을 수 없게 되었으므로 개정하지 않기로 했다. 더는 내 의견으로 적합하지 않은 부분만을 삭제하고 재간행했다.

그해 마지막으로 쓴 글은 〈불간섭에 대해서〉[35]였다. 그 글을 쓴 이유는, 영국에 대해 대륙에서 가한 비난, 즉 영국의 외교정책이 이기적이라는 비난으로부터 영국을 옹호하는 동시에, 영국 정치가가 자국 정책을 영국의 이익에만 관련시키는 것, 마침 그때 팔머스턴 경이 수에즈 운하에 반대한 행위[36]가 영국에 대한 그러한 비난에 박차를 가한 사실에 대해 영국인들에게 경고하고 싶었기 때문이다.

이 기회에 나는 국제적 도덕의 참된 원리와 시대 및 상황이 바뀜에

---

35 "A Few Words on Non-intervention", *Frazer's Magazine*, 1859년 12월호.

36 팔머스턴 외무부장관은 수에즈운하가 아랍에 대한 프랑스의 영향력을 증대시켜 영국의 인도에 대한 권익을 해친다는 이유에서 반대했다.

따라 그 원리에 정당하게 가해지는 수정에 대해 오랫동안 생각해온 것 (그중 몇 가지는 인도에 관한 경험이고, 다른 몇 가지는 당시 유럽인의 마음을 사로잡은 국제문제에서 비롯된 것이다)을 표명했다. 나는 이에 대해 1848년 브로엄 경 등이 프랑스 임시정부를 비판한 데 대한 반론으로 이를 변호하면서[37] 이미 어느 정도 논의했다. 그것은 《웨스트민스터 리뷰》에 발표되었고 《논설과 토론》에 수록되었다.

이제 나는 여생을 오로지 문필 생활로 보내려고 마음먹었다. 이론적 정치만이 아니라 실천적 정치에도 상당 정도까지 계속 관련되는 것을 문필 생활이라고 할 수 있다면 말이다. 그러나 나는 매년 상당 부분을 내가 주로 썼던 영국 정치의 주된 무대에서 몇백 마일 떨어진 곳에서 보냈다. 그러나 실제로 현대의 통신수단은 모든 불편을 제거해주었을 뿐 아니라, 정치 활동의 무대에서 멀리 떨어져 있는 저자의 불편함을 편리함으로도 바꾸어주었다.

나는 정기적으로 빠르게 신문 잡지를 받아보고, 거의 같은 시기의 정국에도 정통했으며, 개개인과 직접 접촉하는 것보다 여론의 상황이나 진보에 대해 훨씬 정확하게 알 수 있었다. 왜냐하면 모두의 사회적 교제는 다소간 특정 동료나 계급에 한정되고, 다른 사람들의 생각은 그 수로까지 오지 않으며, 이른바 사교계의 귀찮은 요구에 시간을 뺏겨 다양한 의견 전달 기관까지 시야를 넓힐 여유가 없는 사람은, 사회인들이나 사회의 활동적이고 교양 있는 사람들이 생각하는 상황에 대해, 신문을 읽는 은둔자보다도 더욱 무지한 상태에 있음을 경험으로

---

37 "Vindication of the French Revolution of February 1848", *Westminster Review*, 1849년 4월호.

알기 때문이다.

자기 나라에서 너무 멀리 떨어져 있으면 자국인이나 자국의 일에 대해 그 속에서 보는 것처럼 생생한 인상을 새롭게 하지 못하고 불편한 게 분명하지만, 멀리서 편견에 사로잡히지 않고 내리는 신중한 판단은 실제 적용의 경우에도 가장 믿을 만하다. 나는 그 두 가지 태도를 함께 사용함으로써 양쪽의 장점을 결부했다.

헬런 테일러

나의 가장 뛰어난 사상을 고무해준 사람이 이젠 존재하지 않았으나 나는 고독하지 않았다. 그녀는 딸, 즉 나의 의붓딸을 남겼다. [그녀는 어머니의 지혜와 고상한 성질을 모두 물려받았다.] 그때부터 오늘까지 그녀의 성장하고 성숙한 재능은 똑같은 위대한 목적에 바쳐지고 있다. [그녀의 이름은 지금 어머니 이상으로 잘 알려져 있고 그녀가 살아 있는 동안 더욱 유명해질 것이다. 나에 대한 그녀의 직접적 협력의 가치는 나중에 적겠지만, 그녀의 독창적 사상이 지닌 위대한 힘과 실제적 판단력의 정당성을 통해 배운 바에 대해서는 아무리 정확하게 서술하고자 해도 부족하다.] 나처럼 큰 손실을 입은 뒤에 인생의 제비뽑기에서 다시 행운에 당첨된 사람[또 하나의 동료, 나를 격려하고 시사하며 가르쳐주는 비길 데 없는 인물을 얻은 사람]은 아무도 없다.

지금이나 앞으로 나와 나의 저술에 대해 생각하는 사람은 그것이 한 사람의 지성의 산물이 아니라 세 사람의 지성의 산물이라는[그중에서 가장 가치 없고 가장 독창적이지 않은 이의 이름이 붙어 있다] 점을 잊어서는 안 된다.

《대의정치론》

1860년과 1861년의 내 일은 주로 책 두 권을 저술하는 것이었다. 그 중 하나는 곧바로 출판하고자 했다. 내가 여러 해 사색한 끝에 민주주의적 헌정에서 최선의 형태라고 본 것을 정리한 《대의정치론》이다. 이 책은 통치의 일반 이론 중에서 민주주의 운영의 특정 부분을 뒷받침하기에 필요한 모든 것과 함께 순수하게 유기적 제도의 범위 내에서 현대의 중요한 문제에 대한 나의 성숙한 견해를 포함한다. 또 차츰 필요성이 높아져 정치 이론가와 실제 정치가가 다 같이 주목해야 하게 된 몇 가지 다른 문제를 제기하기도 했다. 그중 중요한 것은 사람 수가 많은 민주적 합의 체제에서는 현저히 부적당한 법률을 만드는 기능과, 민주적 합의체에 최적이 되는 의무로, 다른 어떤 권위에 의해서도 충족될 수 없는 법률을 제정하도록 만드는 기능을 구별하는 것이다.

그 귀결로서 입법위원회가 필요해진다.[38] 그것은 자유주의적 국가의 영구적 일부로, 의회가 어떤 법률을 만들고자 결정하면 그 위원회에 법안 작성을 위임해야 한다. 법안이 기초되면 의회는 가결하거나 부결할 권력을 갖지만, 수정안을 위원회에 보내어 처리하는 것 외에 법안을 변경할 권력은 갖지 않는다. 모든 공공적 기능 가운데 가장 중요한

---

[38] Committee of Legislation은 국내의 다양한 의견을 공정하게 대표하는 의회와, 전문적 관점에서 법안을 작성하는 입법위원회에 의해 의회 토론의 결론을 정확하고 분명하게 입법하기 위한 제안과 구상을 했다.

입법 기능에 대해 내가 제기한 문제는, 현대 정치 조직의 가장 큰 문제 중 특정한 사례 가운데 하나다. 이 문제는 벤담이 최초로 전면적으로 다루었으나, 나는 그가 언제나 만족스러울 정도로 해결하지는 못했다고 생각한다. 그것은 공공 문제에 대한 완전한 민주주의적 통제를, 숙련된 사람들의 최대한의 재능과 결부한다는 과제다.

《여성의 예속》

이 무렵 쓴 또 하나의 책은 몇 년 뒤 '여성의 예속 The Subjection of Women'이라는 제목으로 출판되었다. 이 책은 그 커다란 문제에 대한 나의 의견을 되도록이면 완전하게, 이의의 여지가 없을 정도로 쓴 책이 있어야 〔한다는 딸의 시사에 의해〕 쓴 것이다. 나로서는 그 원고를 다른 미간 원고와 함께 보존하고 가능하면 자주 수정해서 그런 책이 가장 유용하다고 생각될 때 간행할 생각이었다. 그 책이 간행되었을 때에는 〔내 딸의 중요한 몇 가지 이념과 그녀가 쓴 몇몇 절을 통해서 내용이 풍부해졌다. 그러나〕 내가 쓴 부분에 대해서도 가장 현저하고 심오한 부분은 모두 아내의 것이었다. 즉 우리 마음의 대부분을 차지한 문제에 대해 무수한 대화나 토론을 통해서 두 사람에게 공통되었던 우리의 끊임없는 사상의 원천에서 흘러나온 것이었다.

이때부터 얼마 동안 나는 결혼 생활 마지막 몇 년 동안 쓴 미간행 원고 일부를 뽑아서 내용을 약간 추가한 후《공리주의 Utilitarianism》라는 작은 책으로 만들었다. 이 책을《프레이저즈 매거진》에 3회 연재한 뒤 한 권의 책으로 출판했다.

남북전쟁

그전부터 미국의 남북전쟁이 시작됨에 따라 정치 상황이 매우 위험하게 변해갔다. 나는 매우 강렬한 감정으로 이 전쟁에 주목했다. 처음부터 이 전쟁이 알 수 없을 정도로 장기간, 인류의 앞날이 좋은 방향이나 나쁜 방향으로 나아갈 전환기가 될 운명이라고 느꼈다. 미국의 노예제도를 둘러싼 투쟁이 결렬되기까지 몇 년간, 깊은 관심을 가지고 계속 관찰했으므로 그것이 모든 단계에서 노예제 지역을 확대하고자 하는 노예 소유자들의 공격적 기도였음을 깨달았다. 즉 이 기도는 금전상 이익과 권력 지배를 바라는 마음과 노예 소유자 계급의 계급적 특권에 대한 열광이 결합된 영향 아래 있었다. 이러한 영향력을 친구 캐언스Cairnes 교수는 훌륭한 책《노예제 권력The Slave Power》에서 매우 주도적으로 강력하게 묘사했다.

만일 노예 소유자 계급이 승리한다면 진보의 적에 용기를 주는 사악한 권력의 승리가 되고, 문명 세계의 진보를 지지하는 사람들의 정신을 약화시킬 뿐 아니라, 인간에 대한 인간의 전제 중에서도 최악인 가장 반사회적 행태에 근거한 무서운 군사적 권력을 창출하고, 위대한 민주주의적 공화국의 위신을 오랫동안 파멸시켜 유럽의 모든 특권계급에 피 튀기는 싸움이 아니고서는 절멸시킬 수 없는 자신감을 부여할 것이다. 한편 나는, 만일 북부 사람들의 정신이 전쟁을 승리로 이끌 수 있을 정도로 고양되고 전쟁을 성공적으로 이끌어 승리한다면, 그 종결이 너무 빠르게 오지도, 너무 쉽게 오지도 않는다면 인간성의 법칙과 혁명의 경험으로 전쟁이 종결되면서 결정적 결말을 낳을 가능성이 지극히 높다고 예상했다.

북부 사람들 대부분의 양심은 아직 노예제가 그 이상으로 확대되는 데 저항하는 정도밖에는 각성되어 있지 않았다. 따라서 그들은 미국 헌법에 대한 충성심으로 이미 노예제가 존재하는 주의 노예제에 간섭하려는 연방정부의 시도를 인정하지 않았다. 하지만 반란을 통해 헌법이 파괴된다면 그들의 양심이 달라진 감정을 소유하게 됨으로써 노예제 같은 저주를 영원히 일소하고자 결의하고, 숭고한 집단인 노예제 폐지론자들의 주장을 그들의 깃발에 더하게 되리라 나는 예상했다. 그들 가운데 게리슨[39]은 용감한 일편단심 사도였고, 웬델 필립스[40]는 웅변하는 연설가였으며, 존 브라운[41]은 자발적 순교자였다.

그리고 나는 모든 미국인의 마음이 속박에서 해방되고, 그들 헌법의 자유주의적 원리에 대한 침범 중에서도 가장 흉악한 것에 대해 외국인에게 변명해야 한다는 생각으로 자기기만의 느낌을 더는 갖지 않게 되는 한편, 사회가 국민의 여론을 고정하는 경향이 적어도 일시적으로는 억제되고, 국민정신은 국민의 제도나 관습 중 나쁜 것을, 그것이 어떤 것이라도 솔직하게 인식하게 되리라 생각했다. 이러한 희망은 노예제에 관해서라면 완전히 실현되었고, 기타 많은 점에서도 차차 실현되고 있다.

---

39 William Lloyd Garrison(1805~1879). 노예 폐지 운동가로 1831년《해방자Liberator》를 창간했고 '미국반노예제도협회'를 창설했다.

40 Wendell Phillips(1811~1884). 미국의 노예 폐지 운동가.

41 (원주) 이 참된 영웅이 체포된 뒤 어떤 목적으로 교수형에 처해지는 것보다도 가치가 있다고 한 말은, 그 기지와 지혜와 자기 헌신의 혼연일치로써 토머스 모어Thomas More 경의 말을 상기시킨다. (옮긴이 주) John Brown(1800~1859)은 미국의 노예 폐지 운동가. 캔자스주를 자유주로 만들기 위해 연방 무기고를 습격해 반란을 일으켰다가 체포되어 처형당했다.

처음부터 나는 반란의 성공과 실패에서 이 두 가지 결과가 생길 것으로 예상했다. 그러므로 영국 중산계급 가운데 상류계급과 중류계급 대부분, 그리고 심지어 자유주의자로 인정받는 자들도 남부를 지지하는 데 광분한 반면, 노동자계급과 문필가들, 과학자들만이 일반적 열광에서 거의 유일한 예외였다. 내가 이런 상태를 보고 어떻게 느꼈는지는 쉽게 상상할 수 있을 것이다. 영국에서 영향력 있는 사람들 마음에 영원한 개선이라는 생각이 얼마나 적은지를, 또 그들이 습관적으로 공언하는 자유주의적 견해에서 얼마나 작은 가치밖에 인정할 수 없는지를 그때만큼 통감한 적은 없다. 대륙의 자유주의자들은 누구도 그런 잘못을 범하지 않았다.

그러나 영국령 서인도의 농원주들에게서 흑인 노예해방을 확보한 세대[42]가 사라진 후 다음 세대는 노예제의 가혹함을 논의하고 폭로한 오랜 세월을 통해 배운 게 아무것도 없었다. 영국인은 자신들의 섬나라 바깥 세계에서 일어나는 일에는 무관심한 게 보통이어서 투쟁에 앞서 일어난 모든 사건에 전적으로 무지했다. 최초 1, 2년간 영국에서는 일반적으로 투쟁이 노예제도를 둘러싼 것이라는 사실조차 믿지 않았을 정도였다. 고상한 원리나 의심의 여지가 없을 정도로 관대한 의견을 가진 사람들 중에도, 이 투쟁이 관세를 둘러싼 대립이라고 생각하거나, 그들이 공감하는 일인 독립을 위한 투쟁으로 생각하는 사람도 있었다.

이렇게 여론이 왜곡된 상태에 이의를 제기하는 소수파 가운데 한

---

42 서인도제도의 노예무역을 금지한 법률은 1807년, 노예제 폐지법은 1833년에 성립되었다. 노예제 폐지는 윌버포스를 지도자로 하는 복음주의 운동으로 시작되어 서서히 조직화되고 확대된 결과였다.

사람이 되는 것이 나의 명백한 의무였다. 내가 처음으로 이의를 제기한 것은 아니다. 휴즈[43] 씨와 러드로[44] 씨의 명예를 위해, 투쟁이 시작된 직후 그 두 사람이 항의를 시작했음을 상기시키고 싶다. 그들에 이어 브라이트Bright 씨가 연설 중에 가장 강력하게 항의했고, 그 못지않게 여러 사람이 그의 뒤를 이었다. 그들에 이어 나도 발언을 하려 할 때였던 1861년 말, 영국 배를 탄 남부 사절이 미국 당국에 체포되는 사건이 터졌다.[45] 영국인이 아무리 잊으려 해도 당시의 영국에서는 미국과 개전하고자 하는 감정이 몇 주 동안 폭발적으로 계속되었고, 영국 측에서 전쟁 준비가 현실적으로 개시된 기억은 완전히 잊힐 정도로 과거일이 아니었다. 이러한 사태가 계속되는 한, 미국에 대한 어떤 호의적 말을 해도 사람들이 들을 가능성이 거의 없었다.

나는 그러한 미국의 행위가 옳지 못하다는 생각으로 영국이 항의해야 한다고 주장한 사람들에게 찬성했다. 미국 측에서 부인하는 답이오고, 전쟁의 위협이 없어진 1862년 1월, 나는 《프레이저즈 매거진》에 〈미국의 항쟁〉[46]이라는 글을 썼다. 〔그리고 딸이 그 글을 쓸 때 열심히 도와준 것을 언제까지나 감사할 것이다. 이렇게 말하는 것은 우리가 그리스나 터키에 여러 달 여행을 떠나려고 했을 때여서, 그녀가 재촉하지 않았더라면 귀국할 때까지 집필이 연기되었을 것이기 때문이다.〕

이 글은 바로 그때 발표되어 반자유주의적 조류에 압도되는 것처럼

---

43 Thomas Hughes(1822~1896). 영국의 작가이자 사상가로 기독교 사회주의 운동에 종사하고 노동자 학교를 설립했다.

44 John Malcolm Ludlow(1821~1911). 영국의 법률가이자 작가.

45 1861년 11월 8일의 트렌트호 사건Trent Affair으로 영국과 북부가 대립했지만 링컨이 결단을 내려 체포된 두 사람이 석방됨으로써 해결되었다.

46 "The Contest in America".

느꼈던 자유주의자들을 격려하고, 옳은 이유를 지지하는 의견의 핵심을 창출하는 데 도움이 되었다. 이러한 의견은 더욱 확대되어 북부가 승리할 가능성이 나타나기 시작한 뒤에는 급격히 증대했다. 우리가 여행에서 돌아온 뒤, 나는 캐언스 교수의 책에 대한 서평[47]을《웨스트민스터 리뷰》에 발표했다.

영국의 지배계급은 미국이 하나의 국민으로서 파멸하는 것을 명백히 바람으로써 미국 내에서 영속적 분개를 불러일으켰고 불쾌한 형태로 그 악영향을 입고 있다. 영국의 정치가들은, 매우 소수일지라도 저명한 저술가나 연설가가 미국이 최대의 난국에 있을 때 결연히 미국 측에 서서 그들의 증오감을 부분적이나마 달래고, 또 대영제국이 미국인에게 전면적으로 혐오스러운 것이 되지 않도록 만들었다는 데 감사해야만 한다.

철학 저술

이러한 의무를 마친 다음 2년간 나의 중요한 일은 비정치적 주제에 관한 것이었다. 오스틴 씨의《법학 강의》[48]가 그의 사후에 출판됨으로써, 그와의 추억에 정당한 감사를 전하는 동시에 내가 과거 벤담주의 시대에 많이 공부했던 문제에 대한 몇 가지 사상을 표명할 기회를 주었다.

그러나 이 2년 동안의 중요한 저술은《윌리엄 해밀턴[49] 경 철학의

---

47 "The Slave Power", *Westminster Review*, 1862년 10월호.

48 John Austin, *Lectures on Jurisprudence*, 1863.

49 William Hamilton(1788~1856). 스코틀랜드 철학자.

검토》[50]였다. 그의 《형이상학 및 논리학 강의》[51]는 1860년과 1861년에 간행되었고, 나는 서평을 써볼까 하는 생각으로 1861년 말에 그 책을 읽었는데 곧 서평으로는 부족하고 한 권의 책이 아니고서는 그 책의 주제를 제대로 논의할 수 없음을 깨달았다. 당시 나는 스스로 이러한 시도를 하는 것이 바람직한지 헤아려보아야 했지만 여러 가지를 고려한 뒤 그렇게 해야 할 강력한 이유가 있다고 생각했다.

나는 그 책에 크게 실망했다. 그에 대한 어떤 선입견도 없이 그 책을 읽었다. 그때까지 나는 리드의 저술에 대한 그의 주석이 미완이어서 읽는 것을 미뤄두었지만 그의 《철학론》[52]은 무시하지 않았다. 그리고 그가 정신철학을 취급하는 일반적 기법은 내가 제일 좋다고 찬동한 기법과는 달랐지만, 그가 후기 초월주의자들을 활발하게 논박한 점이나 몇 가지 중요한 원리, 특히 인간 지식의 상대성을 주장한 부분의 많은 점에서 그의 의견에 공감했고, 참된 심리학은 그의 권위와 명성을 통해 잃은 것보다 얻은 것이 많다고 생각했다.

그의 《형이상학 및 논리학 강의》와 《리드론Notes on Reid》은 이러한 환상을 일소했다. 그리고 그것들에 비추어 읽어보면 《철학론》마저도 그 가치의 대부분이 사라졌다. 나는 그의 의견과 내 의견에서 표면상 일치하는 점은 진실한 것이 아니라 오로지 언어상의 것임을 깨달았다. 그가 인정한다고 내가 생각한 중요한 철학적 원리가 그에게서는 거의 또는 전부 의미 없는 것으로 설명되거나 언제나 무시되었으며, 그런 원리와 전혀 양립하지 않는 이론을 그가 대부분의 철학 저술에서 설명

50 *An Examination of Sir William Hamilton's Philosophy*, 1865.

51 *Lectures on Metaphysics and Logic*, 4. vols., 1860~1861.

52 *Discussion on Philosophy and Literature and University Reform*, 1852.

하고 있음을 알았다.

그리하여 그에 대한 나의 평가는 완전히 변했다. 그가 두 가지 서로 대립하는 철학의 중간에 위치하면서 양자의 원리에서 어떤 것을 주장하고, 양자에 공격과 변호라는 강력한 무기를 제공한다고 생각되지 않았다. 도리어 이제는 양자의 철학 중에서 내게는 오류로 생각되는 일파의 지주 가운데 한 사람으로 보였다. 그는 철학적 명성이 컸으므로 영국에서는 중요한 지주였다.

그런데 철학상의 두 학파, 즉 직관파와 경험 및 관념연합파의 차이는, 단순히 추상적 사색의 문제가 아니라 많은 실제적 결과를 수반했으며, 진보 시대에 있어 실제적 의견에 관한 최대한 큰 차이의 기초를 이룬다. 실천적 개혁자는 강력하고 널리 퍼진 감정이 지지하는 것들이 변화되어야 한다고 언제나 요구했으며, 또 표면상으로는 필연적으로 부정할 수 없으리라 여겨지는 기정사실이 실제로 그러한지 따져왔다. 그러한 강력한 감정이 어디서 비롯되었는지, 또 기정사실이 어떻게 해서 필연적이고 부정하기 어려운 것이 되었는지 분명히 밝히는 것이 개혁자의 논의에서 불가분한 부분이 되는 경우가 종종 있다.

따라서 개혁자와, 감정이나 도덕적 사실을 환경 및 관념연합에 의해 설명하는 것을 반대하면서 감정이나 도덕적 사실을 인간성의 궁극적 요소로 취급하기를 좋아하는 철학 사이에는 당연히 대립이 있다. 이러한 철학, 직관적 진리로 마음에 드는 이론을 주장하고, 직관을 우리의 이성보다도 고도의 권위를 가지고 말하는 자연과 신의 소리로 생각하는 철학이다.

특히 내가 오랫동안 느껴온 것은, 인간 성격의 모든 현저한 차이는 생래적 것이고 거의 제거할 수 없는 것이라고 생각하면서, 개인이나 인종이나 양성의 차이 대부분이 환경 차이에 의해 생길 수 있을 뿐 아니라 자연스럽게 생긴다는 반론의 여지가 없는 증거를 무시하면서 널리 보급되고 있는 경향은, 커다란 사회문제를 합리적으로 취급하는 데 중요한 장애 가운데 하나가 되며, 인류를 개선하는 데 최대 방해물 가운데 하나라는 점이었다.

이러한 경향은 18세기에 대한 19세기의 반동을 특징짓는 직관적 형이상학에서 비롯되는 것이다. 그것은 인간의 태만한 성질뿐만 아니라 보수주의적 이익에 전면적으로 적합한 것이어서 그 근저 자체에 공격을 가하지 않는 한 온건한 형태의 직관파 철학을 통해 현실적으로 정당화되기보다는 훨씬 극단적인 것이 될 우려가 있음이 확실하다. 그러한 철학은 언제나 온건한 형태를 취하지 않으면서 한 세기 대부분의 기간을 유럽 사상계를 지배해왔다.

아버지의 《인간 정신현상의 분석》과 베인 교수의 위대한 저술은 철학의 가장 좋은 방법을 부활시키고자 시도했고 최근에는 기대한 대로 충분히 성공하고 있다. 그러나 나는 이 두 철학을 비교 대조하는 것만으로는 불충분하고, 양 파 사이에서 백병전이 있어야 하며, 해설적 저술과 함께 논쟁적 저술도 필요하고, 그러한 논쟁이 유익하게 될 때가 왔다고 느꼈다. 나는 해밀턴 경의 저술과 명성이 영국에서 직관파 철학의 큰 요새와 같고, 그 인물이 위풍이 있고 인격적 장점과 정신적 재능을 많이 갖추었기 때문에 더욱 두려운 요새라고 생각했다. 그러므로 그의 가장 중요한 이론 전체를 철저히 검토하고 철학자로서 얼마나 뛰어난지 평가하려는 시도는 철학에 참된 공헌을 할지도 모른다고 생각했다.

그리고 해밀턴 경의 추종자들 중에서 적어도 한 사람, 그것도 가장 유능한 사람의 저술[53]에서 해밀턴의 독특한 이론이 내가 매우 비도덕적이라고 생각하는 종교를 정당화하는 근거가 되고 있음을 알게 되자 나의 결의는 더욱 굳어졌다. 그것은 우리가 전혀 알지 못한다고 단정하는 도덕적 속성, 즉 우리가 동포에 대해 말하면서 같은 이름으로 부르는 것과는 극단적으로 다른 도덕적 속성을 갖는 존재 앞에 꿇어 엎드려 경배하는 것이 우리의 의무라는 주장이다.

검토를 계속하는 중에, 여러 페이지들을 비교함으로써 거의 믿을 수 없을 정도로 많은 모순이 드러났기 때문에, 해밀턴 경의 명성에 대한 공격은 처음에 내가 생각하던 것보다 격렬해졌다. 그러나 나의 일은 사실을 있는 그대로 정확하게 밝히는 것이었으므로 조금도 물러서지 않았다. 나는 언제나 내가 비판한 철학자를 가장 공정하게 다루려고 노력했고, 또 만일 내가 고의가 아니더라도 그에게 불공정하게 말한다면 그의 많은 제자나 예찬자가 그 잘못을 정정해주리란 사실을 알았다.

따라서 그들 다수가 제법 치밀하게 반론하며 내가 간과한 점과 오해한 점을 지적했는데 그들은 소수였고 대부분 내용상 중대한 것이 아니었다. 최신판(현재는 3판)이 간행되기 전에 나온 그런 지적은 (내가 아는 한) 그 판에서 수정했고, 기타 비판에 대해서는 필요하다고 생각되는 한 답변을 했다. 이 책이 전반적으로 역할을 수행한 셈이다. 즉 이 책은 해밀턴 경의 약점을 밝히고, 그의 철학자로서의 과도한 명성을 적당한 범위로 끌어내렸으며, 그 속의 몇 가지 논의와 물질 및 정신에 관해 해설적인 두 장을 통해서 심리학과 형이상학 논의에서 목표가 된 몇 가

---

53 옥스퍼드대학교 교수인 헨리 롱그빌 맨설Henry Longueville Mansel(1820~1871)의 《종교적 사고의 한계The Limits of Religious Thought》(1858)를 말한다. 맨설은 칸트의 영향을 받아 절대자의 불가지를 설명하고 기독교의 계시를 옹호했다.

지 문제에 새로운 빛을 던졌다.

콩트에 대한 평가

해밀턴에 대한 책을 완성한 뒤 여러 가지 이유로 반드시 해야 할 의무라고 생각하는 일을 시작했다. 그것은 오귀스트 콩트의 이론을 해설하고 평가하는 것이었다. 나는 다른 무엇보다도 그의 사색이 영국에서 유명해지는 데 커다란 공헌을 했다. 그의 이름이 프랑스에서 아직 알려지지 않았을 때 해협 건너 사려 깊은 사람들 사이에 독자와 예찬자를 확보하게 된 것은 주로 내가 《논리학 체계》에서 그에 대해 서술한 결과였다. 《논리학 체계》가 간행되었을 때의 그는 전적으로 무명이고 가치를 인정받지 못했으므로 그의 결점을 비판하는 것은 불필요하다고 생각되었던 한편 그가 철학 사상에 수행한 중요한 공헌에 대해서는 되도록이면 널리 알리는 것이 의무였다.

그러나 이 글을 쓰는 지금 이 시점에는 사정이 완전히 달라졌다. 적어도 그의 이름은 거의 보편적으로 알려졌고, 현대 사상가 중에서 가장 뛰어난 사람 가운데 하나라는 지위를 확보했다. 그의 사색 가운데 뛰어난 부분은 이미 그것을 받아들이기에 적합한 교양과 경향을 지닌 사람들에게 크게 작용했다. 그러한 뛰어난 부분의 그림자에 가려져 그의 후기 전술에서 크게 전개되고 추가된 바람직하지 못한 부분도 영국, 프랑스 등의 나라에서 활동적이고 열광적인 지지자를 확보하게 되었는데 그러한 사람들 중에는 인격적으로 상당히 훌륭한 사람도 있었다.

이러한 이유 때문에 누군가가 콩트의 사색 중에서 좋은 것과 나쁜 것을 가려내는 일을 하는 것이 바람직할 뿐 아니라, 그러한 시도를 하는 것은 특히 나의 의무라고 생각되었다. 그래서 나는 두 편의 글을 써서 《웨스트민스터 리뷰》에 연재를 하고, 《오귀스트 콩트와 실증주의 Auguste Comte and Positivism》라는 작은 책을 간행했다.

대중판

지금까지 말한 저술이 내가 보존할 가치가 있다고 생각하지 않는 소수의 잡지 글과 함께 1859년부터 1865년까지 쓴 것 전부다. 1865년 초 노동자들의 희망에 따라 저서 가운데 노동자계급 사이에서 많은 독자를 확보할 것처럼 보이는 《경제학 원리》, 《자유론》, 《대의정치론》을 염가 대중판으로 간행했다. 나는 여기서 이익을 얻을 생각이 조금도 없었으므로 출판사와 이익을 절반으로 나누는 통상의 조건으로 최저 가격을 확정한 뒤, 가격을 더욱 낮추려고 내 몫을 포기했다. 이처럼 대중판은 나의 금전상 이익을 상당히 희생한 것이었다.

롱맨사Longman의 명예를 위해 서술하는바 그 출판사는 내가 원하지 않았음에도 일정 기간 후에는 저작권과 활판 소유권을 나에게 돌려주었고, 일정 부수가 판매된 뒤에는 내가 그 이상의 이익에서 반을 갖게 해주었다. 그 부수(《경제학 원리》의 경우 1만 부) 이상이 머잖아 팔렸으므로 대중판은 나에게 소액이지만 예상하지 못한 수입을 가져왔다. 물론 그 금액은 보통판에서 얻는 이익 정도는 아니었다.

의원 입후보

지금까지 나의 외면적 생활을 요약했다. 이제 나는 저술가로서의 조용한 은둔 생활에서 전혀 성격에 맞지 않는 생활, 즉 하원의원으로 전환하는 시기에 이르렀다.[54] 웨스트민스터 선거구의 선거민 몇 사람이 1865년 초 나에게 입후보할 것을 요청했는데 이는 최초의 요청이 아니었다. 그리고 내가 받은 최초의 권유도 아니었다. 그보다 10년도 더 전에 루카스 씨와 더피 씨[55]가 아일랜드 민주파의 이름으로 그들이 쉽게 당선시킬 수 있는 아일랜드의 어느 지역 선거구에서 나를 의회에 보내고 싶다고 제안했다. 하지만 당시에는 내가 동인도회사에 취업 중이었기에 양립 불가능한 제안이었으므로 고려할 여지가 없었다. 동인도회사에서 나온 뒤 친구 몇 사람이 나를 의원으로 보내고자 생각했으나 그 생각이 실현될 가능성은 없어 보였다.

나는 어떤 선거단체가 다수파이고 유력한 경우, 나 같은 의견을 갖는 사람들을 대표로 삼고 싶다고 생각하지 않을 것이고, 지역적 연고도 없고 인기도 없으며 게다가 정당의 단순한 기관으로 입후보하는 것을 긍정하지도 않는 사람으로서, 돈이라도 쓰면 몰라도 어떤 선거구에서도 당선될 가능성은 거의 없다고 확신했다. 후보자는 공공적 의무를 수행하기 위해 단 한 푼이라도 부담을 가져서는 안 된다는 것이 당시

---

54 밀은 1865년 3월 총선거에서 런던 웨스트민스터 선거구에서 당선되어 1868년 11월의 총선에서 낙선할 때까지 하원의원으로 활동했다.

55 Frederick Lucas(1812~1855)와 Charles Gavan Duffy(1816~1903). 아일랜드 장로파 소작농과 가톨릭 소작농의 연대를 통해 소작농을 확보하고자 한 '소작농 동맹Tenant League' 지도자들.

나 지금이나 내가 갖는 확신이다. 특정 후보자와 특별한 관계가 없는 합법적 선거비용은 공비로 국가나 지방단체가 부담해야 한다. 각 후보자의 지지자들을 통해 그 후보자의 주장을 선거구민에게 적절하게 알리기 위해 필요한 일은 무급 대리인이나 자발적 모금으로 이루어져야 한다.

만일 선거단체의 구성원이나 그 외 사람들이 자신들이 의회에 도움이 된다고 생각하는 누군가를 합법적 수단으로 당선시킬 목적으로 자신의 돈을 스스로 낸다면 누구도 반대할 자격이 없다. 그러나 그러한 비용 전부나 일부를 후보자가 지출하는 것은 근본적으로 나쁜 일이다. 왜냐하면 실제로 의석을 돈으로 사는 것이 되기 때문이다. 돈의 용도를 가장 호의적으로 상정하는 경우에도 공공의 위임을 받아 자리를 얻는 데 돈을 내는 사람이라면 누구라도 당연히 그 자리가 촉진하려는 공공적 목적 외의 것을 추구하는 게 아닐까 하는 의혹을 받게 된다. 또 (매우 중요한 것인데) 선거비용을 후보자가 부담한다면 과중한 비용을 부담할 수 없거나 부담하고 싶지 않은 많은 사람들이 의원으로서 수행하는 역할을 국민에게서 빼앗는 것이 된다.

나는 독립된 후보자가 이러한 좋지 않은 관습에 따르지 않고서는 당선될 가능성이 거의 없는 한, 자신이 낸 선거비용의 어떤 부분도 직접적으로든 간접적으로든 부패행위에 사용되지 않는다면 스스로 선거비용을 부담하는 것이 언제나 도덕적으로 나쁜 것임에 틀림없다고 말하려는 게 아니다. 그런데 이를 정당화하려면 자신에게 열려 있는 다른 길보다도 의원으로서의 길이 자국에 더욱 도움이 될 수 있다고 확신해야 하지만 나 자신의 경우에는 그렇게 느끼지 않았다. 한 사람의 저술가로서의 내 노력 이상으로 내가 하원에서 노력하는 쪽이 더욱 많은 공적 목적을 촉진할 수 있는지가 나에게 전혀 분명하지 않았다. 따라서 나는 의원에 당선되는 걸 추구해서는 안 되며, 의석을 얻기 위해서 조금이라도 돈을 사용해서는 안 된다고 느꼈다.

그러나 한 선거단체가 나를 찾아내 그들의 후보자로 출마하기를 바란다고 자발적으로 신청했을 때 사정이 완전히 달라졌다.[56] 서로 이야기해본 결과, 그들이 내 의견을 잘 알고서 내가 양심적으로 봉사할 수 있는 유일한 조건을 받아들이면서도 그들의 희망을 계속 유지할 수 있다면 거절하는 것이 도저히 옳다고 할 수 없는 일로 생각되었다. 그들은 동포 시민으로서 공동사회의 구성원을 부른다는 희망을 갖고 있었

---

56 1865년 3월, 밀은 웨스트민스터 선거구의 급진파 대표 제임스 빌 James Beal(1829~1891)에게 밀을 후보자로 추천하고 싶다는 요청을 받고 3월 7일에 쓴 답장을 신문에 공개하면서 수락 의사를 밝혔다. 이어 자유당 지지자 집회에서 후보자로 추천되자, 4월 18일 아비뇽에서 쓴 공개편지에서 다음 10개조의 공약을 발표하면서 후보자가 되는 걸 수락했다.

1. 성년 남녀로 읽고 쓰고 산수를 할 수 있으며, 일정 기간 구빈 부조를 받지 않았던 자는 모두 선거권을 부여받아야 한다. 동시에 가장 다수의 계급도 다른 모든 계급을 압도하지 않도록 소수자 대표를 확보해야 한다.
2. 과세에 대해 직접세와 간접세의 혼합을 주장한다.
3. 모든 문명국은 내정간섭을 받아서는 안 된다. 그러나 독립국의 불가침에 관한 자유가 이미 간섭을 받을 경우 혹은 타국의 지배를 받을 경우, 어떤 나라나 간섭할 수 있다.
4. 비국교도에 대한 차별은 모두 폐지되어야 한다.
5. 투표는 공적 통치 행위이므로 비밀투표제에 반대한다.
6. 재정 절약을 위해서는 선거권 확대에 의한 소액 납세자의 영향력과 감시 강화가 필요하다. 유럽에 전제정부가 존속하는 한 군비축소는 바람직하지 않다.
7. 토지에 검인세를 부과하고 상속재산 전액에 상속세를 부과해야 한다.
8. 군대 내 관직 매매와 연고주의를 폐지한다.
9. 군대 내외를 막론하고 태형을 금지한다.
10. 법은 파업에 대한 폭력 방지를 위한 경우 외에는 개입해서는 안 되며, 조정의 강제를 인정해서도 안 된다.
밀은 4월 초에 위 편지를 쓴 뒤 7월 12일 투표일 직전에 아비뇽에서 돌아왔으므로 선거운동을 전혀 하지 않았다.

기 때문이다.

그래서 나는 그들의 의향을 확인하기 위해서 지금까지 어떤 선거단체에 대해서도 후보자가 솔직하게 해본 적이 없었(다고 내가 생각하)던 가장 솔직한 설명을 했다. 나는 그들의 요청에 답변하는 편지를 신문에 발표해서 나는 의원이 되고 싶다는 개인적 희망을 전혀 갖고 있지 않으며, 후보자는 선거운동을 하거나 자금을 부담해서는 안 된다고 생각하며, 나 자신이 그 어떤 것도 할 수 없다고 말했다. 나아가 내가 만일 당선되어도 선거인들의 지역적 이익을 위해 시간이나 노력을 전혀 사용할 수 없다고도 말했다. 그리고 정치 일반에 대해 그들이 질문한 많은 문제에 대해서도 내 생각을 솔직하게 말했다. 그 하나는 선거권 문제였다. 나는 다른 것과 함께 여성도 남성과 같은 조건으로 의회에 대표를 보낼 자격을 갖는다는 확신을 말했다(만일 당선된다면 그러한 확신에 근거하여 행동할 참이었으므로 말해야만 했다).

이러한 이론이 선거민에게 전해진 것은 분명 처음 있는 일이었고, 내가 그런 제안을 한 뒤 당선되었다는 사실은 그 뒤 매우 활발해진 여성참정권을 요구하는 운동의 출발점이 되었다. 당시 그런 주장과 행동을 하면서 선거운동에 따르는 통상적 사고방식의 모든 것에 이 정도로 도전하는 후보자(내가 후보자라고 불릴 수 있는 경우의 말이지만)가 당선된다는 건 도저히 있을 수 없는 일로 생각되었을 것이다.

어느 저명한 작가이자 사교계의 인물이었던 사람은 전능한 신도 이러한 강령을 내걸고서는 당선될 수 없다고 말했다고 한다. 나는 스스로의 방침에 엄격히 따르면서 돈을 쓰지도, 선거운동을 하지도 않았다. 그리고 투표일 1주일 전까지는 선거에 어떤 개인적 참가도 하지 않았다. 1주일 전부터는 공적 집회에 출석해서 나의 방침을 말하고 선거민이 자신의 판단을 내리기 위한 정당한 권리로 내게 하는 질문에 답했는데, 나의 답은 선언과 마찬가지로 명확하고 솔직한 것이었다. 단하나, 종교적 의견에 대해서는 처음부터 답하지 않겠다고 말했다. 그런 나의 결의는 집회 참가자들에게 완전히 승인되었다.

노동자계급과의 만남

질문을 받은 모든 문제에 솔직히 답한 것은, 그 답이 어떤 것이든 불리해졌다기보다도 많은 바람직한 효과를 계속 나에게 주었음에 틀림없다. 그 증거의 하나로 기록해야 할 뚜렷한 일이 있다. 나는《의회개혁론》[57]이라는 팸플릿에서 매우 솔직하게 노동자계급은 거짓말하는 것을 부끄러워한다는 점에서 다른 나라의 노동자계급과 다르기는 하지만, 역시 일반적으로는 거짓말쟁이라고 썼다.

어떤 반대자가 주로 노동자계급으로 구성된 어떤 집회에서 그 문구를 쓴 플래카드를 내게 건네주면서 내가 정말 그렇게 쓰고 공표했는지 물었다. 나는 곧바로 "그렇습니다"라고 답했다. 내가 그렇게 답하자 열광적 예찬의 환성이 터졌다. 노동자계급은 그들의 투표를 요구하는 사람들에게서 애매한 말이나 회피하는 말을 듣는 것에 익숙했기에, 자신들에게 불쾌한 것이지만 솔직히 말하는 걸 들었을 때 화를 내기는커녕 도리어 자신들이 믿을 수 있는 사람이라고 결론을 내렸음이 분명하다.

노동자계급을 잘 아는 사람들의 경험이라고 내가 믿는 것, 즉 노

---

57 *Thoughts on Parliamentary Reform*.

동자계급의 호의를 얻기 위해 바람직한 것 중에서 가장 중요한 것은 완전한 솔직함이다. 그런 솔직함을 갖는다면 그들 마음속에 있는 매우 강한 반대도 압도하는 반면 그 밖의 아무리 좋은 성질도 솔직함이 분명히 결여되어 있다는 점을 보상할 수 없는데 이 사실을 이것보다 더 잘 보여준 예를 나는 본 적이 없다. 그 뒤 최초로 발언한 노동자(오저[58] 씨)는 노동자계급은 자신의 잘못을 말하지 않기를 바라지 않으며, 그들이 바라는 것은 친구이지 아첨하는 자가 아니고, 자신들이 진지하게 고치고 싶다고 믿는 것을 무엇이나 노동자계급에게 말해주는 사람에게 은혜를 느낀다고 했다. 사람들은 그 말에 진심으로 반응했다.

설령 내가 총선에서 낙선했다고 해도 매우 많은 사람들과 접촉한 것을 후회할 이유가 있을 리 없다. 그것은 내가 많은 새로운 경험을 하게 했을 뿐 아니라, 이를 통해 나의 정견을 널리 알릴 수 있었다. 그때까지 나에 대해 들은 적도 없었던 사람들에게 이름이 알려졌으며 내 저서의 독자도 늘어 영향력도 높아졌다. 누구 못지않게 내가 놀란 일이지만, 내가 보수당 후보보다 몇백 표나 많은 표 차로 당선되어 의회에 들어가게 되었을 때 효과가 더욱 컸음은 두말할 필요가 없다.

의회 활동

나는 선거법 개정안이 가결된 의회의 3회기 동안 하원의원으로 근무

---

58 George Odger(1820~1877). 노동운동 지도자.

했다. 그동안 의회가 휴회 중이었을 때를 제외하고는 당연히 그곳이 나의 직장이었다. 나는 상당히 자주 연설을 했다. 미리 준비해서 연설한 경우도 있지만 즉석으로 하기도 했다. 그러나 내가 연설 기회를 선택할 때 중요시한 목적은 의회에서의 영향력 강화와는 거리가 멀었다.

글래드스톤의 선거법 개정안에 대해 일관된 연설을 함으로써 하원 전체가 경청하게 한 뒤, 나는 다른 사람들이 잘하게 되면 스스로 나설 필요가 없다고 생각하고 행동했다. 따라서 나는 내 순서를 일반적으로 달리 할 법한 사람이 없는 경우로 한정했다. 그러므로 나의 발언은 자유당 의원 다수, 심지어 그중에서도 진보적인 사람들마저 나와 의견을 달리하거나 비교적 무관심했던 경우에 관한 것이었다.

나의 몇 가지 연설, 특히 사형 폐지 동의에 반대하는 연설이나 중립국 선상에서 적국 재화를 압수할 권리의 부활에 찬성하는 연설은 당시 진보적인 자유주의적 의견으로 간주되거나 필경 오늘날에는 그러리라고 생각되는 것과 대립하는 것이었다. 내가 제안한 여성참정권과 비례대표제는 당시 많은 사람들에게 단 한 사람의 망상으로 여겨졌으나 그 뒤에 그것이 크게 보급된 점, 특히 영국의 거의 모든 부분에서 여성참정권 요구에 대한 열광적 반응이 있었던 점은 그 운동이 시의적절했음을 충분히 정당화했다. 도덕적·사회적 의무로 시작된 것이 이제 개인적 성공이 되었다.

수도에서 선출된 의원으로서 나에게 부과된 또 하나의 의무는 수도를 위한 자치권 확보를 시도하는 것이었다. 하원은 이 문제에 무관심했으므로 원내에서는 아무런 도움이나 지지도 받지 못했다. 그러나 나는 이 문제에 대해 원외 사람들의 활동적이고 지성적 단체의 중개 역을 했다. 자치제 구상은 내가 아니라 이 단체에서 비롯되었고, 그 단체가 이 문제에 대한 모든 선전 활동을 하고 법안을 기초했다.

나의 역할은 이미 준비된 법안을 제출하고, 이 문제에 대한 증언을 청취하기 위해 설치된, 에어턴Ayrton 씨를 위원장으로 하는 위원회 업무에 1866년 회기 대부분의 기간 동안 활동적인 역할을 수행하는 것이었다. 그리고 그 법안이 의회의 심의를 인정받는 짧은 기간 동안 그 토론을 지속시켜야 했다. 이 문제의 위치는 현재(1870년) 매우 달라졌는데 이는 몇 년간 이루어진 준비의 결과라고 정정당당하게 말할 수 있다. 그러한 준비를 통해 당시 눈에 보이는 효과는 조금밖에 낳지 못했다. 하지만 한편으로는 강력한 사적 이익이 존재하고, 다른 한편으로는 공공의 이익밖에 없는 모든 문제는 이 문제의 경우와 마찬가지 잠복기를 거쳐야 한다. 내가 의원으로 도움이 되는 길은 타인에게는 불가능한 일, 또는 타인이 하려 하지 않는 일을 하는 것이라는 생각 때문에 나는 원내의 진보적 자유주의자 대부분이 받아들이기 어려운 악평을 받는 경우, 그들을 변호하기 위해 제일선에 나서는 것을 스스로의 의무라고 생각했다.

아일랜드 법안

의회에서의 최초 투표는 어느 아일랜드 선출 의원이 동의한, 아일랜드에 유리한 수정안을 지지하는 것이었는데, 찬성표를 던진 사람은 나를 포함해 잉글랜드와 스코틀랜드의 의원 다섯 명뿐이었다. 다른 네 명은 브라이트, 맥라렌Mclaren, 포터Porter, 해드필드Hadfield였다.

나의 두 번째 연설[59]은 아일랜드의 인신보호법 정지를 연장하는 법안에 관한 것이었다. 이때 내가 영국의 아일랜드 통치 방법을 비난한 정도는, 지금 영국의 여론이 정당하다고 인정하는 범위를 넘어서지 않았다. 그러나 당시에는 피니언주의[60]에 대한 분노가 최고도에 이르러, 피니언주의자들이 공격하는 것에 대한 어떤 공격도 그들에 대한 변호로 생각되었으므로 나의 연설은 원내에서 엄청난 악평을 받았다. 그래서 선거법 개정안에 대한 최초의 대논쟁으로 유리한 기회가 주어질 때까지 다시 연설하지 말라고 충고한 친구들이 한둘이 아니었다(나는 스스로의 판단으로 그 충고에 따랐다).

내가 발언을 하지 않는 동안, 많은 사람들이 결과적으로 내가 실패했다고 여기고 그 이상 골치 아픈 일이 없을 것으로 생각하며 좋아했다. 그들의 혹평이야말로 반작용을 일으켜 선거법 개정안에 관한 나의 연설이 그렇게 성공을 거두는 데 도움이 되었을지 모른다. 나의 원내 주장은 영국의 석탄 공급이 고갈되기 전에 국채를 상환할 의무를 강조한 연설과, 토리당 지도자들이 내 책의 몇 부분을 인용해 기타 몇몇 부분, 특히 《대의정치론》 중에서 보수당은 그 구성의 법칙으로 인해 가장 어리석은 정당이라고 말한 부분의 설명을 요구했을 때의 답변으로 인해 더욱 개선되었다. 보수당 의원은 그때까지 전혀 주목하지 않았던 이 부분에 주목함으로써 아무것도 얻은 게 없었다. 뿐만 아니라 상당

---

59 (원주) 나의 최초 연설은 우역 법안 Cattle Plague Bill에 관한 브라이트 씨의 발언에 대해 로우 Lowe 씨의 답변을 논박한 것으로, 정부 안 가운데 한 개 조항을 삭제하는 데 도움이 되었다. 만약 이 조항이 통과되었다면 지주들은 그들 소를 약간 잃게 되면 나머지 소 판매가가 높아지는 것에 따른 손실을 미리 보상받은 뒤 두 번째로 보상을 받게 되었을 것이다.

60 Fenianism. 미국에 사는 아일랜드인들이 아일랜드 독립을 목적으로 1856년에 결성한 비밀결사 운동.

히 훗날까지 '어리석은 정당'이라는 악명이 그들에게 붙게 되었다.

　이제 내 연설을 경청하지 않는다고 걱정할 필요가 없었기에 나는 훗날 생각해보면 과도하다고 여겨질 정도로 꼭 필요한 경우 말고는 등단하지 않을 방침이었고, 당으로서의 큰 문제에 대해 연설하는 것은 삼가기로 했다. 아일랜드 문제와 노동자계급에 대한 문제는 예외로 하고, 디즈레일리 씨의 선거법 개정안에 관한 단 1회의 연설이, 내가 의원이던 3회기 중 마지막 두 회기의 중요한 토론에 내가 공헌한 거의 전부였다.

노동자계급을 위한 의회 활동

그러나 나는 바로 앞에서 말한 두 가지 문제에 대해 내가 수행한 역할을 돌이켜보면서 크게 만족한다. 노동자계급에 대해서는, 글래드스톤 씨의 선거법 개정안에 관한 내 연설의 주제가 노동자계급에게 선거권을 주자는 주장이었다. 그 얼마 후 러셀Russel 경 내각이 사직하고 토리당 내각이 성립한 뒤에 노동자계급이 하이드파크에서 집회를 열려고 하다가 경찰의 제지를 받는 바람에 군중이 공원 울타리를 무너뜨리는 사건이 발생했다.

　빌즈[61] 씨와 노동자계급 지도자들은 이 사건이 발생하자 항의하면서 물러났지만, 그 뒤에 난투가 시작되어 다수의 죄 없는 사람들이 경찰에게 폭행을 당하자 노동자계급의 분노는 극에 달했다. 그들은 하이

61　Edmond Beales(1803~1881). 변호사이자 노동운동 지도자.

드파크에서 다시 집회를 열기로 결의했다. 이렇게 그들이 무장하여 올지도 모르는 상황이 되었으므로 정부가 이러한 시도를 저지하기 위해 군사적 준비를 함으로써 매우 심각한 사태가 벌어질 것만 같았다.

이러한 위기 시에 나는 엄청난 위험을 방지할 수 있는 것은 나 자신뿐이라고 정말로 믿었다. 그래서 의회에서 노동자 측에 서서 정부의 행위를 엄중히 비판했다. 나는 몇몇 급진파 의원들과 함께 선거법개정연맹[62] 위원회의 지도자들과의 회담에 초대받았다. 나는 주로 하이드파크에서 집회를 여는 시도를 중지하고 다른 장소로 옮기도록 노동자들을 설득하는 역할을 맡게 되었다. 설득할 필요가 있었던 것은 빌즈 씨와 딕슨 대령[63]이 아니었다. 도리어 그들은 이미 같은 방침으로 노동자들을 설득했지만 성공하지 못했음이 분명했다.

노동자들은 끝내 굽히지 않았다.[64] 그들은 본래 계획을 계속 고집했으므로 나는 **최후의 수단**을 사용할 수밖에 없었다. 그들에게 반드시 군대와 충돌하게 될 수단에 호소하는 것이 정당화되는 조건은 단 두 가지밖에 없다. 즉 사태가 혁명이 바람직한 것이 될 정도여야 하고, 그들이 혁명을 성취할 수 있다고 생각하는 경우라고 말했다. 그들은 잠시 토론하고 난 뒤 내 주장에 굴복했다. 나는 월폴[65] 씨에게 그들의 계획이 중지되었다고 통고할 수 있었다. 당시 그의 깊은 안도감이나 따뜻한 감사의 말은 잊을 수가 없다.

---

62 Reform League. 1866년 노동자계급에 선거권을 부여하라고 주장하기 위해 결성된 단체로, 회장이 빌즈였다.

63 Lothian Sheffield Dickson(1806~1894). 노동운동 지도자.

64 이 부분을 최명관, p. 287은 반대로 번역한다.

65 Spencer Horatio Walpole(1806~1898). 보수당 정치가로 당시 내무부장관이었다.

노동자계급이 나에게 엄청난 양보를 한 이상, 나는 농업회관에서 열린 그들의 집회에 출석해서 연설을 해달라는 요청을 받아들여야 했다. 선거법개정연맹이 개최한 집회에 내가 출석한 것은 그때 한 번뿐이었다. 나는 언제나 그 동맹에 가입하기를 거부해왔다. 동맹의 강령인 성인 남성 선거권과 무기명투표에 찬성할 수 없었기 때문이다. 나는 무기명투표에는 전면적으로 반대했고, 남성 선거권에 대해서도, 설령 그것이 여성 선거권을 제한한다는 의미가 아님을 보장할 수 있다고 해도 동의할 수 없었다. 만일 강령이 바로 실현될 수 있는 것이 아니라 하나의 원리에 입각한 것이라고 한다면 그 원리 전체를 보여주어야 하기 때문이다.

이처럼 이 사건을 상세히 서술한 것은, 당시의 내 행동이 토리당과 토리당 계열 자유당계 기관지에 엄청난 불쾌감을 일으켰기 때문이다. 그 신문은 그때부터, 내가 공적 생활에서 시련이 닥치면 절도가 결여된 채 열광적 행동을 한다고 계속 주장해왔다. 그들이 나에게 무엇을 기대했는지 알 수 없지만, 만일 내가 가능성이 아주 많았던 어떤 일에서 그들을 지켰음을 안다면 그들로서는 내게 감사해야 할 것이다.

그리고 나는 그 특정 시점에 내가 아닌 다른 사람들이 그런 일을 할 수 있었으리라 생각하지 않는다. 나는 글래드스톤 씨와 브라이트 씨 말고는 그 순간에 노동자계급을 자중시키는 데 필요한 영향력을 가진 사람이 없다고 믿는다. 하지만 그들도 도움이 되지 않았다. 글래드스톤 씨는 명백한 이유로 인해서, 브라이트 씨는 시내에 없었기 때문이다.

얼마 후 토리당 내각이 공원에서의 공적 집회를 금지하는 법안을 제출했을 때, 나는 강력한 반대 연설을 했을 뿐 아니라 몇몇 진보적 자유주의자와 협력해서 회기가 끝날 무렵 법안이 제출되도록 도왔고, 이른바 심의 연장의 전술을 통해 법안을 폐기하는 데 성공했다. 그 법안은 그 후 다시 제출되지 않았다.

아일랜드 문제

나는 아일랜드 문제에 대해서도 결정적 역할을 해야 한다고 느꼈다. 나는 사형 판결을 받은 버크[66] 장군의 생명을 구하기 위해 더비 수상을 설득한 의원 대표들의 선두에 선 사람들 가운데 하나였다. 국교회 문제는 1868년 회기 중 자유당 지도자들이 정력적으로 노력했으므로 나로서는 열심히 지지하는 이상의 일을 할 필요가 없었다. 그러나 토지 문제는 결코 그 정도로 나아간 상태가 아니었고 지주 중심주의의 미신이 당시까지, 특히 의회 내에서 도전을 받은 적이 거의 없었다. 이 문제가 의원의 사고방식에 관한 한 시대착오 상태였던 것은 러셀 경 내각이 1866년에 제안한 매우 미온적 정책조차 실현하지 못한 사실을 통해 입증할 수 있다.

이 법안에 대해 나는 최대한 조심스럽게 연설을 했다. 지지자들에게 자극을 주기보다는 반대자들을 화해시키고 납득시키도록 계산된 방법으로 이 문제의 원리 몇 가지를 설명하고자 했다. 선거법 개정이라는, 사람들의 관심을 집중시킨 문제 때문에 아일랜드 법안도, 더비 경 내각이 제출한 유사한 성격의 또 다른 법안도 심의되지 못한 채 제2독

---

66 Thomas Francis Burke(1840~1889). 반란에 가담하여 1867년 5월 대역죄로 사형 판결을 받았으나 밀을 비롯한 의원 50명이 더비 수상을 방문하는 등 구명 노력을 함으로써 생명을 건졌다. 밀은 그를 사형시키면 소요가 확대될 거라고 주장했다.

회 이상 나아가지 못했다. 그러는 동안 아일랜드의 불만 징후는 더욱더 커졌고 아일랜드와 영국을 완전히 분리하자는 요구가 절박한 양상을 보여주었다.

만일 아일랜드를 달래어 영국에 붙어 있게 할 기회가 아직 있다면, 아일랜드의 지역적·사회적 관계를 이전에 생각한 것보다도 훨씬 철저하게 개혁하는 것이야말로 그 유일한 해결책이라고 생각하지 않는 사람은 거의 없었다. 나는 나 자신의 생각을 모두 밝히는 것이 유용해질 시기가 왔다고 생각했다. 그 결과가 1867년 겨울에 집필하고 1868년 회기 직전에 출판한 《잉글랜드와 아일랜드》[67]라는 팸플릿이었다. 그 팸플릿의 중요 특징은 한편으로는 아일랜드와 잉글랜드의 분리가 양국에 바람직하지 않다고 주장하면서, 한편으로는 국가가 공정한 조사를 마친 후에 심사로 결정된 일정 액수의 지대를 현재의 소작농에게 지불하는 식으로 영구적 토지 소유권을 줌으로써 토지 문제를 해결하자고 주장하는 것이었다.

이 팸플릿은 내 예상대로 아일랜드 밖에서는 불평을 샀다. 그러나 내가 제안하는 정책 이외의 것으로는 아일랜드를 충분히 공정하게 대우하고 아일랜드 인민대중을 화해시킬 전망을 줄 수 없다면, 제안을 해야 하는 것이 나의 불가피한 의무였다. 나로서는 극단적이라는 말을 듣는 것을 제안하는 것이야말로 더욱 온건한 실험을 방해하기는커녕 촉진하는 참된 방법임을 깨달았다. 만일 영국의 공중이 더욱 강력한 정책을 요구하거나 소송이 제기될지도 모르고, 경우에 따라서는 정당이 결성될지도 모른다고 생각하게 되지 않았더라면 글래드스톤 씨

---

67 *England and Ireland*, 1868.

의 아일랜드 토지법처럼 소작농민에게 엄청나게 양보하는 법안을 정부가 제출하거나 그러한 법안이 의회에서 통과되는 일은 결코 있을 수 없었을 것이다.

영국 국민, 적어도 영국 국민으로서의 자격을 갖는다고 자인하는 상류 및 중류계급의 성격을 고려한다면, 어떤 변화를 승인하도록 그들을 설득하려면 그들이 그러한 변화를 중도라고 생각하게 할 필요가 있다. 극단적 견해에 대한 반감을 털어놓을 수 있는 더욱 극단적인 다른 제안이 있다고 듣지 못하면, 그들은 모든 제안이 극단적이고 광폭하다고 생각한다. 이는 지금 말하는 사례에서도 나타났다. 나의 제안은 비난을 받았으나 그 정도에 미치지 못하는 아일랜드 토지개혁안은 내 제안에 비하면 온건하다고 생각되었다.

나의 제안에 대한 공격은 그 성격에 대한 부정확한 사고방식에 근거한 것이라고 말할 수 있다. 나의 제안은 국가가 토지를 사들여 전국의 토지 전부의 지주가 되어야 한다는 제안으로 논의되는 것이 보통이었다. 그러나 실제로는 개별 지주가 새로운 조건하에 자신의 땅을 소유하는 것보다 파는 쪽이 좋다고 생각할 때의 대체 안으로 제안했을 뿐이다. 나로서는 지주 대다수는 국가에서 연금을 받는 처지가 되기보다도 지주의 위치에 계속 있는 쪽을 좋아하고, 정부가 그들에게 지급하는 보상금 산정에서 기초가 되는 지대의 전액보다도 훨씬 관대한 조건으로라도 소작인에 대한 종래의 관계를 유지하리라는 사실을 충분히 예상했다.

1868년 회기 초에 매과이어Maguire 씨의 결의안을 토론하는 자리에서 아일랜드에 대해 연설을 하면서 이 점과 그 밖의 많은 것을 설명했다. 이 연설을 수정한 보고서는 포테스큐Fortescue 씨의 법안에 관한 나

의 연설과 함께 (내가 한 것은 아니지만 나의 승인 아래) 아일랜드에서 간행
되었다.[68]

자메이카 폭동

이 무렵 몇 년간 나는 원내와 원외에서 매우 절실한 또 하나의 공적 의
무를 수행할 운명에 놓였다. 처음에는 백인의 부정한 행위에 자극받아
시작되고 분노와 공포로 인해 계획된 반란으로까지 고양된 자메이카
폭동은 군사적 폭력이나 소위 군법회의 판결로 몇백 명이나 되는 무
고한 사람들의 생명을 빼앗았다. 처음의 소규모 반란이 진압된 뒤에도
폭동은 몇 주간 계속되었다. 재산 파괴, 남녀를 구별하지 않는 매질 같
은 만행이 동기가 되어 전면적으로 확대된 도저히 용서할 수 없는 야
만적 행위가 대규모로 반복되었다.[69]

---

68 *Chapters and Speeches on the Irish Land Question*, 1870.

69 1865년 10월 11일, 영국의 식민지였던 자메이카 동부 모런트 베이에서 폴 보글Paul Bogle
이 이끄는 흑인 남녀 200~300명이 폭동을 일으켰다. 그 배경을 이해하려면 과거로 거슬
러 올라갈 필요가 있다. 1834년 영국에서 노예해방법Emancipation Act이 통과됨에 따라 자
메이카에서는 4년 뒤인 1838년 8월 1일에 공식적으로 노예제가 폐지됐다. 해방된 노예
들은 일자리와 고용주를 스스로 결정할 자유를 얻었으며 투표권도 부여받았다. 하지만
흑인들 대부분이 극빈층으로 남아 있었기 때문에 높은 '투표세'를 낼 수 없었고, 사실
상 이런 식으로 선거에서 배제됐다. 1864년 자메이카 선거 때 흑인과 백인 인구 비율은
32대 1로 흑인이 많았으나 전체 인구 43만 6,000명 가운데 투표를 할 자격을 가진 사람
은 2,000명에 불과했으며, 그 대부분이 백인이었다.
  1865년경 자메이카 경제는 2년에 걸친 가뭄 때문에 피폐해 있었다. 해방노예들과 그
후손들 사이에서는 백인 농장주들이 노예제를 되살리려 한다는 소문이 돌았다. 그해 영
국 침례교 선교협의회Baptist Missionary Society of Great Britain의 에드워드 언더힐Dr. Edward
Underhill 사무총장은 본국의 식민지 행정기구에 서한을 보내 자메이카의 비참한 현실을

전하기도 했다.

그러나 나중에 이 편지를 전해 받은 자메이카 총독 에드워드 에어는 즉시 편지에 담긴 내용들을 부인하면서 자메이카의 흑인 빈민들이 '언더힐 모임'을 조직한다고 주장했다. 에어는 농지 없는 흑인 농부들이 빅토리아 여왕에게 영지를 불하해줄 것을 호소하는 편지를 보내자 이것마저 가로채 멋대로 조작했다. 여왕은 노동자들을 돕겠다고 약속하는 대신 더욱 열심히 일할 것을 종용하기만 하는 답신을 보내왔는데, 농부들은 에어의 영향으로 생각했다. 부유한 물라토 정치인이던 조지 윌리엄 고든George William Gordon은 사람들이 자신들의 비참한 처지를 널리 알릴 방법을 찾아야 한다며 농민들을 북돋웠다. 고든을 따르던 사람들 가운데 하나가 교회 집사였던 폴 보글이었다.

1857년 인도 벵골 폭동 뒤 벌어진 학살 사건의 영향 때문에 자메이카의 영국인들은 흑인 폭동에 대한 두려움에 빠져 있었다. 그러던 차에 10월 7일, 한 흑인이 오랫동안 방치돼 있던 플랜테이션 농장을 가로질러 갔다는 이유로 재판을 받고 투옥되는 일이 벌어져 흑인들의 분노를 불러일으켰다. 이에 항의하면서 스토니 거트 마을에서 시위를 벌인 흑인들 중 한 명이 체포됐다. 성난 시위대는 감옥을 부수고 체포된 사람을 빼냈다. 이 시위를 주도한 보글 등 스물여덟 명에게 체포령이 내려졌고, 보글은 이에 맞서 경찰서를 공격했다.

10월 11일, 보글은 시위대를 이끌고 모런트 베이로 행진했다. 시위대가 법원 앞에 이르자 소규모 백인 민병대가 나타나 총기를 난사, 시위대 일곱 명이 숨졌다. 시위는 폭동으로 변했고, 시가지는 시위대 손에 들어갔다. 이 과정에서 백인 민병대원과 장교를 포함해 열여덟 명이 충돌로 숨졌다. 흑인 폭동 참가자는 2,000명으로 늘었으며 시위는 전국으로 퍼졌다. 백인 목장주 두 명이 사망했고 도망치는 목장주들이 속출했다. 에어 총독은 정부군을 보내 변변한 무기도 갖추지 못한 시위대를 검거하기 시작했다.

보글은 모런트 베이에서 재판에 회부됐다. 군대는 조직적 저항이 없었는데도 '남녀노소 가리지 않고 흑인들 모두를 눈앞에서 학살했다.' 모두 439명이나 되는 흑인들이 군인들에게 목숨을 잃었고, 보글을 비롯한 354명이 붙잡혀 처형됐다. 일부는 재판도 없이 사형을 당했다. 임신부를 포함해 600명의 흑인들이 채찍형을 받고 투옥됐다. 폭동과는 관계가 없던 고든도 체포돼 10월 23일, 재판 이틀 만에 교수형에 처해졌다.

자메이카의 폭동 소식이 알려지자 영국에서는 거센 논란이 벌어졌으며 에어 총독의 처사에 찬반양론이 일었다. 1866년 8월, 에어가 영국으로 돌아오자 그를 지지하는 사람들은 연회를 열었으나 비판론자들은 그를 살인자라 규탄하며 시위를 벌였다. 에어에 반대하는 사람들은 자메이카위원회를 만들어 에어를 재판에 회부하기 위한 운동을 펼쳤다. 자유주의자 존 브라이트와 찰스 다윈Charles R. Darwin, 존 스튜어트 밀, 토머스 헉슬리Thomas Huxley, 토머스 휴즈, 허버트 스펜서Herbert Spencer 등이 자메이카위원회에 합세했다. 반면 보수파 토머스 칼라일과 찰스 킹슬리Charles Kingsley, 찰스 디킨스Charles Dickens, 존 러스킨John Ruskin 등은 에어를 옹호했다. 에어는 살인죄로 기소되긴 했으나 이러한 악행을 저지른 자들을 오랫동안 흑인 노예제를 지지해온 것과 같은 부류의 사람들이 영국에서 변호하고 찬양했다. 처음에는, 만일 타국 정부 기관이 했다면 어떤 영국인도 말로 표현할 수 없을 정도로 증오할 법한, 어떤 악행보다도 흉악하고 극단적인 권력의 남용에 대해 영국 국민이 한마디 항의도 하지 못하고 간과했다는 불명예스러운 비난을 받게 될 것만 같았다. 그러나 얼마 뒤에 분노의 감정이 드높아졌다. 자메이카위원회라는 이름으로 자발적 단체가 결성되어 사정이 허락하는 한 협의하고 활동하게 되었고, 전국 각지에서 가입 신청이 쇄도했다.

나는 당시 외국에 있었으나 소식을 듣자마자 위원회에 가입 신청을 하고 귀국 후에는 그 활동에 적극 참가했다. 흑인을 정당하게 대우하는 것은 본래부터 절대로 필요한 일이지만, 그보다 더 중대한 문제가 포함되어 있었다. 그것은 영국의 속령, 궁극적으로는 영국 자체가 법 아래 있게 될지, 아니면 군사력의 남용 아래 있게 될지 하는 문제였다. 즉 영국인의 생명과 인격이, 공포에 젖은 총독 등 관료가 임명하기만 하면, 아무리 조잡하고 경험이 없어 앞을 보지 못하는 야만이라 하더라도 군법회의라는 것을 구성할 권리를 갖는다고 가정되는 장교 두세 명의 생각대로 행해져도 좋은가 하는 것이었다.

이 문제는 법원에 호소해서 해결할 수밖에 없었다. 그래서 자메이카

결국 재판이 열리지는 않았다.

자메이카가 독립을 이루기까지는 모런트 베이 폭동 이후로도 오랜 시간이 걸렸다. '점진적 자치'를 거쳐 영국령 서인도 섬들의 연합인 '서인도연방West Indies Federation'이란 이름으로 독립한 것이 1958년이었다. 그리고 마침내 1962년, 연방을 떠나 자메이카라는 명실상부한 독립국이 탄생했다. 모런트 베이 이후 거의 100년이 지나서였다.

위원회는 법원에 고소하기로 결정했다. 그러나 그로 인해 위원장이 교체되었다. 위원장이던 찰스 벅스턴[70] 씨는 에어 총독과 그의 주요한 부하들을 형사법원에 고소하는 것이 부정은 아니지만 별로 효과가 없다고 생각했다. 그런데 다수가 출석한 위원회 총회에서 그와 반대되는 결의를 하는 바람에 벅스턴 씨는 그 문제에 대한 활동은 계속했지만 위원회에서는 탈퇴했다. 그리고 예상 밖으로 내가 위원장에 선출되었다. 따라서 위원회를 대표해 의회에서 때로는 정부에 질문을 하거나, 때로는 개별 의원들의 다소 도발적 질문에 답하는 것이 나의 의무가 되었다.

이때 중요한 것은 1866년 회기에 벅스턴 씨의 동의로 시작된 중대한 토론의 연설이었다. 그 연설은 나 스스로 내가 의회에서 한 연설 중에서 가장 좋은 것으로 꼽는 것이다.[71] 나는 2년 이상 싸웠고 법적으로 우리에게 인정되는 모든 방법을 동원해서 형사법원에 가져갔다. 영국에서 가장 토리적인 주 가운데 하나에 자리한 치안형사법원은 우리의 소추를 각하했다. 그러나 중앙형사법원의 경우에는 더 큰 성공을 거두었다. 여기서는 영국왕좌법원 재판장 알렉산더 콕번 경이 그의 유명한 훈시를 내릴 기회를 얻었다. 이 훈시는 재판관 훈시가 할 수 있는 최대한까지, 사건의 법적 해석을 자유롭게 취하여 유리해지도록 한 것이었다.

그러나 중앙형사법원의 대배심이 우리의 소장을 각하하여 사건을

---

70 Charles Buxton(1823~1871). 1833년 서인도 노예해방을 위해 활동한 토머스 벅스턴 Thomas Buxton의 아들이자 하원의원.

71 (원주) 위원회에서 가장 활동적인 위원은 자유의 원칙을 주장할 때마다 언제나 성실하고 활동적이었던 하원의원 테일러P. A. Taylor 씨, 골드윈 스미스Goldwin Smith 씨, 프레드릭 해리슨Frederic Harrison 씨, 슬랙Slack 씨, 체임로브조우Chamerovzow 씨, 쉐인Shaen 씨, 위원회의 명예서기 체슨Chesson 씨였다.

재판에 회부하는 것을 저지했으므로 우리의 성공은 여기서 끝이 났다. 흑인이나 혼혈인에 대한 권력남용에 대해 영국의 공무원을 형사재판에 고소하는 것은, 영국 중산계급에 환영받지 못할 일이었음이 명백했다. 그러나 우리는 법률상 인정되는 모든 수단을 사용해 피해자들에게 공정한 대우를 부여하고자 결의한 사람들이 존재한다는 사실을 보여줌으로써 영국의 명예를 회복시킬 수 있었다. 우리는 국내에서 최고 지위에 있는 형사재판관으로 하여금, 법이란 우리가 주장한 대로라는 권위 있는 선언을 하게 했다. 그리고 우리는 앞으로 같은 범죄를 범할지 모르는 사람들에게, 설령 형사법원에서 현실적으로 형벌을 받는 것은 면한다 할지라도 그 형벌을 피하려면 상당한 노력과 비용이 드는 것만은 면할 수 없다는 사실을 경고한 것이다. 식민지 총독들이나 관료들은 장래에 그런 극단적 짓을 저지르지 않도록 상당히 조심하게 될 것이다.

소추운동이 진행되는 동안 받은, 대부분 익명인 악랄한 편지 가운데 몇 가지 견본을 호기심에서 보존해두었다. 그 편지는 국내의 잔인한 사람들이 자메이카에서의 잔인한 행위에 공감한 증거다. 그중에는 야비한 농담을 말로 쓰거나 그림으로 그린 것부터 암살하겠다는 협박까지 있었다.

중요 법안

내가 적극적 역할을 수행했으나 공중의 관심을 거의 불러일으키지 못한 그 밖의 중요한 것 두 가지는 특히 언급할 만한 가치가 있다. 나는

1866년 회기 종료 직전에 제출된 망명 범죄인 인도 법안을 부결시키기 위해 독립된 자유당원 몇몇과 협력했다. 이 법안은 정치적 범죄가 이유일 때의 공공연한 인도를 인정하지는 않았지만, 모든 반란 시도에 필연적으로 따르는 행위에 대해 외국 정부가 정치적 망명자의 인도를 요구한다면 그들이 반항한 정부의 형사법원에서 재판을 받도록 인도한다는 내용으로, 영국 정부를 외국 전제정부가 행할 복수의 종범자로 만드는 결과를 초래하는 것이다.

이 법안이 폐기된 뒤 특별위원회(나도 그 위원이었다)가 지명되어 범죄인인도조약의 모든 문제에 대해 검토하고 보고한 결과 성립된 것이 범죄인인도법이었다. 내가 의원직을 그만둔 뒤 의회에서 가결된 그 법률에 따라, 자신에게 유죄로 부여된 범죄가 참으로 정치적인 것임을 증명하기 위해 누구나 영국 법정의 청문을 요구할 수 있게 되었다. 그리하여 유럽의 자유는 심각한 불행에서 구제되었고, 영국도 불법행위를 범하지 않게 되었다.

또 하나 반드시 기록해야 하는 것은, 1868년 회기에 디즈레일리 씨 내각의 매수 방지 법안에 대해 자유당 진보파가 투쟁을 시작하고 내가 매우 적극적 역할을 수행한 것이다. 나는 이 문제의 세부 사항을 매우 신중하게 고려한 몇 사람, 즉 크리스티 W. D. Christie 씨, 고등 변호사 풀링 Pulling 씨, 채드윅 Chadwick 씨에게 나의 생각을 충분히 전하는 동시에 협의를 했다.

그 목적은 그 법안이 여러 직접 또는 간접적 방법에 의한 부패행위에 참으로 효과적일 수 있도록 수정 조항과 추가 조항을 만드는 것이었다. 그렇게 하지 않으면 선거법 개정을 통해 부패행위가 감소하기는 커녕 증대할 우려가 컸기 때문이다. 우리는 또 이 법안에, 합법적 선거비용이라는 것의 유해한 부담을 감소하는 조문을 추가하고자 했다. 우리가 제안한 많은 수정안 중에는 첫째, 포셋Fawcett 씨가 제안한 선거 관리인 비용을 후보자에게 부담시키지 않고 지방세를 통한 공비 부담으로 하는 것, 둘째, 유급 선거운동원을 금지하고 유급 대리인을 후보자 한 명당 1인으로 한정하는 것, 셋째, 매수 행위의 예방과 이에 대한 벌칙을 시의회 의원의 선거에도 확대한다는 것이 있었다.

시의회 의원 선거는 국회의원 선거에서의 매수 행위에 대한 예비 학교와도 같았을 뿐 아니라, 상습적으로 이를 은폐해온 것이 주지의 사실이다. 그러나 보수당 정권은 이 법안의 중점이었던 선거 쟁송을 하원에서 법원으로 이송한다는 규정(나는 이에 찬성 투표를 했고 연설도 했다)이 가결된 뒤에는, 기타 모든 개선에 철저히 저항했다. 그리고 우리의 가장 중요한 제안 가운데 하나였던 포셋 씨의 제안이 실제로 과반수를 확보한 뒤에는 보수당 세력을 총동원해서 다음 단계에서 이 조항을 삭제했다.

원내 자유당은 국민의 성실한 대표가 되기 위해 필요한 조건을 확보하고자 한 이러한 시도에 많은 당원이 아무 원조도 하지 않는 바람에 명예를 크게 실추했다. 자유당 의원은 원내 절대다수를 차지했으므로 모든 수정안을 통과시킬 수 있었고 제안할 안이 있으면 더 수정해서 통과시킬 수도 있었다. 그러나 회기 말이 다가오자 의원들은 눈앞의 총선 준비에 바빴다. 그리고 (로버트 앤스트러더[72] 경처럼) 대립 후보자가 선거구에서 이미 운동을 시작했어도 의연하게 직책을 완수하는 의원도 있었지만, 의원들 대부분은 자신의 선거 이익만을 공적 의무보다

---

72 Robert Anstruther(1834~1886). 1864~1880년 하원의원을 지냈다.

도 소중히 여겼다.

또 자유당원 대부분은 매수 행위에 대한 입법에 무관심했다. 그들은 그러한 법이 공공의 관심을 무기명투표 반대편으로 가게 한다고 생각했지만, 나는 무기명투표가 충분하고 유일한 교정책이라는 그들의 생각이 잘못되었음이 곧 드러나리라 기대한다. 이러한 원인들 때문에 여러 밤 동안 매우 활발하게 계속된 우리의 싸움은 완전히 실패로 끝나고 말았다. 그리고 우리가 더욱 어렵게 만들고자 노력한 부패행위는 새로운 선거법하에 행해진 최초의 총선에서 이전보다 훨씬 많이 행해졌다.

선거법 개정

디즈레일리 씨의 선거법 개정안에 관한 일반적 토론에서 내가 한 일은 앞에서 말한 1회 연설이 다였다. 그러나 나는 이 법안을 계기로 대의 정치에 관한 두 가지 가장 중요한 개선책을 의회와 국민 앞에 공식적으로 밝히고자 했다. 그 하나는 개인대표제였다. 혹은 비례대표제라고 해도 좋다. 나는 헤어 씨의 안을 설명하고 변호하는 연설을 함으로써 의회의 고려를 촉구했다.

그 뒤 나는 이 안의 지극히 불완전한 대안을 적극적으로 지지했고 의회는 소수의 선거구에서 이를 채택했다. 이 빈약한 대안은 거의 교정할 수 없는 결함이 있음을 부분적으로 인정했다는 점 말고는 무의미한 것이었으나, 그래도 정말 좋은 방안이 받는 것과 똑같은 오해를 받아 공격당했으므로 똑같은 원리에 근거해서 변호될 필요가 있었다. 그리고 이 대안이 소수의 선거구에서 채택된 것은, 그 뒤 런던학교위원회 선거에서 누적투표제라는 방법이 도입되는 동시에, 모든 선거인은 대표를 선출할 때 비례적 참여를 평등하게 요구한다는 주장을 단순한 사색적 논의에서 현실의 정치문제로 변화시키는 효과를 낳았다. 그러한 대안이 없을 경우보다 훨씬 앞당겨진 것이었다.

개인대표제에 대한 나의 이러한 주장이 눈에 보이는 실제적 결과를 낳았다고는 할 수 없다. 그러나 선거법 개정안의 수정안 형태로 제출한 가장 중요한 또 하나의 동의는 그렇지 않았다. 이는 아마도 내가 의원 자격으로 수행한 공공 봉사 가운데 참으로 유일하게 중요한 것이라 할 수 있다. 그 동의는 남성에게 선거권을 한정하도록 이해되는 문구를 삭제하고, 가옥 소유자라든가 남성 유권자에게 요구되는 여타 자격을 갖는 모든 여성에게 선거권을 인정하자는 것이었다. 선거권이 대폭 확대되어갈 때 여성들이 자신들의 선거권을 요구하지 않는다면 그 요구를 공공연히 포기하는 것이 된다.[73]

여성선거권국민협회

이 문제에 대한 운동은 내가 상당수 유명 여성들이 서명한, 선거권을 요망하는 청원서를 제출한 1866년에 시작되었다. 그러나 그 제안이 의회의 소수 부동표 이상으로 득표할 수 있을지는 그때까지 불명확했다. 반대파 연사들이 논거의 박약함을 명백하게 드러낸 뒤 찬성표가 73표

---

73 이 부분에 대한 최명관, p. 299는 오역이다.

에 이르렀고, 합의 결석자[74]나 투표 점검인[75]을 합치면 80명 이상이 나오자 놀라지 않은 사람이 없었다. 우리는 큰 용기를 얻었다. 또 동의에 참여한 사람 중에 브라이트 씨가 있어서 더욱더 용기가 났다. 그때까지 그 제안에 반대한다는 점을 공공연히 밝혀온 그가 찬성으로 돌아섰다는 건 토론에서 감명받은 덕분이라고 생각할 수밖에 없다.

〔내 딸 헬런 테일러는 여성에게까지 선거권을 확대하기 위해 협회를 결성할 때가 왔다고 생각했다. 그 협회의 결성은 내 딸이 제안한 것이다. 구성도 모두 그녀가 계획했다. 그녀는 허약하고 바빠서 집행위원회 위원직을 사퇴할 수밖에 없었지만, 최초 몇 년 동안은 운동의 중심이었다. 많은 유력 의원들, 대학교수, 그 밖의 사람들과 영국이 자랑할 만한 뛰어난 여성들이 회원이었다. 그중 상당수가 직간접으로 내 딸의 영향을 받아 가입했다. 그녀는 많은 편지를 썼고, 지지자를 확보할 수 있는 편지 중에 뛰어난 것은 모두, 설령 내가 서명했을지라도 그녀가 쓴 것이었다. 두 가지 현저한 사례를 들면, 나이팅게일[76]과 메리 카펜터[77]는 처음에는 가입하지 않았지만(의견이 달랐던 탓은 아니었으나) 내가 서명하고 그녀가 쓴 호소의 편지를 받고 가입했다. 맨체스터, 에든버러, 버밍엄, 브리스톨, 글래스고 등 여러 지방의 중심 도시에 같은

---

74 Pairs. 반대당 사람과 일대일로 합의하여 투표 결과에 영향을 주지 않도록 결석하는 것을 말한다.

75 영국 하원에서는 의원 가운데 네 명을 선출해서 검표하게 한다.

76 Florence Nightingale(1820~1910). 영국의 간호사이자 작가, 통계학자. 크리미아 전쟁 (1853~1856)에서 야전병원 간호사로 초인적 간호 활동을 펼친 후 많은 병원을 세웠다. 저서 《간호를 위하여 To Her Nurses》는 세계 각국어로 번역되어 간호법과 간호사 양성의 기초 자료가 되었다. 세계 모든 간호사들은 나이팅게일 선서를 한다.

77 Mary Carpenter(1807~1877). 여성 작가로 교육과 교도소 개혁을 위해 노력했다.

목적으로 단체가 결성되어 여성참정권을 요구하고 귀중한 활동을 했다. 모든 단체는 여성선거권국민협회[78]의 지부라는 이름을 사용했으나, 서로 완전히 독립적으로 활동했다.)

나의 의회 활동에 대해 기억해야 할 정도로 가치 있는 것은 모두 말했다고 생각하지만, 설령 내가 남김없이 열거했다고 해도 어떤 시기에 했던 일, 특히 편지 왕래에 든 시간을 충분히 설명했다고 할 수 없다. 나는 의원에 당선되기 전부터 미지의 사람들에게 끝없이 편지를 받아왔다. 그 대부분은 철학에 관한 저술가인 나에게 보낸 것이고, 어려운 문제를 제시하거나 논리학이나 경제학에 관한 사상을 쓴 것이었다. 경제학자로 알려진 사람은 모두 마찬가지라고 생각하는데, 나는 통화에 어떤 인위적 개혁을 가함으로써 모두가 부자가 되어 행복해지는 방법을 밝히고자 늘상 노력하는 사람들이 천박한 이론이나 어리석은 제안을 쓴 편지를 받았다. 나는 편지를 쓴 사람들에게 지성의 징조를 발견해서 정정할 가치가 있을 때는 그 잘못을 기꺼이 지적했지만, 편지 왕래가 너무 잦아지자 그들에게 간단한 답장밖에 보낼 수 없게 되었다.

그러나 내가 받은 편지 중에는 주목할 가치가 있는 것도 많았고, 그 중 어떤 것은 내 저술을 자세하게 파고들어 내가 빠뜨린 점을 지적해 주었으므로 그대로 수정하는 경우도 있었다. 그런 종류의 편지는 내가 쓰는 주제가 늘어남에 따라, 특히 형이상학적 성격의 것을 씀에 따라 늘어났다. 그러나 내가 의원이 되었을 때에는, 내 지식이나 직책과는 거리가 먼 개인적 불만이나 온갖 종류의 세상일과 상상할 수 있는 모든 문제에 관한 불만을 쓴 편지를 받게 되었다. 이러한 부담을 지운 것

---

78 National Society of Women's Suffrage.

은 웨스트민스터 선거구의 유권자들이 아니었다. 그들은 내가 의원 직책 수행을 승낙하면서 내건 양해 사항을 놀라울 정도로 충실하게 지켜주었다.

물론 가끔은 똑똑한 젊은이들에게서 하급 공무원에 취직하게 해달라는 편지를 받았지만 이런 일은 매우 드물었다. 어떤 당이 정권을 잡아도 거의 비슷한 수의 요청이 들어온다는 사실은 그런 편지를 쓰는 사람이 매우 단순하고 무지하다는 것을 알게 해주었다. 나는 언제나 변함없는 답장을 보냈다. 어느 정부에라도 도움을 청한다면 내가 의원에 선출될 때 내세운 원칙에 반한다는 내용이었다. 그러나 전반적으로 보면, 전국 어떤 선거구와 비교해보아도 내 선거구의 선거민들은 내게 폐를 끼치지 않는 편이었다. 그러나 편지 양은 압도적으로 많아서 부담이 될 정도가 되었다.

〔이때도, 그 후에도 (신문에 발표한 것을 포함해) 내 편지 전체의 대부분은 내가 아니라 딸이 쓴 것이었다. 처음에는 도움이 없으면 도저히 감당할 수 없을 정도로 많은 편지를 처리하는 것을 그녀가 나서서 도와주려는 것이었으나, 나중에 보니 그녀가 쓴 편지가 내가 쓴 것보다 뛰어나다고 생각되었고 편지의 어려움이나 중요성에 비례하여 더욱 그런 생각이 들었기 때문이다. 내가 쓴 편지도 그녀가 대폭 수정하는 것이 보통이고, 그 후 내가 준비한 연설 원고도 마찬가지였다. 내 연설 원고와 내가 간행한 저술 몇 권의 적지 않은 부분, 그것도 가장 좋은 부분은 그녀가 쓴 것이다.[79]〕

---

79 (원주) 특별히 언급할 가치가 있는 편지는 개인적으로 내 의견을 구하는 데 응해 쓴 것으로, 신문에 실려 어느 정도 주목받은, 상습범 규제법과 경찰 기능 일반에 관한 것이다.

만년의 학문적 연구

의원이었던 동안 저술가로서의 일은 자연히 휴회 중으로 한정되었다. 그 사이에 쓴 것은 (이미 서술한 아일랜드에 관한 팸플릿 외에)《에든버러 리뷰》에 발표하고《논설과 토론》3권에 재록한 플라톤에 관한 글[80]과, 학생들이 나를 총장직에 선출하는 영예를 부여해주었을 때 세인트앤드루스대학교에서 관습에 따라 행한 취임 연설[81]이었다. 나는 그 강연에서 교양교육에 속하는 다양한 학과의 유용성과 영향, 나아가 그 영향을 가장 유익한 것으로 만들기 위해 채택해야 할 방법에 관해서 평생 내 마음속에 축적된 많은 사상과 의견을 표명했다.

나는 종래의 고전교육과 새로운 과학기술 쌍방에 대해 그 옹호자 대부분이 주장하는 것 이상으로 강력한 이유에 근거해 교육적 가치를 변호했다. 그리고 그 두 가지 교과 부문이 협력관계가 아니라 경쟁관계로 간주되기 쉬운 것은, 보통의 교육 방법이 어리석을 정도로 비능률적이기 때문이라고 주장했다. 이러한 내용은 다행스럽게도 고등교육의 국민적 제도에서 시작된 개선을 장려하고 자극했을 뿐 아니라, 최고의 정신적 도야의 조건에 대해 최고 교육을 받은 사람들 사이에서 발견하게 되는 의견보다도 더욱 정당한 의견을 보급했다고 평가받을 만하다는 생각이다.

이 기간에 나는 명저《인간 정신현상의 분석》속 이론에 대해 최근의 과학과 사색의 진보 수준에 맞는 주를 달아 재출간함으로써, 철학과 아버지의 추억에 대한 의무를 수행하는 일도 시작했다(그리고 의회

---

80 "Grote's Plato", *Edinburgh Review*, 1866년 4월호.

81 *Inaugural Address Delivered in the University of St. Andrews*, 1867.

를 그만둔 직후 완성했다). 이는 공동 작업이었으며, 심리학상의 주는 베인 씨와 내가 거의 반반씩 달고, 부수적으로 생긴 철학상 문제점에 대해서는 그로트 씨가 다소 귀중한 공헌을 했다. 그리고 앤드루 핀들레이터[82] 씨는 그 책의 집필 당시 심리학적 지식이 불완전해서 생긴 결함을 보완했다.[83]

이 책은 형이상학적 사색의 조류가 경험과 관념연합의 심리학과는 정반대 방향으로 흘렀을 때 출판되었으므로 당연히 그 가치에 걸맞은 성공을 곧바로 거두진 못했다. 하지만 많은 사람들 마음에 깊은 인상을 남겼고, 그런 사람들을 통해서 현재 우리에게 유익한 연상심리학에 대한 호의적 분위기를 만드는 데 크게 공헌했다. 이 책은 경험론적 형이상학의 교과서로 가장 적절하고, 같은 학파 사람들이 최근 기울인 노력의 성과 덕분에 내용이 더 풍부해졌다. 몇 군데 수정하기만 하면, 베인 씨의 저술과 함께 분석심리학의 체계적 저술이라는 면에서 정점이라고 할 만한 지위를 쉽게 차지할 수 있을 것이다. 그리고 지금도 그런 위치를 점하고 있다.

의원 선거 낙선

1868년 가을, 선거법 개정안을 가결한 의회가 해산된 뒤 이어진 웨스

82　Andrew Findlater(1810~1885). 영국의 생리학자.

83　James Mill, *Analysis of the Phenomena of Human Mind*, New Edition with Notes Illustrative and Critical, by Alexander Bain, Andrew Findlater, and George Grote, edited with Additional Notes by John Stuart Mill, 2 vols., 1869.

트민스터 선거구 선거에서 나는 낙선했다. 나는 그 사실에 놀라지 않았고, 나를 지지한 사람들은 투표일 며칠 전까지 이전보다 낙관적이었지만 그들도 놀라지 않았으리라 생각한다. 내가 처음부터 당선되지 않았더라면 어떤 설명도 필요 없었을 것이다. 호기심을 불러일으킨 것은, 내가 처음에는 당선되고 두 번째는 낙선했다는 점이다. 그러나 나를 낙선시키려는 노력은 첫 번째보다 두 번째에 더욱 커졌다.

첫째, 토리당 정부는 내각을 유지하려고 갖은 노력을 했고, 그 당원에게는 어떤 선거구에서 승리하는 것도 이전보다 중요했다. 나아가 토리당을 지지한 모든 사람은 앞의 경우보다도 나에 대해 개인적으로 더욱 강한 분개의 감정에 휩싸여 이전에 호의적이거나 무관심했던 많은 사람들이 나의 재선에 격렬하게 반대했다. 나는 정치에 관한 저술에서 민주주의 사상의 약점을 안다고 서술했기 때문에, 보수당원 중에는 내가 민주주의에 반대하는 자라는 증거를 발견하리란 희망을 걸었던 사람도 있었던 듯하다. 그들은 내가 문제의 보수주의적 측면을 볼 수 있었기 때문에 그들처럼 나머지 측면은 전혀 보지 못할 것이라고 멋대로 생각했다.

그러나 만일 그들이 내 저술을 잘 읽었더라면 내가 민주주의에 반대하는 논의 중에서 충분한 이유를 갖는다고 생각된 것을 충분히 인정한 뒤에, 조금의 주저함도 없이 민주주의를 지지한다는 결론을 내리고, 나아가 민주주의는 그 정신과 일치하고 그 결함을 보완하도록 고안된 제도를 통해 보강되어야 한다고 주장했다는 사실을 알았을 것이다. 그러한 교정책 가운데 주된 하나가 비례대표제였으나 이를 지지해준 보수당원은 거의 없었다. 어떤 토리당원은 내가 일정한 조건 아래 복수투표제를 승인한 것에 근거해 몇 가지 기대를 한 듯싶다. 그리고 디즈레일리 씨가 그의 선거법 개정안 준비 단계로 의회에 제출한 결의안

중에 이러한 것을 시사했음은(이 시사는 전혀 지지를 받지 못했기에 그는 무리하게 밀고 나갈 수 없었다) 내가 그것에 대해 쓴 글을 바탕으로 삼은 것인지도 모른다고 추측했다.

그러나 만일 그랬다고 해도 내가 복수투표의 특권은 재산이 아니라 교육에 부여되어야 하고, 거기에 더해 보통선거를 전제로 해서 비로소 승인되어야 한다는 것을 명백한 조건으로 삼았음을 잊어서는 안 된다. 현행 선거법 개정에 의해 주어진 선거권 아래에서는 이러한 복수투표권이 전혀 인정되지 않는다는 사실은, 선거민 누구에게도 다른 선거민 이상의 표를 주지 않는 법률 아래에서도 아직 노동자계급이 선거에서 너무나 작은 힘밖에 갖지 않는다는 점을 감안한다면 다른 점에서는 그렇게 생각하지 않는 사람에게도 명확하게 입증된다.

이와 같이 나는 토리당의 이익에 대해서 그리고 많은 보수적 자유당원에 대해서 이전보다도 더욱 강력한 증오의 대상이 된 한편, 내가 의회에서 취한 행동 방침은 자유당원이 전반적으로 열렬히 나를 지지하게 만들지 못했다. 나의 눈부신 발언은, 자유당 의원 대다수와 의견이 다르거나, 그들이 거의 관심을 갖지 않는 문제에 대한 경우일 때가 매우 많았고, 또 나의 행동 방침이 다수 자유당원에게 나를 그들 의견의 대변자로 어떤 큰 가치를 갖는다고 생각하게 하는 경우가 매우 적었다는 사실은 이미 설명한 바 있다.

나아가 나는 많은 사람들의 마음에 나에 대한 개인적 편견을 불러일으키는 일을 했다. 많은 사람들은 그들이 에어 씨에 대한 박해라고 부르는 것 때문에 불쾌한 기분을 느꼈고, 내가 브래들로[84] 씨의 선거비

---

84 Charles Bradlaugh(1833~1891). 영국의 정치인이자 무신론자.

용을 기부한 사실에 더욱더 불쾌해했다. 나는 나 자신의 선거를 위해 돈을 내는 것을 거부하고 모든 비용을 남들에게 부담시켰으나, 선출되면 좋겠다고 생각되는 후보자의 선거비용이 부족하면 기부해야 할 특별한 의무가 있다고 느꼈다. 그래서 나는 노동자계급 후보자 거의 전원에게 기부금을 보냈다. 그중 한 사람이 브래들로 씨였다.

그는 노동자계급의 지지를 받았다. 나는 그의 연설을 듣고 그가 유능한 인물임을 알았다. 그는 맬서스주의와 개인대표제라는 두 가지 중요한 문제에 대해 민주주의파가 널리 주장한 의견에 강력하게 반대하는 태도를 보임으로써 결코 선동가가 아님을 증명해주었다. 노동자계급과 민주주의적 의견을 함께하면서 정치문제에 스스로 판단을 내리고, 대중에 반하면서도 자신의 신념을 주장하는 용기를 가진 사람이야말로 의회에 들어갈 필요가 있다고 나는 생각했다. 그리고 브래들로 씨의 반종교적 의견(비록 그것을 발표할 때 정당하지 않았다 해도)을 그를 배척하는 이유로 삼아서는 안 된다고 생각했다.

만약 내가 나 자신의 재선만을 생각했다면 그의 선거자금을 기부함으로써 나는 다시없을 가벼운 일을 한 셈이었다. 그리고 예상할 수 있듯이 그러한 행위는 나의 공정이나 불공정과는 무관하게 웨스트민스터 선거민이 나에게 반대하도록 선동하는 데 이용되었다. 이러한 몇 가지 원인에다 토리당 후보자 측에서는 언제나 그랬듯이 돈이나 기타 영향력을 무작정 사용하는데도 나의 진영에서는 전혀 그렇지 않았던 점과 결부되어 처음에는 당선되었지만 두 번째에는 낙선했다.

선거 결과가 밝혀지자 나는 주로 지방 선거구에서 입후보하라는 권유를 서너 차례 받았지만, 설령 돈을 사용하지 않고 당선되는 것을 기대할 수 있다 해도 사생활로 돌아가는 해방감을 부정할 생각이 없었다.

나에게는 선거민에게 거부당한 것을 부끄럽게 느낄 이유가 전혀 없었고, 그런 기분을 느꼈다 해도 여러 종류의 사람들이 여러 곳에서 무수히 유감의 의사를 표명해온 것으로 보상이 되고도 남았다. 특히 나에게 언제나 협력해준 원내 자유당원이 그러한 생각을 보여준 것은 가장 현저한 위로가 되었다.

그 후로는 회상을 기록할 필요가 있는 일은 거의 생기지 않았다. 나는 이전의 연구로 돌아가 1년에 한두 번, 몇 주나 몇 달을 런던 교외에 살면서 남유럽의 전원생활을 즐긴다. 잡지(주로 내 친구인 모리[85] 씨의《포트나이트리 리뷰》)에 여러 가지 글을 쓰고, 몇 차례 공개 연설을 하며, 특히 여성선거권국민협회에서 연설을 한다. 그리고 몇 년 전에 쓴 것에 딸과 함께 약간 추가한《여성의 예속 The Subjection of Women》을 출판했으며 앞으로 출판할 책을 준비하고 있다. 내가 오래 살아 완성할 수 있다면 그것에 대해 더욱 상세하게 말할 때가 올 것이다. 지금으로서는 이 회상을 여기서 마치고 싶다.[86]

---

85 John Morley(1838~1923). *Fortnight Review* 주필을 지냈고 글래드스톤 3, 4차 내각에서 각료로 활동했다.

86 밀의 만년 사회 활동으로는 1869년 가을, '토지보유개혁협회Land Tenure Reform Association'가 설립되었을 때 임시 위원회 의장을 지내고, 다음해 7월 결정된 강령의 기초에 참가한 뒤 그 협회의 회장을 지낸 것을 들 수 있다. 그 강령은 장자상속법을 폐지하고, 지대 대부분을 과세해서 수용하며, 협동조합에 국유지를 대여하고 자연미를 보호하는 등 밀의 지론을 대폭 반영했다. 또 1870년 이후에는 사후 출판된《사회주의론Chapters on Socialism》(*Fortnight Review*, 1879, 3~4월호)과《종교 3론 Three Essays on Religion》(1874), 제3논문〈유신론Theism〉을 썼다.

옮긴이 해설

1. 머리말

백과사전에 밀(이하 밀이라 함은 존 스튜어트 밀을 말한다. 따라서 다른 밀을
말하는 경우에만 이름까지 밝힌다)은 영국의 '경제학자, 철학자, 사회과학
자, 사상가'로 소개되어 있으나, 한마디로 말하면 앞의 셋을 모두 포괄
하는 의미에서 마지막에 나오는 사상가라고 할 수 있다. 왜냐하면 그
는 경제학이나 철학만이 아니라 정치학, 종교학, 여성학 등 다양한 분
야에 정통했기 때문이다. 밀은 그와 비슷한 시대에 오랫동안 런던에서
함께 살았던(그러나 만난 적은 없었던) 독일 출신 마르크스처럼 체계적 거
대 이론을 구축하지는 못했지만, 적어도 19세기 영국에서는 마르크스
보다 중요한 사상가로서 당대의 아리스토텔레스로 불릴 정도였다. 그
러나 21세기인 지금도 그러할까?

  밀은 1806년에 태어나 1873년에 죽었으니 200여 년 전에 태어나
150여 년 전에 죽은 것이다. 1806년은 조선에서는 23대 왕인 순조 6년,

1873년은 고종 10년에 각각 해당된다.[1] 순조 때 태어나 고종 때 죽은 우리의 사상가를 읽기란 솔직히 쉬운 일이 아니다. 우리 시대와 너무나 다른 시대에 살았기 때문이다. 그러나 밀은 다르다. 밀이 특별히 뛰어나서 세월을 넘어서는 것이 아니라, 그가 살았던 시대가 지금 우리가 사는 자본주의의 초기였기 때문이다. 따라서 우리와 같은 시대적 고뇌를 그가 일찍이 경험하고 사유한 탓에 공감하는 바가 크기 때문이다. 그러나 머리말에서도 말했듯이 그가 뛰어났다는 점도 사실이다.

그와 같은 시대를 살았다는 이유로 기억할 만한 다른 사람으로 누가 있을까? 밀과 같은 시대를 산 사람으로 영국에는 찰스 다윈(1809~1882)과 스펜서(1820~1903), 독일에는 마르크스(1818~1883)와 엥겔스(1820~1895)가 있다. 밀을 '얼간이'라고 부르며 경멸한 니체 F. W. Nietzsche(1844~1900)는 한두 세대 아래 사람이다. 밀이 죽었을 때 니체는 스물아홉 살로 아직 자기 철학을 말하기 훨씬 전이었으니 생전의 밀이 니체를 알았을 리 없지만, 만일 알았더라면 니체가 밀을 경멸한 이상으로 밀은 니체를 경멸했을 것이다. 철학사 책에는 밀도, 니체도 모두 대단한 철학자로 소개되어 있고, 그들이 서로 어떻게 보았을지 일언반구도 하지 않지만, 그런 책은 읽을 가치가 없다. 그런 책은 자료집에 불과하지 저술이라고 할 수 없기 때문이다. 밀처럼 나도 싫어하는 니체에 대해서는 뒤에서 다시 보도록 하고, 여기서는 마르크스와

---

1 밀이 태어난 5년 뒤인 1811년, 조선에서는 이른바 '삼정三政의 문란' 속에서 홍경래洪景來 등이 부농富農과 사상私商을 규합해서 봉건 체제하 수탈에 시달리던 농민들과 더불어 중앙정부에 반기를 들었다. 홍경래의 난은 이듬해 무력 진압되었으나, 정부는 사회경제적인 근본 수습책을 마련하지 않았으므로 이후에도 크고 작은 농민 봉기나 모반 사건이 끊임없이 계속되었다.

조금 비교해보자. 왜냐하면 사회주의를 경멸한 니체와 달리 밀은 마르크스와 같은 사회주의자이기 때문이다.

밀은 마르크스보다 열두 살이나 연상이니 우리 식으로 말하면 띠동갑이다. 마르크스는 독일에서 태어났지만 1849년부터 생애 후반 40년을 밀이 살았던 런던에서 지냈으니 둘이 만날 가능성도 있었으나 서로 전혀 알지 못했다. 그때 밀은 당시 영국 최고의 회사(지금의 우리나라 회사를 비교 대상으로 꼽는다면 '삼성'쯤이겠다)인 동인도회사에 다니면서 마지막 연봉이 5,000파운드로 인도청장관의 연봉과 같았고, 1856년 퇴직 후에도 연간 1,500파운드라는 고액 연금을 받는 상류 명사였으나, 마르크스는 슬럼가에서 가난하게 살고 있었다. 마르크스와 엥겔스는 이미 1848년에 《공산당선언 Communist Manifesto》을 썼고, 《자본론 Das Kapital》 1권이 1867년에 나왔으니 사회주의에도 관심이 깊었던 밀이 읽었을 수도 있으나, 밀은 마르크스에 대해 전혀 몰랐다. 그만큼 당시 마르크스나 엥겔스가 무명이었다고 보는 것이 옳다. 반면 이미 경제학의 태두였던 밀에 대해 마르크스나 엥겔스는 잘 알았고, 그들은 니체처럼 영국 경제학자들을 경멸했지만 밀에 대해서는 존경을 표했다. 《자본론》에서 마르크스는 밀이 낡은 경제학적 도그마와 현대적 경향의 모순으로 인해 비난받아야 하지만, 속류 경제학적 변호론자와는 혼동될 수 없다고 했다.

경제학자로서의 밀을 유명하게 만들어준 책은 《공산당선언》이 나온 1848년 밀이 쓴 《경제학 원리》였다. 그 책에서 밀은 "인류는 현재 보통 상상하는 것 이상으로 훨씬 많은 공공 정신을 발휘할 수 있다"고 썼다. 밀도 사회주의를 주장했으나, 그것은 어디까지나 교육과 지성의 개혁을 축으로 하여 민주주의의 양적 확대와 함께 질적 향상도 중시한 점진적 사회주의였다. 밀이 죽고 11년 뒤에 설립된 페이비언협회가 밀의 사회주의를 이었고 그것은 노동당을 낳았다.

2. 밀의 《자서전》과 평전

우리나라에 밀의 평전은 하나도 나와 있지 않지만 그의 《자서전》은 이미 몇 번이나 번역되었으니 그의 생애를 아는 데는 크게 부족한 점이 없다. '자서전'이라는 걸 쓰고 난 뒤에도 오래 사는 사람도 있지만, 1873년 밀의 사망 직후 《자서전》이 출판되어 그 책을 통해 우리는 그의 생애 대부분을 알 수 있다.[2]

밀의 《자서전》은 그의 저서 중에서 가장 유명하고 대단히 흥미로운 자서전 중 하나지만, 우리 독자들이 반드시 읽어야 할 고전적 필독서라고는 생각하지 않는다. 무엇보다도 이 책을 제대로 이해하려면 밀 당대의 정치, 경제, 사회, 특히 문화에 대한 이해와 함께 그 이전의 서양 고전 문화 전반에 대한 충분한 이해가 있어야 한다. 그래야만 그 책에 나오는 수많은 책들에 대한 이야기를 이해할 수 있는데 한국의 독자로서는 그것이 거의 불가능하기 때문이다.

이하 밀의 간단한 '평전'을 만들어보려고 하는데, 그중에는 《자서전》에 나오는 내용과 중복되는 것이 당연히 많을 수밖에 없고, 그런 부

---

2 《자서전》은 밀이 죽기 전 5년 동안(1861~1866) 쓰였고, 밀의 사망 직후 양녀 헬런 테일러가 편집하고 출판했다. 그런데 편집 과정에서 삭제된 부분이 많아 1924년 컬럼비아대학교에서 삭제 부분을 되살린 신판이 나왔다. 그 뒤 1961년에는 밀이 1850년대에 쓴 최초의 초고가 발견되었고 일리노이대학교 잭 스티링거Jack Stillinger가 이를 간행했다.

분을 일일이 《자서전》에서 인용하지는 않았다. 지금까지 나온 밀의 평전은 대부분 《자서전》과 기본적으로 크게 다르지 않아 크게 유별난 것은 없다. 기본적인 평전 내지 개설서 열세 권만 소개하면 다음과 같다.

- Alexander Bain, *John Stuart Mill; A Critical with Personal Recollections*, Longmans, 1882.
- Ruth Borchard, *John Stuart Mill*: The Man, Watts, 1957.
- Karl Britton, *John Stuart Mill*, Penguin, 1953.
- Nicholas Capaldi, *John Stuart Mill*, Cambridge University Press, 2004.
- Maurice Cranston, *John Stuart Mill*, Longman, 1958.
- John B. Ellery, *John Stuart Mill*, Grosset & Dunlop, 1964.
- F. A. Hayek, *John Stuart Mill and Harriet Taylor*, Routledge & Kegan Paul.
- F. Josephine Kamm, *John Stuart Mill in Love*, Gordon & Cremonesi, 1977.
- Michael St. John Packe, *The Life of John Stuart Mill*, Secker & Warburg, 1954.
- Alan Ryan, *J. S. Mill*, Routledge & Kegan Paul, 1975.
- John Skorupski, *John Stuart Mill*, Routledge, 1989.
- John Skorupski(ed), *The Cambridge Companion to John Stuart Mill*, Cambridge University Press, 1998.
- William Thomas, *Mill*, Oxford University Press, 1985.

그중 우리나라에 소개된 것은 마지막 책뿐인데, 상당히 보수적 관점에서 쓰인 것이라 문제가 있다. 이상의 문헌들을 중심으로 지금부터 밀에 대해 설명하려고 하지만 그 책들은 모두 영국에서 영국인들을 대상으로 해서 쓰인 것이므로, 한국에서 한국인들을 대상으로 한 이 책에서의 설명은 당연히 다를 수밖에 없다. 따라서 밀에 대한 설명에 반드시 등장하는 요소들, 가령 영국의 공리주의 사상과의 관련성 등에 대해서는 되도록이면 간단히 설명하도록 한다.

밀의 생애는 보통 3기로 구분된다. 즉 성장, 위기, 성숙이라는 3기다. 이는 밀 자신이 《자서전》[3]에서 1840년대 이후를 '나의 정신적 성장의 3기'(p. 246)라고 부른 데서 비롯되는데 그 앞의 두 시기는 위기가 찾아온 1826년 전후를 말한다.

밀은 69년을 살았다. 위 3기에 각각 해당되는 연령대는 성장이 20세까지, 위기가 34세까지, 성숙은 34세부터 69세까지다. 성숙기가 앞의 두 기에 비해 너무 길기는 하지만 여기서는 편의상 그런 구분에 따라 설명한다.

3. 밀의 성장

― 밀의 출생

밀은 1806년 5월 20일, 제임스 밀(1773~1836)과 해리엇 밀(1782~1854)의 장남으로 런던 부근에서 태어났다.

---

3 《자서전》은 J. S. Mill, *Autobiography*, 1873을 말한다. 밀의 《자서전》은 여러 번 번역되었으나, 이 책에서는 위 원저에 입각해 역자가 직접 번역한 것을 인용한다.

아버지 제임스 밀은 스코틀랜드 출신으로, 농민이었던 할아버지는 작은 가죽 공장을 경영했으나 지적이지는 않았다. 조금은 극성이었던 할머니는 장남인 제임스를 출세시키려고 노동 대신 공부를 시켰다. 제임스는 에든버러대학교 신학부를 졸업하고 전도사가 되었으나, 목사가 되지는 않고 신학을 포기했다. 그 이유는 악으로 가득한 세계를 선의를 가진 신이 창조했다고 믿을 수 없다는 것 때문이었다. 이는 당시기독교가 지배한 영국이나 유럽에서 종교적으로는 물론 정치적으로도 대단히 이단적 생각임에 틀림없었다. 밀이 사상의 자유를 옹호한《자유론》을 쓸 수밖에 없는 상황이 이미 아버지 때부터 형성되었던 것이다.

제임스 밀이 7년간 다닌 에든버러대학교를 비롯해 글래스고대학교 등 당시 스코틀랜드의 대학교들은, 당대의 옥스퍼드나 케임브리지 같은 잉글랜드의 대학교가 정치적 보호와 종교적 편견에 젖었던 데 비하면 상당히 자유로운 분위기였다. 특히 에든버러대학교에는 당시의 유명한 계몽주의 학자들이 모여 있었다.[4] 제임스 밀은 그들에게서 진보적 학풍을 접했다. 이는 그가 대학 도서관에서 빌린 책에 애덤 스미스

---

4 1750년경 스코틀랜드는 유럽에서 가장 문맹률이 낮은 지역이었다. 당시 스코틀랜드 인구 중 문해율은 75퍼센트에 달했다. 당시 유럽 전역에서 흥기한 계몽주의는 이성을 인간 본연의 특질로 파악했다. 이들은 또한 이성에 의해 사회와 자연의 진보가 가능하다는 믿음을 지닌 낙천주의를 견지했다. 유럽의 다른 지역과 대비되는 스코틀랜드 계몽주의의 특징은 경험론이었다. 스코틀랜드 계몽주의자들은 현실의 경험 속에서 덕을 함양할 때 개인과 사회 모두의 발전이 가능하다고 믿었다. 스코틀랜드 계몽주의는 철학·경제학·기술·건축·의학·지리학·고고학·법학·농업·화학 등 지식 체계 전반에 걸친 발전이었다. 대표적 인물로는 프랜시스 허치슨 Francis Hutcheson·알렉산더 캠벨 Alexander Campbell·데이비드 흄·애덤 스미스·토머스 레이드 Thomas Reid·로버트 번즈·애덤 퍼거슨·존 플레이페어 John Playfair·조지프 블랙 Joseph Black·제임스 허튼 James Hutton 같은 인물들이 꼽힌다. 스코틀랜드 계몽주의는 스코틀랜드 사회의 발전과 상호 영향을 주고받으며 발전했고 그 사상은 유럽 여러 지역뿐만 아니라 대서양을 넘어 미국 같은 신흥 국가에까지 전파되었다.

의 《도덕정조론The Theory of Moral Sentiments》, 장 자크 루소의 《에밀》 등이 있었던 점으로도 알 수 있다. 특히 그는 스미스의 제자들에게 깊은 영향을 받았다.

스미스의 영향은 그 뒤 제임스 밀이 런던에서 리카도(1772~1823)를 만나면서 더욱 깊어졌으나, 나중에 보듯이 벤담의 공리주의의 영향을 받으며 사상의 변화가 초래되었다. 그러나 스미스 유의 도덕철학Moral Philosophy, 즉 인간성human nature을 중심으로 정치, 경제, 사회, 문화 등을 종합적으로 파악하고, 사회발전을 법칙적으로 파악한다는 기본 태도는 평생 유지했고, 이는 존 스튜어트 밀에게도 그대로 계승되었다.

제임스는 1805년 해리엇과 결혼했으나, 1819년 동인도회사에 취직하기 전까지 일정한 직업 없이 저술과 가정교사 일을 하며 어렵게 살았다. 해리엇은 활발한 성격에 사치와 대화를 즐기는 평범한 여성으로 제임스와는 성격이 완전히 달랐기에 결혼 생활이 불행했으나, 두 사람 사이에서는 자녀가 아홉 명 태어났다. 밀은 《자서전》에서 아버지에 대해서만 언급할 뿐 어머니에 대해서는 전혀 언급하지 않을 정도로 어머니를 싫어했다. 그러나 그래도 어머니가 아닌가? 많은 아이를 낳고 남편과 아이들을 위해 가난 속에서도 어렵게 살림을 꾸린 보통 여성, 보통 어머니, 게다가 자신을 낳아주고 어렵사리 키워준 어머니.

이 책 《자유론》 앞머리에서 밀이 아내 해리엇에게 헌사를 쓰고 있는 것으로 보아 밀은 지적 여성을 이상형으로 생각한 듯하다. 그러나 아무리 그래도 그렇지 아내와 어머니는 다르다고 보는 게 우리 한국인의 정서이고, 나도 이 점에서는 밀에 찬성할 수 없다. 밀이 《자유론》에서 강조하듯이 이성적으로 독립된 개인이어야 자유를 누릴 수 있다는 전제에서 본다면, 밀은 자신이 이상적이라고 생각해서 존경하는 사람 말고는 누구에 대해서도 그 가치를 인정하지 않았음이 분명하다. 따라서 어머니라고 해도 그런 존재가 아닌 이상 그에게는 무의미한 존재였으리라. 그러나 이는 너무나도 냉정한 태도 아닐까?

— 밀이 받은 교육

밀이 받은 천재교육은 이른바 영재교육의 전형으로 유명할지 모르나, 우선 그것은 밀 아버지의 사상적 확신에서 나온 것이다. 또 극단적 가난 속에서도 오로지 아버지 스스로 행한 것이었다는 점에서, 그리고 그 교육 대부분이 고전 읽기와 질의응답이었다는 점에서 우리의 천재교육이나 영재교육과는 완전히 다르다는 점을 밝혀두고자 한다.

　제임스는 밀이 태어난 지 3년 뒤 경제학자이자 철학자로서 공리주의의 시조 벤담(1748~1832)[5]을 만나 그 후 가장 충실한 벤담 학파의 일원이 되었다. 그는 벤담이나 프랑스 유물론자처럼 인간을 자연물로 보고 동물학, 생물학, 물리학의 방법에 따라 인류에 대한 체계적 연구는 견고한 경험적 기초 위에서 확립될 수 있으며, 또한 그렇게 되어야 한다고 생각했다. 마찬가지로 인간은 과학적·합리적으로 교육되어야 한다고 생각해, 그렇게 교육받지 않은 다른 아이들과 놀지 못하게 하고 스스로 아들 존 스튜어트 밀을 교육했다.

　여기서 벤담의 백지설theory of the tabula rasa이 중요한 기여를 했다.

5　벤담은 예순 살이 된 1808년까지는 급진주의자가 아니었다. 그는 부끄러움을 너무 많이 탔고, 책을 여러 권 썼지만 출판하려고 하지 않았기에 그의 책은 친구들이 호의로 사주었다. 그의 주된 관심은 법에 대한 것이었고 엘베티우스와 베카리아Beccaria를 중요한 선배로 인정했다. 그는 법 이론을 통해 윤리와 정치에도 관심을 가졌다.

이는 르네 데카르트René Descartes의 고유관념설에 반대한 존 로크의 경험주의 인식론의 출발점으로, 인간은 태어날 때의 정신이 아무런 선입관념이나 지식을 갖지 못한 백지와 같으므로 좋은 교육을 하면 좋은 지식을 갖게 된다는 교육론을 낳았다. 그래서 세 살부터 다섯 살까지 그리스어와 그리스어로 쓰인 고전, 여덟 살부터 라틴어와 라틴어로 쓰인 고전, 아홉 살까지 대수학과 프랑스어, 열두 살까지 논리학을 습득하게 했다. 그가 그리스어를 공부하는 장면을 잠깐 보자.

> 그러나 아버지는 모든 가르침에서 내가 할 수 있는 최대한의 것뿐만 아니라 내가 도저히 할 수 없는 많은 일을 요구했다. 그가 교육을 위해 무슨일이라도 할 작정이었던 건 다음 사실에서 알 수 있다. 즉 나는 그가 쓰는 방의 그와 같은 책상에서 그리스어 수업을 준비하는 전 과정을 밟았는데 그 당시 '그리스어-영어사전'은 아직 없었고, 아직 라틴어를 배우지 않아 '그리스어-라틴어사전'을 사용할 수 없었기 때문에 내가 모르는 모든 단어의 의미를 그에게 묻지 않을 수 없었다. 그는 참을성이 정말 없는 사람이면서도, 이러한 끊임없는 방해를 참고 견디면서, 《영국령 인도의 역사》여러 권과 그동안 집필해야 했던 다른 모든 책을 썼다 (《자서전》, p. 21).

아버지는 밀을 자연과학과 고전 중심으로 교육하되 벤담이 인간을 바보로 만든다고 본 종교나 형이상학, 특히 시는 가르치지 않았다. 밀의 아버지는 셰익스피어에 대해서도 부정적이었고 밀턴과 스콧만을 높이 평가해 그들 작품을 읽도록 했다. 그리고 예술로서는 유일하게 음악을 가르쳤다. 여하튼 그 결과 밀은 열두 살에 이미 보통은 서른이 넘어야 가능한 지식을 습득했다. 밀은 자신이 받은 교육 가운데 가장 큰 혜택을 입고 정확한 사상가를 낳는 데 제일 중요한 것으로 논리학을 들었다. 여하튼 그는 열다섯 살에 경제학·역사학·철학·자연과학을 배웠고, 벤담 저서를 읽음으로써 사물과 인생의 목표에 대한 통일된 관념을 형성했다.

그러나 우리로서는 밀이 가장 좋아한 과목이 고대 역사, 당연히 고대 그리스사와 로마사였다는 점에 주목해야 한다. 지금도 서양의 고대사는 물론 세계의 고대사 부분에서 가장 중요하게 다루어지는 그리스 로마사는 사실상 비서양 사회에 대한 서양의 침략사였다. 이는 밀이 열일곱 살(1823년) 이후 쉰두 살(1858년)이 될 때까지 35년간 인도를 지배하는 행정기관인 동인도회사의 간부로 살아가는 토대가 되었다. 이 사실은 서양인의 책에서도 다음과 같이 강조되는데, 지금까지 한국인은 물론 일본인이나 중국인도 전혀 주목하지 못했음은 동양인의 서양 사대주의가 얼마나 극심한지를 잘 보여주는 사례이다.

> 그의 소년기를 사로잡았던 책이 이른바 후진 민족의 정복을 다룬 역사서
> 들이었다면, 그의 장년을 사로잡은 관심은 이들을 다루는 행정 문제가 되
> 었던 것이다. 그 와중에 우리는 그의 정치적 저술 전체와 그의 사상의 많
> 은 부분을 특징짓는 후진사회와 진보사회에 대한 선입견을 엿볼 수 있다
> (토마스,[6] p. 14).

여하튼 이러한 천재교육이 갖는 문제점은 두말할 필요도 없이 사회

---

6 W. 토마스, 허남결 옮김, 《존 스튜어트 밀-생애와 사상》, 서광사, 1997. 이 책은 William Thomas, *Mill*, Oxford University Press, 1985의 번역으로, 우리나라에 나온 밀 소개서로서는 유일하다. 이하 이 책은 토마스로 인용함.

교육이나 실천교육을 결여한다는 점이고, 어쩌면 '인조인간'을 만드는 것과 다를 바 없었다. 그러나 밀의 교육은 주입식 암기를 통한 영재교육이 아니라, 스스로 독서하면서 요약과 비판을 하고, 아버지와의 질의응답을 통해서 이해력을 더욱 깊이 하는 방식이었던 만큼 인조교육이라고는 할 수 없었고, 도리어 개성교육이라는 점에서는 진취적이었다고도 평가할 수도 있으리라. 이는 《자서전》에 나오는 다음 문장에서도 읽을 수 있다.

> 아버지는 내가 배운 어떤 것도 단순한 기억의 연습으로 타락하는 것을 결코 허용하지 않았다. 아버지는 이해력을 교육의 모든 단계와 함께 가게 했을 뿐 아니라, 가능하면 이해력을 선행시키려고 노력했다.
> 나는 사고에 의해 발견할 수 있는 것은 그 무엇도 내가 전력을 기울여 스스로 발견할 때까지 결코 배우지 못했다(《자서전》, pp. 46~47).

밀은 그러한 교육을 옳다고 보았지만, 문제가 있었음을 인정하면서 다음과 같이 썼다.

> 내 교육의 결함은 주로 소년들이 스스로 하도록, 또 모두 함께 모여 배우도록 하는 것과 관련되었다. (…) 아버지가 나에게 준 교육 자체는 내가 무엇을 하게 하기보다 알게 하도록 훈련하는 데 훨씬 적합했다.
> 아버지가 나의 결함을 모르진 않았지만, 나는 소년으로서도 청년으로서도 이에 대해 아버지에게 엄하게 꾸중을 들었고 늘 괴로워했다. 그가 이러한 결함에 무관심하거나 관용적이지는 않았다. 하지만 나를 학교생활의 비도덕적 영향에서 구원한 반면, 학교생활의 실제 영향력을 충분히 대

체할 만한 것을 주려는 노력도 하지 않았다《자서전》, pp. 50~51).

　밀 자신이나 그의 아버지도 이런 문제점을 느꼈는지, 1819년 아버지가 동인도회사에 취직한 다음해, 밀은 처음으로 외국에 나가 프랑스 몽펠리에대학교에서 강의를 듣고 최초로 친구를 사귀는 등 참된 사회생활을 경험하는 변화를, 특히 자유를 맛보았다.

― 공리주의자로 출발

영국의 공리주의를 대표하는 벤담은 밀의 아버지 제임스와도 친해서 이미 아버지의 교육을 통해 밀에게 벤담의 공리주의가 당연히 영향을 미쳤으리라고 생각된다. 하지만 밀 자신에게 공리주의가 명확하게 확립된 것은 1821년 프랑스에서 돌아온 뒤부터였고, 특히 1822년, 즉 열여섯 살 때부터 벤담의 집에서 격주로 친구들과 모여 밀 스스로 공리주의자라고 부른 활동을 시작하고 나서부터였다.

　공리주의란 utilitarianism의 번역이다. utility란 효용성이나 유용성 또는 실리를 뜻한다. 특히 공리주의는 무엇보다도 실제의 이익을 강조했으니 도리어 실리주의라는 말이 적합하다고 생각된다. 물론 실리주의라고 했을 때 고상한 철학의 일종으로 보기에는 대단히 황당할 것 같기도 하지만, 사실 철학이 뭐 별것인가? 실리주의라는 말이 싫으면 효용주의나 유용주의란 말을 써도 무방한데 역시 철학의 이름치고는 어색하지 않을까? 여하튼 utility가 공리주의의 핵심이라는 점을 분명히 알 필요가 있다.[7]

7　따라서 한국에서 공리주의公利主義라고 하는 것에는 찬성할 수 없다.

공리주의에서 공리 功利란 공명 功名과 이득을 말한다. 따라서 공리주의란 말은 공을 세워 이름을 떨치고 이익을 얻자는 지극히 세속적이고 물질적인 삶을 지향하는 것으로 오해를 사기 쉽다. 그것을 '최대 다수의 최대 행복'을 추구함으로써 이기적 쾌락과 사회 전체의 행복을 조화시킨다는 식으로 설명하면 조금은 나아질지 모르지만, 그래도 대단히 속물적 느낌을 갖게 하는 것은 마찬가지다. 여하튼 공리주의에서 공리란 우리가 통상적으로 사용하는 말이 아니고, 게다가 그 주창자들이 정말 공리를 강조하는지도 의문이다.

밀에 따르면 공리주의란 스코틀랜드의 존 골트(1779~1839)가 쓴 소설 《교구 연대기》(1821)에서 따온 말이다. 그 소설에서 스코틀랜드 시골 목사가 자기 교구에 프랑스혁명의 영향을 받은 이단 사상이 들어오는 것을 경계하면서 사람들에게 복음에 반하는 공리주의자가 되어서는 안 된다고 한 말에서 비롯되었다. 즉 이 소설에서 공리주의란 기독교와 적대관계에 있는 무신론적 반봉건·반전제의 교양을 뜻했다. 이처럼 밀이 스스로를 공리주의자라고 부른 것은 공리나 공명을 얻기 위해서가 아니다. 기독교에 반대한다는 것을 공식적으로 표명하기 위해 그 이름을 사용한 것이었다.

그러나 공리주의자라는 말은 이미 1815년에 벤담이 사용했다. 벤담은 인간을 신의 창조물로 보는 기독교에 반대하여 인간이 욕구하고 행동하는 유일한 근거는 오로지 '쾌락의 추구와 고통의 회피'이며, 따라서 인간은 본질적으로 이기주의자라고 보았다. 그리고 그 유용성의 원리를 사회에 적용한 것이 '최대 다수의 최대 행복'인데, 그것이 사회를 지배하는 법의 원리라고 주장했다.

벤담은 전통적 사회계약설이 불합리하다고 비판하고, 미국과 프랑스 혁명가들이 내세운 자연법 이론을 '과장된 난센스'라고 부르며 반대했다. 그는 유용성 원리에 기초한 국가에는 그러한 허구가 필요하지 않다고 보면서, 국가란 지배자에 복종하는 습관을 가진 대다수 사람들에 한정되는 하나의 편리한 고안품에 불과하고, 법은 그 지배자의 의지나 명령이라고 보았다. 그리고 법적 처벌은 문제가 되는 행동이 야기한 고통에 대한 공리주의적 계산을 통해 결정된다고 여겼다. 벤담은 영국법의 최대 결점은 일관되지 못하고 변덕스러우며, 그 전문용어들이 착취와 궤변을 위한 칸막이에 불과한 것이라고 보았다. 벤담은 이를 시정하기 위해 유용성의 원칙에 따라 법을 단 한 권의 책으로 압축할 수 있고, 유용성으로 무장한 시민은 법률가의 전문 지식에 의존할 필요가 없다고 생각했다. 또한 원형감옥panopticon을 만들면 죄수를 유용하게 통제할 수 있다고 보았다.

밀도 벤담을 따라 유용성이 최대 행복이라고 했다. 즉 인간의 행동은 행복을 증진시키는 유용성의 정도에 따라야 옳다는 것이었다. 가령 사형은 그것이 사회적으로 유용한가, 참된 억제력이 있는가에 따라 판단되어야지, 그 자체를 두고 옳고 그르다고 판단할 수 없다는 것이다. 민주주의도 자연권에 대한 신념에서가 아니라, 그것이 좋은 국가를 갖게 하는 유일하게 확실한 방법이라는 이유에서 옹호했다. 특히 공리주의자들은 군주정치보다도 귀족정치를 더욱 혐오했는데 그 이유는 국교회와 법률가 계급이 그것을 조장하기 때문이라고 보았다.

― 최초의 글들

앞에서 잠깐 살펴본 것만으로 공리주의를 충분히 설명할 수는 없다. 또한 그것과 관련해서는 10대 후반의 밀에게 중요한 영향을 끼친 애덤 스미스 이래의 경제학과 특히 밀 당대의 리카도 경제학, 그리고 연상주의associationism 심리학에 대한 설명이 필요하나(이에 대해서는《토마스》, pp. 27~45 참조) 여기서는 10대 후반 당시 밀과 그 동료에게 중요했던 것은 대의제 국가와 토론의 자유에 대한 신념이었음을 강조하는 데 그치도록 한다.

밀은 1822년, 즉 열여섯 살 때부터 신문과 잡지에 투고하기 시작했으니 아무리 천재교육의 결과라고 해도 놀라지 않을 수 없다. 더욱 놀라운 점은 밀이 열일곱 살에 쓴 최초의 글에서 표현의 자유를 논한 데서《자유론》의 씨앗을 볼 수 있다는 것이다. 사실 그 후 36년 뒤인 쉰세 살에 쓰는《자유론》, 아니 그 전후의 모든 책이 사실 자유라는 주제를 향한다고 해도 과언이 아니다.

가령 1823년 신년호 신문에 발표된 첫 번째 글 〈종교적 박해에 대하여On Religious Persecution〉에서 밀은 1819년 리처드 칼라일Richard Carlyle(1790~1843)이라는 출판업자가 토머스 페인(1737~1809)의《이성의 시대》를 출판해서 기독교에 반대했다는 이유로 기소되어 3년간 투옥되자 이에 반대하여, 영국 왕이 우두머리인 영국 국교가 헌법에 포함되어 있는 점을 비판했다. 왜냐하면 그로 인해 국교회를 비판하면 바로 위헌이 되기 때문이었다.

이어 같은 달에 발표된 두 번째 글 〈자유로운 토론에 대하여On Free Discussion〉에서는 일반적으로 자유로운 토론이 진리 보급에 도움이 되는 것으로 인식되며, 따라서 특정 종교만을 공적으로 인정하고 그 종교에 반하는 사상은 유해하므로 금지해야 한다는 영국 헌법의 법리는 앞서 말한 인식에 반하고 진리를 저해하는 것이라고 주장했다. 나아가 밀은 헌법에서 누가 어떤 종교를 선택할지 판단하는 권한을 국가에 주는 것도 전제주의라고 비판했다.

이어 밀은 〈지식의 효용론Speech on the Utility of Knowledge〉(1823)에서 지식의 유일한 효용은 좋은 것을 추구하는 방법을 가르치는 것이고, 지식은 인간 행복의 총체를 증가시키는 방식을 가르치는 것이라고 하여 벤담의 공리주의를 명백히 전제하면서, 과거에 숭배된 전제국가와 성직자 계급의 종교가 그러한 지식의 목적을 방해했다고 비판했다. 특히 종교에 대해서는 성직자도 인간이므로 그들도 잘못을 저지를 수 있다고 주장했다. 나아가 밀은 그러한 정치와 종교의 문제점을 인식시키고 스스로 그런 결함을 개선하도록 의지를 갖게 하는 데 지식의 효용이 있다고 결론 내리면서, 이를 위해 특히 언론의 자유가 보장되어야 한다고 강조했다.

1824년, 벤담이 공리주의 잡지《웨스트민스터 리뷰》를 발간하자 밀은 더욱 많은 글을 그 잡지에 발표했는데, 여전히 언론의 자유와 대의민주주의에 대한 무한한 신뢰의 글이 포함되었다. 즉 모든 인민이 교육을 받아 글을 읽게 되고, 모든 의견을 언론과 저술을 통해 알게 되면 인민의 의사가 형성되며, 이어 인민의 의사를 형성하기 위해 입법부가 실현되면 그것은 계급의 이익을 대표하지 않고 일반의 이익을 목표로 하게 된다고 주장했다. 이처럼 밀은 귀족주의 정치에 반대하고 민주주의 정치의 실현에 노력했다. 또한 종교에 있어 기독교와 이신론을 부정하고, 도덕에서는 일반 행복을 궁극적 목적으로 삼는 공리성의 도덕을 주장했다.

— 공리주의와 대륙 철학

여기서 18~19세기 서양철학에서 공리주의의 위치를 잠깐 살펴보자.

우리가 근대철학의 주연급으로 아는 칸트부터 니체까지 독일 철학자들은 영국에 아무런 영향력을 행사하지 못했다. 밀의 아버지 제임스밀은 누군가 칸트에 대해 말하자 그에게 몇 가지 질문을 한 뒤에 "칸트가 얼마나 보잘것없는 철학자인지 충분히 알겠군"이라고 평했다고 한다. 이에 대해 언급한 버트런드 러셀Bertrand Russell은 당시 영국 철학자로서 칸트를 그 정도로 언급한 것도 이례적이라 할 수 있고 일반적으로는 독일 철학자들에 대해 완전한 침묵으로 일관했다고 말한다.[8]

니체 또한 제임스 밀처럼 칸트를 무시했을 뿐 아니라 존 스튜어트 밀 또한 경멸했다. 러셀이 인용한 니체가 밀을 평가한 문장은 다음과 같다.

> 밀이 "한 사람에게 정당한 일은 다른 사람에게도 정당하다"거나 "다른 사람들이 너에게 하기 바라지 않는 행동을 그들에게 행하지 마라"고 말할 때, 그자의 저속함에 혐오감을 느낀다. 이 원칙은 사람 사이의 교섭을 전부 상호 봉사에 입각해서 확립할 터여서, 어떤 행동이든지 다 우리에게 한 행동을 보상하는 현금으로 보이게 할 것이다. 이 가설이 지극히 비천한 까닭은 나의 행동과 너의 행동의 가치가 같다고 당연하게 받아들이기 때문이다.[9]

니체가 밀에 대해 저속하다고 한 것은 그의 귀족 철학을 받아들이지 않는 한 납득하기가 어렵다. 밀이 니체를 어떻게 평가했는지는 알 수

---

8 버트런드 러셀, 서상복 옮김,《서양철학사》, 을유문화사, 2009, p. 977.
9 같은 책, p. 964. 러셀은 니체의 어떤 책에서 인용한 것인지 밝히지 않고 있다.

없지만, 아마도 니체에 대해 알지 못했을 것이다.

— 동인도회사 근무

1823년, 열일곱 살의 나이에 밀은 아버지의 소개로 아버지가 근무했던 동인도회사에 서기로 입사했다. 당시 밀의 아버지는 상당한 연봉을 받았기에 밀을 대학에 보내어 학자가 되게 하거나 자유로운 저술가로 살게 할 수도 있었다. 하지만 결핵에 걸린 그는 죽음을 생각하지 않을 수 없었고 그렇게 되면 대가족 부양이 힘들어지므로 처음에는 법률가로 만들려던 밀을 안정된 수입이 보장되는 동인도회사에 취직하도록 했다. 게다가 당시 그 회사의 근무 시간은 하루 여섯 시간 정도에 불과했고 그중에서도 세 시간은 자신의 저술을 할 수 있을 정도로 자유로웠다. 그 후 밀은 1858년(밀의 나이 쉰두 살) 동인도회사가 폐지되기까지 그 회사에 근무했으니 무려 35년을 다닌 셈이다.

17세기 초엽 영국, 프랑스, 네덜란드 등이 동양에 대한 독점 무역권을 부여받아 동인도에 설립한 여러 회사를 동인도회사라고 한다. 영국 동인도회사는 1600년, 네덜란드 동인도회사는 1602년, 프랑스 동인도회사는 1604년에 각각 설립되어 오랫동안 치열한 식민지 쟁탈 경쟁을 일삼았다. 먼저 네덜란드 동인도회사는 향신료 무역을 독점했는데 1652년에 시작된 네덜란드와의 전쟁에서 영국이 승리한 뒤 18세기 이후 향신료 무역이 부진해지자 식민지 경영으로 돌아섰고, 1799년에는 영토를 본국 국가에 넘기고 해산했다.

이어 18세기에는 영국과 프랑스가 격렬하게 다투다가 플라시 전투를 계기로 영국 동인도회사가 인도 무역을 독점하는 동시에 인도의 식민지화를 추진했다. 그러나 사적 독점 상업회사인 동인도회사에 대한 영국 국내의 비판과 경영난으로 인해 1773년부터 본국 국가의 규제를 받았고, 1833년부터는 무역 독점권이 폐지되었다. 밀이 그곳에 취업한 것은 그 10년 전인 1823년이었다. 그리고 밀이 회사의 폐업으로 퇴직한 1858년은 인도에서 세포이 항쟁이 발생해 인도가 영국 국왕의 직접 통치하에 들어간 해였다.

밀은 자신이 평생 근무한 동인도회사의 인도 식민지 지배를 정당화했을 뿐 아니라 영국의 제국주의 지배도 정당화했다. 그는 유럽을 진보적 세계, 비유럽을 정체적 세계로 보고, 유럽-영국인을 인류 전체 진보의 선구자로 본 당시 대영제국의 역사관을 공유했다. 이러한 생각은 그의 《대의민주주의론Representative Democracy》(1861)에 다음과 같이 극명하게 나타나 있다.

> 야만의 독립 상태에 있는 민족은 복종을 배우기까지 문명에서 어떤 진보
> 도 사실 불가능하다. 따라서 이러한 종류의 민족에 대한 통치에 불가결한
> 덕은 복종을 촉구하는 것이다. 이를 위해 통치 구조는 거의 또는 전적으
> 로 전제적이어야 한다.[10]

밀은 제국주의자로서 영국의 인도 지배는 정당하고 심지어 문명국의 의무라고도 자부했다. 그러나 그것에 대한 비판은 다음과 같이 듀런트가 쓴 글 한마디로 충분하다.

> 영국의 인도 정복은 일개 무역회사(영국 동인도회사)가 고급 문명을 그야말

---

10 J. S. Mill, *Collected Works*, Vol. XIX, Routledge, 1977, pp. 394.

로 양심이나 원칙 없이 침략하고 파괴한 것이다. 예술에 대해 개의치 않고, 이익에 대해 탐욕스러웠으며, 일시적으로 혼란스럽고 속수무책이었던 한 나라를 총과 칼로 침략하고, 뇌물로 매수하고, 살인하며, 영토를 합병하고, 훔치고, 불법적 약탈 그리고 '합법적' 약탈의 역사를 시작한 것이 이제(1930년 당시) 173여 년이 무자비하게 지났다.[11]

밀 부자는 인도를 야만이라고 했지만 18세기 초 세계 경제에서 인도가 차지한 점유율은 23퍼센트로 유럽의 모든 나라를 합친 것과 같은 크기였다. 그러나 영국이 인도를 떠날 무렵에는 그것이 3퍼센트대로 떨어졌다. 이유는 간단했다. 영국이 200년간 그만큼 착취했기 때문이다. 그리고 그 착취의 중심이 동인도회사였다. 1600년 설립된 그 회사는 300년 이상 인도를 착취했다. 특히 19세기 시작부터 동인도회사는 인도 전역을 지배했다.

밀이 그 회사에 근무하는 동안에도 착취는 끊임없이 자행되었다. 1857년의 동인도회사에 대한 노골적 반란을 밀이 몰랐을 리 없다. 동인도회사가 물린 세금은 보통 소득의 최소 반이어서 18세기 말 영국이 통치한 지역에서는 주민 3분의 2가 자기 땅을 버리고 도망을 갔다. 듀런트는 "세금을 내지 못한 사람들을 감옥에 가두었고, 뜨거운 태양에 노출시켜 방치했다. 아버지들은 높아지는 세금을 맞추기 위해 아이들을 팔았다"고 적었다.

밀은 인도가 자기가 쓰는 문서로 통치되는 것에 자부심을 가졌지만, 그거야말로 영국 제도의 가장 큰 결함이었다. 즉 지역 농민과의 대화

11 Will Durant, *The Case for India,* Simon & Schuster, 1930, p. 7.

를 중지하고 "농촌사회를 형성했던 세력을 이해하거나 지배할 수 없었던 서신, 전표 그리고 회계장부의 세계를 구축했다."[12] 이는 인도인의 운명을 밀처럼 인도인과 무관한 자들이 닫힌 사무실에서 결정했음을 뜻했다. 그래서 어떤 책임도 지지 않았고 음모와 부패의 여지는 확장되었다.[13]

4. 밀의 위기

— 정신의 위기

아버지 제임스는 십 대의 밀을 완전한 합리적 존재의 완성이라고 보았으나, 밀 자신은 스무 살(1826년)이 되면서부터 정신적 위기를 경험해서 1830년경까지 집필을 중단했다. 즉 목적의 결여, 감정의 결여, 의지의 마비, 절망의 의식이었다. 그러나 위기의 시작은 더욱 빨랐다. 사실 공리주의 활동을 시작하기 전인 1821년에 이미 밀은 벤담의 사상이 퇴색하고 있다고 느꼈다. 그 후 5년 뒤 그는 벤담에 대해 근본적으로 회의하기 시작했다. 즉 벤담 공리 원리의 근거인 쾌락의 부정에 대한 회의였다. 이는 동시에 아버지에 대한 거부, 결국 그 자신의 과거를

---

12 Jon Wilson, *India Conquered*, Simon & Schuster, 2016, p. 213.

13 동인도회사에 대해서는 쉽고 정확하게 읽을 수 있는 문헌을 찾기가 드물다. 가령 최근 나온 하마우즈 데쓰오, 김성동 옮김, 《대영제국은 인도를 어떻게 통치하였는가》, 심산, 2004는 제국주의를 찬양하는 관점에서 쓰였다. 대영제국을 찬양하는 대표적 영국인으로는 최근 우리나라에서도 인기가 높다는 니얼 퍼거슨Niall Ferguson을 들 수 있다. 니얼 퍼거슨, 구세희·김정희 옮김, 《니얼 퍼거슨의 시빌라이제이션 : 서양과 나머지 세계》, 21세기북스, 2011 참조.

부정하는 것이었다.

　그러한 위기는 스무 살 청년이면 누구나 경험할 수 있는 것이기도 했으나, 밀의 경우에는 어린 시절의 영재교육에서 스무 살까지의 격무에서 비롯된 것임은 두말할 필요도 없었고, 동시에 아버지와 벤담에 대한 심리적 콤플렉스의 결과로도 볼 수 있다. 그러나 그건 어디까지나 '정신'의 위기였고, 일상생활에서는 아무것도 변하지 않았다. 그러나 그 정신의 위기가 밀의《자서전》에 나오는 가장 중요한 부분이면서, 특히 어린 시절의 교육에 대한 반동으로 설명되어왔는데도 도리어 그 위기조차 "혼자 힘으로 생각하도록 교육받아왔다"는 것의 증거로 볼 여지가 있다(토마스, p. 52).

　앞서 우리는 밀이 어린 시절 시 읽기를 금지당한 것을 보았다. 거기서 비롯된 정신의 위기는 당연히 시와 시인과의 만남을 요구했다. 그래서 1827년 윌리엄 워즈워스(1770~1850)와 콜리지(1772~1834)를 만나고 그들의 시를 읽음으로써 감정의 중요성을 깨달았다. 밀이 낭만주의에 심취하는 동시에 사랑을 하게 되는 것도 어쩌면 당연한 일이리라.

　그 위기는 밀과 같은 상황에 있던 어느 작가의 회상록에 나오는 아버지의 죽음을 읽고 극복되었다. 정신적 위기를 극복한 밀은 벤담 철학의 일부를 버리고 새로운 사상을 받아들였다. 그 하나는 위기 극복에 직접적으로 도움이 된 감정을 철학의 기초로 삼아 지성과의 균형을 모색한 것이었다. 종래의 벤담주의는 지적 분석을 강조하고 감정을 무시했다.

　또한 행복이 행동의 규제 원칙이기는 하지만 밀은 그것이 벤담이 말하듯 행동의 직접 목적이 아니고, 도리어 타인의 행복이나 인류의 진보라는 다른 목적을 추구할 때 당연히 스스로의 행복도 주어진다고 보았다. 따라서 벤담이나 아버지가 쾌락만을 추구하고, 쾌락을 추구하는 수단이 유효하면 무엇이나 허용하는 것에는 반대했다. 밀은 인간이 동물과 다른 점은 이성을 소유하거나 도구나 방법을 발견했다는 점이 아니라, 선택할 수 있는 존재라는 점이라고 보았다. 따라서 다양성, 변화, 충실한 삶을 긍정하고 편견, 획일성, 정신을 압박하는 박해, 권력과 인습이나 여론으로 개인을 억압하는 데 반대했다.

또 질서나 평화에 대해서도 그것이 다양성을 제거하는 것이면 반대했다. 상식적으로 품위와 공정, 정의, 자유라고 하는 것을 내세우면서 개인은 타자의 어떤 도덕적 전제에서도 자유로워야 한다고 주장했다. 따라서 공리주의가 주장하는 산업과 재정과 교육의 대계획, 공중위생의 대개혁, 노동과 여가의 조직 등에는 무관심한 대신 노동자나 여성, 식민지인들의 자유와 정의를 주장했다.

요컨대 행복이 아니라 인권, 즉 다양성·자유·정의, 특히 개인·집단·문명의 자발성과 독자성, 그리고 변화와 충실한 생활을 주장했다. 반면 편견, 획일성, 정신적 박해, 권력과 인습과 여론으로 개인을 억압하는 데 반대했다. 나아가 질서나 평화에 대해서도 그것이 정염이나 상상력을 가진 살아 있는 인간의 다양성이나 색채를 없애는 식의 대가를 수반하는 것이라면 반대했다.

물론 그는 여전히 공리주의자로서 합리성·경험적 방법·민주주의·평등을 찬양했고, 종교·초월주의·몽매주의·도그마주의·직관적이고 논증할 수 없는 진리에 대한 신앙에 반대했다. 그것이 이성의 포기·계급사회·특수권익·자유로운 비판에 대한 불관용·편견·반동·부정의·전제·비참함이라는 결과를 낳는 것으로 생각되었기 때문이었다.

— 새로운 사상과의 만남

경직된 공리주의자가 되기를 포기한 밀은 그가 '실천적 절충주의' 또
는 괴테에 따라 '다양성'이라고 부른 새로운 관점에 따라 그전에 반대
자로 보았던 사람들과 어울리기 시작했다. 가령 밀은 당시 낭만주의를
대표한 칼라일과도 친분을 쌓았다. 그러나 밀 자신이 인정하듯이 밀의
종교적 회의주의·공리주의·민주주의·논리학·경제학 등에 대해 칼라
일은 적대적이어서 두 사람의 관계는 단기간에 끝났다.《자유론》에서
도 밀은 칼라일의《영웅숭배론》을 비판했다. 밀은《자서전》에서 칼라
일에 대해 다음과 같이 말했다.

> 칼라일의 초기 글들이 내 초기의 편협한 사상의 시야를 넓히는 데 영향을
> 준 수로 가운데 하나였음은 앞에서 이미 말했지만 그의 글만으로 나의 사
> 상에 어떤 영향을 주었다고는 생각하지 않는다. 그것에 포함된 진리는 모
> 두 내가 다른 쪽에서 받아들인 것과 완전히 똑같은 종류였지만 나 같은
> 훈련을 받은 사람의 마음에는 적합하지 않은 형태와 옷차림으로 나타났
> 다. 그것은 시와 독일 형이상학의 안개처럼 생각되었다. 그중 거의 유일
> 하게 명백했던 것은 내 사상 양식의 기초였던 사상의 대부분, 즉 종교적
> 회의주의·공리주의·환경설·민주주의·논리학·경제학의 중요성을 인정하
> 는 데 대한 강렬한 적의뿐이었다.
>
> 나는 처음부터 칼라일에게 무엇을 배웠다고 할 수 없다. 내가 나의 정신
> 구조에 더욱 적합한 매개를 통해서 진리를 알고자 할수록 칼라일의 책 중
> 에 동일한 진리가 있음을 알게 되었다. 그렇게 되었을 때 그가 발휘한 놀
> 라운 힘이 나에게 깊은 인상을 주었고, 그래서 오랫동안 나는 그의 열렬
> 한 예찬자가 되었다. 그러나 내가 그의 글에서 얻은 주된 이익은 철학을

배운 것이 아니라 시로 힘을 불러일으킨 것이었다(《자서전》, pp. 191~192).

1828년부터 밀은 프랑스의 사상가 생시몽(1760~1825) 파의 초기 사상인 정신적 권위주의, 즉 정신력이 뛰어난 인민(엘리트)이 열등한 인민(대중)을 지배한다는 사상 등에 공감했고, 이는 《자유론》에도 일부 나타나 있다. 이는 콜리지에게 영향받은 것이기도 했다.

─ 사랑

그러나 무엇보다도 중요한 새로운 만남은 1830년 해리엇 테일러Harriet Taylor(1807~1858)를 만난 것이었다. 해리엇은 런던 남쪽 월워스의 외과의사 토마스 하디Thomas Hardy(1775~1849)와 그의 아내 해리엇 하디Harriet Hardy(1788~1869)의 장녀로 1807년 10월 8일에 태어났다. 1826년 3월, 그녀는 런던에서 약종업을 경영하는 부유한 사업가 존 테일러John Taylor(1796~1849)와 열여덟 살에 결혼했고 몇 년 뒤 세 자녀를 두었다.

존과 해리엇은 다 같이 유니테리언 교회에서 활동했고, 정치에 대해 급진적 관점을 가지고 일찍이 여성의 권리를 지지한 유니테리언의 지도적 성직자 윌리엄 폭스William Fox와 친하게 지냈다. 존은 벤담이나 밀과 친했으나 예술에 조예가 깊은 해리엇을 이해하지 못해 둘의 결혼 생활은 행복하지 못했다. 반면 해리엇은 1830년, 당시 정신적 위기를 극복하고 감정의 중요성을 느낀 밀과 마음이 통했다. 해리엇은 한 사람의 동료로서 그녀를 대우해준 최초의 사람인 밀에게 끌렸다. 밀은 해리엇 테일러에게 강렬한 인상을 받았고, 자신이 최근에 쓴 저서들을 읽고 논평을 할 수 있는지 물었다.

몇 년 뒤 해리엇과 밀은 결혼과 여성의 권리라는 주제들로 쓴 에세이를 교환했다. 이 에세이에는 이러한 주제에 대해 밀의 주장보다 더 급진적 관점들을 지지한 해리엇의 주장이 많이 나타난다. 해리엇은 《사회에 대한 하나의 새로운 관점 A New View of Society》(1814)과 《성격의 형성 Essays on the Formation of the Human Character》(1813) 같은 책에 있는 로버트 오언의 사상에 의해 촉진된 사회주의 철학에 끌렸다. 특히 그녀의 에세이에서는 남성에 대한 여성의 경제적 의존의 결과를 끌어내리려는 것에 비판적이었다. 그리고 이러한 상황이 오직 모든 결혼법에 대한 급진적 개혁을 통해서만 변화될 수 있다고 생각했다.

유니테리언의 잡지인 《먼슬리 리포지터리》에 실은 글 몇 편을 제외하고, 해리엇은 전 생애 동안 얼마 안 되는 저서만을 출판했다. 그러나 밀이 생산한 모든 자료를 읽고 논평을 했다. 밀은 《자서전》에서 해리엇이 자신의 이름으로 출판된 대부분의 저서와 논설의 이음매였다고 설명했다.

그들은 순수한 정신적 관계를 유지했으나 그 교제를 남편이 허용했을 리 없다. 그래서 한때 헤어지기도 했으나 밀은 거의 매일같이 그녀 집을 찾았다. 밀의 아버지도, 형제도, 친구도, 스승도 밀의 사랑에 반대했다. 그러나 밀은 그들과 헤어짐으로써 사랑을 지켰다. 해리엇의 경우도 마찬가지로 1833년 결국 남편 및 아이들과 별거했다. 해리엇은 밀이 주말마다 그녀를 방문했던 곳인 템스 강변의 월턴 온 템스 Walton-on-Thames에 있는 어느 집으로 거처를 옮겼다. 해리엇 테일러와 밀은 성관계를 가지지 않았다고 설명했지만 그들의 행동은 친구들에게 추문의 대상이 되었다. 그 결과 두 사람은 사회적으로 고립되었다.

그로 인한 정신적 고통에 더해 1836년 아버지가 죽자 밀은 가족 부양의 부담까지 지게 되어 마침내 병이 들었고, 그 후 해리엇과 함께 자주 이탈리아 등으로 요양을 위한 도피 여행을 떠났다. 죽을 때까지 그녀를 포기하지 않았던 그녀의 남편도 1849년 암으로 죽었다. 그래서 18년간의 삼각관계가 끝나고 남은 두 사람은 결혼을 했다. 그러나 그것도 잠시, 7년 뒤 해리엇은 유럽 여행 도중 병사했다.

　밀과 사랑하고 훗날 그의 아내가 된 해리엇은 단순한 대상이 아니라 밀의 사상 형성에 중요한 역할을 했다. 밀이 해리엇을 얼마나 찬양했는가는《자유론》서두의 헌사에 나타나 있을 뿐만 아니라《자서전》에서도 자주 나타난다. 그러나 해리엇에 대한 제3자의 평가는 나뉜다. 가령 프리드리히 하이에크Friedrich A. Hayek(1899~1992)는 밀이 말하듯이 밀에 대한 그녀의 영향력을 긍정한다.[14] 그러나 밀의 책 중에서 그녀의 영향력이 컸다고 하는《자유론》,《여성의 예속》,《경제학 원리》등의 사상은 이미 밀이 그녀를 만나기 전에 쓴 여러 글에서 비롯되었다고 볼 수도 있다.

—《벤담론》,《콜리지론》, 토크빌, 콩트

밀은 벤담에 대한 평가를 1838년《벤담론Bentham》으로, 그리고 콜리지에 대해서는 1840년《콜리지론Coleridge》으로 발표했다. 밀은, 벤담은 현재의 학설이나 제도와 대립하는 새로운 진리를 인식시켰고, 콜리지는 현재의 학설이나 제도에 내재하는 진리를 식별할 힘을 가졌다는

14　Friedrich A. Hayek, *John Stuart Mill and Harriet Taylor Mill*, Routledge and Kegan Paul, 1951, p. 17.

점에서 서로 대조되면서도 보완관계에 있다고 보았다. 그러면서도 밀은 벤담의 경우 그 편협한 방법론과 상상력의 결여 등에 문제가 있다고 비판했다. 특히 정치 이론에 대해 밀은 첫째, 어떤 권위에 복종하는 것이 인민의 이익이 되는가, 둘째, 어떻게 인민을 그러한 권위에 복종하도록 이끄는가, 셋째, 어떤 수단에 의해 그런 권위의 남용을 억제할 수 있는가라는 세 가지 질문을 제기했다. 벤담의 경우 셋째에 대해서만 답했는데 그것은 "다수자의 권력 아래 있는 것"이라는 답이었다.

그러나 밀은 그러한 여론의 전제에 복종하는 것이 과연 인간의 좋은 상태라고 할 수 있는지 회의했다. 그것이 전제정치나 귀족정치에 대한 공리주의적 반발에서 나온 것이기는 하지만 다수자가 옳기 위해서는 반드시 반대자가 존재할 필요가 있다고 주장했다. 이는《자유론》2장의 사상과 토론에 대한 자유를 논의하는 과정에서도 중시되었다.

한편《콜리지론》에서 밀은 벤담과 반대였던 콜리지나 독일 철학의 귀족정치론에도 일면의 진리가 있음을 인정하고, 진리의 일부만을 가지고 진리 전체라고 주장하는 것은 잘못이며, 도리어 서로 대립하는 사상이 서로의 한계를 지적하고 질의 응답할 때 진리 전체를 발견할 수 있다고 주장했다. 이 점도《자유론》2장의 사상과 토론에 대한 자유를 논의하는 과정에서 중시되었다. 물론 밀은 콜리지와 독일 철학이 보수적이고 종교적이며 반동적이라고 보았으나, 자신이 믿는 경험주의에 대한 반대론으로서의 존재 의의까지 부정하지는 않았다.

밀은 여론 민주주의의 한계를 인정하면서도 민주주의 자체에 대한 희망을 포기한 적은 없었다. 그의 민주주의론에 결정적 영향을 끼친 사람은 밀이 1835~1840년 크게 감동한 토크빌(1805~1859)이었다. 토크빌은 프랑스 귀족 출신으로, 1830년 7월혁명에서 자유주의자로 알려진 루이 필리프Louis Philip(1773~1850)에게 충성을 맹세하면서 왕당파에 배척당했으나, 동시에 귀족 출신이라는 이유로 루이 필리프에게서도 신뢰를 받지 못했다.

그는 1835년 5월부터 약 9개월 동안 미국을 방문하고 1835년에는 잡지에, 1840년에는 책으로《미국의 민주주의》를 발표했다. 밀은 그 각각에 대한 평론을 썼다. 밀에 따르면 토크빌이 지적하는 민주주의의 장점은, 첫째, 다수자가 선을 초래하고, 둘째, 일반 인민은 민주주의에 기꺼이 복종하며, 셋째, 민주주의는 인민을 위해 기능할 뿐 아니라 인민에 의해 비로소 기능하기 때문에 대중의 지성을 필요로 하고 그 대중의 지성을 더욱 향상시킨다는 점에서 다른 어떤 정체正體를 가진 국가보다도 우수하다는 것이다. 반면 단점은 민주주의를 통해 결정되는 정책은 경솔하고 근시안적이며, 민주주의가 초래하는 다수자의 이익은 반드시 전체의 이익이 되지는 않으며, 소수자가 권력을 남용하는 경향이 있다는 점이다. 특히 그 다수가 교육의 평등으로 인해 평균적 지성을 갖는 대중이므로 정체된 정신을 가져 중국처럼 정체된 사회를 초래하기 쉽다. 따라서 밀은 연방 차원의 민주주의 정치에 대응하는 지방 차원의 민주주의 제도에 인민이 참가해서 인민 자체가 성장하고, 대중교육을 통한 정치적 권리의 확대와 확산에 의해 자유의 정신을 촉진해야 한다고 주장했다.

밀은 콩트에게도 영향을 받았다. 특히 콩트가 사회현상에 실증주의적 방법을 적용해서 사회학을 수립했다는 점에 충격을 받았다. 그러나 콩트는 자유 파괴자라는 점에서 밀과는 철저히 대립된다.

5. 밀의 성숙기

― 성숙기

앞서도 말했듯이 밀의 성숙기란 1821~1826년(정신적 위기)을 1기, 1827~1839년을 2기로 보는 것에 대응된다. 1기의 밀은 벤담주의자였고, 2기의 밀은 반反 벤담주의자였으나, 3기는 다시 벤담주의자로 회귀하되 자신의 태도를 확고하게 수립했다고 할 수 있다. 그러나 엄밀하게 말하면 가령《콜리지론》을 쓴 1840년에는 아직도 반 벤담주의자였으니 3기는 1842~1843년경부터 시작된다고 보는 게 옳다.

성숙기는 동시에 명성을 쌓은 시기이기도 했다. 1843년의《논리학 체계》는 방대하고도 난해한 저서였는데 베스트셀러가 되었고 1848년의《경제학 원리》도 마찬가지였다. 그의 대표작《자유론》(1859),《대의정치론》(1861),《공리주의》(1863),《여성의 예속》(1869), 그리고 사후 발표된《자서전》(1873)과《사회주의Socialism》(1891) 등은 바로 이 시기에 쓰였다.

그러나 성숙기는 동시에 투병기이기도 했다. 그는 평생 병약했으며 특히 1854년부터 결핵을 앓았다. 당시 결핵은 치명적 병이었으므로 밀은《자서전》을 비롯한 책들을 결사적으로 쓰기 시작했다. 1858년에는 동인도회사에서 퇴사했다. 그 전해 인도에서 터진 세포이 항쟁으로 그 회사의 인도 관리 능력이 문제가 되었고, 당시 수상이 회사를 폐지하고 영국 의회가 인도 행정을 담당해야 한다고 주장하여 결국 1858년 회사가 없어졌다. 밀이 동인도회사 해체에 반대한 이유는 국가가 그 일을 맡으면 인도 지배가 더욱더 가혹해지리라는 생각 때문이었다.

회사에서 해방된 것은 기쁨이었으나 그 기쁨을 만끽하고자 나선 프랑스 여행에서 아내가 죽었다. 그 아픔을 잊으려고 밀은 더욱더 저작에 열중했다. 그 후 1865년 밀은 하원의원으로 여성참정권, 비례대표제, 노동자계급의 선거권 등을 주장했으나 실현하지는 못했고, 1868년 선거에서 낙선한 뒤 1873년 프랑스 아비뇽에서 죽었다.

─ 《자유론》

밀은 《자유론》 첫 부분에 "인간을 그 가장 풍부한 다양성 속에서 발전시키는 것이 절대적이고도 본질적으로 중요하다"는 훔볼트(1767~1835)의 말을 인용했다. 훔볼트는 19세기 독일의 언어학자이자 정치가로서 유기적이고 인간적인 언어철학과 마찬가지로 정치의 목표를 인간의 개성에 따른 다양한 발전으로 보았다. "인간을 그 가장 풍부한 다양성 속에서 발전시키는 것"이라고 하면 흔히 교육의 목표라고 생각하기 쉬우나 훔볼트는 그것을 정치의 목표로 주장한 것이었다.

《자유론》의 핵심 원리는 여기서 말하는 '다양성'이다. 문제는 그 다양성이 대립할 경우의 조정 원리인데, 밀은 이를 '타자 피해의 원리'로 설명한다. 즉 어떤 개인의 행위가 오로지 자기 자신하고만 관련되는 경우 그것은 절대적 자유여야 하고, 그 행위가 타인에게 피해를 주는 경우에만 제한될 수 있다는 원리다. 즉 타인에게 손해를 가하지 않는 한 누구나 자기 좋을 대로 사는 게 자유라는 것이다.

따라서 타인에게 피해를 끼치지 않는 한 개인이 아무리 위험한 사상을 가져도 자유고, 어떤 악취미를 가져도 자유라고 보았다. 그것이 설령 개인에게 정신적·육체적으로 나쁜 영향을 미친다고 해도 그 개인이 성인이고 스스로에게만 고통을 준다면 자유라는 것이다. 가령 음주

나 동성애도 그것을 법이나 여론으로 금지해서는 안 된다는 식이다.

　설령 법률로 일체의 악을 박멸할 수 있는 경우라 해도 그렇게 한다고 해서 참된 도덕이 육성될 수는 없으므로 그런 방식을 사용해서는 안 된다고 보았다. 도덕이란 유혹에 저항해서 선을 선택하는 것이고, 사회에 필요한 것은 법률적 금지가 아니라 훌륭한 인격의 육성을 장려하는 것이기 때문이다. 그러나 타인의 이익이나 행복에 해를 끼칠 수 있는 경우에는 사회의 권력이 작용한다. 권력의 근원인 다수자의 의지가 소수자의 이익이나 행복을 억압할 수도 있다. 특히 여론이라는 형태로 나타나는 다수자의 폭정은 인간의 마음을 노예화하는 것이므로 단연코 배격되어야 한다. 특히 여기서 사상과 언론의 완전한 자유가 요구된다.

　《자유론》은 1859년에 나왔다. 그 후 더욱 본격적으로 전개된 식민지 쟁탈을 비롯해 20세기를 뒤덮은 비합리적 권력이나 사회적 비참함과 모순을 밀은 전혀 예상하지 못했다. 따라서 그가 추구한 정신적 자유만으로는 20세기의 온갖 사회적 문제를 극복할 수 없었다. 그러니 20세기 들어 《자유론》에 대해 더욱 비판적 견해가 나온 것도 무리가 아니다. 특히 그는 식민지를 지배한 대영제국의 제국주의를 옹호했다는 점에서 비판받아야 한다.

　《자유론》이 나온 1859년에 찰스 다윈의 《종의 기원On the Origin of Species》이 출판되었는데, 그 책은 과거의 교의와 편견을 타파하는 데 중대한 영향을 끼치면서도 폭력적 제국주의와 적나라한 경쟁을 정당화하는 데 이용되었다. 또한 그해, 마르크스의 《정치경제학비판Kritik der politischen Ökonomie》도 출판되어 사회주의를 이론화했다.

— 밀의 사회주의

1851년 해리엇과 결혼한 밀은 그녀의 영향을 받으면서 그때까지 신봉한 민주주의에서 사회주의로 이행하기 시작했다. "대중의 무지, 특히 이기심과 잔인함"이 두려워할 법한 것이라 생각했기 때문이다《자서전》, p. 247). 따라서《자유론》에서 그렇게도 강력하게 주장한 대중 여론의 횡포를 경계하면서도, 밀은 사회주의가 오는 때를 열망했다.

> 사회가 더는 게으른 사람들이나 부지런한 사람들로 구분되지 않는 시대, 일하지 않는 자는 먹지 마라는 규칙이 빈민만이 아니라 모든 사람에게 편견 없이 적용되는 시대, 노동력의 생산물 분배가 현재 최대한 그러하듯이 출생이라는 우연에 의존하지 않고 정의가 인정되는 원리에 근거해서 강조되고 행해지는 시대, 인간이 자신만의 이익이 아니라 자신이 속하는 사회와 함께 나누는 이익을 얻기 위해 열심히 노력하는 것이 더는 불가능하지 않고 불가능하다고 생각되지도 않는 시대를 대망했다.
> 미래의 사회문제는 개인 행위에서의 최대한 자유를, 지구상 원료의 공동 소유와 어떻게 결합하는가, 그리고 노동자가 합동으로 얻는 이익에 모든 사람이 평등하게 참여하는 것과 어떻게 결합하는가 하는 것이라고 우리는 생각했다《자서전》, p. 248).

이어서 밀은 그러한 사회변혁을 위해서는 자본가와 노동자 모두의 성격이 변해야 한다고 주장했다. 즉 "지금까지처럼 자기 이익이 되는 목적만이 아니라 적어도 공공적·사회적 목적을 위해" 일해야 한다는 것이다. 그리고 이는 "교육과 습관 또는 사고방식의 훈련"으로 가능하다고 보았다. 밀은《자유론》에서 말하듯이 아직 충분히 발전되지 못한 사회에서는 '국가에 의한 교육의 실시'가 불가피하지만, 동시에 인민이 정한 자주적 교육 내용에 의한 인민교육을 실시해야 한다고 주장했다. 특히 《정치경제학 원리》에서는 "강의와 질의를 위한 시설, 공통된 이익이 있는 문제에 대한 공동 연구, 노동조합, 정치운동" 등을 포함한 연구 활동과 공공 활동에 참가하여 지성과 도덕적 성격을 발전시킬 수 있다고 보았다(《정치경제학 원리》,[15] p. 763).

이처럼 밀은 혁명적 사회주의자가 아니라 점진적 사회주의자로서 그 뒤 영국에서 형성된 페이비언 사회주의의 기초를 이루었다. 여하튼 밀이 《자유론》을 발표한 1859년은 이미 밀이 민주주의자가 아니라 사회주의자로 바뀐 해였으며 그 뒤에 이 책을 썼다는 사실에 우리는 주목해야 한다. 즉 밀은 우리가 흔히 믿듯이 반사회주의적인 《자유론》을 쓴 것이 아니라 사회주의적 《자유론》을 쓴 것이다.

― 민주주의와 교육에 대한 믿음

밀은 민주주의가 유일하게 옳은 정치 형태라고 믿으면서도 동시에 잠재적으로는 가장 억압적 정치 형태일 수 있다고 생각했다. 밀의 생존 당시, 새롭게 등장한 민족주의와 공업주의는 규율된 거대한 인간 대중을 낳았고, 그 대중은 공장과 전장과 정치 집회에서 세계를 변모시켰으나 그 속에서 개인 대 국가, 개인 대 국민, 개인 대 산업 조직, 개인 대 사회적·정치적 집단 사이의 문제가 심각하게 대두했으니 밀의 우

---

15 《정치경제학 원리》는 J. S. Mill, *Principle of Political Economy*, 1848, J. M. Robson (eds), Collected Works of John Stuart Mill, vol. II~III, Toronto University Press, 1963.

려는 정확한 것이었다.

밀은 권력의 집중, 사회의 획일화, 감시 사회화 속에서, 인간이 자동 인형으로 변해 자유의 살해자로 등장하는 것을 우려했다. 즉 국가와 사회의 강력한 권위를 통해 인간이 위축되고, 무기력해지고, 질식당하고, 마비되어 겁 많고, 오로지 근면하기만 한 짐승이 되어버릴까 봐 걱정한 것이다.

밀은 그 유일한 치료법은 민주주의를 더욱 발전시키고, 저항하는 독립된 개인을 교육하는 것이라고 믿었다. 밀은 인간이란 자신의 의견을 타인에게 강요하려는 본성이 너무나도 강하고, 그것이 민주주의 아래에서 더욱 증대되어 순응주의자, 사대주의자, 위선자를 낳으며, 마침내 독립적 사고를 죽이고 안전한 사고밖에 하지 못하게 한다고 지적했다.

그러나 이러한 밀의 주장에 대해서는 당연히 그것이 사회조직을 해체하고 사회를 원자화하게 한다는 비판이 제기된다. 이에 대해 밀은 사회적 결합은 물론 필요하지만, 사회가 시민을 교육해서 교양 있는 인간으로 만들지 못한다면 그들이 다른 시민을 괴롭혀도 처벌할 수 없다고 주장한다.

이러한 밀의 민주주의관에 대해서도 인간을 과도하게 합리적 존재로 보았다는 비판이 있을 수 있다. 무한한 자유의 이상은 성숙된 인격을 갖는 사람에게는 권리일 수 있어도 대중의 시대에는 도리어 그런 사람이 적다는 지적이다.

그러나 밀은 19세기 대영제국 사람들이 대체로 그러했듯이 당시 영국을 포함한 유럽 문명을 과도하게 높이 평가하거나, 당대 인간들을 성숙하고 이성적이라고 보거나 조만간 그렇게 되리라 믿었던 것으로는 보이지 않는다. 도리어 그는 편견, 열등, 집단적 하향화에 억눌려 차별받는 사람들을 주시했다. 그들이 가져야 할 가장 본질적 권리가 박탈되었다고 보고 항의한 것이 밀의《자유론》이다. 또한 그는 19세기까지 대부분의 사람들이 품었던 어떤 영웅주의나 영도자주의도 거부했다는 점에서 특이했다. 그는 교육을 받으면 누구라도 훌륭한 사람이 될 수 있다고 믿었다.

밀의 사회는 마치 진리 추구를 위해서만 전력투구하는 토론 클럽 같으며, 이는 실제 사회와 다르다는 비판도 가능하다. 또한 밀이 말로는 타인에게 해를 끼치지 않는다고 하지만 이러한 가정도 실제에 적용하기가 어렵다. 따라서 밀의 주장이 실현된다면 무질서와 비관용 사회가 되리란 비판도 있다. 밀이 대중에 대한 공포로 인해 투표권을 남녀 모두에게 부여하되 엘리트에게는 한 표 이상을 부여하자고 주장한 점 또한 문제가 있다. 이는 종래에 재산에 대해 특권을 부여한 것과는 달랐다.

6. 맺음말

마르크스는 그와 마찬가지로 독일인이었던 베버Max Weber(1864~1920) 등과 비교되기도 하지만 밀과 비교되는 경우란 거의 없다. 그러나 어쩌면《자유론》(1859)의 밀과《공산당선언》(1848)의 마르크스는 남북한 대립으로 응집된 20세기의 냉전, 이른바 '자유세계'와 '공산세계'의 대립에 대응한 가장 중요한 19세기 문헌일지도 모른다. 비록 남북한은 물론 미국과 옛 소련의 대립으로 그 19세기 문헌 두 권이 자주 입에 올랐지만 앞서도 말했듯이 반드시 두 체제와 두 문헌 사이에 직접적 관련이 있다고는 할 수 없었다.

대한민국에서는 오랫동안《공산당선언》을 비롯해 공산주의와 관련된 저술을 출판하는 것은 물론 독서나 토론조차 금지되어왔고, 21세기가 된 지금도 엄격한 의미에서는 그런 행동이 국가보안법 등에 위배되는 것이 아닌가 해서 주저될 때가 있다. 19세기의 밀은《자유론》 등에서 무엇보다도 사상과 토론의 자유를 강조했고, 밀이 그 책을 쓸 무렵에는 공산주의 탄압이 문제되지 않았으니 책에서 다루지 않았겠지만 만일 당시에 그런 문제가 있었다면 그는 철저히 비판했을 것이다. 따라서 우리의 국가보안법 같은 법(만일 그런 것이 있었더라면……. 하지만 영국에는 그런 법이 없었다)의 철폐를 주장했을 것이 틀림없다. 마찬가지로 밀이 지금의 북한이나 구 공산주의 사회에 살았더라면 당연히 우리의 국가보안법과 마찬가지인 각종 사상 규제법의 철폐를 주장했을 것이다.

그렇게 모든 사상 규제에 대한 철폐를 가장 강력하게 주장한 책이라는 점에서《자유론》 등은 여전히 우리에게 살아 있는 고전이라고 할 수 있다. 그러나 나는 오랫동안 밀의 가치를 인정하는 동시에 밀을 싫어했다. 싫어한 이유 가운데 중요한 몇 가지를 들어보자.

첫째, 사회주의자이기도 했던 밀이《자유론》 등에서 주장한 것은 당연히 돈의 자유, 자본의 자유, 재산의 자유가 아닌데도 마치 그런 자유만이 자유라는 식으로 대한민국 대중판 '자유론' 내지 자유주의의 원조가 밀인 것처럼 오해되는 분위기 탓이었다. 나아가 설령 소수 지식인 사이에서는 그렇지 않았다고 해도, 밀이 말한 사상의 자유 따위만으로 과연 우리가 본질적으로 자유로울 수 있는지 회의감을 느낀 탓이기도 했다. 그래서 곧잘 《자유론》을 버리고 《공산당선언》으로 옮겨갈 수밖에 없었다. 이런 악순환은 이미 오래전인 20세기 초부터 반복되어 왔는데, 이제는 그 무익한 악순환을 중단할 필요가 있지 않을까? 최소 한 《자유론》과 《공산당선언》을 자유롭게 함께 읽으며 인간답게 살아야 하지 않을까?

둘째, 밀이 아버지에 이어 열일곱 살에서 쉰두 살까지 거의 평생 동안 인도를 지배한 동인도회사 회사원을 지냈다는 점 그리고 《자유론》 등에 인도나 중국을 비롯한 비서양 세계에 대한 경멸이 드러났다는 점 때문이다. 나는 중학생 때 간디와 밀의 책을 동시에 읽었는데 두 책은 그 점에서 나에게는 극명하게 대립되는 것으로 보였다. 나로서는 당연 히 간디의 책을 선택하고 밀의 책을 물리쳐야 했다. 그것이 벌써 50년 전의 일이지만 지금까지도 크게 변한 바가 없다. 말하자면 밀은 조선 총독부 관리로서 '후진' 조선인에게는 전혀 자유를 인정하지 않으면서 '선진' 일본인을 위한 《자유론》을 쓴 것과 다름이 없었다.[16] 설령 그렇 다고 해도 밀 역시 자유를 무엇보다도 중요하게 생각했고, 마찬가지로 우리도 그 자유를 포기할 수 없다. 적어도 현대 인도에서는 밀이 말한 자유가 우리보다는 완벽하며 우리도 그렇게 완벽하게 나아가야 한다. 즉 밀의 책이 유용하다면 그의 과거 경력을 반드시 문제삼아야 할 필 요는 없다.

---

16 그러나 《자유론》 2장 원주 5에서 말하듯이 밀은, 인도에서 세포이 항쟁이 터졌을 때 영 국의 여론이 인도인에게는 종교적 관용이 허용될 수 없다고 본 점에 강력하게 반발했다. 물론 밀은 제국주의 식민지 지배를 부정하지 않았고, 《자유론》 1장에서도 식민지에서 의 자유가 일반적으로 허용될 수 없다고도 했으나, 적어도 19세기 영국 상황에서는 밀만 큼 식민지의 자유를 적극적으로 옹호한 사람도 없었다.

셋째, 앞에서 말한 두 가지, 특히 이것은 첫째와 관련되는 점으로 《자유론》 등 밀 사상에 깔려 있는 대중을 경멸하는 분위기 내지 귀족주의적 분위기 탓이었다. 특히 대중에게서의 자유라는 《자유론》의 본론이 대중, 아니 우리가 오랫동안 민중이라고 부른 국민 다수에 대한 불신이라는 점에서 밀은 대단히 귀족주의적으로 보였다. 물론 이른바 유신이란 것도, 전두환 체제라는 것도 국민투표로 정당화되었으나, 당시에는 그 민심이란 것을 독재국가가 조작한 허위로 생각했다. 그러나 대중은 물론 그 이름이 민중으로 바뀌어도 그 대중의 여론(=민심)이란 것에 대한 철저한 비판적 분석 없이 우리가 민주주의라는 것을 조금이라도 제대로 해나갈 수 있을지 의문이다. 밀의 대중 비판도 그렇게 이해하면 여전히 우리에게도 유용할 수 있다.

이른바 민주화가 시작되었다는 1987년 이후 지금까지 30여 년이 지났지만 민심을 갖는다는 그 대중이란 존재는 그다지 변한 바 없이 여전히 보수적이라는 사실을 어떻게 이해해야 할지 나는 알 수 없게 되었다. 어쩌면 유신이나 전두환 체제를 도리어 대중이 바랐다고 해야 옳을지 모른다고 의심하게 된다. 따라서 그것을 대중=민중의 이름으로 부정하는 것은 잘못일지 모른다는 생각마저 드는 것이다.

사실 유신은 박정희 군사정권 세력에 의해서만 성립된 것이 아니라 대중의 압도적 지지 아래 성립되었다. 한없이 물질을 추구하는 대중은 갖가지 연고로 얽히고설켜서 자신들의 물질적 이익을 대변할 후보를 선출한다. 이러한 점에서 유신시대나 지금이나 아무것도 변하지 않은 게 아닐까? 대중이 반드시 그릇되지는 않다고 해도 대중이 반드시 옳은 것도 아닐 수 있다. 설령 대중이 옳다고 해도 만일 그 대중이 100퍼센트 동일 의견이라면 그것에 대해서는 의문을 갖는 게 당연하지 않겠는가? 우리가 보통 상식이나 당연한 가치라고 말하는 것도 결국은 다수의 관점이나 가치에 불과하지 않는가?

우리는 민주주의 원리를 다수가 지배하는 것이라고 하며, 그것은 다수결, 특히 선거의 다수결로 결정된다고 생각한다. 밀이 살았던 19세기 후반의 대중이 지배하는 시장 민주주의가 바로 그것이었다. 이는 19세기 이전, 소수자가 다수자를 지배한 시대에는 자유의 추구로 나타났다. 그러나 19세기 후반 대중이라는 다수가 지배자가 되면서 모든 사람에게 그 다수자와 같기를 요구하자 밀이 그것에 저항해서《자유론》을 쓴 것이다. 즉 그 책은 그런 다수결 민주주의라는 이름 아래 행해지는 획일주의, 국가주의, 전체주의, 집단주의에 의문을 제기한다.

liberal이란 말은 영어권에서 오늘날에도 억제와 규율의 결여라는 의미와 함께 연약하고 감상적인 관대함이라는 의미에서 보수 측이 비난하는 의미를 담고 있고, 사회주의자도 그 점에서는 마찬가지다. 반대로 liberal이라고 자처하는 세력, 즉 자유주의liberalism라고 하는 측은 이를 자신들이 보수 세력과 달리 진보적이거나 급진적이라는 의미로 사용하고 있고, 자신들이 관심을 갖는 정치적 자유에 무관심하다는 이유로 사회주의자를 비판한다. 반면 사회주의자들은 자유주의를 자본주의나 소유욕을 갖는 개인주의라고 비판한다. 마찬가지로 현대 한국에서도 자유라는 말을 둘러싼 논의가 있는데 적어도 밀의 자유주의가 한국에서 보수 세력이 주장하는 자유주의와는 상당히 다르다는 점에 유의해야 한다.

여기서 자유주의 전반에 대해 설명할 여유는 없으나 최근 등장하는 신자유주의Neo-liberalism에 대해서는 간단히 언급할 필요가 있다. 시장개방과 자유무역, 정부의 경제 개입과 기업 규제 완화, 복지제도 감축 등을 특징으로 하는 신자유주의는 무제한적 이윤추구로 인해 국제적으로도, 국내적으로도 양극화현상을 초래해왔다. 이는 적어도 밀의 자유주의를 비롯한 고전적 자유주의와는 상당히 다른 것으로 이를 자유주의의 새로운 형태로 볼 수 있을지 의문이 제기된다.

특히 밀의 자유주의는 그런 신자유주의와는 다르다. 그는 시장 경쟁이 비효율과 착취에 대한 필수적 방지책이라고 믿었지만 자본주의 기업은 노동자와 경영자 그리고 소유자의 이익을 분리한다는 점에서 유해하다고 보았다. 특히 노동자는 경영자의 권위주의에 종속되고 기업 이윤에서 얻는 것이 없다는 이유에서 노동자의 자주 관리를 강조하고, 기업 소유자인 노동자에게 경영자가 종속되어야 한다고 주장했다. 이는 정치 영역에서의 자치인 지방자치를 경제 영역에서 주장한 것이었다.

나아가 그는 끝없는 생산 증대의 추구는 한정된 자원과 모순되어 이득을 감소시키고 사회적 비용을 초래할 것이므로 생산과 인구의 증가는 정지되는 반면 문화적·기술적 쇄신은 계속되어 더욱 수준 높은 여가 활용이 가능한 사회가 오리라 예상했다. 그래서 남녀가 지성과 교양, 그리고 자연의 아름다움에서 비롯되는 더욱 높은 즐거움을 위해 헌신하고, 계급적 적대감이 없는 사상과 삶을 추구하며, 서로의 자유를 최대한 존중하되 자신이나 남들에게 결코 무비판적이지 않은 사회를 추구했다. 개인주의적이고 다원주의적이며, 민주주의적이고 사회주의적인, 소수자의 권리를 보장하고 시장경제의 장점을 유지하는 사회가 그의 아나키즘적 유토피아였다. 옮긴이 머리말에서도 밝혔듯이 공산주의나 국유화에 반대하고 교조적 마르크스주의와도 구별된다는 점에서도 그는 아나키즘에 상당히 가깝다.

여하튼 신자유주의라는 이름으로 대두된 자유주의의 변태와는 관계없이 자유 자체는 세계적으로도, 우리나라에서도 여전히 문제가 된다. 밀이 언급한 사상의 자유를 비롯해 언론·출판·집회·결사의 자유를 비롯한 모든 자유가 문제다. 특히 사상의 자유는 여전히 국가보안법이 제한하고 있고, 언론의 자유도 독점적 대언론사의 경영 자유로 오해받는다. 그리고 그런 언론을 통해 밀이 가장 우려한 자유의 적대적 상태인 획일적·보수적 여론이 형성된다. 또한 다양성을 민주국가의 원리로 삼아야 하거늘 우리의 현실, 특히 교육 현실은 다양성을 죽이는 획일성으로 치닫는다. 정치도, 경제도, 사회도, 문화도 모두 개성과 다양성을 잃고 있다. 여기서 우리가 밀에게 배워야 할 논점이 확실해졌다. 다양성을 회복하는 것, 그것이 밀이 말하는 자유의 길이다.

밀 연보

1806년   5월 20일 제임스 밀과 해리엣 밀의 장남으로 런던 로드니가에서 태어남

1809년 (3세)   그리스어 교육

1814년 (8세)   라틴어와 수학 교육

1815년 (9세)   1818년까지 가족과 함께 벤담에게 빌린 포드수도원에서 여름을 보냄

1818년 (12세)   아리스토텔레스와 홉스를 연구

1820년 (14세)   1821년까지 프랑스를 방문해 벤담의 동생 가족과 함께 지냄

1822년 (16세)   '공리주의협회' 지도

1823년 (17세)   《웨스트민스터 리뷰》 기고, 동인도회사 입사

1824년 (19세)   가족계획 문서 배포를 이유로 체포되어 구금

1826년 (20세)   1827년까지 '정신적 위기'를 겪음, 콜리지와 칼라일의 영향을 받음

1829년 (23세)   아버지의 《인간 정신현상의 분석》 출간

1830년 (24세)   1830년 혁명 직후 프랑스 방문, 경제학 연구, 해리엇 테일러 부인과
                 교제 시작

1831년 (25세)   워즈워스를 방문, 칼라일과 사귐

1832년 (26세)   벤담 사망

1835년 (29세)   토크빌, 《미국의 민주주의》 (1) 출간

1836년 (30세)   아버지 사망

1838년 (32세)   《벤담론》 출간

1840년 (34세)   《콜리지론》, 토크빌,《미국의 민주주의》(2) 출간

1841년 (35세)   오귀스트 콩트와 편지 교환

1843년 (37세)   《논리학 체계》 출간

1848년 (42세)   《경제학 원리》 출간

1851년 (45세)   해리엇 테일러와 결혼

1857년 (51세)   세포이 항쟁으로 동인도회사 존속이 문제되자 회사 존속을 주장

1858년 (52세)   동인도회사 퇴직, 아내 해리엇이 남프랑스 아비뇽에서 사망

1859년 (53세)   《자유론》 출간

1861년 (55세)   《대의정치론》, 남북전쟁에서 북군을 지지

1863년 (57세)   《공리주의》 출간

1865년 (59세)   《오귀스트 콩트와 실증주의》, 웨스트민스터구에서 하원의원에 당선

1867년 (61세)   세인트앤드루스대학교 총장 취임 연설

1868년 (62세)   《잉글랜드와 아일랜드》 출간, 하원의원 선거에서 낙선

1869년 (63세)   《여성의 예속》 출간

1873년 (67세)   5월 7일 아비뇽에서 사망,《자서전》이 사후에 출간

1874년   《종교 3론》이 사후 출간

1879년   《사회주의론》이 사후 출간

옮긴이 **박홍규**

영남대학교 법학과와 같은 대학원을 졸업하고 오사카 시립대학에서 법학 박사 학위를 받았다. 오사카대학, 고베대학, 리츠메이칸대학에서 강의했으며, 영남대학교 교양학부 교수로 재직했다. 지은 책으로는《윌리엄 모리스 평전》, 《내 친구 빈센트》,《자유인 루쉰》,《꽃으로도 아이를 때리지 말라》,《플라톤 다시 보기》,《인디언 아나키 민주주의》,《세상을 바꾼 자본》,《리더의 철학》,《인문학의 거짓말》,《왜 다시 마키아벨리인가》등이 있으며, 옮긴 책으로는《간디 자서전》,《간디, 비폭력 저항운동》,《간디의 삶과 메시지》,《자유론》,《인간의 전환》,《오리엔탈리즘》,《문화와 제국주의》,《신의 나라는 네 안에 있다》, 등이 있다.
《법은 무죄인가》로 백상출판문화상을 받았다.

존 스튜어트 밀 자서전

1판 1쇄 발행 2019년 3월 15일

지은이 존 스튜어트 밀 ｜ 옮긴이 박홍규
펴낸곳 (주)문예출판사 ｜ 펴낸이 전준배
출판등록 1966. 12. 2. 제 1-134호
주소 03992 서울시 마포구 월드컵북로 6길 30
전화 393-5681 ｜ 팩스 393-5685
홈페이지 www.moonye.com ｜ 블로그 blog.naver.com/imoonye
페이스북 www.facebook.com/moonyepublishing ｜ 이메일 info@moonye.com

ISBN 978-89-310-1139-5 03100